经济科学
"十四五"发展战略与
优先资助领域研究报告

洪永淼 汪寿阳 白重恩 薛涧坡 吴 刚 等◎著

科学出版社

北 京

内 容 简 介

本书结合文献计量方法与专家咨询意见,总结 2010~2019 年中国经济学科发展状况与趋势,梳理重点领域研究进展与突破性成果,追踪国内外研究热点与难点,查找中国经济学研究存在的问题与不足。在充分把握经济科学国际前沿发展与国家重大需求、深入探讨经济科学学科发展规律与发展目标的基础上,提出"十四五"期间国家自然科学基金委员会管理科学部经济科学学科发展规划,包括提出有关经济科学学科布局优化的具体政策建议,提出经济科学学科与其他学科交叉融合、共同发展的指导意见,提出经济科学学科优先资助领域,提出实现"十四五"发展战略规划的具体政策建议和制度保障措施,为国家自然科学基金委员会管理科学部经济科学学科"十四五"规划的制定提供科学参考依据。本书为国家自然科学基金专项项目"经济科学发展战略研究"的研究成果之一。

本书可供国内外经济学领域的研究人员、管理人员学习参考。

图书在版编目(CIP)数据

经济科学"十四五"发展战略与优先资助领域研究报告 / 洪永淼等著. —北京:科学出版社,2023.7
ISBN 978-7-03-075896-5

Ⅰ.①经⋯　Ⅱ.①洪⋯　Ⅲ.①经济学—学科发展—研究报告—中国　Ⅳ.①F0

中国国家版本馆 CIP 数据核字(2023)第 109793 号

责任编辑:李　莉　郝　悦 / 责任校对:贾娜娜
责任印制:张　伟 / 封面设计:有道设计

科学出版社 出版
北京东黄城根北街 16 号
邮政编码:100717
http://www.sciencep.com
北京建宏印刷有限公司印刷
科学出版社发行　各地新华书店经销
*
2023 年 7 月第 一 版　开本:720×1000　1/16
2024 年 1 月第二次印刷　印张:20 1/2
字数:400 000
定价:**128.00 元**
(如有印装质量问题,我社负责调换)

总　序

　　学科发展战略是关于学科未来发展愿景与目标、顶层布局与规划、资源配置与优化的战略性、综合性指南，引领一段时期内学科发展方向。国家自然科学基金委员会（以下简称基金委）始终跟随国家战略与科技规划总体部署和阶段性规划，积极开展系统的学科发展战略研究，在此基础上形成并贯彻落实每个发展阶段中国家自然科学基金的规划任务。

　　"十四五"时期是我国开启全面建设社会主义现代化国家新征程、向第二个百年奋斗目标进军的第一个五年，也是我国迈向创新型国家前列、加快建设科技强国的第一个五年。这是以大数据与人工智能为代表的新一轮科技革命与产业变革的快速发展期，是推进中国式现代化、实现中华民族伟大复兴征途中的关键时间节点，也是世界百年未有之大变局的剧烈演变期。大数据与人工智能正在深刻改变人类生产、生活与社会治理方式，也在不断改变人类认识世界与改造世界的思维方式。在新的发展阶段，科学研究范式发生着深刻变革，管理科学逐渐从定性分析转变为以数据驱动为主要特征的定量研究，从借鉴国外先进研究经验转变为致力于构建中国自主的知识体系，从单纯追逐论文数量转变为提升研究创新性、原创性的高质量发展。在"十四五"时期，我们应该立足中国大地，以国际眼光看待中国与世界面临的一系列重大管理与经济问题，用科学方法研究人类经济社会发展与社会治理的一般规律与变化趋势。

　　作为中国管理科学研究最重要的资助渠道，基金委管理科学部在习近平新时代中国特色社会主义思想指导下，致力于做好学科发展顶层设计，引领学科做大做强做优，服务国家经济发展与现代化建设重大战略需求。2019 年初，基金委管理科学部启动管理科学"十四五"发展战略及管理科学与工程学科、工商管理学科、经济科学学科和宏观管理与政策学科四个学科发展战略的研究，希望汇集全国管理科学领域专家学者的力量，通过深入系统的科学研究，为基金委管理科学部制定"十四五"和中长期发展规划提供决策支持。

　　在过去两年多的时间里，各课题组认真梳理总结 2010～2019 年特别是"十三五"期间基金委管理科学部各学科的总体发展态势，充分借鉴国外相关学科的发展经验与发展趋势,紧密结合当前中国经济社会发展与社会治理面临的重大战略需求,综合运用文献计量分析、问卷调查、专家访谈、学术研讨等多种方法与途径,系统研究"十四五"期间我国管理科学各学科发展的总体思路、发展目标、学科布局以及相应的政策保障措施等重要问题,确立各学科重点攻关任务、优先发展领域以及重大基础与前沿科学问题,提出基金委管理科学部重点资助方向建议,为"十四五"时期管理科学发展提供科学决策依据与前瞻性指导。

这项研究工作总体呈现以下四个鲜明特点。

第一,始终坚持正确的政治方向,牢固树立"四个自信",在思想上、政治上、行动上同以习近平同志为核心的党中央保持高度一致。各个课题组坚持以习近平新时代中国特色社会主义思想为指导,认真学习领会并贯彻落实党的十九大和十九届历次全会以及二十大精神,深刻把握新时代国家自然科学基金在国家创新体系中的战略定位与历史使命,以创建中国管理科学自主的知识体系为己任,在基金委管理科学部统一指导下开展各学科战略发展研究。

第二,坚持科学精神,尊重科学研究与学科发展的客观规律,突出科学问题属性,协调科学研究中自由探索与有组织科研之间的辩证关系。各课题组基于国家自然科学基金"鼓励探索、突出原创""聚焦前沿、独辟蹊径""需求牵引、突破瓶颈""共性导向、交叉融通"四大科学问题属性深入探讨,研究如何通过有组织科研形式,引导学者自由探索;研究如何从源头抓起,发现并精准提炼科学问题,全面提升科研选题质量;研究如何推动科学范式变革,积极借鉴自然科学以及交叉学科的理论方法研究现实管理与经济问题,以方法创新推动理论创新,全面提升研究质量。

第三,坚持与时俱进、守正创新,协调服务国家发展需求与学科发展目标之间的辩证关系。管理科学是一门为现实经济社会发展与社会治理服务的学科,本身具有很强的需求导向与实践特征,担负服务国家重大战略需求的历史使命。各个课题组充分认识到百年未有之大变局背景下国内外客观环境变化对科学基金规划工作的影响,在全面把握国家战略需求和政策导向的基础上,围绕服务国家重大需求和提升学科基础研究水平两大核心任务开展学科战略研究,坚持以国家重大管理与经济问题为导向,积极跟踪管理科学国际前沿发展,通过理论创新与方法创新,提出解决国家重大管理与经济问题的方法与途径,并在这个过程中构建中国管理科学自主的知识体系,为形成具有深厚国际影响力的中国管理科学学派奠定坚实的基础。

第四,坚持实事求是的原则,广泛凝聚共识,协调学科发展战略的指导性与战略落地的适应性之间的辩证关系。学科发展战略研究是管理科学学科专家学者集体智慧的结晶。在两年多的时间内，在基金委管理科学部统一指导下，各课题组组织了近百场专家座谈会，向上千位学者和企业家展开问卷调查工作，凝练学科优先发展方向与领域、重大基础与前沿问题等科学问题，推动学科研究范式创新的深入讨论。同时，根据现实需求变化和形势发展，适时提出修改建议，以最大努力提出完善国家自然科学基金资助体系的各种建议。

在充分研究的基础上，五个课题组出色完成各学科发展战略研究，形成"十四五"期间管理科学及学部各学科发展战略的顶层设计，明确各学科重点前沿领域、学科交叉方向，并在研究范式变革、学科理论体系构建、学术评价体制和机制改革、科学队伍建设和人才培养等方面提出具体建议和措施。这些工作为基金委管理科学部摸清家底、认清环境、找准定位、明确方向，充分发挥国家自然科学基金对学科发展的引领作用，奠定了坚实的基础；同时也为中国管理科学学科凝练共性问题，发掘一般规律，构建中国管理科学自主的知识体系提供科学参考。伟大的新时代必将产生伟大的新理论。我相信，中国管理科学在"十四五"期间必将跃上一个新的台阶！

丁烈云

前　言

习近平指出，"用中长期规划指导经济社会发展，是我们党治国理政的一种重要方式"[①]。随着数字革命的来临和百年未有之大变局的演进，世界范围内的经济科学正在发生深刻变革。为了更好地凝练科学问题、回应国家重大需求与时代诉求，为"十四五"时期中国经济学科发展提供科学规划，厦门大学联合中国科学院大学和清华大学于 2019 年共同申请并获批国家自然科学基金委员会管理科学部综合研究项目"经济科学发展战略研究"，在充分调研和系统研究的基础上，为"十四五"时期国家自然科学基金委员会管理科学部经济学科的繁荣发展做好顶层设计与布局优化。

课题组以国家自然科学基金委员会"原创、前沿、需求、交叉"四类科学问题属性为导向，基于大量文献计量学研究成果，经过众多专家反复讨论，最终形成这份研究报告，主要内容集中在三个方面。首先，报告用科学方法对中国经济学科发展历程进行了一次全景式回顾。报告基于文献计量学的方法，结合专家咨询论证的结果，梳理总结 2010～2019 年中国经济学科的发展历史、现状、趋势以及所面临的机遇与挑战；总结重点领域的突破性成果；比较中国经济科学发展与国际先进水平存在的差距，包括有关中国问题论文的质量数量、研究机构的国际排名、研究前沿领域的差异等，讨论国内经济学研究的热点演进，查找国内经济学研究存在的问题与不足，帮助中国经济科学学科认准自身定位。

其次，课题组组织专家学者对经济科学学科各分支领域的发展历史、未来趋势与重大研究问题做出系统梳理与科学判断。报告按照基本方法、基础理论、多维应用及交叉融合等几个方面，对经济科学主要研究领域的发展历史与趋势进行深入分析，探索是否存在重大原创性理论与方法创新的突破点以及交叉学科与新兴学科发展的可能性，特别关注经济科学与数学、统计学、计算机科学、物理学、生物学、心理学、社会学以及人文社会科学其他领域之间在科学理论和研究方法上进行交叉研究的最新成果，同时论证经济科学学科内部不同领域之间实现交叉融合的可能性，为中国经济科学学科的发展指引新的方向。

---

① 《党治国理政的一种重要方式（思想纵横）》，http://dangjian.people.com.cn/n1/2021/0909/c117092-32221989.html[2021-09-09]。

最后，在深刻把握经济科学学科的发展规律与发展目标的基础上，报告提出经济科学学科申请代码调整建议，为中国经济科学的未来发展做好顶层设计，以形成体系完备、层次分明、逻辑自洽的学科资助体系。报告还为经济科学学科未来发展特别是"十四五"时期的发展做出具体规划，提出中国经济科学学科布局优化的具体政策建议，提出经济学科与其他学科交叉融合、共同发展的若干指导性意见，提出推动经济学科发展的优先资助领域，提出实现"十四五"发展战略规划的具体政策建议和制度保障措施，为国家自然科学基金委员会管理科学部经济科学学科"十四五"规划的制定提供科学参考依据，为中国经济学科进一步做优做强提供资金支持和制度保障。

我们欣喜地看到，这项研究引起了学术界对中国经济科学学科发展的广泛关注，推动了对经济学研究范式变革的持续性讨论，对中国经济科学学科发展产生了积极的影响。同时，我们也高兴地知道，课题组有关学科申请代码调整的建议已被国家自然科学基金委员会管理科学部采纳并于2021年正式实施，所提出的有关学科关键词、学科资助方向等学科优化建议对国家自然科学基金委员会管理科学部更加有效开展工作有所帮助。

我们也清醒地认识到，课题组在项目调研方式、研究方法与政策建议可行性等方面还存在不足与缺点。例如，我们在评价中国经济科学研究成果的时候，简单利用相同级别学术期刊的论文数量多寡对研究机构的研究实力进行排名，这在一定程度上忽视了论文质量的重要性。我们充分认识到这种研究方法所获得结论的局限性，力争在后续研究中探索更系统、全面和科学的方法，为更深入的研究做好准备。

这项研究的顺利开展与完成离不开国家自然科学基金委员会、国家自然科学基金委员会管理科学部领导和全国经济学界众多专家学者的关心与支持。国家自然科学基金委员会和国家自然科学基金委员会管理科学部领导始终关心课题组研究工作的进展，在项目进行的每个阶段均给予大力支持，把握项目研究的整体方向，对项目实施提出具体要求和指导。课题组特别感谢国家自然科学基金委员会原副主任侯增谦院士，国家自然科学基金委员会管理科学部原主任吴启迪教授、主任丁烈云院士、原副主任（主持工作）杨列勋研究员、副主任刘作仪研究员，以及国家自然科学基金委员会管理科学部三处等的领导在项目实施过程中给予的指导与帮助。

课题组衷心感谢国内外专家学者的大力支持。在2019年6月至2020年6月这一年多的调研时间里，课题组先后举办了30多场专题学术研讨活动，包括专题研讨会、圆桌会议、在线研讨会、专家访谈和闭门论证会等，访谈了超过200位国内外具有广泛代表性的经济学以及相关领域的专家学者，其中包括国际顶尖学者，如诺贝尔经济学奖得主（3人）、世界计量经济学会会士（14人）；经济学国际顶尖学术期刊主编和副主编；国内学术带头人，如国家杰出青年基金获得者、长江学者特聘教授、国家优秀青年基金获得者、青年长江学者、"万人计划"入选者；学术管理者，如高校校长、副校长、院长和系主任等。课题组收集、整理并分析了专家学者对于中国经济科学研究现状与发展趋势的专业判断。

课题组特别感谢所有接受采访并参与研讨会的国内外专家学者，包括 Robert Engle（纽约大学，2003 年诺贝尔经济学奖获得者）、Belton Fleisher（俄亥俄州立大学）、Eric Ghysels（北卡罗来纳大学教堂山分校）、James Hamilton（加利福尼亚大学圣迭戈分校）、James Heckman（芝加哥大学，2000 年诺贝尔经济学奖获得者）、Cheng Hsiao（南加利福尼亚大学）、Atsushi Kaiji（京都大学）、Oliver Linton（剑桥大学三一学院）、Stephen Morris（普林斯顿大学）、Per Mykland（芝加哥大学）、Whitney Newey（麻省理工学院）、Parag Pathak（麻省理工学院，2018 年克拉克奖得主）、Thomas J. Sargent（纽约大学，2011 年诺贝尔经济学奖获得者）、Enrique Sentana（西班牙货币金融研究中心）、Harald Uhlig（芝加哥大学），以及蔡宗武（堪萨斯大学）、陈诗一（复旦大学）、陈松年（浙江大学）、陈彦斌（中国人民大学）、邓永恒（威斯康星大学麦迪逊分校）、冯帅章（暨南大学）、伏润民（云南财经大学）、甘犁（得克萨斯农工大学）、龚强（中南财经政法大学）、郭庆旺（中国人民大学）、洪俊杰（对外经济贸易大学）、黄季焜（北京大学）、黄少安（山东大学）、黄先海（浙江大学）、李涵（西南财经大学）、李善同（国务院发展研究中心）、李仲飞（南方科技大学）、梁琪（南开大学）、刘金全（广州大学）、刘俏（北京大学）、刘伟（中国人民大学）、刘志彪（南京大学）、陆军（中山大学）、陆毅（清华大学）、吕炜（东北财经大学）、欧阳峣（湖南师范大学）、齐鹰飞（东北财经大学）、沈坤荣（南京大学）、宋敏（武汉大学）、宋铮（香港中文大学）、孙宁（南京审计大学）、田国强（得克萨斯农工大学）、田轩（清华大学）、万广华（复旦大学）、王惠文（北京航空航天大学）、王鹏飞（北京大学）、汪同三（中国社会科学院）、王维国（东北财经大学）、吴卫星（首都经济贸易大学）、冼国明（南开大学）、熊熊（天津大学）、杨翠红（中国科学院）、余淼杰（辽宁大学）、袁志刚（复旦大学）、张建华（华中科技大学）、张俊森（浙江大学）、张维（天津大学）、张晓波（北京大学）、郑新业（中国人民大学）、周亚虹（上海财经大学）等。课题组认真听取并梳理总结了各位专家的意见与建议，并将其纳入这份研究报告。

在项目研究过程中，厦门大学经济学院、厦门大学王亚南经济研究院和厦门大学邹至庄经济研究院的专家组成了专业研究团队，负责具体写作任务。研究团队成员包括：敖萌蒙、鲍小佳、蔡熙乾、陈海强、陈国进、陈煌、陈力、陈少华、陈滢、董晓芳、范青亮、方颖、傅十和、耿森、郭迪悦、郭晔、顾明、韩晓祎、黄晓然、纪洋、蒋冠宏、金昊、廖谋华、李锴、李梦玲、李木易、李培、李智、刘鼎鸣、刘可清、柳冠男、马超、茅家铭、孟磊、倪骁然、潘越、宋伟、王璐航、王艺明、王学新、王云、文家奕、吴吉林、谢沛霖、许璟睿、许梦涵、许杏柏、薛涧坡、薛绍杰、杨曦、岳阳、张烁珣、张明、张希睿、张宇、赵敏强、周晓露、衷楠、钟威、周颖刚、朱浣君、祝嘉良等。同时，计量经济学教育部重点实验室（厦门大学）的研究人员与技术人员，刘必清、刘金松、袁加军、钟秋萍、钟铿光等为数据收集、信息整理、远程会议提供专业的技术支持。厦门大学经济学科的行政管理人员鲍未平、陈丽纯、陈小鸿、邓晶晶、林安语、余安旖、张虹、庄佳盈等为学术会议和专题研讨会筹备提供一流的行政支持。

课题组还要特别感谢东北财经大学以及东北财经大学经济学院为本项目举办专门研讨会，组织国内学者就项目研究报告初稿进行深入讨论。

新中国成立 70 多年特别是改革开放 40 多年来，我国经济发展的丰富实践与成功经验，为经济学家总结中国经济发展规律、构建原创性中国特色社会主义经济理论，提供了一个天然的"富矿"。"十四五"时期是我国开启全面建设社会主义现代化国家新征程、向第二个百年奋斗目标进军的第一个五年，让我们共同努力，为构建中国特色经济科学自主知识体系贡献自己的力量。

目　　录

第三部分　自然科学基金经济科学"十四五"学科发展布局与规划

第一章 导 言

——国家自然科学基金经济科学学科"十四五"经济科学发展战略研究的论证思路与工作进展

坚持和完善中国特色社会主义市场经济制度、推进国家经济高质量发展、实现经济治理体系与治理能力现代化是当前和今后一个时期内中国经济科学研究的重大命题。为了更好地回答这个命题、服务国家对经济科学研究的重大需求，厦门大学牵头与中国科学院大学、清华大学联合申请并获批的国家自然科学基金委员会管理科学部 2019 年综合研究项目"经济科学发展战略研究"，针对"十四五"期间中国经济科学重点资助领域和发展规划开展战略研究，力求在深入把握经济科学学科发展规律和发展目标的基础上，提出有关中国经济科学学科布局优化的具体政策建议，提出经济学科与其他学科交叉融合、共同发展的指导意见，提出经济学科优先资助领域，提出实现"十四五"发展战略规划的具体政策建议，从而为国家自然科学基金委员会管理科学部经济科学学科"十四五"规划的制定提供科学参考依据。

一、经济科学的发展趋势

（一）经济科学的学科界定

经济科学是研究稀缺资源有效配置和人类理性选择行为的一门学科①，它综合运用数学、统计学、物理学、信息科学、生物学、心理学等自然科学以及社会科学多学科的分析方法与研究工具，探索社会化大生产和稀缺资源配置的最优形式，研究政府以及各种经济主体的经济决策行为。经济科学是国家自然科学基金委员会管理科学部重点资助的四个基础学科之一，它包括宏观经济学、微观经济学、金融经济学、计量经济学等所有经济学的主要领域以及其他交叉学科研究。

---

① 西方语言中的"经济学"源于古希腊语，意为家庭管理。现代经济学始于 Adam Smith（亚当·斯密）于 1776 年出版的《国富论》。现代社会对于经济学没有一个统一的定义。一个较为广泛的定义认为经济学是一门研究人类行为在有限资源情况下做出选择的科学。

（二）经济科学发展的国内外趋势

党的十九大报告指出，"要瞄准世界科技前沿，强化基础研究，实现前瞻性基础研究、引领性原创成果重大突破""加强应用基础研究""培养造就一大批具有国际水平的战略科技人才、科技领军人才、青年科技人才和高水平创新团队"[①]。2020 年 1 月 21 日，科学技术部、国家发展和改革委员会、教育部、中国科学院、国家自然科学基金委员会联合印发了《加强"从 0 到 1"基础研究工作方案》，再次强调提高研究质量，要求加强基础研究，"开辟新领域、提出新理论、发展新方法，取得重大开创性的原始创新成果"。国家自然科学基金委员会鼓励研究人员围绕基础科学问题展开研究，从而推进基础研究高质量发展。

随着经济全球化的深入发展和数字经济时代的到来，全球创新竞争合作格局正在发生深刻调整，世界范围内的经济科学正在发生剧烈变革，产生了研究范式革新，在研究方法与研究工具、研究内容等方面均发生了深刻的变化。

40 年来，经济学研究不再主要根据未经数据验证的理论模型推测经济行为和解释经济现象，而是基于观测数据和实验数据，通过计量经济学和实验经济学等学科的研究方法与工具，从数据中寻找经济变量之间的逻辑关系与经济运行规律，取得了很多重要经验发现与理论成果。有研究发现，1963～2011 年发表在经济学顶级期刊的论文中，20 世纪 80 年代中期之前的论文以理论性为主，之后的论文中实证研究的比例超过 70%（Hamermesh，2013）。根据美国经济学家 Angrist 等（2017）的研究，发表在国际经济学顶级期刊中的实证研究论文占比从 20 世纪 80 年代的 30%上升到现在的 50%以上，经济科学各个领域在研究范式上都出现了"实证革命"（empirical revolution）。实证革命是一次研究范式的革新，它的主要成就是经济学的因果推断，即利用数据和计量工具识别经济变量之间的因果关系，从而证实或者证伪重要的经济理论，为经济政策的制定提供科学决策的依据。随着近年来以大数据和人工智能技术为标志的"数据革命"（data revolution）的兴起，这个研究趋势得到不断加强。近年来，中国经济学也从以定性研究为主转变为以定量实证研究为主（李子奈和霍玲，2005；洪永森和薛涧坡，2021；洪永森等，2021）。

在研究方法与研究工具方面，2010～2019 年，随着信息技术、互联网和移动互联网的不断发展，数据总量以空前的速度爆炸性增长，数据类型极大丰富，纷繁复杂的数据实时可得，人类进入了大数据时代。当前，机器学习及深度学习算法等人工智能方法作为主流方法被广泛应用于训练分析大数据，在人脸识别、预

[①]《习近平：决胜全面建成小康社会 夺取新时代中国特色社会主义伟大胜利——在中国共产党第十九次全国代表大会上的报告》，http://www.gov.cn/zhuanti/2017-10/27/content_5234876.htm[2017-10-27]。

测、医疗、自动驾驶、城市管理、互联舆情分析等领域取得了显著突破。同时，计量建模与人工智能方法形成互补关系，两者之间的有机结合与应用为经济科学各个领域的发展提供了更加有力的实证研究方法与研究工具。

在研究内容方面，随着经济全球化的深入推进，全球创新竞争与经济合作格局正在发生深刻调整与变化，人类社会生产方式发生变革、生产关系进行再造、经济结构出现重组。与此同时，由于经济利益的调整与分化，逆全球化和贸易保护主义再度抬头，孤立主义与新民粹主义在世界范围内开始蔓延，这不仅加大了全球经济与政治局势的不确定性，也标志着国与国之间逐渐开始由协作共赢状态转向相互竞争状态。

为了应对经济科学国内外最新发展趋势，中国经济科学应努力在多领域、全方面、高层次加强国际合作，在基础科学、重大需求、交叉领域等各方面开展创新研究，以科学方法对经济、金融、经济与技术融合、公共经济政策以及经济全球化背景下的国际竞争与合作等关键问题进行深入探讨，并将研究成果应用于国家经济社会发展建设与全球化实践。

二、研究思路

从 2019 年 6 月至 2020 年 6 月，国家自然科学基金委员会管理科学部和厦门大学经济学科牵头，连续举办了十几场学术研讨活动，包括圆桌会议、专家访谈、闭门讨论会等，访谈了上百位国内外专家学者，包括诺贝尔经济学奖获得者、世界计量经济学会会士、经济学顶级期刊主编和副主编、世界一流高校讲席教授等世界顶级学者，以及国内重点高校与科研院所经济学领域的学术带头人和学术管理者，搜集和整理了专家学者对于中国经济科学研究现状与发展趋势的判断，深入研讨了经济学科发展规律、发展目标、学科布局优化、学科交叉与优先资助领域、组织保障以及具体政策措施建议。根据工作记录抽炼出科学问题，请相关领域专家分主题进行单独论证。

与此同时，建立基础文本数据库。数据库信息主要来自三个方面：①2010～2019 年经济学领域在国内高水平 CSSCI（中国社会科学引文索引，Chinese Social Sciences Citation Index）期刊和国际顶级 SSCI（社会科学引文索引，Social Sciences Citation Index）期刊发表的论文的重要文本信息，包括论文标题、作者、工作单位、地址信息、论文摘要、关键词、发表时间、期刊名称、基金资助情况、引用频率等；②2010～2019 年国家自然科学基金申请项目数量、申请金额、获批项目数量、获批金额、立项信息、结项信息、学科代码、申请人信息等；③2010～2019年中央、地方重要经济文件信息。

在专家访谈的基础上，采用统计学、文献计量等科学方法对基础文本数据库的信息进行深入挖掘。采用聚类分析方法获得研究热点和文献聚类主题,形成研究报告的初稿、讨论稿。在一年多的时间里,项目课题组举办了 30 多场专题学术研讨活动,包括战略研讨会、圆桌论坛、圆桌会议、专题研讨会等形式,请专家学者就规划内容进行讨论,提出修改意见。

三、重点研究内容

本书基于中国经济科学 2010~2019 年的发展状况和国际经济学科发展的趋势,重点研究以下三个方面的内容。

(一)中国经济科学发展进程与挑战

基于文献计量学的方法,重点讨论中国经济科学国内国际研究发表的状况和趋势等;总结重点领域的突破性成果;比较中国经济科学发展与国际顶尖水平存在的差距,包括与中国经济问题相关的论文的数量、机构国际排名、研究前沿领域的差异等;讨论国内研究的热点演进;查找国内学术研究存在的问题与不足之处。

(二)经济科学各分支学科发展历史、趋势及面临的重大问题

按照基本方法、基础理论、交叉应用三大支柱展开。在每个支柱中分别讨论学科发展的历史、趋势,按照专家提议的重大问题,进行详细论证,分析是否可能成为重大原创性的突破点。研究交叉学科发展的可能性:分析未来新兴学科、交叉领域出现的可能性,关注经济科学与计算机科学、物理学、生物学、心理学、社会学和其他人文社会科学之间在科学问题与研究方法上进行交叉研究的最新成果,同时论证经济科学学科内部实现交叉研究的可能性。

(三)提出经济科学学科发展布局与发展规划

根据"扶强扶优、重视原创、服务需求、补齐短板、引领潮流"的标准,选择学科经典难题、新兴领域、交叉前沿、弱势领域,科学规划"十四五"时期经济科学学科发展布局,提出未来优先资助的重点领域和主要研究方向,提出支持"十四五"发展战略规划的具体政策措施建议。

四、工作安排与项目进展

项目小组在洪永淼教授的带领下积极开展工作。研究活动的工作安排如下。基础文本数据库由厦门大学"计量经济学教育部重点实验室"副主任钟锃光

和助理工程师钟秋萍负责，运用文献计量方法对国内外重点期刊、政府工作报告等文本文件进行分析，描绘中国经济科学发展进程的图谱，通过聚类分析获得研究的热点问题和重点发展方向，以及国家政策需求的关键词。

由厦门大学经济学科牵头，召开各领域的专家座谈会、圆桌会议，并组织一对一访谈，通过专家研判的形式，针对文献计量的结果进行讨论，从中提炼出重要的科学问题。

厦门大学经济学科组织各方向的学者就专家提出的科学问题进行深入论证。各研究方向的负责教授包括计量经济学方向的陈海强、方颖，微观经济学方向的傅十和，宏观经济学方向的薛涧坡，金融学方向的周颖刚等。

根据文献计量的结果、专家研判的问题以及学者论证的资料形成《经济科学发展战略研究》（初稿），并在2019年12月22日东北财经大学专题研讨会上供专家进一步讨论。在专家意见的基础上，于2020年3月形成讨论稿，2020年5月形成最终稿（图1.1）。

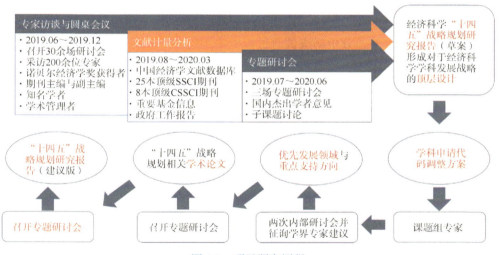

图 1.1　项目研究历程

整体项目从2019年6月开始按照"年度研究计划"执行，持续到2020年12月底基本结束，分六个阶段有序展开研究工作。

1）第一阶段：2019年6～8月，课题启动

2019年6月项目正式启动。

2019年6月9日，在中国留美经济学会（The Chinese Economists Society，CES）2019年中国年会期间召开"中国经济科学发展战略"圆桌论坛，听取专家对整个项目研究方法和内容的意见与建议。

2019年6月14日，在厦门大学召开"中国经济科学发展战略规划"圆桌论

坛，邀请了包括诺贝尔经济学奖得主、芝加哥大学詹姆斯·赫克曼（James J. Heckman）教授在内的海内外 12 名著名经济学家，与厦门大学的学者共同讨论中国经济科学的发展现状、中国经济学家未来可在哪些领域取得有重大国际影响的理论突破和方法突破、如何提高国内的经济学教育水平以及提升国内的经济学研究水平等重要议题。

2019 年 6 月 14～16 日，在世界计量经济学会亚洲年会（Asian Meeting of Econometric Society，AMES）期间，对 10 位世界顶尖的经济学家进行了一对一采访，他们就"中国经济科学发展战略规划"建言献策。

2019 年 8 月 6 日，在厦门大学召开"经济科学学科'十四五'发展规划战略研讨会"，洪永森教授汇报阶段性成果"中国经济科学发展的现状、机遇与挑战"，来自国家自然科学基金委员会、复旦大学、山东大学、浙江大学、西南财经大学、中山大学、南开大学、中国人民大学、对外经济贸易大学、东北财经大学、香港中文大学、天津大学和厦门大学的多位专家学者就有关主题展开热烈讨论。

2）第二阶段：2019 年 9～10 月，课题初步实施

厦门大学课题组在 2019 年 10 月 14～18 日召开两次专题筹备会议，总结梳理课题已有的研究成果，分析解决调研过程中出现的问题，布置筹划下一阶段的分工和任务。

厦门大学课题组在 2019 年 10 月 26 日召开"经济科学学科'十四五'战略规划政策评估的计量与方法圆桌会议"，来自美国堪萨斯大学、北京大学、上海财经大学、中国科学院、中国社会科学院、对外经济贸易大学的专家学者就计量方法在经济政策与评估分析中的前沿应用展开讨论。

由厦门大学"计量经济学教育部重点实验室"副主任钟锃光和助理工程师钟秋萍负责基础文本数据库建设，利用 Python 软件搜索并整理国内外重要期刊、基金资助信息、政府工作报告等文本数据。

3）第三阶段：2019 年 11～12 月，课题进一步展开

厦门大学课题组在 2019 年 11 月 10 日召开"经济科学学科'十四五'战略规划宏观经济学方向圆桌会议"，来自北京大学、清华大学、中国人民大学、中央财经大学、上海交通大学、上海财经大学、华东师范大学、武汉大学、河南大学、香港中文大学、香港科技大学的多位宏观经济学研究者参加了会议，并积极就中国宏观经济学学科发展建言献策。

厦门大学课题组在 2019 年 11 月 18 日召开"经济科学学科'十四五'战略规划金融学方向圆桌会议"，来自武汉大学、西南财经大学、中山大学等的多位金融学研究者参加了会议，并积极就中国金融学发展的现状和趋势展开积极的讨论。

厦门大学课题组在 2019 年 11 月 20 日召开"经济科学学科'十四五'战略规划环境经济学方向圆桌会议"，来自南京大学、北京师范大学、复旦大学、浙江

大学、中国人民大学、中国社会科学院的多位专家就环境学和交叉学科的发展方向提供了意见和建议。

厦门大学课题组在 2019 年 11 月 30 日召开"经济科学学科'十四五'战略规划财政学方向圆桌会议"，来自中国人民大学、西南财经大学、厦门大学的多位财政学研究者参加了会议，并积极就中国财政学发展的现状和趋势展开积极的讨论。

2019 年 12 月 22 日于东北财经大学召开"经济科学学科'十四五'发展规划战略研讨会"，由洪永森教授做主题发言，国家自然科学基金委员会管理科学部主任吴启迪、中国人民大学校长刘伟、东北财经大学校长吕炜，以及来自国家自然科学基金委员会、北京大学、清华大学、武汉大学、上海财经大学、东北财经大学、厦门大学、中山大学、西南财经大学、浙江大学、南开大学等国内重点高校和科研院所的学术带头人与学术管理者参加会议，就《经济科学发展战略研究》（初稿）进行了热烈讨论。

4）第四阶段：2020 年 1~3 月，课题深入论证

克服疫情带来的障碍和困难，厦门大学课题组在 2020 年 1 月、2 月、3 月召开多次视频会议，讨论进一步研究计划和修改方案，提出优先资助领域。

5）第五阶段：2020 年 4~6 月，课题收尾

厦门大学课题组在 2020 年 4~6 月进一步展开研究并着手进行项目收尾工作，完成项目研究报告《经济科学发展战略研究》（最终稿），完成《国家自然科学基金经济科学学科申请代码调整计划建议》。

厦门大学牵头召开"经济科学学科'十四五'发展规划战略研讨会"（在线），就最终稿、建议草案、优先发展领域等问题展开热烈讨论。

6）第六阶段：2020 年 7~12 月，课题成果总结论证

根据国家自然科学基金委员会建议，召开多次内部研讨会讨论《国家自然科学基金经济科学学科申请代码调整计划建议》，最终形成 14 个新的学科申请代码（2021 年版）、学科资助方向、学科关键词等学科优化文件，供国家自然科学基金委员会管理科学部参考。

为国家自然科学基金委员会管理科学部提供咨询建议，论证《国家自然科学基金原创类"复杂经济系统研究"资助建议》《"十四五"优先资助领域"中国经济发展规律"项目》《2021 年度管理科学部重点资助领域建议》等学科规划文件。完成并投稿多篇工作论文，根据编辑部的评审意见进行认真修改和完善。

项目课题组克服疫情带来的重重困难，努力以各种形式高质量、超额完成了项目各阶段的研究目标（图 1.2）。

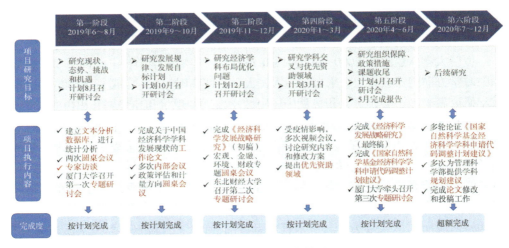

图 1.2　项目目标完成情况

五、研究成果与科学意义

在项目总体目标完成方面，本项目采用文献计量和专家论证的方法，深入把握经济学科发展规律和发展目标，提出了有关经济科学学科布局优化的具体政策建议、经济学科与其他学科交叉发展的指导意见、经济科学四大优先资助领域 20 个重大问题，以及政策建议措施。

第一，依托计量经济学教育部重点实验室（厦门大学）和国家自然科学基金委员会"计量建模与经济政策研究"基础科学中心，运用文献计量方法，使用定量分析工具，对国内外重点期刊等文本进行分析，描绘出 2010～2019 年中国经济科学发展进程的图谱，总结在国际化和规范化研究进程中的成绩，寻找潜在的问题和面临的挑战，并通过聚类分析获得研究的热点问题和重点发展方向。完成中国经济科学重要文献数据库（2010～2019 年），包括 8 个高水平 CSSCI 经济学期刊发表详情数据，25 个高水平 SSCI 经济学期刊发表详情数据，国家自然科学基金经济科学、国家社会科学基金、教育部人文社会科学基金等资助详情数据，中央政府工作报告（1978～2019 年）和地方（省级）政府工作报告（1999～2019 年）数据等。形成多篇工作论文，其中大多数论文已在国内学术期刊正式发表。

第二，根据专家访谈内容和专题研讨会讨论结果，总结中国和世界在经济科学各分支学科的发展历史，形成"十四五"期间国家自然科学基金委员会管理科学部经济科学学科发展战略的顶层设计，提出经济学科优化学科布局的具体建议，其中包括《国家自然科学基金经济科学学科申请代码调整计划建议》的具体建议：适应学科发展需求，取消三级申请代码，优化经济学科布局，扩充二级代码内涵，完善学科关键词词库。经过多轮专家论证和反复修改完善，国家自然科学基金委员会管理科学部最终提出新的国家自然科学基金经济科学学科申请代码，在 2021 年开始正式实施。学科申请代码不仅仅是基金管理工作中的重要组成部分，更是经济科学发展规划顶层设计中的重要一环。新的学科申请代码符合现代经济科学知识体系的内在逻辑，适应并优化了新时代中国经济科学的学科布局，必将在"十四五"时期推动中国经济科学学科研究方法科学化、问题解析规范化、理论知识系统化，从而为中国发展改革实践提供科学的解决方案。

第三，经过多轮专家咨询和专题访谈、多轮内部学术会议讨论，基于文献计量学研究得到的热点话题、前沿研究方向、国家需求和政策导向，提出将四大创新领域的 20 个重大问题作为"十四五"期间经济科学学科优先资助领域和重点资助方向，从数据、人才、平台三个方面提出支持"十四五"发展战略规划的具体政策建议。

"十三五"期间，中国经济和中国经济学研究均取得了辉煌成就，本书详尽回顾了改革开放 40 年中国经济学的发展历程，基于文献计量学的视角总结了中国经济科学研究 2010～2019 年取得的成绩，将各经济学分支学科按照方法、理论、应用三个层面展开，提出"十四五"发展规划，同时为管理科学部经济科学学科代码调整方案提供咨询建议（并最终采纳），为优先资助领域和重点资助项目提供建议，这为经济科学学科在"十四五"期间的繁荣发展做好了重要的顶层设计，从而推动了中国经济科学学科高质量发展。

第一部分

中国经济科学发展进程与挑战

第二章　改革开放四十年中国经济科学的回顾与展望

　　计划经济时代,中国经济学理论体系的主体以马克思主义经济学(《资本论》)和"苏联范式"(《苏联社会主义经济问题》《政治经济学教科书》)为蓝本构建,该理论体系擅长历史分析与逻辑分析,对资本主义经济制度特别是生产关系有非常深刻的洞察力,但在指导社会主义计划经济建设时,出现了悖论或理论困境:在现实中能够推动生产力发展的、合理的东西,在理论上似乎不符合社会主义的本质;而在理论上看来是符合社会主义本质的东西,在现实中却是行不通的(左亚文,2002)。改革开放后,面对百废待兴的艰难局面,如何以最快速度促进经济发展是国家面临的最紧迫的任务。党的十一届三中全会重新确立"解放思想,实事求是"的思想路线,果断地做出把全党的工作重点从"以阶级斗争为纲"转移到社会主义现代化建设上来和实行改革开放的战略决策。

　　社会主义市场经济是人类历史上从未有过的崭新实践,急需经济理论的创新发展,这样才能因应时代的需要,指导中国的改革。在此背景下,中国经济科学通过吸收西方现代经济学的有益理论成分,围绕解决中国具体的现实问题,在市场经济与价值规律、所有制与国有企业改革、劳动就业与收入分配等诸多领域形成了贴近改革实践的理论创新。与此同时,20世纪80年代,现代经济学的研究范式掀起了"实证革命",即以现实经济问题为研究对象,通过数据分析而不是数学推导,以统计学的推断方法研究经济的内在逻辑及运行规律(洪永淼和汪寿阳,2021b)。"实证革命"提升了经济学研究的科学性,实证检验使得错误的经济学理论逐渐被剔除,也使经济学能像一门真正的社会工程学一样,终止那些无效的社会政策,并强化那些经得起实证检验的社会政策。中国经济学家也顺应时代发展潮流,把研究范式与研究方法从原来的以价值判断和政策研究为主向以数据分析为基础的实证研究转变,使经济学研究进入一个定性分析与定量分析相结合的新时代。

　　改革开放40年,中国经济学科的发展是一个对传统社会主义经济理论逐步突破和不断扬弃的过程(周冰,2004),同时也是一个对市场经济重新认识、理解、诠释和进行理论建构的过程。中国特色社会主义实践仍处于现在进行时,这就需要我们不断进行理论总结，不断推进理论创新，以期早日形成具有中国特色、中国风格、中国气派的中国经济学。

在接下来的部分，我们选取十个比较有代表性的领域，对其研究进展进行梳理。限于我们的视野和能力，这项文献梳理工作仍有可能挂一漏万。

第一节　中国经济科学十大领域的研究进展

一、社会主义初级阶段理论

正确认识中国社会所处的历史阶段，是建设中国特色社会主义的首要问题，是制定和执行正确的路线、方针、政策的基本依据。党的十一届三中全会做出把全党的工作重心转移到社会主义现代化建设上来、实行改革开放的历史性决策，但真正为中国特色社会主义发展道路奠定理论基石的是社会主义初级阶段理论。1987 年 8 月，邓小平指出："我们党的十三大要阐述中国社会主义是处在一个什么阶段，就是处在初级阶段，是初级阶段的社会主义。"（邓小平，1993）随后党的十三大对此做了全面论述。社会主义初级阶段理论抓住了当代中国的最大国情和最大实际，只有把握这一科学论断的精髓，才能真正弄清中国特色社会主义的基本特征、基本路线、基本纲领及主要矛盾，并确立相应的发展战略。而且，只有以这个科学论断为理论依据，我们才能正确回答如下三大基础性问题：为什么要建立社会主义市场经济体制；为什么要实行公有制为主体、多种所有制经济共同发展的基本经济体制；为什么要实施以按劳分配为主体、多种分配方式并存的分配制度。对于由这三大基础性问题衍生出来的其他问题也才能迎刃而解。从社会主义初级阶段理论，到中国特色社会主义经济理论，再到新时代中国特色社会主义政治经济学理论，中国经济学理论研究取得了重大进展，实现了三次飞跃（张卓元，2019）。

面对重大的历史转折，中国经济学界已开启破冰之旅，为社会主义初级阶段理论贡献真知灼见。早在 20 世纪 50 年代，孙冶方（1956）就提出把计划和统计放在价值规律基础上的主张。1978 年 10 月，他以"千规律，万规律，价值规律第一条"为题的文章刊发在《光明日报》上（孙冶方，1978），成为中国经济学界确立"解放思想，实事求是"思想路线的重要标志。这一阶段理论界的研究进展分为三步：第一步是主张在经济活动中引入市场机制，第二步是确立社会主义商品经济论，第三步是确立社会主义市场经济论（张卓元，2009）。改革开放前夕，一些学者已意识到社会主义经济不能抛开市场机制，如孙尚清等（1975）认为，否认计划性要与市场性相结合、否认价值规律的调节作用的看法和做法是不对的。改革开放后，计划派与市场派围绕计划与市场的关系这一社会主义经济理论的核心问题展开了第一轮理论交锋。1978 年 12 月、1979 年 1～2 月北京经济理论界举行了四次有关"计划与市场"关系问题的座谈会．对计划管理存在的问题做了比较系统的总结。刘成瑞等（1979）指出计划和市场结合是我国经济管理改革的根本途径。刘国光和赵人伟（1979）认为计划与市场不是对立的，市场关系不是私有制的社会经济所特有的。何伟（1979）、刘明夫（1979）均指出商品经济是社会主义经济的重要特征，而蒋一苇进一步提出著名的"企业本位论"。1980年 9 月，国务院经济体制改革办公室以薛暮桥为主起草了《关于经济体制改革的初步意见》，明确指出中国现阶段的社会主义经济是商品经济，必须建立与之相适应的经济体制。理论界对此给予高度评价，认为"承认社会主义经济是有计划的商品经济，这在理论上是一个很大的进步，是一个飞跃"（马洪，1981）。党的十二届三中全会对我国理论界多年的争论做了总结，以党的决议的形式，肯定了我国社会主义经济是公有制基础上的有计划的商品经济（张卓元，2009）。

继商品经济论之后，一些经济学家仍未因此止步，进一步提出中国的经济改革应明确市场化取向，推进市场化改革的观点。吴敬琏课题组（1988）、吴敬琏和刘吉瑞（1991）认为，有计划的商品经济体制，即有宏观管理的市场经济体制，其后又提出改革的目标就是建立社会主义市场经济体制。1992 年春，邓小平的"南方谈话"为中国走向社会主义市场经济奠定了重要的思想和理论基础。同年 10月，党的十四大报告将中国经济体制改革的目标模式确立为建立社会主义市场经济体制。党的十八届三中全会提出"使市场在资源配置中起决定性作用和更好发挥政府作用"[①]，这体现了我们对市场经济的认识随着中国经济实践的发展而不断深化。

二、社会主义市场经济理论

由计划向市场转轨的过程，也是中国特色社会主义市场经济理论逐步形成、发展和完善的过程。由于生产资料所有制是生产关系的基础，深化改革，首先自然是社会主义公有制。随着实践的发展，学术界逐渐意识到，公有制的具体实现形式是社会主义经济运行中一个十分重要却又不容回避的理论问题。有关社会主义公有制经济实现形式的讨论最初在农村家庭联产承包责任制的全面实施上，随着中国改革重点转向城市，讨论的焦点便集中于国有企业身上。20 世纪 80 年代中期特别是 1987 年国有企业普遍推行承包经营责任制之后，围绕企业改革到底是实行承包制还是股份制形成了经营权主导改革和产权改革两种不同的改革思路

---

①《中共中央关于全面深化改革若干重大问题的决定》，http://www.npc.gov.cn/zgrdw/npc/xinzhuanti/ xxgcsbjszqhjs/2013-11/27/content_1814720.htm[2013-11-15]。

（周冰，2004）。争论和分歧的实质在于国有企业改革是继续沿着承包制的方向前进，进行经营权改革，还是推行股份制，变革产权制度。以厉以宁（1986）、杨瑞龙（1989）等为代表的学者认为产权制度改革才是走出困境、深化经济体制改革的核心。对于社会主义公有制的实现形式，肖灼基（1992）认为，从承包制到股份制，学术界的认识仍存在不少问题，需要进行深入研究。党的十五大报告正式把股份制作为公有制的一种实现形式，明确提出"公有制实现形式可以而且应当多样化"①。为了增强公有制经济的活力，党的十六届三中全会又提出大力发展国有资本、集体资本和非公有资本等参股的混合所有制经济。

党的十四大将中国经济体制改革的目标确定为建立社会主义市场经济体制后，关于社会主义市场经济理论的讨论也逐步展开。首先是关于社会主义市场经济的内涵。高尚全（1992）认为，社会主义市场经济就是坚持社会主义基本制度前提下的市场经济，就是社会主义条件下的市场经济。其次是关于社会主义市场经济的特点。刘国光（1992）指出，社会主义市场经济应具有市场经济的一般特征，同时，在政治制度、所有制结构和分配制度上与资本主义国家的市场经济存在着差异。再次是社会主义市场经济的改革方向。薛暮桥（1992）提出，政府应加快三个方面的改革：一是加快企业体制改革特别是国有企业管理体制改革；二是加快发展和培育社会主义市场关系；三是尽快健全以经济方法为主的宏观计划调控体系。最后是社会主义市场经济体制的着眼点。晓亮（1992）认为建立和发展社会主义市场经济，应大力促进私营经济健康发展，卫兴华（1993）却提出不同意见，认为我国进行经济体制改革、建立社会主义市场经济体制的着眼点，是落在公有制经济，特别是国有企业，尤其是国有大中型企业上。

1997 年召开的党的十五大确立了社会主义公有制为主体、多种所有制经济共同发展的基本经济制度，但究竟应该如何理解"社会主义公有制为主体"？对于这一问题，学术界形成三种观点：第一种观点认为要保持公有制的主体地位，必须使其在经济中有较大的比重，必须使公有制的资产存量及其所提供的国民生产总值和国民收入在社会总量中占有明显的优势，并且保持较高的增长势头；第二种观点认为公有制为主体，就是它在整个国民经济发展中起主导作用，在关系国计民生的重要产业如基础工业、基础设施、支柱产业和主导产业中占有统治地位；第三种观点认为公有制的主体地位应该更主要地体现在公有制的素质上。判断公有制是否在数量上占主体，最简单的办法就是估算公有制经济的比重，不过学术界在衡量口径上存在分歧，有的研究者用产值占比，但更多的研究者采用资产占比，而后者又存在严重的分歧，主要体现在对于资产的估算中是否应该包括非经营性资

产。赵华荃（2012）、裴长洪（2014）均以经营性资产为估算口径，得出的却是截然不同的结论。由于分析的角度不同，衡量的口径不一，这方面的争论并未达成共识。

关于国有企业改革以及建立现代企业制度的讨论一直贯穿于 40 多年来中国改革进程中。现代企业制度的核心在于国企改革，其目标是通过改革提升国有企业效率。进入 21 世纪后，一些实证研究主要关注国有企业的效率测度与比较问题。刘小玄（2000）采用超越对数生产函数对 1995 年全国工业普查企业的效率进行了测度，发现以国有企业为参照系来比较，私营个体企业和三资企业的平均效率为国有企业的 2～5 倍，股份制企业和集体企业的平均效率为国有企业的 1～2 倍。姚洋和章奇（2001）基于随机前沿生产函数对企业的效率进行估计，发现与国有企业相比，集体企业、私营企业和三资企业的效率分别要高出 15.1%、45.5% 和 11.4%。在全要素生产率方面，孔东民等（2014）、杨汝岱（2015）基于中国工业企业数据库提供的大样本数据进行测算，发现国有企业的生产效率低于其他类型的企业。同时，大量研究也从不同角度提供了国有企业改革提升企业效率的经验证据。Groves 等（1994，1995）首次发现包含激励机制以及管理模式等方面的改革措施显著提高了国有企业生产和投资效率。郝阳和龚六堂（2017）的研究等一些实证文献检验了国有企业混合参股对企业绩效的影响，结果表明"混合所有"的股权结构提高了公司绩效，但国有资本之间的股权多元化对公司绩效没有正面影响。

对于国有企业改革的路径选择，学术界也做了讨论。张维迎（1996）从现代企业理论出发，强调企业剩余索取权和控制权对称安排的重要性，提出"国有资本转债权、非国有资本转股权"的改革思路，即实行"民营化"。与之不同的是，林毅夫和李周（1997）提出国有企业改革应从解除企业面临的各种政策性负担入手，以此硬化其预算约束，从而进入竞争性的市场，使企业的利润率能够真正成为反映其经营绩效的充分信息指标。

三、新时代中国特色社会主义政治经济学理论

改革开放后，由于发展社会主义市场经济的需要，国内再度掀起了学习、借鉴现代经济学的热潮，随着现代经济学的引入，中国与西方国家在经济学教育和研究上的差距不断缩小。正是在这样的背景下，构建中国特色社会主义政治经济学的理论体系和话语体系成为学界热议的时代命题。1984 年《中共中央关于经济体制改革的决定》的颁布，引发了关于建设有中国特色的社会主义政治经济学的广泛讨论。徐永禄（1996）最早提出"中国特色社会主义的政治经济学"完整的名词概念，他认为："中国是社会主义社会，中国理论经济学的性质就是马克思

主义政治经济学的中国化，或者称之为中国特色社会主义的政治经济学"。随着社会主义市场经济体制不断发展完善，这些观点得到了更多学者的认同，陈征（1999）指出，社会主义初级阶段的基本经济制度为中国特色社会主义政治经济学提供了新的内容和思路。

党的十八大以来，中国特色社会主义进入了新时代，习近平同志把马克思主义政治经济学的基本原理同中国特色社会主义的实践相结合，发展了马克思主义政治经济学，提出了一系列新思想、新论断，创新并丰富了中国特色社会主义政治经济学理论，为中国和世界带来了新的经济发展理念和理论。这些新的理念和理论包括：经济新常态的理论、关于发展理念的新论断、关于市场与政府关系的新论断、关于基本经济制度的新论断、关于经济体制改革的新论断、关于开放发展的新论断等。习近平在十八届中央政治局第二十八次集体学习时指出，应"提炼和总结我国经济发展实践的规律性成果，把实践经验上升为系统化的经济学说"[①]，在经济形势专家座谈会上指出"坚持和发展中国特色社会主义政治经济学"[②]。

之后，中国经济学界掀起了研究习近平新时代中国特色社会主义政治经济学的热潮，尤其是政治经济学领域的学者围绕中国特色社会主义政治经济学的基本内涵、学科定位、目标任务、现实基础、研究对象、研究方法、重大原则、理论来源、理论体系以及构建路径等主要议题展开广泛而深入的讨论，形成了一批有探索性和建设性的研究成果。顾海良（2016）提出，"术语的革命"应该成为中国特色社会主义政治经济学学术话语体系建设的重要内涵。洪银兴（2016）认为，中国特色社会主义政治经济学是当代中国的马克思主义政治经济学，在阶级性上的学科定位是：在生产关系上属于社会主义初级阶段的政治经济学，在生产力上属于中等收入发展阶段的政治经济学。逄锦聚（2016）提出，中国特色社会主义政治经济学应该具备科学性、人民性、实践性、开放性、发展性五个最基本的特征。刘伟（2016）对中国特色社会主义政治经济学的历史观、核心命题、主要任务、根本目的做了论述。构建科学的中国特色社会主义政治经济学理论体系，必须回答如何处理与西方经济学关系的问题。中央党校"中国特色社会主义政治经济学研究"课题组（2017）认为对西方经济学应秉持比较、对照、批判、吸收、升华的态度。方福前（2019）对创建中国特色社会主义政治经济学为何以及如何借用西方经济学做了探讨。周文和宁殿霞（2018）提出构建中国特色社会主义政治经济学路径的四个维度。

---

① 《不断开拓当代中国马克思主义政治经济学新境界》，https://baijiahao.baidu.com/s?id=1675125635303942011&wfr=spider&for=pc[2020-08-16]。

② 《习近平主持召开经济形势专家座谈会》，http://www.xinhuanet.com/politics/2016-07/08/c_1119189505.htm[2016-07-08]。

由于新时代为中国特色社会主义政治经济学提出了崭新的命题，国内学界对此进行了大量研究，也产出了不少研究成果。然而，已有研究仍存在一些不足，如缺乏中国特色社会主义政治经济学和西方经济学的比较研究，现有研究成果大多基于理论阐述的方法，缺少实证研究等（陈清，2017），这些方向有待进一步发展。

四、中国转型经济制度理论创新

中国经济腾飞是转型经济和制度经济学研究的重要样本。前者以苏联解体后俄罗斯的发展路径为参照，从两个维度进行比较，一是渐进式改革与激进式改革的比较（张军，1998），二是"北京共识"与"华盛顿共识"的比较（靳涛，2006）。钱颖一（2003）、樊纲（1993）等中国经济学家通过总结中国改革开放以来的实践经验，在过渡经济学理论的基础上建立了中国经济转型经济学理论。而林毅夫（2018）从一国要素禀赋出发，对经济发展和转型过程中的种种相关现象进行理论分析和创新，构建了新结构经济学的研究框架，提出了发展中国家赶超战略理论。

当然，中国的过渡经济学也是一种制度经济学，或者说是一种制度变迁理论。20世纪80年代中后期，随着North（诺斯）的新制度经济学进入中国经济学界的视野，国内学界掀起了一股研究制度变迁的热潮。正如盛洪（1996）指出的，由于新制度经济学的研究方法与中国市场化的需求契合，对中国的现实经济问题有较强的解释力，因此成为中国经济转轨时期最为成功的经济理论。但诺斯并未关注地方政府在制度变迁中的行为和作用，这无法解释改革开放以来中国体制转轨的机制、动力和特点。于是，一些学者尝试把地方政府嵌入中国制度变迁的理论分析框架中。杨瑞龙（1998）、杨瑞龙和杨其静（2000）提出的制度变迁"三阶段论"和阶梯式渐进制度变迁模型，把中国制度变迁划分为三个阶段：供给主导型（中央政府）、中间扩散型（地方政府）和需求诱致型（微观主体）。黄少安（1999）指出，按照杨瑞龙的观点，用中央政府主导模式、地方政府主导模式和微观主体主导模式作为划分标准更为准确。另外一些学者则着眼于制度因素中特定的政府结构对政府尤其是地方政府行为产生的影响（周业安，2003）。张兴祥和庄雅娟（2017）综合已有制度变迁理论的研究成果，构建了一个融合诱致性制度变迁与强制性制度变迁两种路径的理论分析框架，提出了一个两阶段的制度变迁模式。

基于制度背景考察中国经济高速增长，也成为学者研究的一个重要内容。Li和Zhou（2005）运用中国改革以来省级水平的数据，验证了地方官员晋升与地方经济绩效的显著关联，为地方官员晋升激励的存在提供了经验证据。另外，针对Krugman（克鲁格曼）等国外学者认为中国增长主要由要素投入推动，因而是"不可持续的增长"的论断,王小鲁等(2009)利用 1978～2007 年的数据考察中国经济增长方式的转变,发现改革开放以来中国全要素生产率(total factor productivity,TFP)呈上升趋势,中国经济增长来源由最初的外源性效率提高因素为主,转变为技术进步和内源性效率改善相结合的因素为主。Song 等(2011)通过对传统的新古典主义增长模型进行改进,构建了一个两部门双结构的宏观增长模型,解释了中国宏观经济自 1992 年以来的许多特征,如高产出增长率、高投资回报率、工业部门大规模再分配以及巨大的贸易顺差等。这些以统计数据为基础的实证研究,很好地回应了国外学者的质疑。

五、劳动就业与收入分配理论创新

改革开放 40 年也是中国劳动力市场快速发展、劳动力得到充分释放的 40 年,其中一个较令人瞩目的议题是农村富余劳动力向城镇转移的问题。与劳动力就业、劳动力流动相关的还有收入分配等问题,在这些领域,中国经济学取得了非常丰硕的研究成果。

新中国成立后,优先发展工业尤其是重工业的决策,包括采取的一系列相应措施如户籍制度、农产品统购统销制度等,使中国逐步形成典型的城乡二元经济结构。经济学家 Lewis(刘易斯)最早提出、后续学者不断加以拓展的"二元经济理论",成为国内经济学者研究劳动力市场变化的重要理论借鉴。2004 年珠三角出现的"民工荒",让"刘易斯拐点"迅速成为国内劳动经济学界的一大研究热点。蔡昉(2007)最早对中国二元经济结构转换做出研判,提出"刘易斯拐点"到来的观点。随后,蔡昉(2010)将人口结构理论与二元经济理论结合起来,从理论上揭示二者的一致关系,并论证和检验了人口红利逐渐消失和"刘易斯拐点"到来的判断。不过,一些学者提出不同看法,如刘伟(2008)认为"民工荒"只是局部和暂时的现象,我国劳动力市场供给充裕,国内一些学者所说的"刘易斯拐点"其实指的是第一个拐点,而真正具有决定性的是第二个拐点。也有一些学者通过估算,指出中国农村劳动力存在短缺与过剩并存的现象,如章铮(2005)。少数学者则完全否认刘易斯拐点理论对中国经济具有适用性。

基于中国城乡二元经济结构背景,一些学者考察了劳动力流动带来的积极效应。例如,都阳等(2014)发现劳动力流动有利于扩大劳动力市场规模和提高城市经济的全要素生产率,尽管对资本产出比和工作时间有负面影响,但劳动力流动带来的净收益非常可观。

另外,自 20 世纪 90 年代中期以来,中国劳动收入份额出现持续下降的现象,不少文献进行实证分析并得出相似的结论。李稻葵等(2009)计算发现中国劳动收入份额从 1990 年的 53%下降到 2006 年的 40%左右。白重恩和钱震杰(2009)

首次利用 GDP 收入法核算数据，计算了 1978～2006 年我国国民收入中的劳动收入份额，发现其在 1995～2006 年下降了约 10 个百分点。国内学者从产业结构、人力资本与技术进步、国际贸易与经济全球化、人口年龄结构、市场结构和制度因素等方面做出理论解释。

与改革开放相伴的收入分配问题引起学者的热烈讨论。谷书堂和蔡继明（1989）是最早提出按劳分配与按要素分配相结合的学者，赵人伟（1989）则阐述了对收入分配不公问题的看法。在此期间，学者又围绕效率与公平的关系展开讨论。周为民和卢中原（1986）最早提出"效率优先、兼顾公平"的主张，但有的学者认为应改为"效率与公平并重"。接着，收入差距问题开始进入研究者的视野。赵人伟（1989）对中国经济转型过程中出现的城市工资差异和区域间工资差异的成因做了解释。随着中国经济社会的发展，收入差距仍持续扩大，贫富悬殊加剧。李实和罗楚亮（2011）的估计结果表明，高收入人群样本的偏差严重低估了城镇内部的收入差距，也在很大程度上低估了城乡之间和全国的收入差距。不过，李实和朱梦冰（2018）考察了中国改革开放以来的收入不平等变化历程，发现 2008～2017 年收入差距得到一定遏制，处于小幅波动和高位徘徊的阶段。总的来说，已有研究文献将收入分配差距扩大的原因归结为生产要素（特别是人力资本）、经济转型、税收再分配政策等。

六、经济统计学与数量经济学

中国经济学科较早就重视经济统计分析工作。新中国刚成立不久，中国科学院哲学社会科学部经济研究所就设有国民经济综合平衡室，利用数学方法对经济活动和经济学现象展开研究。在计划经济时代，经济统计学获得长足发展。改革开放之初，著名经济统计学家钱伯海（1982）首创的国民经济综合平衡统计学，强调国民经济各部门应该按照比例协调发展，相关思想至今对实践依然有非常重要的指导作用。

随着中国经济由计划经济模式转向市场经济模式，部门统计乃至计划统计越来越无法适用于描述中国经济的实际运行。数量经济学或计量经济学在国内的兴起，便是一种历史的必然。计量经济学的主要任务就是基于观测的经济数据，以经济理论为指导，利用统计推断的方法，识别经济变量之间的因果关系，揭示经济运行规律。洪永淼（2021b）用一个统一的分析框架，系统介绍了现代计量经济学的基本理论与方法。洪永淼（2016）指出，经济统计学与计量经济学一起，构成了经济实证研究完整的方法论，统计学各个分支的交叉融合将推动经济统计学和计量经济学的共同发展，从而进一步提升中国经济学实证研究的水平和科学性。李子奈和齐良书（2010）认为，计量经济学模型设定阶段的演绎与模型检验阶段的归纳相结合,构成了完整的、辩证的计量经济学模型的认识论,在方法论上,计量经济学是"证伪主义"与"实证主义"的综合。在基于中国背景的计量经济理论方法与模型创新方面,汪同三和张昕竹(1990)对几种形式的中国部门生产函数齐次性检验问题进行深入研究;汪同三和蔡跃洲(2006)以我国二元结构为背景,基于收入分配视角建立了资本积累、投资结构决定的数理模型,并通过模型参数分析了资本积累、投资结构的影响因素;李善同等(1995)设计了中国宏观经济多部门动态模型,该模型将投入产出模型特别适合于模拟经济结构变动效果的特点与总量计量经济模型的动态特点有机地结合起来,既可用于宏观经济分析,又可用于产业部门的分析。在预测理论方面,汪寿阳等(2007)创新性地提出了 TEI@I 方法论,集成了包括文本数据、网络数据在内的信息集,发现其在粮食产量、原油价格、汇率预测等方面具有优越的表现。

另外,在经济科学"实证革命"中,政策评估越来越显得举足轻重。中国经济学家充分利用各种政策评估方法对中国的重要经济事件和政策展开评估。例如,Hsiao 等(2012)提出了一个基于面板数据的政策评估方法,并以此评估内地与香港的经贸关系对香港经济的影响。该方法在政策评估领域获得广泛应用,已成为国内外公共政策评估的标准方法之一。

七、财税理论与财税体制改革

改革开放以来,国内学界对财政基础理论和实践的认识发生了巨大的转变。改革开放初期,国内学界围绕财政本质问题展开了大讨论,提出了"国家分配论""国有资产财政论"等观点。邓子基(1997)认为"国家分配论"高度概括了各种社会形态国家财政的共性,能解释其他财政理论所不能解释的问题。20 世纪 90 年代,建设社会主义市场经济体制的目标确立后,国内学界对财政基础理论的认识逐步深化,提出了公共财政的理念并进行了大量探讨。"公共财政论"的代表人物张馨(1999)认为公共财政是国家或政府为市场提供公共服务的分配活动或经济活动,它是与市场经济相适应的一种财政类型或模式。高培勇(2000)指出公共财政是为满足社会公共需要而进行的政府财政收支活动模式。贾康和李全(2005)认为公共财政指以社会权力中心代表公众利益、为满足社会公共需要而发生的理财活动,属于社会再生产分配环节上的公共分配。2013 年,党的十八届三中全会提出,全面深化改革的总目标是完善和发展中国特色社会主义制度,推进国家治理体系和治理能力现代化。国内学界开始围绕现代财政或财政现代化等主题展开研究,许多财政学者提出了中国特色社会主义财政学理论体系,这方面的研究逐渐成为今后财政基础理论研究的主流,相关文献有高培勇(2018b)、杨志勇(2017)和王艺明(2018)等的研究。

　　改革开放以来，财政支出观念实现了从直接为国有企业提供服务到对全社会提供一视同仁的公共服务的转变，财政支出更加注重效率，并确立了公共政策目标。20 世纪 90 年代中期前，财政学界对财政支出的研究主要围绕两个结构，即生产建设性财政支出结构、积累性和消费性财政支出比例（卢洪友，1989），之后逐渐转向与市场经济体制相适应的财政支出结构。同时，越来越多的研究转向考察财政支出绩效，包括支出绩效评价层次、支出绩效评价原则、支出绩效评价方法与指标体系等（陈诗一和张军，2008），还有最优规模的相关研究（张明喜和陈志勇，2005）。改革开放以来，财政收入理论的发展主要是不断探索税收的作用方式、优化税收的运作机制，税收在国家治理中的作用得到强调。在税收相关问题研究中，税制改革如分税制是重点领域，赵志耘和郭庆旺（2001）对公平课税论、最优课税论和财政交换论三种规范理论做了比较分析，旨在为我国 21 世纪的税制改革提供思路。不过，杨斌（2005）指出，最优税收理论的所有结论或定理均是特殊的、个别的，而不是普遍的、一般的，不能直接作为一个国家进行具体税制改革实践的指导思想。

　　另外，随着中国政府预算制度逐步规范化，预算实现了从内部事务到国家治理重要工具的转变，预算制度成为财政管理及体制改革领域研究的重点之一。相关研究有吕炜（2003）、贾康和段爱群（2013）、高培勇（2014a）、杨志勇（2014）等的研究。财政管理及体制改革研究的另一个重点是政府间财政关系，特别是中央与地方的财政关系问题。规范中央与地方财政关系的财政管理体制一直备受重视。政府间财政关系的规范化，重在优化公共服务的提供。在分税制体制下，转移支付制度在弥补地方政府的财政失衡、实现基本公共服务均等化、解决财政支出的外溢性以及增强中央对地方的控制力等方面发挥着重要的作用，这方面的研究包括马骏（1997）、钟晓敏等（1998）、范子英和张军（2010）、赵永辉和付文林（2017）等的研究。

　　2013 年 8 月，营业税改征增值税（以下简称营改增）的范围由原来的试点推广到全国，这是自 1994 年分税制改革以来，财税体制的又一次深刻变革，国内学界也从实证角度对此展开了研究探讨。李成和张玉霞（2015）利用双重差分模型检验了"营改增"改革的政策效应，陈钊和王旸（2016）也采用同样的方法检验了"营改增"改革促进专业化分工的两种可能，梁若冰和叶一帆（2016）则考察了"营改增"对企业间贸易的影响。

　　在社会主义市场经济条件下，公共财政观念逐步树立起来。当然，在中国特色社会主义新时代，国家治理的现代化要求加快建立现代财政制度，这对开拓财政理论研究的新领域也提出了更高的要求。

八、资本市场与金融监管

中国资本市场一直是中国改革开放的重要领域，其中，通过资本市场改善和提高公司的治理水平无疑是一个很重要的话题。有效市场假说（efficient market hypothesis，EMH）是现代金融经济学的理论基石，也是现代证券市场理论体系的支柱之一，资本资产定价模型（capital asset pricing model，CAPM）与套利定价理论（arbitrage pricing theory，APT）等都是以有效市场为假设前提。改革开放以来，资本市场成为中国金融发展的一个重要领域，因而资本市场配置效率即市场有效性问题自然而然地成为国内经济学界关注的研究热点。吴世农（1996）较早讨论了中国证券市场的有效性，那么中国证券市场是否达到弱式有效呢？实证研究得出的结论并不一致。当然，随着资本市场理论及计算技术的发展，有效市场假说受到质疑，代之而起的资本市场复杂性理论，对金融变量的复杂特征和市场异常现象——非线性动力学特征做了更准确的刻画（庄新田和李冰，2008）。黄登仕（2000）指出，多标度行为的发现是金融市场标度理论的最重要的进展。

2008年金融危机爆发，国内学者围绕全球金融危机的成因、影响和前景，金融自由化与金融监管，区域金融一体化与金融监管合作，国际金融体系改革以及对中国经济的影响等进行探讨。马勇等（2009）以全球范围内具有代表性的 66 个国家或地区的数据为基础，系统考察了信贷扩张和金融监管在金融危机中的作用与实现方式。金融监管方面，一个重要的目标是防止金融系统性风险，大量研究关注对资本市场和银行的监管。

中国经济进入"新常态"后，国内金融学研究在研究主题、研究内容和研究方法上都得到了极大的发展，其中货币政策、金融发展理论、金融体制改革、金融风险与监管等成为热点研究领域（李原，2018）。梁琪等（2013）对系统性风险指数 SRISK 方法做了改进，用于测度中国 34 家已上市金融机构的资本短缺程度，并提出界定系统重要性金融机构的标准。孙国峰和贾君怡（2015）基于信用货币创造的视角对中国影子银行业务做出界定和分析，认为有必要明确划定银行扩张资产创造信用货币的边界，针对影子银行和传统影子银行分别设计宏观审慎管理工具。许文彬等（2019）利用演化经济学的思想和动力学方法研究金融创新的扩散及与金融监管共同演化的路径和结果，论证了在三种不同监管策略下金融创新与金融监管共同演化的路径，指出随金融创新扩散程度而渐次展开的一阶监管策略更有助于实现监管目标和市场稳定。刘晓光等（2019）从监管机构和监管模式两个维度出发，考察金融监管结构对杠杆率的影响，发现中央银行负责银行业监管可以有效降低杠杆率，监管模式的直接影响并不显著，但与监管机构存在交互作用。

九、国际贸易与经济全球化问题

改革开放以来，中国参与国际分工，逐步融入世界经济体系，与世界各国的经济贸易日益密切。2001 年加入世界贸易组织（World Trade Organization，WTO）之前，国内学界讨论的热点问题主要集中在对外开放理论与战略、国际经贸理论与政策、对外经贸体制改革、国际价值规律、参与国际分工、国际经济合作等方面。加入 WTO 后，主要研究议题涉及区域贸易一体化与自由贸易区、国际贸易平衡、国际贸易与汇率问题、国际贸易壁垒与摩擦、技术壁垒与知识产权、产业和企业的国际竞争力、国际贸易地理等（夏先良，2014）。

中国加入 WTO 后，伴随着履行一系列的贸易政策调整带来的主要变化可以总结为两个方面：一是国内进口关税及其他贸易壁垒的下降，二是对外出口面临的非关税壁垒的降低。余淼杰和李乐融（2016）的研究发现，相对于一般加工贸易，贸易自由化显著提升了一般贸易中进口中间产品质量。Brandt 等（2017）研究发现，中国进口贸易壁垒的降低对于企业生产率有促进作用，其研究对象涵盖了中国全部规模以上制造业企业，通过对比分析制造业企业和行业层面的生产效率与价格加成的变化，提出了贸易自由化通过竞争效应促进经济效率的实证证据。鲍晓华和朱达明（2014）基于全球 105 个国家产业层面的双边贸易数据和 HMR 两阶段重力模型，就技术性贸易壁垒对出口的边际效应进行了实证检验。该研究发现，技术性贸易壁垒同时影响了贸易国出口的变动成本和固定成本，进而影响了贸易国出口量的调整和出口概率的变动。Feng 等（2017）则提出一个包含贸易政策不确定性的异质性企业模型，考察贸易政策不确定性降低对出口企业决策的影响。

国内学界对经济全球化问题的关注，早在加入 WTO 之前就已开始（张健雄，1994），并且经济全球化是一个经久不衰的话题。2008 年金融危机爆发后，世界经济进入调整期，经济全球化也呈现出新特点、新趋势。金碚（2016）认为，世界正在兴起第三次经济全球化浪潮，即进入 3.0 版时代，中国在经济全球化 3.0 时代的地位将取决于如何从曾经的"高增长引领世界经济"转变为未来的"善治与活力引领世界经济"。对于欧美国家出现的"逆全球化"现象，李稻葵等（2017）认为这是由国际贸易增长放缓和世界各国经济严重分化引发的，面对美国贸易保护主义的巨大挑战，中国应高举多边协议和自由贸易的大旗，共建"一带一路"，促进形成多元合作的全球化经济新格局。

2010～2019 年，在国际分工和经济全球化的背景下，国内学界对全球价值链的关注也迅速升温，而如何测算贸易增加值成为核心问题。传统国际贸易逆差统计基于进出口总额，在产品生产跨越多个国家的全球化时代，这种方法存在严重的重复计算问题，夸大了贸易不平衡程度。王直等（2015）将 Koopman 等（2012，

2014)提出的一国总贸易流分解法扩展到部门、双边和双边部门层面的研究,把各层面的国际贸易流都分解为增加值出口、返回的国内增加值、国外增加值和纯重复计算的中间品贸易等组成部分,进而构建一个新的核算体系,用于度量出口中的国内增加值。Chen 等(2012b)、Ma 等(2015)提出以贸易增加值衡量一国贸易规模的思想,构建了反映加工贸易和区分内外资的贸易增加值核算体系,给出了考虑和不考虑加工贸易异质性时贸易增加值和双边贸易的偏差,这为更准确地刻画全球价值链中各经济体的位置、避免因不考虑生产异质性而产生的偏差提供了模型方法和实证基础。

国内学者围绕中国制造业在全球价值链的参与度、攀升路径、位次变动以及嵌入全球价值链对贸易壁垒、生产率效应、外商直接投资、出口价格竞争力、贸易产业结构演进等方面的影响展开了广泛而深入的研究(王孝松等,2017;吕越等,2017;倪红福等,2019)。

十、环境污染与环境保护

虽然 20 世纪 70 年代末中国已有了环境立法,但仍无法完全解决经济发展与环境保护之间的矛盾,随着工业化进程的推进,环境与资源面临的压力越来越大,资源短缺和环境污染问题突出。差不多与改革开放同步,我国引入环境经济学,并逐渐将其发展为一门独立学科。国内学者在借鉴国外环境经济学理论和方法的基础上,提出环境资源论、环境价值论、环境生态论、持续发展论和环境产权论等五种理论,同时在环境价值核算、经济增长与环境污染的关系、环境污染损失计量和环境经济模型建立等领域取得重要的研究成果(王金南等,2006)。另外,有关全球气候变化、环境保护立法、环境经济政策等议题也受到关注,一些实证文献开始引入空间计量方法(许和连和邓玉萍,2012)。

20 世纪 90 年代,联合国、世界银行等推出了"综合环境经济核算体系"和"真实储蓄率"。受这一趋势影响,建立环境价值核算的绿色国民核算便成为国内学界研究的一个重要热点。王树林和李静江(1997)提出一套适合中国国情、较易于操作的以绿色 GDP 为核心指标的国民经济核算体系。廖明球(2000)也对绿色 GDP 的概念和核算方法以及自然资源向经济资产转移的途径做了探讨。经济增长与环境污染之间的关系也成为国内学者关注的热点,不少文献采用环境库兹涅茨曲线进行分析。例如,符淼(2008)利用非参数方法分析中国的环境库兹涅茨曲线,沈国兵和张鑫(2015)使用空间计量模型验证中国的环境库兹涅茨曲线。另外一些文献则聚焦于碳排放问题,如陈诗一(2009)利用超越对数分行业生产函数估算了中国工业全要素生产率变化并进行了绿色增长核算,探讨了中国工业的可持续发展问题。

近些年，国内学者致力于环境损失的经济计量研究，提出了有关污染损失的计量方法，用于测度环境污染造成的经济损失及对健康的影响等。国家环保局课题组（1990）曾对 20 世纪 90 年代中期中国环境污染和生态破坏造成的经济损失进行估算，在此基础上，郑易生等（1999）又对 20 世纪 90 年代中期中国环境污染经济损失做了估算。Chen 等（2013a）利用中国供暖分界线，评估了供暖政策导致的空气污染对国民健康的影响，其后续研究也关注环境污染对其他健康问题、人力资本积累可能造成的损失，如抑郁、失眠、学习参与减少、认知能力下降等。一些文献也评估了环境规制政策是否发挥了效率，如范子英和赵仁杰（2019）利用中国从 2007 年开始在中级人民法院设立环保法庭的准自然实验，发现环保法庭的设立有效降低了地级市层面工业污染物的排放总量和人均排放量。郭俊杰等（2019）发现提高排污费征收标准能够显著降低单位工业产出污染物的排放，空气中 SO_2 的浓度也相对降低。

第二节　中国经济科学未来发展展望

通过梳理改革开放 40 年中国经济科学十大重要领域的研究进展，结合当下中国正在进行的中国特色社会主义伟大实践，我们认为中国经济科学将朝着如下几个基本方向发展。

一、努力把中国特色社会主义伟大实践提炼为原创性经济理论

改革开放 40 年，无论是纵向还是横向比较，中国经济进步都是举世瞩目的，但是，中国经济学的转型不如中国经济的转型那么快速和成功，其国际影响力也远不如中国经济在世界经济中那样举足轻重，主要体现在三个方面：一是为国际经济学界所熟悉并承认的中国原创性经济理论数量不多，二是在国际经济学界具有重大学术影响力的中国本土经济学家数量不多，三是中国大学自己培养的经济学博士能够到世界知名大学任教和国际机构任职的数量不多。作为一门社会科学，中国经济学必须能够为中国经济改革发展和全球化实践提供理论指导。我们必须立足中国经济现实，坚持问题导向，从中国经济实践中探索中国经济运行规律。中国特色社会主义的伟大实践是人类经济发展史上的伟大奇迹，为经济学研究提出了全新的时代命题。原创性理论是中国经济学进入国际学术殿堂的"入门券"，也是学术高质量发展的标志。从这个意义上说，中国特色社会主义经济建设的伟大实践值得认真归纳和总结，并将之提升到原创性的经济理论高度，这也正是中国经济学科未来需要加倍努力的方向。

二、站在中国人的立场，为国家大政方针和发展战略服务

经济学是经世济用、富国强民之学，其价值导向是为国家利益服务。因此，中国经济学科的建设，要站在中国人的立场，立足于国家、民族和人民的利益，为国家大政方针和发展战略服务，这样的价值导向一定不能迷失。改革开放后，中国原先的以"三来一补"形式加工和出口原材料，附加值低，在全球价值链中处于中低端位次。现在我们的一些高科技公司如华为、大疆、科大讯飞等，对跨国资本和西方国家的高科技公司形成一定的竞争压力，从而不可避免地导致利益再分配的博弈。因此，在经济全球化的时代，中国经济学家更应站在中国人的立场，提出中国经济问题的应对解决之道。另外，中国正处于社会经济转型的关键时期，为了实现经济增长方式的转变与经济结构的优化，中国经济学家还需要在经济预测和政策评估等方面发挥重要作用。

三、发挥数字经济、互联网经济研究的比较优势

在以信息技术、互联网、移动互联网、人工智能、云计算为特征的新一轮工业革命中，中国迎头跟上，而且在许多领域实现弯道超车，成为世界的引领者。进入21世纪，中国及时抓住了数字革命的机遇，大力发展数字经济，具有人口优势和规模优势的超大型经济体奠定了中国数字经济在国际上的领先地位。数字经济和互联网经济的飞速发展，为研究数字经济条件下的经济行为提供了海量的素材和大数据，中国经济学家在这方面拥有得天独厚的条件，具有显著的比较优势，是大有可为的领域。与此同时，大数据时代涌现的复杂数据形式和复杂数据关系给经济学发展带来了重大挑战和机遇，中国经济学者应把握中国在数字经济方面的产业优势，在相关领域产出具有中国特色、世界公认的原创性一流成果。

四、注重国际视野，用"国际语言"讲述中国经济故事

进入21世纪，中国日益走近世界舞台中心，积极参与全球治理体系改革和建设，贡献中国智慧和中国方案，包括"一带一路"倡议和构建人类命运共同体，这大大提升了中国改革开放的世界意义（王帆，2018）。随着中国的经济发展，综合国力不断提升，中国的世界地位发生了前所未有的变化，这就要求中国经济学科应具备国际视野，用国际同行可以接受的国际语言来讲述中国经济故事，这样才能进一步增强中国经济学的国际影响力和话语权。

五、采用国际同行认可的研究范式和研究方法

科学的本质特征是实证性，即基于假设的学说或理论是可证伪的，且具备逻辑一致性和经验检验性。要想提升中国经济学科的研究水平和质量，就要强调经济学研究的科学性，采用国际同行认可的研究范式和研究方法，特别要重视数理建模分析和计量实证分析的应用等现代研究方法。迄今为止，中国经济学家的原创性经济理论较少地被国际经济学界熟悉并承认，一个重要原因是研究范式和研究方法未能与国际接轨，导致研究成果未能以国际经济学界普遍认可的方式表达。数学建模可以从复杂经济现象中剔除次要因素，抓住主要经济变量之间的逻辑关系与本质联系。更重要的是，对经济理论的数学建模是利用经济数据进行严谨统计推断的必要手段与桥梁。以数据和统计分析为基础的经验研究可以验证经济理论或经济假说的正确性或有效性，从而使经济学成为可用数据验证的一门科学。在 2016 年 5 月 17 日的哲学社会科学工作座谈会上，习近平就指出："对现代社会科学积累的有益知识体系，运用的模型推演、数量分析等有效手段，我们也可以用，而且应该好好用"[①]。我们应该学习现代经济学那些比较先进的研究方法与研究手段，以提升中国经济学在国际经济学界的影响力与话语权，从而更好地传播中国经济思想与理论。

历史经验告诉我们，经济科学研究的中心往往随着世界经济中心的转移而变迁，二战之前两百年左右，英国一直是先进的经济思想的发源地与学术中心。二战之后，随着英国的衰弱和美国的崛起，美国逐渐取代英国，成为经济学世界学术中心。展望未来，中国经济持续稳定快速增长，日益融入全球经济体系并在其中扮演重要角色。在经济全球化进程不断加深的背景下，我们相信，中国经济问题将日益成为国际经济界极为关注的研究对象。相应地，以解释中国经济发展模式为己任的中国经济学有可能令中国成为下一个世界经济学术中心。中国经济学必须实现对西方经济学的超越，才能走在国际经济学最前沿，成为引领时代潮流的生力军。

[①]《习近平：在哲学社会科学工作座谈会上的讲话（全文）》，http://www.scio.gov.cn/31773/31774/31783/Document/1478145/1478145.htm[2016-05-19]。

第三章 中国经济科学研究十年：基于文献计量视角

本章运用文献计量方法对国内外重点期刊等文本进行分析，描绘出 2010～2019 年中国[①]经济科学发展进程的图谱，总结在国际化和规范化研究进程中的成绩，寻找潜在的问题和面临的挑战，并通过聚类分析获得研究的热点问题和重点发展方向。第一，本章对中国经济学研究的国内、国际发表论文情况做全面梳理，分析中国经济科学学科在研究论文发表方面存在的成绩、问题与挑战；第二，勾勒中国经济学主要学术机构之间、与海外机构之间的合作关系；第三，总结中国经济学 2010～2019 年的突破性成果；第四，重点分析有关中国问题研究的国际发表现状；第五，以《经济研究》为主要研究对象，分析国内学术研究主题变迁、交叉学科研究、数据库使用、基金资助情况等问题；第六，讨论自然科学基金对于中国整个经济学科发展的影响；第七，总结中国经济学研究存在的问题，并在此基础上提出有关建议。

第一节 主要学术文献与研究方法

我们结合多次"十四五"战略规划研讨会、圆桌论坛上国内外一流学者的意见、建议，确定了 8 本国内高水平 CSSCI 经济学期刊，5 本国际顶级经济学期刊与 20 本国际一流经济学期刊（合称 25 本国际 A 类及以上经济学期刊）作为文献计量的研究对象[②]。8 本国内高水平 CSSCI 经济学期刊为《经济研究》《中国社会科学》《世界经济》《经济学（季刊）》《中国工业经济》《财贸经济》《金融研究》《数量经济技术经济研究》。5 本国际顶级经济学期刊为：*American Economic Review*（AER）、*Econometrica*（ECTA）、*Journal of Political Economy*（JPE）、*Quarterly Journal of Economics*（QJE）、*Review of Economic Studies*（RES）。20 本

[①] 如非特别说明，本章统计的中国经济科学发表数据未涉及中国香港、澳门与台湾地区的相关数据。

[②] 这一分类参考了国际一流高校评价体系和专家意见，平衡了研究对象的代表性和研究的可操作性，但这并不意味着囊括了所有的高水平期刊，我们将在后续研究中进一步将更多的高水平期刊如 *American Economic Journal*：*Macroeconomics*、*Games and Economic Behavior*、*Journal of Law and Economics*、*Management Science*、*Theoretical Economics* 等纳入分析范围。

国际一流经济学期刊为：*American Journal of Agricultural Economics*（AJAE）、*Economic Journal*（EJ）、*International Economic Review*（IER）、*Journal of Development Economics*（JDE）、*Journal of Econometrics*（JoE）、*Journal of Economic Theory*（JET）、*Journal of Environmental Economics and Management*（JEEM）、*Journal of the European Economic Association*（JEEA）、*Journal of Finance*（JF）、*Journal of Financial and Quantitative Analysis*（JFQA）、*Journal of Financial Economics*（JFE）、*Journal of International Economics*（JIE）、*Journal of Labor Economics*（JLaborE）、*Journal of Law & Economics*（JLE）、*Journal of Monetary Economics*（JME）、*Journal of Public Economics*（JPubE）、*Journal of Urban Economics*（JUE）、*The RAND Journal of Economics*（RAND）、*The Review of Economics and Statistics*（REStat）、*The Review of Financial Studies*（RFS）。如表 3.1 所示。

表 3.1　经济学领域高水平期刊列表

期刊名称	类别
《经济研究》《中国社会科学》《世界经济》《经济学（季刊）》 《中国工业经济》《财贸经济》《金融研究》《数量经济技术经济研究》	国内顶级期刊
American Economic Review *Econometrica* *Journal of Political Economy* *Quarterly Journal of Economics* *Review of Economic Studies*	国际 A+期刊
American Journal of Agricultural Economics *Economic Journal* *International Economic Review* *Journal of Development Economics* *Journal of Econometrics* *Journal of Economic Theory* *Journal of Environmental Economics and Management* *Journal of Finance* *Journal of Financial and Quantitative Analysis* *Journal of Financial Economics* *Journal of International Economics* *Journal of Labor Economics* *Journal of Law & Economics* *Journal of Monetary Economics*	国际 A 类期刊

期刊名称	类别
Journal of Public Economics	
Journal of the European Economic Association	
Journal of Urban Economics	国际 A 类期刊
The RAND Journal of Economics	
The Review of Economics and Statistics	
The Review of Financial Studies	

我们以 2010～2019 年中国知网（China National Knowledge Infrastructure，CNKI）和 Web of Science（以下简称 WoS）的数据为基础，覆盖 8 本国内高水平 CSSCI 经济学期刊、25 本国际 A 类及以上经济学顶尖期刊从 2010 年 1 月至 2019 年 12 月发表的论文。其中，经过清洗后获得的中文论文有 9341 篇[①]，英文论文有 18 107 篇[②]，数据内容包括论文标题、来源期刊、作者、单位地址、年份、被引次数、标注基金资助等信息，一起构成文献计量分析的基本数据库。在外文论文数据集的基础上，获取地址字段中包含 China 的论文子数据集共计 1165 篇，一起构建机构学术合作网络。

第二节　中国经济科学的研究发表现状与趋势

一、国内研究论文发表

在国内中文期刊论文发表方面，中国经济学者通过批判性借鉴现代西方经济学中有益的理论成分和研究方法，结合中国改革开放的现实经济问题，实现了从定性分析到以定量分析（特别是以数据为基础的实证研究）为主的转变，研究的重点领域也出现多元化、特色化的研究态势。目前中国学者的主要研究领域包括：计量经济建模、经济统计、宏观经济、区域经济、国际贸易、资本市场与金融监管、劳动力市场、收入分配、环境与能源、政策评估等（林毅夫，2001；林毅夫和胡书东，2001）。

---

① 中文论文的研究数据来自 CNKI，覆盖时间范围为 2010～2019 年（截至 2020 年 3 月 15 日获取的数据）。去除征文启事、通告、广告等无效数据，去除会议/论坛综述、评介、笔谈、书评等非研究性文章，去除《中国社会科学》中图分类号不含"F"的文章。

② 英文论文的研究数据来自 WoS，覆盖时间范围为 2010～2019 年（截至 2020 年 3 月 25 日获取的数据），通过清洗，过滤掉 JF 于 2020 年发表的 21 篇论文、AER 在 2010～2018 年每年 5 月发表的会议论文共 907 篇、文献类型为"article（论文）、proceedings paper（会议文献）"的文章 375 篇，最终获取 18 107 篇论文数据。

以《经济研究》在 2010～2019 年发表的论文题材为例[①]，宏观经济学和金融学在经济学研究中一直占据主导地位，十年间在《经济研究》总体发文量中的占比分别为 14.4% 和 13.9%。宏观经济学论文在总发文量中的占比与同一时期 80 本 SSCI 国际期刊中宏观经济学论文数占比类似，但《经济研究》中金融学的论文数占比远高于国际期刊的水平[②]（Angrist et al., 2017）。从增速上看，区域经济学与公共经济学的论文数增长幅度最高[③]，2019 年比 2010 年的论文数量占比分别增加了 5.2 个百分点和 3.9 个百分点；而宏观经济学、微观经济学和计量经济学在近年呈下降趋势。2019 年，《经济研究》中论文发表量占北前五位的经济学领域分别为金融学、公共经济学、宏观经济学、发展经济学、微观经济学，占比分别为 14.2%、11.9%、11.3%、9.5%、8.1%（图 3.1）。

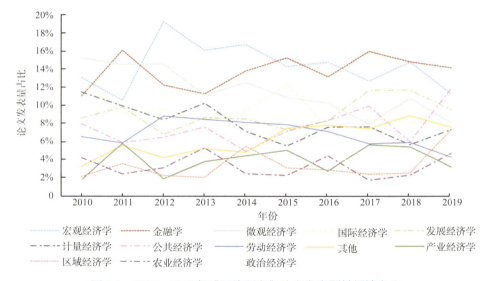

图 3.1　2010～2019 年《经济研究》论文发表题材领域占比
资料来源：CNKI、山计量经济学教育部重点实验室（厦门大学）和国家自然科学基金委员会"计量建模与经济政策研究"基础科学中心整理

① 本次数据来源于《经济研究》期刊，覆盖时间范围为 2010～2019 年，经过清洗后获取有效数据 1623 篇（去除征文启事、通告、广告等无效数据），其中有 106 篇文章不含 JEL 分类号，JEL 为《经济文献杂志》（*Journal of Economic Literature*）。我们截取中文论文提供的 JEL 分类号编码，按照 JEL 分类（A～R 和 Y～Z），将论文分为微观（D）、计量（C）、宏观（E）、公共（H）、国经（F）、劳动（J）、金融（G）、产业（L）、发展（O）、农经（Q）、区域（R）、政经（P）、其他（A、B、K、M、N、Y、Z）共 13 个类型。如果一篇论文中出现多个编码，我们赋予第一个编码 60% 的占比，剩下的 n 个编码占比为 40%/(n–1)。

② Angrist 等（2017）研究了 80 本国际期刊 1980～2015 年发表论文的数据，统计了不同领域中论文发表的情况。其中 2010～2015 年在这 80 本期刊中宏观经济学领域的发文占比在 14.5% 左右，金融学在 6% 左右。

③ 未分类的比重增加也很多（4.4 个百分点），其中包括经济学教学、经济思想史、商业管理、经济史等占比较小的类型。

我们以论文的引用率作为判断论文影响力的依据,按照领域划分,计算以影响力加权的论文发表量占比情况(图 3.2)。十年间在《经济研究》中发表论文以影响力加权占比最高的五个领域分别为金融学(18.5%)、微观经济学(12.6%)、发展经济学(12.1%)、宏观经济学(10.1%)、国际经济学(8.4%)。近年来,政治经济学和区域经济学的研究按照影响力加权计算的占比增长迅速,微观经济学、劳动经济学、农业经济学的研究按照影响力加权计算的占比下降较快。

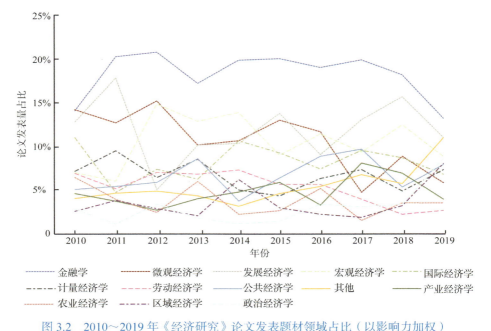

图 3.2 2010~2019 年《经济研究》论文发表题材领域占比(以影响力加权)
资料来源:CNKI,由计量经济学教育部重点实验室(厦门大学)和国家自然科学基金委员会"计量建模与经济政策研究"基础科学中心整理

由于在农业经济学、发展经济学、劳动经济学、财政学、区域经济学的研究中,有许多属于应用微观领域的实证研究,而中国的宏观经济学和金融学研究也侧重实证研究,因此《经济研究》的论文发表也在一定程度上反映了世界经济科学"实证革命"的发展趋势。

国内高校和科研机构的 CSSCI 和 SSCI 国内外两类学术期刊论文发表优势互补、相互促进,逐渐形成了国内高校和科研机构各自的发展特色。我们以 2010~2019 年发表在国内高水平 CSSCI 期刊[①]和国际 A 类及以上 SSCI 期刊上的论文为

---

① 数据来源为《经济研究》《中国社会科学》《世界经济》《经济学(季刊)》《金融研究》《财贸经济》《中国工业经济》《数量经济技术经济研究》。

样本进行比较分析，结果显示，2010～2014 年发表过国际 A 类及以上 SSCI 论文的高校和科研机构仅有 32 所，平均发文量为 7.3 篇，它们在国内高水平 CSSCI 期刊上发表的论文平均为 134.7 篇。到了 2015～2019 年，这 32 所高校和科研机构平均发表了 19.3 篇国际 A 类及以上 SSCI 论文，数量上升了 164.4%；平均发表了 124.4 篇国内高水平 CSSCI 论文，数量仅下降了 7.6%[①]。同时，在国际 A 类及以上 SSCI 期刊上发表论文的高校和科研机构增加到 70 所，平均发文量为 10.3 篇。为了评估的客观性和可比性，我们构建了一个衡量论文发表成果的指标[②]，以衡量国内高校与科研机构的论文发表数量相对于国内平均发表水平的偏离程度，从而衡量该单位经济学研究在 CSSCI 期刊和 SSCI 期刊发表论文的能力（图 3.3）。可以看出，在 2010～2014 年国内大多数高校和科研机构经济学的研究能力还不强，仅有少数高校和科研机构的研究实力能够做到 CSSCI 和 SSCI 并重（仅有 3 所高校和科研机构的双指数均高于 0.5），但到了 2015～2019 年，已有更多的高校和科研机构进入了高水平研究的阵营（双指数均高于 0.5 的高校和科研机构达到 9 所）。

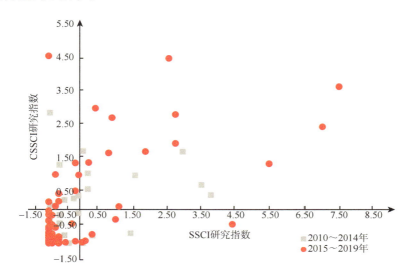

图 3.3 2010～2019 年中国国内高校和科研机构期刊论文类型分布

资料来源：CNKI 和 WoS，由计量经济学教育部重点实验室（厦门大学）和国家自然科学基金委员会"计量建模与经济政策研究"基础科学中心整理

① 近年来，发表国内高水平 CSSCI 论文的竞争日益激烈。2015～2019 年，国内高水平 CSSCI 期刊总体刊发论文的数量减少了 14%，进一步提高了论文发表的难度和竞争程度。

② 我们统计每所高校和科研机构 CSSCI 论文和 SSCI 论文的发表量，建立论文研究指数变量，计算公式为：i 类型研究数=(本单位 i 类型论文发文量−全国高校和科研机构 i 类型论文平均发文量)/全国高校和科研机构 i 类型论文平均发文量，其中 i 为 CSSCI 或者 SSCI。

二、国际研究论文发表

中国经济科学在国际论文发表的数量增长迅速，显示出一流的研究水平和旺盛的研究活力。对比 2010～2019 年中两个五年期，中国经济学科在 2010～2014 年发表的 SSCI 论文为 6677 篇，在世界排名第 10 位，其中国际 A 类及以上经济学期刊论文 212 篇，世界排名第 11 位。2015～2019 年中国经济学者 SSCI 论文发表数量为 14 776 篇，世界排名跃升至第 4 位，其中国际 A 类及以上经济学期刊论文 564 篇，世界排名跃升到第 6 位。前后五年对比，中国经济学者的 SSCI 论文发表数量增长了 121.3%，国际 A 类及以上经济学期刊论文发表数量增长了 166%（图 3.4 和图 3.5）。

图 3.4　2010～2019 年经济学科按 SSCI 论文发表数量排名的国家
资料来源：WoS，由计量经济学教育部重点实验室（厦门大学）和国家自然科学基金委员会"计量建模与经济政策研究"基础科学中心整理

从国际排名看，中国 WoS 论文数世界排名从 2010 年的第 10 位跃居 2019 年的第 3 位，提升了 7 个位次，在 WoS 顶尖期刊发表论文数的排名从 2010 年的第 10 位跃居 2019 年的第 6 位，提升了 4 个位次（图 3.6）。从图 3.6 中可以看出，2013～2014 年中国经济学科的国际地位迅速提升，而顶尖期刊论文数的排名上升

相对缓慢，两者出现较大差距。2015 年后，中国经济学科发表国际论文质量显著提升，两项国际排名之间的差距也明显减小。

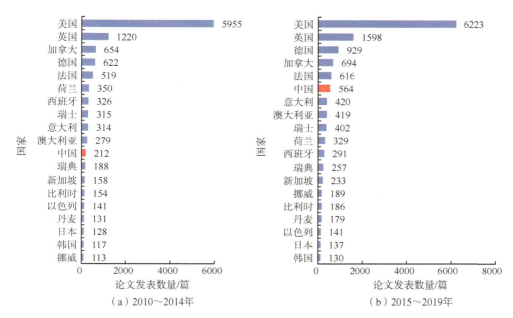

图 3.5 2010～2019 年经济学科按国际 A 类及以上经济学期刊论文发表数量排名的国家

资料来源：WoS，由计量经济学教育部重点实验室（厦门大学）和国家自然科学基金委员会"计量建模与经济政策研究"基础科学中心整理

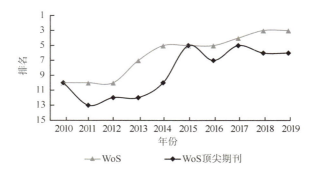

图 3.6 2010～2019 年中国 WoS 论文数世界排名

资料来源：WoS，由计量经济学教育部重点实验室（厦门大学）和国家自然科学基金委员会"计量建模与经济政策研究"基础科学中心整理

从论文发表的期刊来看，在 2010～2019 年的十年间，署名单位包含中国机构的论文出现在国际五大顶级期刊上的共有 45 篇，包括 AER 19 篇、ECTA 9 篇、JPE 7 篇、QJE 4 篇、RES 6 篇。在其他国际 A 类及以上期刊上发表的论文共 731

篇,包括 JoE 172 篇、JFE 65 篇、JFQA 52 篇、JIE 48 篇、JET 44 篇、JEEM 43 篇、RFS 43 篇、JDE 40 篇、IER 37 篇、JPubE 31 篇、EJ 26 篇、AJAE 26 篇、REStat 20 篇、JME 20 篇、JUE 15 篇、JF 14 篇、RAND 14 篇、JLaborE 10 篇、JLE 9 篇、JEEA 2 篇。通过前后五年对比,我们可以清晰地看出,中国经济学论文在国际期刊上的发表量于 2015 年后有显著增加(图 3.7 和图 3.8)。中国学者在计量经济学、金融学、国际贸易、发展经济学、环境经济学等领域的研究优势明显,在经济学理论(如博弈论)、劳动经济学、公共经济学、宏观经济学等领域则不具备显著优势。

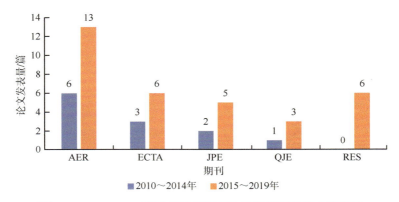

图 3.7　2010～2019 年中国在国际五大顶级期刊的论文发表量

资料来源:WoS。由计量经济学教育部重点实验室(厦门大学)和国家自然科学基金委员会"计量建模与经济政策研究"基础科学中心整理

图 3.8　2010～2019 年中国在其他国际 A 类及以上期刊的论文发表量

资料来源:WoS。由计量经济学教育部重点实验室(厦门大学)和国家自然科学基金委员会"计量建模与经济政策研究"基础科学中心整理

中国经济科学高被引论文的数量显著增加，学术影响力日益增强。以 ESI（Essential Science Indicators，基本科学指标数据库）高被引论文（遴选阈值为前1%）为计量标准，2015～2019 年中国 ESI 高被引论文数为 196 篇，位居世界第 3位。2010～2019 年中两个五年期相比，中国 ESI 高被引论文的世界份额由 6.27%增长至 14.42%，提高了 8.15 个百分点，是排名前 12 位的国家和地区中增长最快的（表 3.2）。2016 年，北京大学和清华大学的经济学与商学率先进入了 ESI 前1%的行列，之后中国科学院大学（2017 年）、西安交通大学（2017 年）、上海交通大学（2018 年）、中国人民大学（2018 年）、复旦大学（2019 年）、上海财经大学（2019 年）、浙江大学（2019 年）、厦门大学（2019 年）、中山大学（2020 年）等九所高校也陆续进入 ESI 前 1%。

表 3.2　2010～2019 年经济学科国家的高被引论文数量

国家	10 年总计/篇	2010～2014 年			2015～2019 年			份额增量/个百分点	排名变化
		论文数/篇	世界份额	排名	论文数/篇	世界份额	排名		
世界	2763	1404	—	—	1359	—	—	—	—
美国	1567	879	62.61%	1	688	50.63%	1	−11.98	0
英国	718	328	23.36%	2	390	28.70%	2	5.34	0
中国	284	88	6.27%	6	196	14.42%	3	8.15	3
德国	248	117	8.33%	4	131	9.64%	4	1.31	0
加拿大	220	128	9.12%	3	92	6.77%	9	−2.35	−6
荷兰	219	108	7.69%	5	111	8.17%	5	0.48	0
法国	167	68	4.84%	8	99	7.28%	6	2.44	2
澳大利亚	166	71	5.06%	7	95	6.99%	7	1.93	0
西班牙	136	65	4.63%	9	71	5.22%	10	0.59	−1
意大利	135	42	2.99%	11	93	6.84%	8	3.85	3
瑞士	101	46	3.28%	10	55	4.05%	11	0.77	−1
瑞典	79	39	2.78%	12	40	2.94%	12	0.16	−1

资料来源：WoS，由计量经济学教育部重点实验室（厦门大学）和国家自然科学基金委员会"计量建模与经济政策研究"基础科学中心整理

第三节　中国经济科学主要学术机构的合作关系

基于 2010～2019 年发表在国内高水平 CSSCI 期刊和国际 A 类及以上 SSCI期刊的论文数据，结合社会网络分析方法对国内主要学术机构合作网络进行挖

掘①,我们发现,十年间,中国主要学术机构积极开展与国内外高校的合作,通过引进人才、共同培养博士、组织专业会议和学术交流活动等形式,逐渐形成了密集、高效、稳定的学术合作网络(图3.9)。

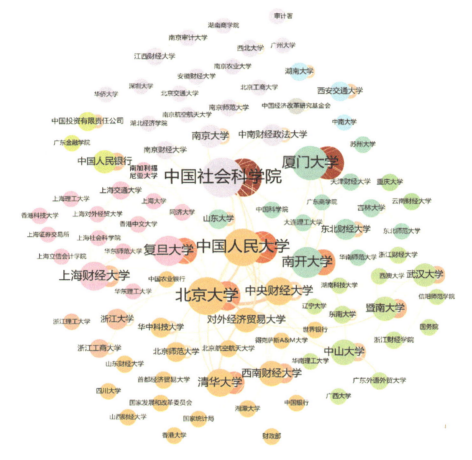

图3.9 2010~2019年中国学术机构合作网络(中文发表)

资料来源:CNKI、由计量经济学教育部重点实验室(厦门大学)和国家自然科学基金委员会"计量建模与经济政策研究"基础科学中心整理

湖南商学院于2019年6月更名为湖南工商大学;广东商学院于2013年6月更名为广东财经大学;上海立信会计学院和上海金融学院于2016年3月合并组建上海立信会计金融学院;浙江财经学院于2013年5月更名为浙江财经大学

---

① 首先,从"机构"字段中分解出各个机构名称,并合并机构名称,构建一级署名单位列表;其次,计算以论文被引量为权重的机构共现矩阵;最后,以机构为节点(总被引量为节点值)、机构共现关系为边(论文被引量为边的权重)构建机构合作网络,利用复杂网络分析工具 Gephi 实现图数据的可视化,并通过社区发现算法(Louvain 模型)统计生成网络的模块化指数。两个单位之间合作论文的被引频次越高,这两个单位之间的连线就越粗;单个单位发表论文的被引频次越高,代表这个单位的圆圈就越大。

一、国内主要学术机构与海外学术机构之间的合作关系：
国内发表

聚焦国内研究，我们发现已经形成了以中国社会科学院、北京大学、中国人民大学、厦门大学等为重要节点的学术网络（图 3.9）。几个重要的合作群体包括：①以中国社会科学院、南京大学为代表的研究群；②以北京大学、中国人民大学、清华大学为代表的研究群；③以厦门大学、南开大学为代表的研究群；④以复旦大学、上海财经大学为代表的研究群；⑤以中山大学、暨南大学、武汉大学为代表的研究群。

中文期刊发表更倾向于机构内部合作。合作排名靠前的机构之间的合作关系较为密切，并且这种合作关系还体现出一定的地域性特征，北京、上海两地的聚集效应非常强，见表 3.3。

表 3.3　中国学术机构中文发表合作单位

机构	合作机构前十
中国社会科学院	中国社会科学院、中国人民大学、北京大学、对外经济贸易大学、南京大学、南京财经大学、中南财经政法大学、中山大学、中央财经大学、威尔士班戈大学
北京大学	北京大学、中央财经大学、中国人民大学、对外经济贸易大学、西南财经大学、中国社会科学院、清华大学、暨南大学、北京师范大学、厦门大学
中国人民大学	中国人民大学、北京大学、对外经济贸易大学、中央财经大学、中国社会科学院、清华大学、中山大学、湘潭大学、南京财经大学、北京师范大学
厦门大学	厦门大学、南开大学、北京大学、对外经济贸易大学、天津财经大学、中国社会科学院、闽江学院、中国人民大学、苏州大学、清华大学
南开大学	南开大学、厦门大学、天津财经大学、西南财经大学、对外经济贸易大学、清华大学、东北财经大学、山东大学、中国社会科学院、中央财经大学
复旦大学	复旦大学、上海财经大学、北京大学、浙江大学、中央财经大学、上海交通大学、香港中文大学、上海海事大学、上海理工大学、云南财经大学
上海财经大学	上海财经大学、复旦大学、上海交通大学、同济大学、南加利福尼亚大学、北京大学、南京大学、上海证券交易所、上海立信会计金融学院、华中科技大学
中央财经大学	北京大学、中央财经大学、清华大学、中国人民大学、华中科技大学、中国社会科学院、西南财经大学、复旦大学、中南财经政法大学、香港大学
清华大学	清华大学、中央财经大学、中国人民大学、北京大学、中国社会科学院、南开大学、上海财经大学、厦门大学、中国人民银行、中国经济体制改革研究会
中山大学	中山大学、广东外语外贸大学、中国人民大学、中国社会科学院、南京大学、暨南大学、中央财经大学、北京大学、对外经济贸易大学、武汉大学

资料来源：CNKI，由计量经济学教育部重点实验室（厦门大学）和国家自然科学基金委员会"计量建模与经济政策研究"基础科学中心整理

二、国内主要学术机构与海外学术机构之间的合作关系：
国际发表

图 3.10 展示了国内主要学术机构与海外学术机构之间的合作关系。综合国际论文发表规模与影响力来看，国内已经形成了以香港地区四所高校[香港科技大学（HKUST）、香港城市大学（CityU）、香港中文大学（CUHK）、香港大学（HKU）]以及内地六所高校[清华大学（THU）、上海交通大学（SJTU）、北京大学（PKU）、上海财经大学（SUFE）、中央财经大学（CUFE）、厦门大学（XMU）]为重要节点的研究网络。

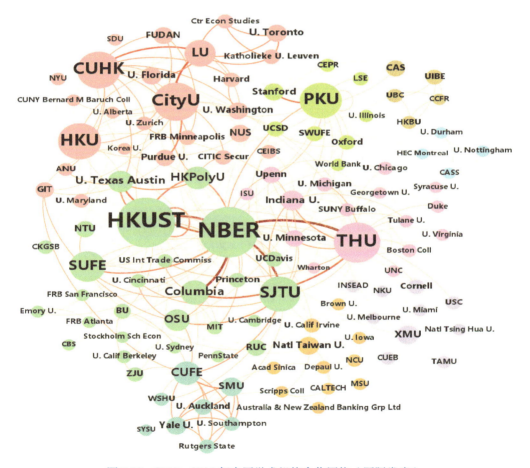

图 3.10　2010～2019 年中国学术机构合作网络（国际发表）

资料来源：WoS、由计量经济学教育部重点实验室（厦门大学）和国家自然科学基金委员会"计量建模与经济政策研究"基础科学中心整理

在国际发表中，中国学术机构与海外学术机构之间的合作关系非常紧密，中国与海外合作发表论文占比为 89.1%，其中有 75.4%的论文的合作机构中包含美国机构。中国学术机构国际发表合作单位如表 3.4 所示。

表 3.4 中国学术机构国际发表合作单位

机构	合作机构前十
香港科技大学	NBER、HKPolyU、U. Texas Austin、HKUST、SJTU、CityU、BU、USC、UCDavis、SUFE
清华大学	NBER、Columbia、Indiana U.、U. Minnesota、U. Michigan、US Int Trade Commiss、SJTU、Upenn、Tulane U.、Duke
香港城市大学	LU、Purdue U.、HKPolyU、HKU、CITIC Secur、U. Florida、CUHK、HKUST、CUNY Bernard M Baruch Coll、GIT
香港中文大学	LU、Harvard、U. Washington、FUDAN、U. Texas Austin、FRB Minneapolis、U. Zurich、ANU、U. Florida、CityU
香港大学	CityU、CUHK、U. Florida、NUS、Indiana U.、U. Washington、NBER、U. Texas Austin、U. Calif Irvine、U. Maryland
北京大学	Stanford、NBER、Upenn、World Bank、PKU、OSU、LSE、SUFE、Oxford、UCSD
上海交通大学	NBER、OSU、CUFE、U. Cincinnati、Indiana U.、HKUST、U. Minnesota、Upenn、WSHU、THU
上海财经大学	NBER、Columbia、NTU、UCDavis、HKUST、RUC、MIT、PKU、NUS、Cornell
中央财经大学	SMU、SJTU、Rutgers State、U. Auckland、U. Southampton、Yale U.、GIT、OSU、BU、ZJU
厦门大学	CityU、HKUST、SUNY Buffalo、U. Otago、USC、NUS、Florida State U.、NBER、UNC、Boston Coll

资料来源：WoS，由计量经济学教育部重点实验室（厦门大学）和国家自然科学基金委员会"计量建模与经济政策研究"基础科学中心整理

第四节 基于突破性进展成果的文献计量学研究

根据在国际国内顶尖期刊发表论文的数量、被引次数等指标，我们总结了2010～2019 年中国经济学科在四大领域中里程碑式的成果。

第一，在计量经济学、数据库建设领域，白聚山、洪永淼、萧政、李龙飞等

在计量经济学理论研究方面产生系列重要成果，包括非参数估计与模型检验、因子模型、面板数据计量经济学、空间计量经济学、受限模型与政策评估等领域。汪寿阳团队在预测领域提出 TEI@I 方法论体系，并且在粮食产量、原油价格、汇率预测等方面得到广泛应用。甘犁、赵耀辉、张晓波在中国基础数据库方面的建设，包括中国家庭金融调查、中国健康与养老追踪调查、中国企业创新创业调查等。李实等在中国收入分配、经济转型与发展方面进行系列研究，并建设中国家庭收入调查的数据库。

第二，在微观经济学领域，产生了张俊森和李宏彬团队、方汉明团队在中国经济背景下的应用微观研究，如人口老化、社会保障及经济增长等；田国强、周林、孙宁等在机制设计、拍卖、博弈论等领域的系列研究；黄季焜团队在农业经济发展的系列重要研究，包括生物技术的经济影响与政策研究等。

第三，在宏观经济学领域，产生了林毅夫团队在新结构经济学以及发展中国家赶超战略等方面的系列成果；余永定团队、魏尚进团队等在人民币汇率、国际金融方面的系列研究；陈锡康、杨翠红团队在贸易增加值核算、投入占用产出分析和全球价值链重构方面的研究；白重恩、朱晓东、宋铮等在中国资源错配、效率改进与经济增长方面的系列研究；查涛、文一、苗建军、王鹏飞等在结构宏观经济模型、中国宏观经济数据、资产泡沫与金融危机方面的系列研究；钱颖一、樊纲、张军、周黎安等关于中国转型经济的系列研究，包括财政分权、地方政府竞争机制与中国经济增长、双轨制研究等。

第四，在金融学领域，熊伟、何志国、王江等在资产定价、金融市场与影子银行等领域开展了系列研究；林晨等在公司金融等方面进行了系列研究；张橹、侯恪惟等在 Q-theory（Q 理论）、投资风险等方面进行了系列研究。

这些研究都产生了广泛的影响力，在世界范围发出中国声音。

我们应用文献计量的方法，从国内、国外论文数据集中筛选出四大领域中重要学者发表的论文，分别获取了 198 篇和 250 篇论文。将以上 16 个方面的学者按照发表在国内外顶级期刊的合作论文，描绘出学者之间的合作关系（图 3.11），这从一个侧面论证了在中国已经形成了以这些学术带头人为核心的学术网络。

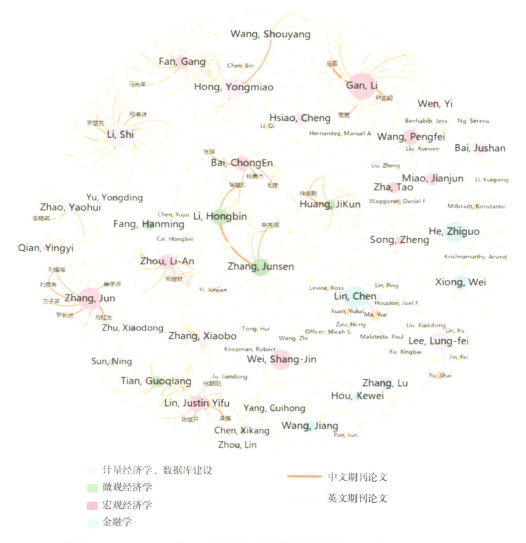

图 3.11　2010～2019 年 16 个重点方面的学者合作网络（以发文量为权重）

资料来源：CNKI 和 WoS，由计量经济学教育部重点实验室（厦门大学）和国家自然科学基金委员会"计量建模与经济政策研究"基础科学中心整理

第五节　中国问题的研究成果

2010～2019 年，世界经济学界对于中国问题研究的兴趣和热度不断上升。中国学者在经济学国际顶级期刊中发表论文数目增速很快，但聚焦中国问题并有国际影响力的研究成果较少。2010～2019 年，国际 A 类及以上经济学期刊发表的与中国

问题相关的论文共有 380 篇,其中 2010~2014 年有 134 篇,2015~2019 年有 246 篇,五年增长了 83.6%(表 3.5)。中国学者有关中国问题的高水平论文虽数量上有显著增长,但占中国高水平论文发表量的比重依然不高,甚至出现小幅下降。2010~2014 年,有中国国内机构参与、在国际 A 类及以上经济学期刊发表的有关中国问题论文有 55 篇(其中 AER 1 篇、JPE 1 篇、QJE 1 篇),占中国国内发文量(共 192 篇)的 28.6%;2015~2019 年,中国国内学者参与的有关中国问题的高水平论文共 137 篇(其中 AER 4 篇、JPE 3 篇、QJE 2 篇、RES 1 篇),占中国发文总量(共 527 篇)的 26%。其中,有相当数量的论文都与国际贸易、发展经济学相关。

表 3.5　2010~2019 年中国经济学科在国际 A 类及以上经济学
期刊发表有关中国问题论文情况统计　　　　　　单位:篇

	期刊	2010~2014 年			2015~2019 年			总计
		中国	中国-海外	海外	中国	中国-海外	海外	
A+	American Economic Review	0	1	5	0	4	9	19
	Econometrica	0	0	2	0	0	2	4
	Journal of Political Economy	0	1	3	0	3	1	8
	Quarterly Journal of Economics	0	1	2	0	2	3	8
	Review of Economic Studies	0	0	2	0	1	6	9
A	American Journal of Agricultural Economics	0	2	3	2	2	8	17
	Economic Journal	0	2	4	3(1)	4	4	17(1)
	International Economic Review	0	1	0	1(1)	2	1	5(1)
	Journal of Development Economics	3(2)	8	20	4(1)	15	13	63(3)
	Journal of Econometrics	0	1	3	3	3	2	12
	Journal of Economic Theory	0	0	0	0	0	0	0
	Journal of Environmental Economics and Management	0	5	5	7(1)	16	5	38(1)
	Journal of Finance	0	0	0	0	2	2	4
	Journal of Financial and Quantitative Analysis	0	3	0	1	4	0	8
	Journal of Financial Economics	1	2	0	0	2	1	6
	Journal of International Economics	0	4	10	2	20	27	63
	Journal of Labor Economics	0	1	1	0	4	4	10
	Journal of Law & Economics	1	2	1	0	2	0	6
	Journal of Monetary Economics	0	0	0	0	3	2	5
	Journal of Public Economics	2(2)	4	0	2	3	5	16(2)
	Journal of the European Economic Association	0	0	2	0	0	4	6
	Journal of Urban Economics	0	1	1	1	4	6	13
	The RAND Journal of Economics	0	1	0	0	1	1	3

续表

期刊		2010～2014 年			2015～2019 年			总计
		中国	中国-海外	海外	中国	中国-海外	海外	
A	*The Review of Economics and Statistics*	1	4	12	0	7	3	27
	The Review of Financial Studies	0	3	3	0	7	0	13
	总计	8（4）	47	79	26（4）	111	109	380(8)

注：数据来源为 WoS，时间跨度为 2010 年 1 月至 2019 年 12 月，由计量经济学教育部重点实验室（厦门大学）钟秋萍整理制表；括号内表示论文为独立作者；A+与 A 类期刊按照期刊字母顺序排序

中国国内学者在国际 A 类及以上经济学期刊发表论文的合作模式以和海外机构合作为主。我们将论文合作形式分为两大类：中国高校之间合作（含独立作者）、中国与海外合作。在这两类合作中，中国和海外的合作是最主要的合作模式（表 3.6），占总体发文量的 89%。所有发表在五大顶级期刊上的论文，均采用这种模式。2015～2019 年，独立发表和中国高校合作发表在 A 级期刊的论文数量有了跨越式增长，分别增长了 133.3%和 293.8%。

表 3.6　2010～2019 年中国经济学科国际 A 类及以上经济学期刊论文发表情况统计 单位：篇

期刊		2010～2014 年		2015～2019 年		总计
		中国	中国-海外	中国	中国-海外	
A+	*American Economic Review*	0	6	0	13	19
	Econometrica	0	3	0	6	9
	Journal of Political Economy	0	2	0	5	7
	Quarterly Journal of Economics	0	1	0	3	4
	Review of Economic Studies	0	0	0	6	6
A	*American Journal of Agricultural Economics*	0	10	2	14	26
	Economic Journal	0	3	4（1）	17	24（1）
	International Economic Review	1（1）	10	4（3）	18	33（4）
	Journal of Development Economics	4（3）	8	6（3）	17	35（6）
	Journal of Econometrics	1	40	15（2）	96	152（2）
	Journal of Economic Theory	2（1）	7	6（4）	28	43（5）
	Journal of Environmental Economics and Management	0	8	7（1）	27	42（1）
	Journal of Finance	0	5	0	9	14
	Journal of Financial and Quantitative Analysis	0	12	2（1）	34	48（1）
	Journal of Financial Economics	2（1）	17	2（2）	42	63（3）
	Journal of International Economics	0	6	5（2）	33	44（2）
	Journal of Labor Economics	0	2	0	8	10

续表

期刊	2010~2014 年		2015~2019 年		总计
	中国	中国-海外	中国	中国-海外	
Journal of Law & Economics	1	5	0	3	9
Journal of Monetary Economics	0	4	1	14	19
Journal of Public Economics	2（2）	9	5	13	29（2）
Journal of the European Economic Association	0	0	0	2	2
Journal of Urban Economics	0	4	2（1）	8	14（1）
The RAND Journal of Economics	1	2	0	10	13
The Review of Economics and Statistics	1	6	0	12	19
The Review of Financial Studies	1（1）	12	2（1）	26	41（2）
总计	16（9）	182	63（21）	464	725（30）

注：数据来源为 WoS，时间跨度为 2010 年 1 月至 2019 年 12 月，由计量经济学教育部重点实验室（厦门大学）钟秋萍整理制表；括号内表示论文为独立作者；A+与 A 类期刊按照期刊字母顺序排序

　　具体来看，国内对中国问题的研究以北京大学（PKU）、清华大学（THU）为核心，国外对中国问题的研究主要以 NBER、Columbia、Stanford 等机构为核心。国外机构对中国问题的研究已形成一定规模（图 3.12）。

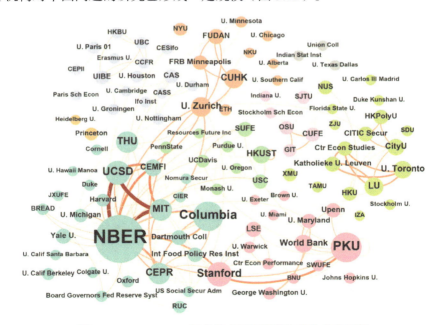

图 3.12　2010~2019 年有关中国问题研究机构合作网络

资料来源：WoS，由计量经济学教育部重点实验室（厦门大学）和国家自然科学基金委员会"计量建模与经济政策研究"基础科学中心整理

在有关中国问题研究的作者合作关系方面，按照论文影响力排序，我们得到较有影响力的作者合作关系如下（图3.13）。Autor（MIT/NBER）、Dorn（CEMFI）、Hanson（UCSD/NBER）合作三篇有关中国问题的论文，分别发表于AER、QJE、EJ，研究的是中美贸易对美国劳动力市场的影响。Wei（Columbia）等发表八篇有关中国问题的研究论文，其中发表于 JPE 的论文研究中国家庭高储蓄率问题。Brandt（U. Toronto）发表了六篇有关中国问题的研究论文，其中与 Zhang（LU）、van Biesebroeck（Katholieke U. Leuven）合作的两篇论文研究 WTO 背景下的中国经济增长问题，分别发表在 JDE、AER。Jiang、Yue（PKU）、Lee（Stanford）合作一篇论文，研究中国上市公司中的大股东占款问题，发表于 JFE。Johnson（Dartmouth Coll）、Noguera（Columbia）研究中美双边贸易问题，论文发表于 JIE。Song（FUDAN/CUHK）等研究中国经济转型，论文发表于 AER。

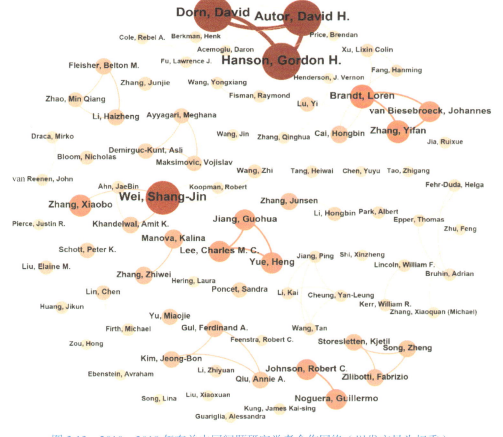

图 3.13　2010～2019 年有关中国问题研究学者合作网络（以发文量为权重）

资料来源：WoS，由计量经济学教育部重点实验室（厦门大学）和国家自然科学基金委员会"计量建模与经济政策研究"基础科学中心整理

我们对发表在 Top25 国际 SSCI 期刊中有关中国问题的论文按照共被引关系[①]进行聚类分析（图 3.14、表 3.7）。研究发现，在两个五年间有关中国问题的研究主题侧重点各有不同。

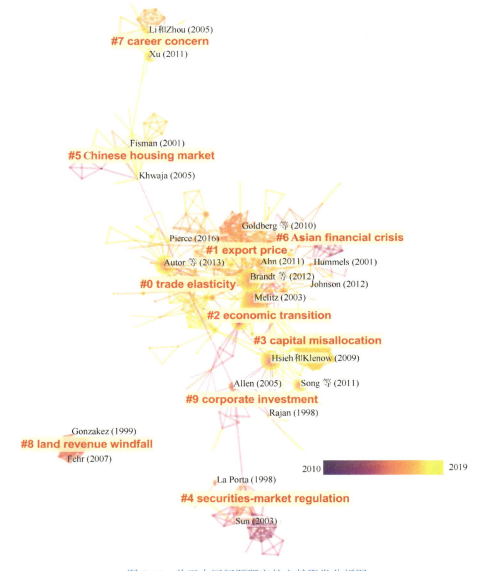

图 3.14 关于中国问题研究的文献聚类分析图

资料来源：WoS，由计量经济学教育部重点实验室（厦门大学）和国家自然科学基金委员会"计量建模与经济政策研究"基础科学中心整理

---

① 两篇或多篇论文同时被后来一篇或多篇论文引证则称这两篇论文构成共被引关系。

表 3.7　关于中国问题研究的文献聚类分沂表

聚类号	标识词（对数似然算法）	年份均值	聚类号	标识词（对数似然算法）	年份均值
0	trade elasticity（贸易弹性）	2008	5	Chinese housing market（中国房地产市场）	2002
1	export price（出口价格）	2009	6	Asian financial crisis（亚洲金融危机）	2003
2	economic transition（经济转型）	2005	7	career concern（晋升激励）	1998
3	capital misallocation（资本错配）	2009	8	land revenue windfall（土地出让收入激增）	1996
4	securities-market regulation（证券市场管制）	1997	9	corporate investment（企业投资）	2003

第一阶段：2010～2014 年发表的论文主要关注的问题有关经济转型、证券市场管制、亚洲金融危机、晋升激励、企业投资等主题，聚类号为 2、4、6、7、9。

第二阶段：2015～2019 年发表的论文主要关注贸易弹性、出口价格、资本错配、中国房地产市场、土地出让收入激增等主题，聚类号为 0、1、3、5、8。

截至 2020 年 4 月，排名前十的高被引论文信息参见表 3.8。

表 3.8　有关中国问题研究高被引论文信息

聚类	被引次数	高被引论文信息
2	62	Melitz M J. 2003. The impact of trade on intra-industry reallocations and aggregate industry productivity. Econometrica，71（6）：1695-1725.
2	49	Brandt B，van Biesebroeck J，Zhang Y F. 2012. Creative accounting or creative destruction? Firm-level productivity growth in Chinese manufacturing. Journal of Development Economics，97（2）：339-351.
0	42	Autor D H, Dorn D, Hanson G H. 2013. The China syndrome：local labor market effects of import competition in the United States. American Economic Review，103（6）：2121-2168.
3	38	Hsieh C T，Klenow P J. 2009. Misallocation and manufacturing TFP in China and India. The Quarterly Journal of Economics，124（4）：1403-1448.
2	33	Levinsohn J，Petrin A. 2003. Estimating production functions using inputs to control for unobservables. The Review of Economic Studies，70（2）：317-341.
7	27	Li H B，Zhou L A. 2005. Political turnover and economic performance：the incentive role of personnel control in China. Journal of Public Economics，89（9/10）：1743-1762.
7	25	Xu C G. 2011. The fundamental institutions of China's reforms and development. Journal of Economic Literature，49（4）：1076-1151.

续表

聚类	被引次数	高被引论文信息
1	24	Goldberg P K，Khandelwal A K，Pavcnik N，et al. 2010. Imported intermediate inputs and domestic product growth：evidence from India. The Quarterly Journal of Economics，125（4）：1727-1767.
2	24	Bertrand M，Duflo E，Mullainathan S. 2004. How much should we trust differences-in-differences estimates?. The Quarterly Journal of Economics，119（1）：249-275.
3	24	Song Z，Storesletten K，Zilibotti F. 2011. Growing like China. American Economic Review，101（1）：196-233.

资料来源：WoS，由计量经济学教育部重点实验室（厦门大学）和国家自然科学基金委员会"计量建模与经济政策研究"基础科学中心整理

最后，我们通过统计词频（该词出现的文章数）来获得频繁词，并绘制词云。为了更好地突出研究主题等关键信息，我们舍去 China/Chinese 和一些动词。从频繁词可以看出，研究中国问题的论文多用"证据""数据""模型"等手段展开研究。研究的主题主要集中在四个方面（表 3.9），包括：国际贸易（trade、export、import、foreign）尤其是中美之间的贸易问题（United States）；中国的具体政策（policy、government），如独生子女政策、中国经济体制（公有制）等；宏观经济问题（increase、growth、production、productivity、capital），如生产力增长、资本积累等问题；金融问题（finance）。

表 3.9　关于中国问题的高频词

序号	频繁词	词频	序号	频繁词	词频
1	evidence（证据）	199	11	change（改变）	78
2	data（数据）	164	12	export（出口）	77
3	firm（企业）	152	13	cost（成本）	76
4	model（模型）	132	14	right（权力）	75
5	market（市场）	128	15	growth（增长）	72
6	trade（贸易）	112	16	economic（经济）	69
7	United States（美国）	111	17	price（价格）	64
8	increase（增长）	109	18	capital（资本）	58
9	country（国家）	107	19	import（进口）	58
10	policy（政策）	81	20	labor（劳动）	55

续表

序号	频繁词	词频	序号	频繁词	词频
21	industry（工业）	55	26	foreign（外国）	52
22	performance（表现）	54	27	government（政府）	52
23	production（生产）	54	28	difference（不同）	51
24	empirical（经验）	54	29	finance（金融）	49
25	investment（投资）	53	30	productivity（生产力）	48

资料来源：WoS，由计量经济学教育部重点实验室（厦门大学）和国家自然科学基金委员会"计量建模与经济政策研究"基础科学中心整理

第六节　国内学术研究变迁

一、学术研究主题变迁

随着中国经济的高速发展，中国经济问题已成为世界关注的重大研究课题。我们需要以过去 70 年中国经济发展的历史进程，特别是改革开放所取得的重大经济成就为基础，透过不断变化的社会、人口、城市、产业、贸易、金融等经济现象，总结提炼出经济发展现象中的特征事实（stylized facts），挖掘凝练出中国经济发展进程中所蕴藏的一般经济规律，在学习借鉴经典经济学理论成果和合理运用现代科学分析工具的基础上，构建中国经济学的科学分析框架，形成系统完整的中国特色社会主义市场经济理论体系。

随着中国经济改革向纵深发展，中国经济发展面临着来自国际多方面的重大挑战。当前，国际分工合作的格局正在进行深刻调整与变化，逆全球化和贸易保护主义的势头不断加强。国与国之间，特别是大国之间的关系逐渐从合作共赢模式向相互竞争状态发展，世界经济政治局势中的不确定性显著增加。受全球新冠疫情的冲击，世界经济出现严重衰退，产业链、供应链循环受阻，国际贸易和国际投资活动大幅萎缩，中国国内消费、投资、出口有所下滑，中小企业和民营企业的生产经营活动受到影响，就业压力显著增加，金融和财政领域的风险也有所上升。在习近平的亲自指挥下，中国快速建立了与疫情防控相适应的经济社会运行秩序，通过制定明确的疫情分区分级标准，有序推动了复工复产工作，使人流、物流、资金流实现有效流转，在短时间内控制住疫情，打通经济社会大循环，这反映出中国经济的强大韧性和巨大发展潜力，充分彰显了我国社会主义制度的优越性。

国内外经济形势的变化和国内经济事业的发展给中国经济学家提出了一个

重大的时代课题："必须从理论和实践结合上系统回答新时代坚持和发展什么样的中国特色社会主义、怎样坚持和发展中国特色社会主义。"①我们必须以全新视野深化对于中国经济发展规律的认识。这是一个有生命力的领域、有时代意义的课题。在经济活动的实践方面，家庭联产承包责任制、经济特区和沿海开放城市、渐进式改革路径选择、国企改革与私营经济发展、政府和市场"双引擎"，都是中国经济发展过程中的独特现象，具有实践的成效和理论创新的亮点。

长期以来，中国经济学者一直扎根中国经济改革实践，关心中国经济发展的现实问题。"本土化"研究的浓厚底色从未变化，研究成果取得许多重大突破，推动着中国经济理论的不断创新。我们采用文献计量方法对中国经济学研究主题进行聚类分析，将 2010～2019 年发表在中国高水平 CSSCI 经济学期刊的论文主题划分为五大类，即经济增长、货币政策、全要素生产率、国际经济、公司金融（图 3.15），其中，有关经济增长主题的研究一直是重中之重。在 2010～2019 年发表于高水平 CSSCI 经济学期刊的论文中，"经济增长"作为关键词共出现 356 次，排名第一。中国经济学者从政府分权角度解释中国经济增长奇迹（张军，2007；周黎安，2007；贺大兴和姚洋，2011），从经济史的视野描述中国经济增长模式（蔡昉，2013），从国有企业和非国有企业微观差异的角度解释经济增长（Song et al.，2011），通过测算全要素生产率寻找经济增长的源泉（Chow，1993；Young，2003；徐瑛等，2006；程名望等，2019）等。此外，也有不少国内学者在发展理念和现代化经济体系内涵（高培勇等，2019；刘伟，2017；冯柏等，2018）、财政与政府作用（邓子基，1997；郭庆旺和贾俊雪，2010；高培勇，2014b；吕炜等，2019）、农村经济发展（黄少安，2018）、宏观经济调控工具（张勇等，2014；高培勇，2018a）等方面提出重要论断、做出重大理论创新。

从研究的关键词来看，国内对于信息不对称、经济增长、经济周期等方面的研究热度与国外基本保持一致，但国内的研究也具有自身鲜明的特色，如关注当前重要的经济问题、重视服务国家重大需求等方面（表 3.10）。

①《习近平：决胜全面建成小康社会 夺取新时代中国特色社会主义伟大胜利——在中国共产党第十九次全国代表大会上的报告》，http://www.gov.cn/zhuanti/2017-10/27/content_5234876.htm[2017-10-27]。

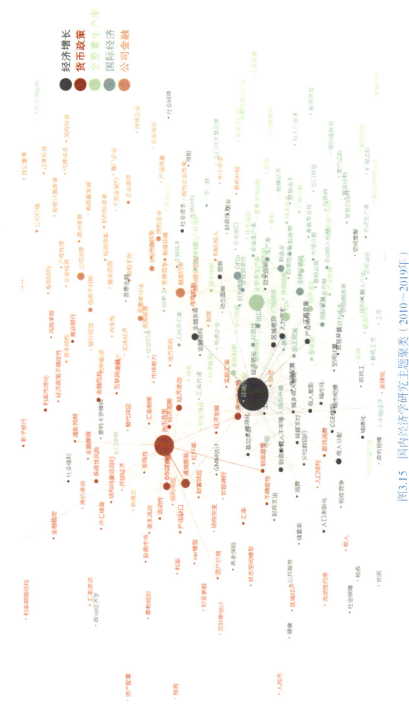

图3.15　国内经济学研究主题聚类（2010～2019年）

表 3.10 2010～2019 年《经济研究》关键词频 Top20

2010～2014 年		2015～2019 年	
词频	关键词	词频	关键词
44	经济增长	38	经济增长
20	货币政策	20	货币政策
18	全要素生产率	14	全要素生产率
14	公司治理	13	融资约束
13	通货膨胀	11	中国特色社会主义政治经济学
11	融资约束	10	人力资本
10	中国经济	10	政治经济学
8	经济波动	9	供给侧结构性改革
7	国有企业	9	新常态
7	收入差距	9	产业政策
7	居民消费	9	中国特色社会主义
7	技术进步	9	信息不对称
6	国际贸易	8	产能过剩
6	投资效率	8	全球价值链
6	公司价值	8	利率市场化
6	城镇化	8	城市化
6	农民工	8	社会主义市场经济
6	人力资本	7	中国经济学
6	信息不对称	7	产业结构
6	产出缺口	7	企业创新

资料来源：CNKI，由计量经济学教育部重点实验室（厦门大学）和国家自然科学基金委员会"计量建模与经济政策研究"基础科学中心整理

二、研究范式变革

我们以中国经济学科高水平论文数据平台中八本国内高水平 CSSCI 期刊的论文数据为基础，将论文中出现的高频词划分为"实证类""理论类""政策类"三个类别，分类标准参见表 3.11，然后按照高频词的类别将论文研究范式分为七个主要类型："纯实证""纯理论""纯政策""实证与理论""实证与政策""理论与政策""实证、理论与政策"。例如，对于划分为"纯实证"类的论文，

其题目、关键词和摘要中至少出现了一个"实证类"高频词且不含其他类高频词；对于划分为"实证与政策"类的论文，其题目、关键词和摘要中至少包含一个"实证类"和一个"政策类"的关键词，以此类推。按照这个分类标准[①]，我们发现，实证研究正在逐渐成为国内经济学研究的主要研究范式："纯实证"论文占比从2000年的7.82%上升到2020年的32.29%，增长了3倍以上；实证与理论相结合（"实证与理论"）的论文占比增长速度最快，从2000年的0.95%上升到2020年的10.84%，增长了超过10倍；有实证结果支撑的"政策类"论文保持稳定增长，在2020年占比达到3.49%。国内经济学研究中理论研究的占比不高且增长缓慢：纯理论研究的占比从2000年的2.41%上升至2020年的7.95%，增长了2倍多；理论研究中明确显示政策相关高频词的论文比重一直很低，最高为0.58%（2016年）。国内经济学研究中的纯政策研究占比呈现下降趋势，与政策研究相关的论文数量增长缓慢，占比在2020年达到7.35%，比2000年的3.70%增加不到1倍（图3.16）。

表 3.11 高频词分类标准

高频词类型	高频词	相近词集合
实证类	实证	实证、实证主义、实证分析、实证研究、实证检验、实证效应、实证方法、实证经济学、实证解析、实证证据
	相关关系	相关关系、回归分析、回归、回归分解、回归方法、回归方程、回归模型、负相关关系、线性相关、相关性分析
	因果	因果关系、因果、因果关系识别、因果分析、因果性检验、因果性、因果性关系、因果检验、因果识别、格兰杰因具检验
	工具变量	工具变量、工具变量法、工具变量广义矩法、局部工具变量、弱工具变量、最优工具变量
	稳健性检验	稳健性检验
	面板数据	面板数据、面板数据模型、panel data 模型、面板数据分析、panel data、panel data 分析、面板数据估计、面板数据分析方法、空间面板数据、空间面板数据模型、动态面板数据、动态面板数据模型、省级面板数据
	工业企业数据库	工业企业数据库
	微观数据	微观数据
	上市公司	上市公司、中国上市公司、A 股、A 股市场

[①] 按照这个分类标准和归类方式得到的结果具有误差，特别是在2010年之前，如在2000年的分组中，我们的分类标准仅能覆盖14%的论文，但在2020年的分组中，我们的分类标准可以覆盖超过60%的论文。这从一个侧面反映了我国经济学研究规范性的提高。

续表

高频词类型	高频词	相近词集合
理论类	理论分析	理论分析、理论模型、理论框架、理论研究
	作用机制	作用机制、作用机理、作用关系
	传导机制	传导机制、传导机理
	DSGE 模型	动态随机一般均衡模型、DSGE 模型、动态随机一般均衡、DSGE、DSGE 建模、新凯恩斯 DSGE、新凯恩斯动态随机一般均衡模型、DGE 模型、动态一般均衡模型
政策类	政策	政策、政策建议、政策含义、政策启示

资料来源:由计量经济学教育部重点实验室(厦门大学)和国家自然科学基金委员会"计量建模与经济政策研究"基础科学中心整理

注:DSGE 的全称为 dynamic stochastic general equilibrium(动态随机一般均衡);DGE 的全称为 dynamic general equilibrium(动态一般均衡)

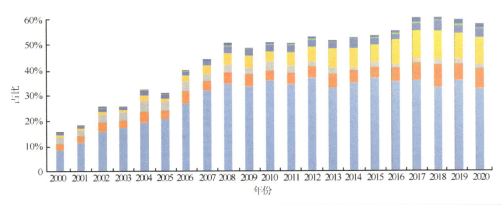

	2000	2001	2002	2003	2004	2005	2006	2007	2008	2009	2010	2011	2012	2013	2014	2015	2016	2017	2018	2019	2020
实证、理论与政策	0	0	0.31%	0.08%	0.08%	0.37%	0.34%	0.58%	1.16%	0.27%	0.66%	0.47%	0.88%	0.63%	0.54%	0.76%	1.04%	1.83%	1.08%	1.85%	1.69%
理论与政策	0.09%	0.24%	0.31%	0.16%	0.41%	0.28%	0.26%	0	0.36%	0.18%	0.38%	0.47%	0.49%	0.21%	0.11%	0.43%	0.58%	0.57%	0.36%	0.74%	0.36%
实证与政策	0.86%	0.72%	1.38%	1.01%	2.03%	1.67%	1.62%	1.91%	2.78%	2.47%	2.73%	2.89%	2.85%	2.57%	3.77%	2.71%	2.08%	2.85%	4.09%	2.97%	3.49%
实证与理论	0.95%	0.80%	1.23%	0.85%	2.27%	1.20%	2.22%	3.57%	4.48%	4.95%	3.95%	5.23%	5.89%	7.67%	7.86%	6.82%	0.05%	11.53%	11.54%	10.51%	10.84%
纯政策	2.75%	2.40%	3.23%	3.57%	4.31%	3.61%	4.10%	2.83%	3.22%	2.66%	3.76%	3.08%	2.06%	2.63%	1.18%	2.27%	1.50%	1.60%	2.16%	1.98%	1.81%
纯理论	2.41%	2.56%	3.54%	2.80%	4.31%	3.24%	4.78%	3.74%	4.39%	4.86%	3.76%	4.39%	4.42%	5.46%	4.74%	4.11%	5.31%	6.96%	9.01%	6.55%	7.95%
纯实证	7.82%	10.81%	15.31%	16.78%	18.85%	20.35%	26.62%	31.67%	34.47%	33.27%	35.75%	34.17%	36.74%	32.67%	34.77%	36.69%	35.22%	35.62%	32.81%	35.60%	32.29%

■ 纯实证　■ 纯理论　■ 纯政策　■ 实证与理论　■ 实证与政策　■ 理论与政策　■ 实证、理论与政策

图 3.16　国内经济学论文的主要类型(2000～2020 年)

资料来源:CNKI,由计量经济学教育部重点实验室(厦门大学)和国家自然科学基金委员会"计量建模与经济政策研究"基础科学中心整理

三、数据库使用情况

《经济研究》发表的论文中，使用率最高的数据库是中国工业企业数据库，2010~2019 年十年中有 78 篇论文使用该数据库，远超排名第 2 位的中国健康与营养调查数据库（表 3.12）。

表 3.12　2010～2019 年《经济研究》发表论文中数据库使用信息　　单位：篇

数据库	2010~2014 年	2015~2019 年	十年合计
中国工业企业数据库	28	50	78
中国健康与营养调查	12	8	20
中国家庭金融调查	6	13	19
中国家庭追踪调查	5	14	19
海关数据库	4	11	15
中国家庭收入调查	6	8	14
世界银行中国企业调查数据	4	5	9
中国综合社会调查	4	5	9
人口普查	3	5	8
中国老年健康影响因素跟踪调查	8	0	8
中国城镇住户调查数据	3	3	6
全国农村固定观察点数据	3	2	5
中国健康与养老追踪调查	1	4	5
中国专利数据库	0	4	4
中国私营企业调查	2	1	3
中国城乡流动数据库	2	0	2
使用上述数据库的文章量	84	116	200

资料来源：CNKI，由计量经济学教育部重点实验室（厦门大学）和国家自然科学基金委员会"计量建模与经济政策研究"基础科学中心整理

四、基金资助情况

在《经济研究》发表的论文中，标注获得国家自然科学基金支持的比重较高。2010～2019 年《经济研究》发表的论文中，标注基金资助信息的论文有 1313 篇（占总体发文量的 80.9%），其中获得国家自然科学基金支持的论文占 58.95%，而 2015～2019 年，这一比重达到了 64.90%，远高于国家社会科学基金和教育部人文社会科学基金（表 3.13）。

表 3.13 2010～2019 年《经济研究》发表论文署名基金支持信息

基金	2010～2014 年		2015～2019 年		2010～2019 年	
	论文数/篇	占比	论文数/篇	占比	论文数/篇	占比
国家自然科学基金	332	52.53%	442	64.90%	774	58.95%
国家社会科学基金	252	39.87%	311	45.67%	563	42.88%
教育部人文社会科学基金	218	34.49%	169	24.82%	387	29.47%
署基金论文数	632		681		1313	
论文总数	808		815		1623	

资料来源：CNKI，由计量经济学教育部重点实验室（厦门大学）和国家自然科学基金委员会"计量建模与经济政策研究"基础科学中心整理

第七节 自然科学基金与中国经济科学的发展

为了更好地推动中国经济科学学科发展和人才培养，进一步优化学科布局和学科管理工作，国家自然科学基金委员会管理科学部于 2017 年新设立经济科学学科，并调整了学科代码。自 2019 年开始试点，基于"鼓励探索、突出原创""聚焦前沿、独辟蹊径""需求牵引、突破瓶颈""共性导向、交叉融通"这四大科学问题属性开展资助工作（李静海，2019；任之光和陈中飞，2019）。根据国家自然科学基金委员会的统计数据，2017～2019 年经济科学学科申请总数分别为 2095项、2340 项、3024 项，申请数量增长迅速。尤其是青年科学基金项目、面上项目、地区科学基金项目这三项的申请量保持快速增长，其中 2019 年较上一年度的增长率分别达到 35.46%、26.38%和 14.96%。重点项目的申请量在 2018 年有大幅上升后，保持稳定态势。与此同时，批准资助的项数、金额、资助金额比例、单项平均资助金额等均基本保持稳定。由于项目申请数量增长较快但最终资助量保持稳定，项目之间的竞争强度加剧，资助率小幅下降（表 3.14）。

表 3.14 2017～2019 年经济科学学科部分项目资助情况

年份	项目分类	受理项目		批准资助					资助率	
		项数	金额/万元	项数	金额/万元	资助金额比例		单项平均资助金额/万元	项数	金额
						占全委	占学部			
2017	面上项目	895	46 300.10	153	7 344	0.69%	20.26%	48.00	17.10%	15.86%
	青年科学基金	985	20 139.30	188	3 388	0.85%	23.06%	18.02	19.09%	16.82%
	地区科学基金	201	6 799.16	34	955	0.87%	25.00%	28.09	16.92%	14.05%
	重点项目	14	3 642.16	4	960	0.48%	14.29%	240.00	28.57%	26.36%

续表

年份	项目分类	受理项目		批准资助					资助率	
		项数	金额/万元	项数	金额/万元	资助金额比例		单项平均资助金额/万元	项数	金额
						占全委	占学部			
2018	面上项目	940	47 796.80	153	7 344	0.66%	19.05%	48.00	16.28%	15.37%
	青年科学基金	1 142	23 621.20	206	3 807.99	0.91%	24.09%	18.49	18.04%	16.12%
	地区科学基金	234	7 959.11	36	1 011.50	0.92%	24.83%	28.10	15.38%	12.71%
	重点项目	24	6 089.07	5	1 175.30	0.57%	14.71%	235.06	20.83%	19.30%
2019	面上项目	1 188	59 467.70	162	7 861	0.71%	20.07%	48.52	13.64%	13.22%
	青年科学基金	1 547	31 872.90	210	3 940	0.94%	24.28%	18.76	13.57%	12.36%
	地区科学基金	269	8 937.87	37	1 043	0.94%	25.88%	28.19	13.75%	11.67%
	重点项目	20	4 659.45	5	1 180	0.53%	16.67%	236.00	25.00%	25.32%

资料来源：国家自然科学基金委员会年度统计与年度报告，由计量经济学教育部重点实验室（厦门大学）和国家自然科学基金委员会"计量建模与经济政策研究"基础科学中心整理

从经济科学学科内 2017～2019 年各学科领域的申请情况来看，农林经济管理（G0308）、经济发展与贸易（G0304）、金融管理（GC306）、人口资源环境经济与劳动经济（G0307）、区域经济与产业经济（G0309）的申请数和资助数一直保持在前五位，占申请总量的 82%、资助总量的 78%（任之光和陈中飞，2019），见表 3.15。

表 3.15　2017～2019 年经济科学学科各学科代码的申请和资助情况　　单位：项

学科领域	代码	2017 年		2018 年		2019 年	
		申请数	资助数	申请数	资助数	申请数	资助数
农林经济管理	G0308	548	90	592	99	776	84
经济发展与贸易	G0304	313	57	354	60	498	70
金融管理	G0306	303	47	334	53	421	58
人口资源环境经济与劳动经济	G0307	256	49	282	43	402	56
区域经济与产业经济	G0309	297	52	287	47	398	54
货币政策与财税政策	G0305	150	26	180	25	206	34
计量经济与经济计算	G0303	99	25	131	29	142	27
行为经济与实验经济	G0302	69	16	66	18	88	16

续表

学科领域	代码	2017 年		2018 年		2019 年	
		申请数	资助数	申请数	资助数	申请数	资助数
博弈论与信息经济	G0301	45	13	58	17	62	9
经济科学	G03	1	0	41	4	11	1
合计		2081	375	2325	395	3004	409

资料来源：国家自然科学基金委员会年度统计与年度报告，由计量经济学教育部重点实验室（厦门大学）和国家自然科学基金委员会"计量建模与经济政策研究"基础科学中心整理

我们统计了不同学科代码下资助发表的高水平学术论文数量，见表 3.16。经济发展与贸易（G0304）、金融管理（G0306）、区域经济与产业经济（G0309）、货币政策与财税政策（G0305）、人口资源环境经济与劳动经济（G0307）代码下发表的高水平 CSSCI 经济学论文数位于前五位。经济发展与贸易（G0304）、博弈论与信息经济（G0301）、区域经济与产业经济（G0309）、计量经济与经济计算（G0303）代码下发表的国际 A 类及以上 SSCI 经济学论文数排在前四位[1]。

表 3.16　2017～2019 年经济科学学科各学科代码下的高水平学术论文发表数量　单位：篇

学科领域	代码	2017 年		2018 年		2019 年		合计	
		CSSCI	SSCI	CSSCI	SSCI	CSSCI	SSCI	CSSCI	SSCI
经济发展与贸易	G0304	53	9	38	1	13	0	104	10
金融管理	G0306	44	0	19	0	6	0	69	0
区域经济与产业经济	G0309	32	2	8	2	8	0	48	4
货币政策与财税政策	G0305	29	0	9	0	4	1	42	1
人口资源环境经济与劳动经济	G0307	12	0	1	1	1	0	14	1
计量经济与经济计算	G0303	8	1	4	2	1	0	13	3
行为经济与实验经济	G0302	7	2	5	0	0	0	12	2
农林经济管理	G0308	2	1	9	1	0	0	11	2
博弈论与信息经济	G0301	4	5	2	2	0	1	6	8
合计		191	20	95	9	33	2	319	31

资料来源：国家自然科学基金委员会年度统计与年度报告，由计量经济学教育部重点实验室（厦门大学）和国家自然科学基金委员会"计量建模与经济政策研究"基础科学中心整理

---

[1] 需要指出的是，我们的研究方法具有一定的局限性。首先，由于数据获得性的问题，我们仅能在数据库中搜索到明确、正确地标识基金项目资助号的论文，数据库收录信息的全面性和完整性会影响到我们的结果；其次，在 2017～2019 年立项的基金项目还处在研究资助期，项目成果还未能充分反映在论文发表的数量上；最后，有一些重要研究成果无法直接反映在论文的数量上，没有被记入我们划定的期刊范围内。这些都会直接影响到我们研究结论的全面性和客观性，我们会在后续的研究中完善研究方法、扩大研究范围，力求得到更加完整、客观的结论。

国家自然科学基金已成为国内经济学高水平学术研究的最主要支持力量。以2010～2019 年中国经济学者发表的高水平 CSSCI 期刊论文为例，在所有披露基金信息的论文中[①]，获得国家自然科学基金项目支持发表的论文数占比，从 2010～2014 年的 41.88%上升到 2015～2019 年的 57.50%，十年平均占比为 49.54%。位居第 2 位、第 3 位的分别是国家社会科学基金和教育部人文社会科学基金，在2010～2014 年获得两类基金资助发表的论文数占比分别为 37.37%和 35.93%，2015～2019 年分别为 43.04%和 26.15%，十年平均占比分别为 40.15%和 31.13%（表 3.17）。

表 3.17 2010～2019 年高水平 CSSCI 发表论文署名基金支持信息

基金	2010～2014 年		2015～2019 年		2010～2019 年	
	论文数/篇	占比	论文数/篇	占比	论文数/篇	占比
国家自然科学基金	1633	41.88%	2159	57.50%	3792	49.54%
国家社会科学基金	1457	37.37%	1616	43.04%	3073	40.15%
教育部人文社会科学基金	1401	35.93%	982	26.15%	2383	31.13%
署基金论文数	3899		3755		7654	
论文总数	5025		4316		9341	

资料来源：CNKI，由计量经济学教育部重点实验室（厦门大学）和国家自然科学基金委员会"计量建模与经济政策研究"基础科学中心整理

国家自然科学基金委员会管理科学部的资助效率获得显著提升，在中国经济科学国际化进程中发挥着主体作用。据统计，在经济学 SSCI 期刊发表的论文中有部分论文公开了获得科研项目资助支持的来源[②]。在公布此类信息的论文中，获得国家自然科学基金资助的中国经济学者的 WoS 论文数量从 2010 年的 57 篇跃升至2019 年的 2115 篇，占论文总量的比例从 51.9%上升至 83.9%（图 3.17）。这说明中国经济科学学科学术研究的国际化水平的提高离不开国家自然科学基金的大力支持，同时也说明了国家自然科学基金委员会管理科学部在选择优秀研究课题、资助优秀研究人员与学术团队方面建立了一个高效、有力、合理的管理体制，已成为中国经济科学领域最重要且最有成效的资助来源。

---

① 有一些论文会获得多个项目的资金支持，而我们没有剔除重复资助的情况。计算占比的公式为 t 年获得某基金资助的论文数量/t 年被资助论文总数×100%。

② 在 2019 年发表的 4237 篇 SSCI 论文中，有 2522 篇署名获得某类基金支持，占比 59.5%。这一占比在早些年更低，可能的原因是论文没有获得任何基金资助，或者 WoS 中存在数据缺失。

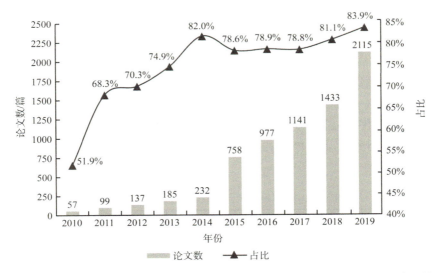

图 3.17　2010~2019 年国家自然科学基金委员会对经济学科国际论文发表的资助情况
资料来源：WoS，由计量经济学教育部重点实验室（厦门大学）和国家自然科学基金委员会"计量建模与经济政策研究"基础科学中心整理

第八节　中国经济科学发展的不足与挑战

中国经济科学在不断取得突破和成绩的同时，在研究领域、学科影响、研究体制、合作关系等方面也存在不少问题。

中国学者在计量经济学、金融学、国际贸易、发展经济学等领域的研究优势明显，但在经济学理论（如博弈论）、劳动经济学、公共经济学、宏观经济学等领域则不具备显著优势。

有关中国问题的研究还有待进一步提高。目前，鲜有中国原创性经济理论为国际经济学界所熟悉并接受，鲜有在国际经济学界具有重大学术影响力的中国本土经济学家。这显然需要鼓励和引导中国学者在国际顶级期刊发表更多有关中国经济问题的论文，讲好中国故事，提升中国经济学的国际影响力。

中国经济科学的教学体系虽然不断推进国际化试点，但未形成规范、系统、可推广的国际化教学体系。在学科评估和职称评审中，还存在着重论文数量、轻研究质量的单一、僵化、落后的评价体系。

进入 21 世纪以来，中国高校与国际学术机构之间形成了较为紧密、活跃的合作交流关系，但这种合作主要集中在国内少数经济学国际化程度比较高的大学和少数优势研究领域，中国高校之间的合作关系还不够紧密。

国家自然科学基金委员会管理科学部经济科学学科在个别项目与领域中的管理

和评价体系也存在一定的改进空间。以 2010～2019 年立项的 205 项经济类国际（地区）合作与交流项目为例，我们从 WoS 和 CNKI 数据库的基金资助信息中抽取项目资助号进行分析，标注基金支持的国际 A 类及以上 SSCI 论文仅有 7 篇、国内高水平 CSSCI 论文 22 篇。这似乎在一定程度上偏离了该项目本身希望促进国际合作与交流的初衷。在同一时期，经济科学学科共设立 17 个国家杰出青年科学基金项目、36 个重点项目，截至 2019 年 12 月，标注经济科学学科国家杰出青年科学基金项目支持、发表在国际 A 类及以上 SSCI 期刊上的论文及发表在国内高水平 CSSCI 期刊上的论文分别有 9 篇、24 篇；标注经济科学学科重点项目支持、发表在国际 A 类及以上 SSCI 期刊上的论文及发表在国内高水平 CSSCI 期刊上的论文分别有 15 篇、136 篇，总体资助绩效在国际发表、传播中国声音方面有待提高。

第二部分

经济科学学科发展历史、未来趋势与重大研究问题

第四章　经济科学的基本方法

　　自经济学作为一门独立的社会科学以来，其研究范式与研究方法历经演变。从早期以历史分析、逻辑分析和定性分析为主，到现在以定量分析与实证分析为主，数学公式与模型成为经济思想的重要载体和表达方式。大数据时代带来的"数据革命"，凸显了定量分析的必要性和重要性，定量分析体现了经济学研究的"工匠精神"。但是，在实际应用中，应避免生搬硬套、滥用、误用模型与定量分析方法，强化对数学公式和模型方法的直观解释和经济解释。本章以现代经济学研究的基本方法为对象，讨论每种方法的内涵和应用范围，分析其在中国经济学研究中的发展趋势和产生的问题，展望未来可能的研究方向。

第一节　数学、模型与经济思想[①]

　　长期以来，关于数学与经济思想之间的关系一直是中国经济学界经常关注和讨论的一个问题。40 年来，中国经济学教育与研究取得了长足的发展，包括定量分析方法的广泛使用，大大提升了经济学研究的规范性和研究质量，也推动了中国经济学研究的国际交流。存在数学与经济思想之间关系的争论的原因是多方面的，其中一个原因是中国经济学教育与研究的历史背景。40 年前，中国经济学主要是定性分析，几乎没有定量分析。另外一个原因是随着定量分析方法日益广泛的应用，滥用、误用数学公式和模型的现象始终存在。这些问题和缺点导致研究结论不可靠，并使读者感到难以理解数学与模型所包含的经济含义。

　　本节的主要目的是想深入探讨数学、模型及其他定量分析方法与经济思想之间的关系。从学术上探讨数学与经济思想之间的关系是非常有益的，这有助于我们理解定性方法和定量方法各自的优缺点，探索如何更好地将定性方法与定量方法相结合，不断改进我们的研究方法，从而进一步提升中国经济学教育与研究的质量和水平。

[①] 本节主要基于洪永森和汪寿阳（2020）的研究。

一、经济学研究范式、研究方法及其演变

1776 年亚当·斯密《国富论》的发表，标志着经济学作为一门独立的社会科学诞生。以此为起点，经济学及其研究范式、研究方法经历了很多重要的变化。1867 年马克思通过对英国古典政治经济学的批判，发表了以剩余劳动价值论为基础的《资本论》，揭示了资本主义经济的内在矛盾及历史发展规律。在《国富论》发表近 100 年之后，经济学出现了"边际革命"（marginal revolution），这极大推动了数学特别是微积分在经济研究中的应用，形成了体系比较严谨的新古典经济学。20 世纪 30 年代，世界经济"大萧条"危机之后，经济学出现了"凯恩斯革命"，这是对新古典经济学的一种否定。它直面当时世界经济"大萧条"的现实，主张通过政府干预刺激需求，以达到促进经济增长的目的。凯恩斯革命使经济学家更加重视经济现实问题，以问题为导向研究经济学。凯恩斯以现实问题为导向的研究范式，开辟了计量经济学作为实证研究主要方法论的广阔的发展与应用空间。计量经济学在 20 世纪 30 年代成为一门独立的方法论学科，并在经济学实证研究中不断发展、成熟。

到了 20 世纪 50~60 年代，出现了"新古典综合"（new classical synthesis），即将新古典经济学和凯恩斯经济学融合在一起，形成统一的经济学分析框架。在这个过程中，很多经济理论出现了公理化重构，以数学工具进行严密的论证，形成了体系化的经济理论。20 世纪 80 年代以来，经济学的研究范式又出现了"实证革命"，即以现实经济问题为研究对象，通过数据分析而不是数学推导，以统计学推断方法研究经济的内在逻辑关系与运行规律（Angrist et al.，2017）。实证革命的诞生使计量经济学这门方法论学科在经济学实证研究中日益发挥重要作用，使经济学研究与经济现实更加接近，并且使经济学家对经济政策的制定产生越来越重要的影响。

纵观经济学发展历史，特别是研究范式和研究方法的演变，可以看出，早期经济学研究方法大多以历史分析、逻辑分析、定性分析为主，现在则以定量分析为主。定量分析主要包括两方面的内容：一是数学推导，二是以数据为基础使用统计推断方法的实证研究。实证研究并没有涉及数学推导，但必须熟悉数据的分析、统计软件的使用以及计量经济学方法的应用。经济学定量分析方法的广泛使用是几代经济学家为了使经济学成为一门像自然科学一样严谨的科学而不断努力的结果。数学是严谨逻辑推理的工具。在将经济思想转化为体系化的经济理论的过程中，如果经过数学的严谨推导，那么在理论逻辑上就不会存在错误的空间，整个理论体系就有其逻辑自洽的一致性。以计量经济学为主要方法论的实证研究，则是在经济理论与经济现实之间搭建了一座桥梁，让我们可以检验经济理论能否

解释经济现实。换句话说，定量分析方法，尤其是数学和计量经济学，能够保持理论逻辑的一致性以及理论和现实之间的一致性，从而推动经济学作为一门科学不断向前发展。

二、思想和方法是经济学研究的两大支柱

经济学有很多研究方法，如历史分析、逻辑分析、规范分析、实证分析、定性分析、定量分析等。思想和方法不是零和关系，并不互相排斥，而是互相补充，缺一不可。经济学研究是一个提出问题、解决问题的过程，前者需要思想，后者需要方法。

那么，经济思想是如何产生的？首先，经济思想来自学术批判和学术争论。例如，马克思主义政治经济学的主要理论来源就是对英国古典政治经济学的批判继承与创新。其次，思想也来自时代、来自现实。"凯恩斯革命"就是一个典型例子。凯恩斯革命产生于 20 世纪 20 年代末 30 年代初的世界经济大萧条。古典经济学没有办法解释为什么大萧条会长时间存在，凯恩斯则针对大萧条的经济现实，从有效需求不足的角度进行解释，并提出了乘数效应的学理基础，主张通过政府干预刺激需求的方法来促进经济增长。另一个例子是恩格尔在 1982 年提出的 ARCH（autoregressive conditional heteroskedasticity，自回归条件异方差）模型。在 20 世纪 70 年代，世界经济出现了剧烈波动。首先是美国取消美元和黄金挂钩的固定汇率制度，实行浮动汇率管理制度；与此同时，世界上发生了第一次石油危机，石油生产国成立了具有卡特尔性质的石油输出国组织，造成了油价大幅上涨以及剧烈波动；20 世纪 70 年代末 80 年代初，美国经济出现了"滞胀"现象。所有这些极大增加了当时经济的不确定性，各种经济主体包括经济决策者都迫切需要对经济不确定性进行定量测度，并在决策中考虑到不确定性的影响。ARCH 模型就是在这样的背景下诞生的。

那么，经济学为什么需要数学？数学在经济学研究中发挥了什么作用？数学作为一种精确的逻辑语言与工具，能够使经济学分析严谨化。当然，也有其他方法能使经济学分析严谨化，如"以子之矛，攻子之盾"的学术争论也能使逻辑分析严谨化。

经济现象错综复杂，若想透过经济现象揭示经济的本质特征，则需要对经济现象进行提炼，将其上升为理论。数学作为一种抽象思维工具，特别适用于从复杂经济现象中揭示其本质关系。恩格斯说过，数学是现实世界中的空间形式和数量关系，任何一门科学的真正完善在于研究者对数学工具的广泛使用。特别是经济作为一门研究稀缺资源最优配置的科学，非常适合将数学优化方法与工具运用于经济学研究中。同时，经济充满着大量的不确定性，而概率论是描述不确定性

的最佳数学工具。

应该强调，经济思想特别是创造性的经济思想不是从数学推导中产生的，但是，单有思想是远远不够的，还必须有解决问题的方法，思想和方法一起才能构建一个完整的、系统化的理论。思想是提出科学问题的先导，而方法则是解决科学问题的钥匙。例如，哥德巴赫猜想（"1+1"）是数学的一个重要命题，但多少年来一直没有人能够证明这个猜想，一直到陈景润才证明了"1+2"，陈景润的方法也因此被誉为"陈氏定理"。在物理学界，物理学家曾一直想测度光速有多快，美国诺贝尔物理学奖得主阿尔伯特·迈克尔逊（Albert Michelson）发明了一个实验装置，被称为迈克尔逊干涉仪，解决了这个问题。

以下我们通过几个经济学经典理论案例，说明数学在经济学中所发挥的重要作用。

（1）一般均衡论。瓦尔拉斯1874年提出一般均衡论（Walras，1954），认为通过自由竞争，存在一组均衡价格，能够使整个经济处于均衡状态，并达到帕累托最优。瓦尔拉斯设想通过一个"拍卖"叫价机制达到这样的均衡，但没有从数学上严格证明。这个工作后来由阿罗和德布鲁（Arrow and Debreu，1954）运用数学"定点定理"（fixed point theorem）完成了，从而为一般均衡论和新古典经济学奠定了坚实的理论基础，阿罗和德布鲁也因此获得诺贝尔经济学奖。可能有人会认为，用定点定理证明一般均衡的存在，在数学上非常漂亮，理论结构也很完美，但是这些数学方法到底在现实中有没有用呢？大家可以回想一下可计算一般均衡（computational general equilibrium，CGE）模型的广泛应用。不仅在国外，中国的经济学家以及一些经济智库长期以来也大量使用可计算一般均衡模型来评估各种经济政策，特别是宏观政策、产业政策、区域政策及重大事件对中国与世界经济的冲击和影响。

（2）博弈论。这原是应用数学的一个分支，后来与经济行为假设不断结合，形成了今天的博弈论，成为现代微观经济学的核心理论基础。博弈论最主要的开拓者是数学家冯·诺伊曼（von Neumann）和纳什（Nash），以及经济学家摩根斯坦（Morgenstern）。其中纳什是美国数学家，22岁获得美国普林斯顿大学数学博士学位，他和海萨尼（Harsanyi）、泽尔滕（Selten）一起获得了1994年的诺贝尔经济学奖，以表彰其为博弈论奠定数学基础所做出的杰出贡献。纳什也是微分几何与偏微分方程领域的一位开拓者。

（3）投资组合理论。马科维茨（Markowitz）在1952年应用概率论与统计学的分析方法与工具，以均值和方差刻画了投资组合的预期回报与风险，建立了投资组合理论。马科维茨在1990年获得诺贝尔经济学奖，他在获奖演讲中这样说："当年我在芝加哥大学进行经济学博士论文答辩时，弗里德曼（Friedman）教授称投资组合理论不属于经济学，因而我的论文不属于经济学范畴，也就不能授予我经济学博士学位。我知道他只是半开玩笑，因为答辩委员会并没有花费太长的时间争论就决定授予我博士学位。对于他的说法，现在我也愿意承认，当年博士论文答辩时，投资组合理论并不是经济学的一部分，但它现在是了。"这个例子说明了数学特别是概率统计方法在金融学中的创造性应用，拓展了金融学的研究领域与边界。

（4）金融衍生产品定价理论。布莱克（Black）和斯科尔斯（Scholes）在 1973 年发表论文，应用随机微分方程，结合无套利机会等金融市场基本假设，提出了欧式期权产品定价理论。这篇论文与默顿（Merton）于 1973 年发表的论文一起，奠定了后来兴起的金融工程学科与金融工程产业的理论基础，斯科尔斯和默顿因此于 1997 年获得诺贝尔经济学奖。但是布莱克和斯科尔斯的这篇论文因为其超前思想和高深数学，在送审发表中经历了曲折的过程，最后发表在芝加哥大学主办的《政治经济学杂志》（*Journal of Political Economy*）上。

以上主要聚焦数学在经济学研究中的作用，特别是在经济思想的理论体系化过程中数学发挥的关键作用。我们知道，经济理论最主要的目的是解释现实，揭示经济的内在因果关系和运行规律，而一个经济理论能否解释经济现实，主要看这个理论和观测数据是不是具有一致性，即理论与现实的一致性。在验证理论与现实的一致性问题上，数学是无能为力的，在这方面能够起到关键作用的是以计量经济学为方法论的实证研究。计量经济学以经济观测数据为基础，通过统计推断方法，验证一个经济理论是否能够解释经济现实，是否与观测数据具有一致性。换句话说，以计量经济学为方法论的定量研究是连接经济理论和经济现实的一个桥梁。通过这个桥梁，可以验证一个经济理论能否解释经济现实。比如，计量经济学模型能够将一个经济假说转变为一个统计假设，然后通过观测数据验证统计假设是否成立，由此推断经济假说是否成立。需要强调，实证分析不一定都是以数据为基础的计量经济学实证分析。比如，宏观经济学有一种常用的实证分析方法就叫校准法（calibration）。

经济学研究的一个最主要目的是揭示经济变量之间的因果关系。识别因果关系是一切科学最主要的任务。在自然科学、实验科学中识别变量之间的因果关系，可以采用实验的方法。比如，判断变量 X 是否与变量 Y 存在因果关系，是指在其他变量 Z 不变的情况下，X 的变化会不会引起 Y 的变化。我们可以通过控制实验条件，让其他变量 Z 不变，只改变 X 的数量，然后观测 Y 的数量会不会改变。这个方法可以精确判断从 X 到 Y 是否存在因果关系。但是，经济观测数据通常并不是通过控制实验而产生的，经济系统的非实验性是经济学识别因果关系时面临的最主要挑战，而统计学和计量经济学能够提供一种方法论，在非实验性的条件下，即在其他变量 Z 也发生变化的现实条件下，判断 X 的变化会不会引起 Y 的变化，从而推断是否存在从 X 到 Y 的因果关系。显然这种实证分析要比通过实验方法识

别从 X 到 Y 的因果关系复杂得多，但借助一些假设与经济理论，统计学和计量经济学可以解决在非实验条件下判断经济因果关系的难题，这彰显了以统计学和计量经济学为基础的定量实证分析在经济研究中所发挥的重要作用（Varian，2014）。

方法不仅仅能够解决所研究的问题，新的科学方法还常常能够揭示数据中经济变量之间以前没有发现的逻辑关系，从而提供新的洞见、得出新的结论。例如，长期以来金融学家和经济学家一直深信股票市场是一个有效市场，甚至有人看到实证研究发现股票市场并非有效时，便马上下结论称实证研究的计算机程序肯定有错。马尔基尔（Malkiel）于 1973 年出版的一本畅销书《漫步华尔街》（*A Random Walk Down Wall Street*）就讲述了为什么股票市场是有效市场，影响非常大，截至 2019 年原书已再版 12 次。Lo 和 MacKinlay（1999）发明了一些金融计量方法，通过数据分析，以证据证明股票市场存在非有效特征，并出版了《华尔街的非随机游走》（*A Non-Random Walk Down Wall Street*）一书，这一论断现已被大多数人接受。

《21 世纪资本论》（*Capital in the Twenty-First Century*）的作者、法国著名经济学家皮凯蒂（Piketty）多年来致力于建立新的分布式国民账户（distributional national accounts）数据库，他通过整合包括国民账户数据、微观调查数据、税收数据、商业银行报告在内的各种数据，对收入与财富分配进行跨国比较分析。收入与财富分配是经济学一个重要而又古老的问题。皮凯蒂批评常用的基尼系数等指标将不同阶层、不同群体的不平等混淆起来，他主张用分配表分析收入不平等的问题，因为分配表能够显示出收入与财富金字塔各自最顶端的 10% 和 1% 的群体在总收入与总财富中的比重。皮凯蒂估算了近 300 年来多个国家的资本收入比，发现这些国家进入 21 世纪以来，收入与分配不平等呈现出与 19 世纪相似的两极分化情形，其结论冲击了西方主流经济学关于社会收入和财富分配将随着经济的充分发展而逐步趋于平等的观点，特别是诺贝尔经济学奖得主西蒙·库兹涅茨（Simon Kuznets）的"倒 U 形曲线理论"。

经济学研究存在各种分析方法，如历史方法、逻辑方法和统计方法。是否可以不用定量分析方法，只用定性分析方法？当然可以。定性的历史分析、逻辑分析也可以从理论上揭示经济变量之间的逻辑关系以及经济运行规律，包括经济的历史发展趋势，但是，一旦需要将经济理论应用于解释经济现实，实证研究就不可避免。实证研究并不意味着一定要使用数据和计量经济学的分析方法，也可以使用描述研究、案例研究、校准研究等方法，但从方法论角度看，具有严谨概率论与统计学基础的计量经济学是所有实证研究方法中比较科学的一个方法。

中国数学家和经济学家探索数学在经济学研究以及经济管理中的应用已有很长的历史。20 世纪 60 年代，著名数学家华罗庚率先开展优选学、统筹学以及经济数学的理论研究，将其应用于国民经济管理实践，取得了丰硕成果。改革开放后，华罗庚牵头在 1981 年成立了中国优选法统筹法与经济数学研究会，经济数学是其中一个分会。华罗庚的主要研究集中在计划经济大范围最优化的数学理论，类似于现代西方经济学的一般均衡论。另外，早在 1959 年，中国著名经济学家孙冶方就意识到经济学研究必须使用定量分析方法，中国科学院哲学社会科学部在 1960 年成立了经济数学方法研究小组，开始研究投入产出原理、社会主义生产模型及经济数学方法。1965 年，中国著名经济学家、时任口宣部科学处处长的于光远，和华罗庚商量如何促进我国数学家和经济学家共同将数学方法应用于经济学研究中，并在应用过程中找到和提出新的数学方法。1979 年，于光远推动开展数量经济的研究，成立了中国数量经济研究会，这个研究会就是现在的中国数量经济学会的前身。40 年来，数量经济学在中国的发展非常迅速，其研究与应用也取得了很大的成就，但从整体上看，由于历史等各种原因，中国的数学家和经济学家似乎没有形成合力，中国经济学家使用数学方法研究经济理论问题的还是偏少。例如，在数理经济学和博弈论理论研究方面，中国本土经济学家发表的国际论文很少，中国经济学家的定量分析主要集中在计量经济学的理论及应用研究，特别是以计量经济学为基础的实证研究，计量经济学是国内经济学最接近国外先进水平的一个学科，但整体上也存在差距。

三、数学公式与模型是经济思想的重要载体

历史上，不少哲学家同时也是数学家，如笛卡儿（Descartes）、罗素（Russell）、莱布尼茨（Leibniz）等，同样地，不少经济学家也是数学家或者物理学家，诺贝尔经济学奖首届得主之一丁伯根（Tinbergen）就是物理学博士。虽然数学推导产生不了经济思想，但数学公式和模型是经济思想的重要载体与表达形式。挖掘并理解数学公式和模型所包含的经济含义，是经济学学术训练不可或缺的重要组成部分。例如，在《概率论与统计学》和《计量经济学》的教学过程中，强调对数学概念、理论、方法与工具的经济解释和经济应用，这对学生掌握相关知识是非常有帮助的。

在物理学中，牛顿力学、电磁学、热力学与统计物理学、量子力学和相对论，均能用非常简洁的数学公式来表述，这些数学公式包含着丰富深刻的物理含义，这是物理学的一个显著特点。经济学的数学公式和模型同样包括着丰富深刻的经济含义。例如，欧拉方程是一个在物理学和经济学中都广泛应用的数学工具，这是动态优化规划的一阶条件。在经济学中，如果一个经济主体（投资者或消费者）的目标函数是最大化其一辈子效用的总和，那么欧拉方程便刻画了在不确定条件下经济主体的最优动态消费路径或投资路径。这与物理学和天文学用欧拉方程刻画宇宙飞船从地球飞往月球的最优动态运行轨迹类似（当然取决于目标函数）。

不仅数学公式和模型包含丰富的经济含义，经济观测数据的定量分析也能产生重要的经济思想与科学问题，不应该把定量方法和经济思想对立起来。比如，宏观经济学中有一个著名的"股权溢价之谜"（the equity premium puzzle）。这个"股权溢价之谜"极大推动了宏观经济学相关领域的发展。金融学很喜欢研究各种异象（anomalies），即标准 CAPM 无法解释的那部分回报率是由哪些因素决定的，这里的异象回报率与"股权溢价之谜"一样，是通过 CAPM 定量估算出来的。这些异象产生了很多很好的金融定价问题。在经济学中，经济高质量发展有一个重要的测度指标，就是全要素生产率，也称为多要素生产率。基于微观企业数据估计整个行业乃至整个经济的生产函数，然后通过生产函数扣除生产要素对经济增长的贡献，剩余部分就是效率增长，也就是全要素生产率。这个重要的经济学概念被写进了党的十九大报告。

从经济数据中总结经验典型特征事实，可以凝练出重要的科学问题。大多数经验典型特征事实是数据中经济变量之间的统计关系。一个例子就是菲利普斯曲线刻画通货膨胀率和失业率之间的负相关关系。另一个例子是美国宏观经济学家伯南克（Bernanke）等发现，自 20 世纪 80 年代中期之后，美国经济增长率和通货膨胀率的波动幅度，随着时间的推移越变越小，这被称为"大缓和"（great moderation）现象。这个经验典型特征事实使经济学家纷纷提出各种理论解释为什么如此。换句话说，从数据的定量分析中总结出来的重要经验典型特征事实，可以产生重要的科学问题。Sun 等（2018）发现，中国经济增长率和通货膨胀率的波动幅度，也像美国宏观经济一样，随着时间的推移越变越小，只是开始的时间起点不是 20 世纪 80 年代，而是 20 世纪 90 年代。中国经济学家似乎还没有注意到这个现象，更不用说提出经济理论解释为什么中国经济也有"大缓和"现象。

四、数学和模型的局限性

洪永森（2007）对计量经济学模型与方法的局限性做了一些初步讨论，指出这种局限性主要是因为经济观测数据的非实验性。这里，我们从方法论角度，深入探讨数学和模型的各种局限性。

第一，模型是对复杂经济现实的高度概括与简化，当其应用于解释经济现实时，在绝大多数情况下不如自然科学解释或预测得那样精准。一个主要原因是，我们所观测到的经济现象是很多因素共同作用的结果，而这些因素包括可观测因素和不可观测因素，有很多并没有包含在模型之中。这些被模型排除在外的因素所产生的效应无法通过实验分离开来。

第二，模型刻画的统计关系和经济因果关系存在差别。由于经济数据的非实验性特点，计量经济模型刻画的经济变量之间的关系都是统计关系，如相关关系或者预测关系，这些关系并不一定是因果关系。在实证研究中，我们常将一个模型方程中放在右边的变量叫解释变量，放在左边的变量叫因变量，但是，即使解释变量的系数具有统计显著性，也不意味着存在从解释变量到因变量的因果关系。要将计量经济学模型刻画的相关性或者预测关系解释为经济因果关系，需要借助经济理论和很多假设。由于经济数据非实验性的局限性，计量经济学模型的统计关系不能马上被解释为经济因果关系，这给通过实证研究识别经济因果关系带来了巨大的挑战。这是经济学实证研究和自然科学实验研究的一个重要差别。

第三，模型证据（model evidence）与数据证据（data evidence）存在差别。由于模型是一种简化，它只能捕捉数据的部分信息，因此模型能够提供的证据和数据本身的潜在证据存在差别（Breiman，2001）。例如，我们想用数据验证一个金融市场是不是有效市场，即其将来的回报率能否用历史信息来预测这样一个经济假说，如果能够利用历史信息预测将来的回报率，则表明市场并不是有效的。我们可采用线性自回归模型，如果其中某个自回归参数具有统计显著性，即这个线性模型能够用历史信息预测将来的回报率，则有证据拒绝市场有效假说，但是，当线性自回归模型不能用历史信息预测将来的回报率时，我们并不能马上认为有效市场假说是正确的。原因很简单：一个线性自回归模型没有预测能力，并不代表将来的回报率不能用历史信息预测，因为历史信息与将来的回报率可能存在非线性关系。如果这样，线性自回归模型就可能没有办法刻画非线性关系，导致线性模型没有预测能力，但是数据本身实际上存在非线性预测关系（Hong and Lee，2003）。这个例子表明，线性自回归模型提供的证据与数据本身隐藏的证据两者之间可能存在差距，这也是任何模型都可能存在的缺陷。从这个意义上说，实证研究只能"证伪"，不能"证实"，只能"证错"，不能"证对"。

第四，简化模型可以被认为是一种错误的模型，即误设模型。并非模型误设就不能使用。误设模型可能具有一定的解释或预测能力，但是，误设模型会产生模型风险（model risk）。在金融市场上，由于大数据的可获得性和计算机信息技术的快速发展，很多金融交易都是以计算机和模型为基础进行的，误设模型可能会造成严重的金融产品定价误差、低估或放大金融风险等后果。同样地，在经济学研究中，误设模型可能会对经济解释与研究结论的有效性产生很大的影响（洪永淼，2021b）。

第五，由于人口结构与消费者偏好变化、技术进步、体制改革、政策变动，以及外在冲击（如新冠疫情），经济结构通常具有时变性。同时，由于经济主体的理性行为，一旦政府政策有新的改变，经济主体将通过预期改变其经济行为以应对这种政策改变，从而导致经济结构及相应的模型出现时变性（Lucas，1976）。一个具有时变结构的经济系统或模型将给经济学实证研究带来很大的挑战。更困难的是，由于数据等因素，根据某个统计或经济准则，可能会发现存在一个以上的模型，其解释能力或预测能力几乎相同。这就产生了一个模型识别问题，即到底哪一个是真实模型，甚至有可能所有的模型都是误设模型，每个模型只能够刻画或解释经济现象的某一部分。这在经济学中称为模型不确定性（model uncertainty）或模型模糊性（model ambiguity）。在模型不确定性或模型模糊性的条件下，如何进行实证分析，如何进行有效的经济解释，从计量经济学方法论的视角看，面临巨大的困难与挑战。

第六，定量实证研究依赖于数据质量。经济数据大多数是观测数据，在现实中存在各种数据缺陷，如测量误差、数据截断、数据遗失、样本选择偏差、异常值等，甚至在财务报告数据、互联网数据以及宏观数据中因为各种原因存在不同程度的数据操纵或造假。数据和模型同等重要，数据是"原材料"，模型是"加工厂"。如果数据质量不过关，对模型构建以及最终所得到的实证结论都会产生负面的影响。在计算机科学和统计学中，"错进，错出"（garbage in，garbage out）就是指数据质量的重要性。

第七，数学和模型的直观性和可解释性通常不强，导致很多人觉得难以理解其经济含义。同时，一些具有很强经济含义的结构模型（structural model）对数据的拟合与解释能力较弱，而一些没有很好经济理论基础的统计模型则具有较好的拟合与预测能力。

五、使用定量分析方法时需要注意的方面

在经济学实证研究中，经常可以看到生搬硬套、滥用、误用模型与定量分析方法，没有考虑模型与方法所适用的前提条件，忽视对数学公式和模型的直观解释和经济解释的情况。这些做法与现象，在初学阶段是不可避免的。为了尽快纠正这些错误做法，尽量克服定量分析方法本身固有的局限性，在使用定量分析方法时，特别需要注意以下几个方面。

第一，使用什么模型应该由所研究的经济问题的性质决定。"一把钥匙只解一把锁"，不存在一种能用于研究一切经济问题的模型或方法。在许多学术论文中，常常会发现罗列了很多种模型与方法。其实，哪个或者哪些模型为什么适合于研究所感兴趣的经济问题，需要加以论证。

第二，注意每个模型或方法所适用的前提条件。例如，经典 t-检验和 F-检验至少要求条件同方差。如果存在条件异方差，则必须使用怀特（White）提出的标准差或方差公式，否则哪怕是大样本分布理论也不再适用（洪永淼，2021b）。

第三，坚持模型简约性原则。模型与方法并非越复杂越好。事实上，大家常常在应用中忽略统计学和计量经济学的一个基本思想——简约性原则，即选择能够刻画数据中变量特征与变量之间关系的最简约模型。这个思想在统计学称为

KISS（keep it sophisticatedly simple，保持简单可行）原则。需要注意，越简单越好是指在能够刻画数据中重要关系的前提下。例如，一个线性回归模型，显然不能刻画非线性关系，因此不适合于研究非对称经济关系（如非对称经济周期）。这也是在大数据分析中机器学习方法常有较精准的样本外预测能力的主要原因。

事实上，经济学的分析方法是分层次的。比如，经济学专业一年级本科生在学习"经济学原理"基础课程时，任课老师一般采用平白的语言，尽量避免数学工具，像导数这个词要称为斜率，二阶导数则称为曲率，供给需求就用两条曲线来代表，这种教学方式比较直观，适合培养初学者的经济思维。到了学习"中级宏观经济学"和"中级微观经济学"课程的阶段，就需要使用微积分和线性代数。例如，在学习消费者效用最大化或者生产者利润最大化时，最大化便转成一个有约束的数学优化问题。其中，通过求一阶导数得出最优解，从这些最优解中推导出需求函数和供给函数，而消费者福利则通过积分求解。到了博士生阶段，则需要使用大量比较高深抽象的数学工具。例如，前文提到的欧拉方程是一个刻画动态优化的数学工具。斯托基（Stokey）和卢卡斯（Lucas）所著的宏观经济学教科书《经济动态的递归方法》（*Recursive Methods in Economic Dynamics*），需要用到泛函分析（functional analysis）和测度论（measure theory）。总之，随着学习层次的不同，使用的分析方法也不同。分析方法并非越复杂越好，够用即可，但对于专业的、原创性的经济学研究，一般需要建立在严谨的学术规范体系之上，所使用的研究方法与工具也比较专业。经济是一个复杂系统，一般来说，复杂系统不可能用简单方法就可以分析透彻，故其相应的分析方法会复杂一些。正如在机器学习时，如果数据结构比较复杂，相应的算法也要复杂些，这样才能取得较好的预测效果。

第四，注意模型的可解释性，特别是其重要参数的经济含义，以及给予有效的经济解释的前提条件。另外，一个模型或方法可能预测得很好，如基于大数据的机器学习方法，但是为什么能够预测得好，其背后的统计学、经济学逻辑是什么，需要进行深入的探索与解释，否则就变成了一个"黑箱"（black box）。经济学研究的目的之一就是要破解"黑箱"的奥秘。

第五，注意模型与方法的现实关联度。2003 年诺贝尔经济学奖得主之一格兰杰（Granger）最早将长记忆模型（long memory model）引入时间序列计量经济学（Granger，1980），但 20 年后他却批评长记忆模型与经济现实脱节，因为虽然有很多新的关于长记忆模型的计量经济学理论与方法相继提出，但这些对于我们理解现实经济时间序列的记忆特征所提供的洞见并不多，是一个"空箱"（empty box）。从这个意义上说，应该避免数学和模型与经济现实严重背离或脱节而成为纯粹的数学游戏。

第六，注意数据质量，特别是数据缺陷可能带来的各种问题。针对数据缺陷，注意如何选择合适的模型，如何修补数据，以及如何解释实证结果等。

第七，注意模型证据和数据证据之间，以及统计假设和经济假说之间的差别，同时注意基于这些差别而对实证结果进行正确解释以得出正确结论。模型证据和数据证据之间的差别，上文已有详细讨论。经济假说（如有效市场假说）通常与模型无关，但是为了检验经济假说，我们一般会使用一个计量经济学模型，将经济假说转化为统计假设（即参数假设），然后用数据进行检验。在将经济假说转化为统计假设时，不仅需要一个具体模型，而且常常附加一些假设条件，这导致经济假说和统计假设两者之间存在一定差别，其原因与数据证据和模型证据之间存在一定差别类似。

第八，注意计量经济学模型刻画的统计关系和经济因果关系之间的差别。由于经济数据的非实验性，任何计量经济学模型所刻画的统计关系只是一种相关性或者预测关系，不能马上解释为经济因果关系。要将统计关系解释为经济因果关系，需要一些基本假设，也需要借助经济理论。计量经济学出现了一个新兴学科，叫作政策评估计量经济学（econometrics of policy evaluation），就是将生物统计学、病理学的处理效应（treatment effect）方法论应用到经济学实证研究中。例如，在非实验条件下，要估计一项政策的效应有多大，可以比较这项政策实施之后所观测的经济结果和假设这项政策没有实施的条件下的经济结果两者之间的差距。在政策已实施的实际情况下假设该政策没有实施，显然是一种虚拟假设，其无法观测的经济结果因此称为"虚拟事实"。为了估计虚拟事实，需要对整个经济系统与计量经济学模型施加一系列的假设条件。这些假设条件是否满足、所使用的模型是否合适，会影响到虚拟事实估计的准确性，从而影响对经济因果关系的识别与政策效应的测度。

第九，注意正确使用统计方法，如在统计推断中正确理解和使用统计学的 P 值（P-value），同时要避免对一个给定的数据进行过度拟合和重复挖掘，即数据窥视（data snooping）。数据窥视是指对一个给定的数据，进行多次或多种模型的拟合，在这一系列试验过程中，偶然会得到一个或几个具有统计显著性的结果，但这种统计显著性并不是真正的显著性，原因在于，即使一个经济变量的真实效应为零，只要通过很多方法、各种模型反复试验，最终很可能会发现有一个或几个模型，在一定的统计显著性水平上，其变量系数不为零，于是只报告这个显著结果。事实上，这并不是真正的显著结果，因为没有将被剔除掉的很多不显著的实证结果考虑在内。这种做法导致的不正确结论称为数据窥视偏差（data snooping bias）。

第十，鼓励使用并创新交叉学科的分析方法。定量分析，特别是计量经济学的分析方法，很多来自其他学科，包括物理学、统计学、病理学等。大家所熟悉的普通最小二乘法（ordinary least squares，OLS），早期是数学家、天文学家高斯（Gauss）用于测量天体之间的距离的方法,而线性回归模型的"回归"（regression）一词其实是生物学家高尔顿（Galton）在研究人类遗传问题时提出来的。他发现高个子的家族后代最终会回归到社会的平均身高水平,而低个子的家族后代最终也会长到社会的平均水平,他把这种现象称作"回归"。判断一个方法是否科学,不在于它是否新颖、是否复杂,而在于它是否假设更一般性的前提条件,是否具有较强的科学性,能否提供与传统方法不一样的实证结果,能否为实证研究提供新的经济学洞见。在这些方面,交叉学科的方法常常会拓展研究的范围与边界,从崭新的角度看待传统的经济问题,也因此比较容易获得新的发现。现在经济学有不少新兴的学科,如计算经济学（computational economics）、计算金融学（computational finance）、政策评估计量经济学,以及机器学习计量经济学（machine learning econometrics）,这些都是数学、统计学、病理学、计算机科学与经济学的交叉融合,这种交叉融合能够产生新学科、新方法。因此,必须重视交叉学科方法在经济学中的运用,积极借鉴数学、统计学、物理学、生物统计学、心理学、信息科学等学科的研究方法,来研究复杂的经济现象。

第十一,注意定量分析论述的可读性。定量分析由于所使用的定量方法和工具比较抽象,直观性不强,可读性也比较差,容易导致读者看不懂。应该重视定量分析表述的可读性,包括数据分析的可视化,对所使用的模型要从经济学的角度加以阐述,解释为什么这些模型和方法在经济学研究中是重要的。对模型本身所揭示的关系应该给予直观解释,特别是要从经济学视角解释模型及模型参数的经济含义。对所获得的实证结果,特别是统计估计和检验结果,也要从经济学的角度来加以阐释,并与经济理论结合起来。对必要但比较复杂的数学推导与证明,可以放到文章的附录,而不是放在文章的正文。如果我们能够从这些方面加以重视,那么定量分析和可读性两者并不矛盾,照样可以讲得很直观、很清楚。

在国外,一些经济学顶尖和主流学术期刊的风格不尽相同,如《美国经济评论》（American Economic Review）、《政治经济学期刊》（Journal of Political Economy）、《经济学（季刊）》（Quarterly Journal of Economics）这些都比较偏向经济思想以及经济故事的原创性和趣味性,虽然也要求研究方法的规范性和正确性,但并不强调或鼓励使用非常复杂的研究方法,它们一般要求所使用的模型方法具有可解释性且够用即可。另外一些期刊,如《计量经济学》（Econometrica）和《经济理论期刊》（Journal of Economic Theory）,则鼓励使用现代定量方法特别是最前沿（cutting edge）、最先进（state of the art）的方法来研究经济与金融问题,在这些期刊上发表的论文大多使用比较严谨的数学方法与计量经济学模型。所以,不同期刊的要求不一样,每个期刊都有自己的特色,期刊之间存在差异。中国经济学的学术期刊也是如此,像经济学、管理学的一些主流期刊,可能比较偏好经济思想和经济故事,对研究方法的现代性和严谨性可能没有那么高的要求,但前提必须是合乎规范的、正确的方法。而另外一些学术期刊则以方法论为主，鼓励使用最新的分析方法来研究中国经济问题。期刊之间的特色与差异并没有对错之分，只是偏好问题。这就要求研究者在投稿前要留意所投期刊的特色和要求，在文章写作时注意论文表述的风格。这里顺便提及，现代经济学的研究领域和分工越来越细，每个领域都有适合本领域的一些研究方法与工具，因此任何一个经济学家要完全看懂经济学所有领域的专业学术研究，是有相当难度的，甚至是不可能的。

第十二，在研究范式和研究方法方面，需要考虑与国际同行所使用的范式和方法相接轨。过去 40 年，中国通过改革开放主动融入世界经济市场体系，积极参与国际分工，发挥自身的比较优势，成为世界第二大经济体。与中国成功的经济转型和快速的经济发展相比，中国经济学的转型相对比较艰难且滞后，这导致了中国经济学在国际学术界的话语权和影响力相对较弱。这里有很多原因，其中一个主要原因是我们还不善于运用"国际语言"讲述中国经济故事。"国际语言"就是让国际同行能听懂、理解、产生共鸣的方式，这种方式的最重要组成部分就是研究范式和研究方法。因此，研究范式及研究方法与国际接轨对提升中国经济学和中国经济学家在国际学术界的话语权和影响力，具有十分重要的意义。

六、大数据时代更要重视定量分析

在数字经济时代，越来越多的经济活动均由数据驱动，数据生产就好比石油生产，数据是新经济的重要生产要素。长期以来，国内生产总值（gross domestic product，GDP）一直用于衡量一个国家总的经济实力。萨缪尔森（Samuelson）说，GDP 是人类在 20 世纪最伟大的发明之一。现在出现了一个新的 GDP 概念，即数据生产总量（gross data product），其正在成为测度一个国家在数字经济时代的财富与国力的新指标。党的十九届四中全会首次将"数据"列为一种重要的生产要素。

在互联网、移动互联网和人工智能为代表的计算机信息技术基础上产生的大数据，提供了以往传统数据所没有的信息和更加丰富的素材，这是一种"数据革命"，正在推动经济学研究范式特别是研究方法的深刻变革。它带来机遇，也带来巨大挑战，而这二者正在推动经济学研究向前发展。

数据分析的本质是定量分析。大数据种类繁多、形式多样、错综复杂，如存在非结构化数据、混类与混频数据等。不同数据来源的收集、分析、处理与整合，需要共同使用多种定量方法，特别是机器学习方法和统计方法的结合。从本质上看，包括机器学习在内的人工智能方法是数学优化与计算机算法优化问题。人工智能特别是机器学习在经济学研究中的应用，包括对经济数据的分析、预测以及相关计算机算法程序的应用，都是比较高级的量化分析。对经济数据，特别是经济大数据的分析主要的目的是揭示数据中经济变量之间的逻辑关系，特别是预测关系和因果关系，从而揭示经济运行规律，预测经济未来的走势，并且为制定政策提供科学依据。

大数据和机器学习能够极大拓展经济学研究的范围与边界。利用大数据，特别是社交网络非结构化、半结构化数据，可以构造投资者情绪指数、幸福感指数、社会舆情指数、政策不确定性指数、政策变化指数等，这些是传统数据所没有的，可用来研究这些变量对经济与市场的影响或者其决定因素是什么。实时或高频大数据使经济学家可以研究高频经济现象，如探索实体经济与金融市场之间的互动关系、实时预测宏观经济增长趋势等。

前文提及，经济学存在各种不同的研究方法，它们各有优缺点，可以结合起来实现优势互补。例如，研究经济史或者研究一个经济制度长期的历史发展趋势，最适合的研究方法是历史分析方法，但是如果能够对历史数据进行统计分析（现在不少历史数据可以通过人工智能的方法收集构建），不但可以改进历史分析的严谨程度，还可以产生一个新的学科——量化经济史学，即用计量经济学的实证方法来研究经济史。计量经济学方法和历史分析方法完全可以兼容，这样可以提高经济史研究质量，并提供新的洞见、产生新的结论。

定量分析不仅在经济学研究而且在实际经济管理中也有广泛的应用。测度经济总量的 GNP 和 GDP、测度物价水平的 CPI 和 PPI、测度货币增长的 M1 和 M2、衡量股市总体表现的各类价格指数，以及刻画收入不均等的基尼系数等，都是重要的宏观经济量化指标。此外，金融市场的 α 投资策略、β 投资策略与算法交易（algorithmic trading）等，都是量化投资策略。现代商业银行很多交易也都是通过模型与计算机算法程序自动进行。为什么实际应用中需要使用模型和定量方法？这里举两个例子。在新冠疫情期间，一些国家宣布禁止粮食出口。中国是全世界较大的粮食进口国之一，因此粮食预测对中国粮食安全的重要性是显而易见的。如果能够提前精确预测中国粮食产量与国际粮食价格走势，就可以及时判断到底需不需要进口粮食；如果需要的话，需要进口多少。在粮食产量预测方面，中国的数学家和经济学家取得了世界级的成就。以中国科学院预测科学研究中心陈锡康为代表的研究团队，过去 40 年一直用投入产出等数学方法和计量经济学模型预测全国以及一些重要地区、重要省份的粮食产量，与国外粮食预测相比，不但预测的时间跨度长，预测精度也高得多。另一个例子，新冠疫情对全球供应链造成了严重冲击，并对中国乃至世界经济造成多轮冲击。精准预测国内外新冠疫情扩散对全球价值链与中国经济影响的程度，特别是预测中国经济增长率、就业水平等将会因疫情而发生什么样的变化，对我们采取多大规模的经济刺激计划、保持多高的经济增长目标是极其重要的。不管是预测粮食产量还是预测新冠疫情对中国经济的影响，这些预测的方向性很重要，但更重要的是能够精准预测粮食产量和疫情影响的大小。因此需要科学的定量分析，单单定性分析是不够的。

定量分析是经济学研究中的"工匠精神"，通过仔细打磨、严谨推敲，这种"工匠精神"将大大提高中国经济学的研究质量和中国经济的精细化管理水平。

七、结　论

随着大数据时代的到来，中国的互联网和移动互联网网民数量是全世界最多的，超过美国和欧盟所有网民人数的总和。中国是全世界第二大经济体，其消费规模已经接近美国，甚至预计将在不远的将来超过美国，成为世界上最大的消费国，此外中国还有很多经济政策实验。因此，中国经济在生产、交换和消费等方面产生了大量数据，在大数据资源方面具有很强的优势，具有产生经济理论创新和方法论创新的可能性。我们应该立足中国大地，以解决中国经济问题为导向，充分利用中国在大数据资源等方面的优势，创新定量分析方法，打造经济学研究的"工匠精神"，并且将定性分析和定量分析相结合，揭示中国经济的内在逻辑、因果关系及运行规律，为中国经济改革与发展及全球化实践服务，同时，善于用"国际语言"讲述中国经济故事，从而提升中国经济学的国际影响力与国际话语权。

第二节　计量经济学

计量经济学是以经济学和统计学为基础，以社会经济数据为主要研究对象，以识别社会经济发展规律和因果关系为主要目的，综合使用经济学分析工具以及数学、统计学、信息科学和数据科学等技术手段的一门交叉学科。本节首先介绍计量经济学的发展背景与发展趋势，其次分领域介绍计量经济学的发展现状和前沿问题，最后分析计量经济学在国内的发展现状以及所面临的挑战与机遇。

计量经济学是基于经济学、统计学、数学等学科的交叉科学，其最初发展源自对经济理论的实证分析、经济系统的建模和国民经济投入产出法的计算等经济学问题，经过一个多世纪的发展，该学科已经成为一门成熟而应用广泛的学科。按照通常的分类，计量经济学可以分为理论计量经济学和应用计量经济学。其中，理论计量经济学主要关注计量经济模型的建立，包括针对不同数据类型、随机试验和不可控随机误差的分布形式、经济学模型和实际问题而进行的假设，从而对该模型进行参数、非参数等的估计、统计推断及预测，并给出其具体的理论性质，如无偏性、统计有效性、预测误差等。应用计量经济学则侧重于分析、解决实际问题，其涵盖面极广，凡是有数据支持的经济学各分支学科均在它的涵盖之列，如环境经济学、教育经济学、劳动经济学、金融经济学、国际经济学、发展经济学等都可以利用数据进行实证分析，在计量经济学理论的指导下进行估计与检验，包括利用经济数据对经济理论进行检验、探究某些经济变量的因果关系，或者利用金融数据进行风险估计等。计量经济学的理论研究和实证分析相辅相成，对现实生活中某种经济现象通过数据进行验证，往往是理论研究方面的动机，同时理论研究的成果也被广泛应用到各种实际问题中去。

一、计量经济学发展背景

作为经济学领域的重要分支，计量经济学可分为宏观计量、微观计量、金融计量三个主要方向。宏观计量经济学自 20 世纪 30 年代开始快速发展，一个重要驱动力是宏观经济模型估计、宏观经济预测以及宏观经济政策的制定得到了广泛关注，宏观计量学者为这些应用开发了重要工具，他们也因做出杰出贡献而获得诺贝尔经济学奖，如克莱因（Klein）因其在经济计量预测模型方面的贡献获得 1980 年的诺贝尔经济学奖、格兰杰因其在协整理论分析经济变量长期趋势之间的关系上做出的贡献获得 2003 年的诺贝尔经济学奖、西姆斯（Sims）因其在向量自回归模型方面的贡献获得 2011 年的诺贝尔经济学奖。微观计量经济学的发展背景从 20 世纪 60～70 年代开始，随着个体微观数据集的丰富和完善，关于个体或企业经济行为的分析获得广泛关注，而关注微观计量领域方法创新的若干重要成果也纷纷获得诺贝尔经济学奖，如麦克法登（McFadden）因其在离散选择模型方面的贡献获得 2000 年的诺贝尔经济学奖、赫克曼（Heckman）因其在样本选择模型方面的贡献获得 2000 年的诺贝尔经济学奖。金融计量经济学的发展自 20 世纪 70 年代开始，随着金融市场的加速发展，量化分析被大量应用于资产定价、风险管理、投资组合理论等。金融计量领域也有经济学家获得诺贝尔经济学奖，如恩格尔因其在经济时间序列建模以及时变波动性方面的贡献获得 2003 年的诺贝尔经济学奖、汉森（Hansen）因其在广义矩估计方法方面的贡献获得 2013 年的诺贝尔经济学奖。近年来，除宏观计量、微观计量和金融计量之外，计量经济学还出现了一些新的分支，包括面板数据计量经济学、空间与网络计量经济学、大数据计量经济学等。

二、计量经济学未来发展趋势

计量经济学未来发展趋势将突出三大重心。第一，继续强化计量经济学方法论地位，并突出其应用方向的交叉学科特征；第二，创新计量建模方法，解决大数据时代下的经济建模新问题，深入开展对高维数据、多源数据、混频数据、实时数据、复杂社会网络数据、时空数据等的计量建模理论研究；第三，将神经网络、文本分析、深度学习等前沿理论方法应用于计量经济学关注的传统问题中，如因果识别、政策评估、宏观预测与风险测度等。

（一）计量经济学未来发展将更突出跨学科交叉研究中的方法论地位

计量经济学方法被广泛应用于经济学之外的其他学科，包括管理学、生物学、心理学、天文学、地理学和计算机科学等。比如，在管理学领域，研究垂直供应链上企业生产率的溢出效应，以及供应链的网络结构如何影响生产率的溢出（Serpa and Krishnan，2018）；同时研究企业在 R&D 上的协作效应和在产品市场上的竞争效应（Konig et al.，2019）。在公共卫生和心理学领域，研究情绪不稳定的青少年是否更容易受到其朋友不健康行为（如吸烟）的影响（Hsieh and Kippersluis，2018）。在计算机科学领域，研究网络分析中社区发现（community detection）算法的一致性（Su et al.，2020）。

（二）计量经济学未来发展将更多针对复杂数据建模

例如，应用更复杂的模型对不同高维数据、多源数据、区间数据、非结构化数据等进行建模；刻画宏观经济数据非平稳性和时变性等复杂特征，并对复杂经济关系进行建模分析和预测；开发适用于网络数据的计量模型，研究其参数识别、估计、检验等关键科学问题。

（三）计量经济学未来发展将重视机器学习与政策评估的结合

比如，在数据中具有大量协变量的情形下，用机器学习的方法对协变量进行选择，并识别平均处理效应（Belloni et al.，2017）；对数据的权重进行调整，从而让处理组和控制组的特征更加平衡，从而更好地模拟随机实验（Athey et al.，2018）；用回归树对样本进行拆分，从而改进异质性处理效应的估计（Athey and Imbens，2017）；新兴的机器学习技术，包括 LASSO（least absolute shrinkage and selection operator，最小绝对收缩和选择算法）相关的变量选择方法和回归树等，也能够为识别政策效应提供进一步的帮助（Athey and Imbens，2017）。

三、计量经济学发展现状和前沿问题

下面我们根据计量经济学的几个分支展开分析。

（一）计量经济理论

现代计量经济学理论围绕模型识别、模型估计和模型检验等重要问题展开。

模型识别是指模型参数或特征可通过我们观测到的样本数据唯一确定。模型是否识别是计量经济建模中关键的第一步骤。从传统意义上说，模型识别是指模型参数是否可以被点识别。Lewbel（2019）对模型识别做了一个全面综述，指出在计量经济理论中，存在多种模型识别概念，如集合识别（set identification）、局部识别（local identification）、弱识别（weak identification）等。模型识别最早可以追溯到 Wright（1915，1928）关于供给或需求曲线系数的识别问题。Koopmans 和 Reiersøl（1950）、Hurwicz（1950）、Fisher（1966）、Rothenberg（1971）给出了点识别的正式定义，而点识别成立可能是基于模型参数设定，可能是基于数据分布（Matzkin，2007）或极值求解（Sargan，1959，1983；Amemiya，1985；Newey and McFadden，1994）。然而，现实中有可能在很多情形下，点识别并不成立，包括模型不完整（model incompleteness）、完美多重共线（perfect multicollinearity）、非线性（nonlinearity）、共生性（simultaneity）、内生性（endogeneity）或不可观测性（unobservability）等情形。因此，文献开始探讨在上述情况下模型如何实现点识别。例如，在样本选择模型中，Heckman（1978）提出利用函数形式来实现识别；Chesher 和 Rosen（2017）探求比点识别更弱的识别条件，如集合识别。

模型识别问题也常出现在工具变量回归模型中。最常用的工具变量（instrumental variable，IV）估计方法包括两阶段最小二乘法（two stage least square，TSLS）和有限信息最大似然（limited information maximum likelihood，LIML），而确保 TSLS 或 LIML 估计有效的前提是工具变量需满足两个条件，即外生性（exogeneity）和相关性（relevance）。工具变量外生性成立与否可以在模型过度识别（overidentification）情况下通过统计检验判断，或者借由经济直觉或逻辑推演判断。不过，工具变量相关性条件很难量化或界定。当工具变量的相关性或者强度（strength）较弱时就会出现弱工具变量或弱识别问题。Nelson 和 Startz（1990）、Bound 等（1995）展示了在弱工具变量的情况下，TSLS 估计量会严重偏离参数真实值，其分布也同传统理论结果相差甚远。而 Staiger 和 Stock（1997）则在 TSLS 和 LIML 中的第一阶段回归“local-to-zero”参数假设条件下，严格证明了 TSLS 和 LIML 估计量的非一致性，并指出它们的渐进分布具有非常复杂的形式。在实际应用中，计量经济学家已经发现弱工具变量是一个普遍的问题。经典的弱工具变量例子包括教育回报估计、消费跨期替代弹性估计（Campbell，2003；Yogo，2004）以及新凯恩斯-菲利普斯曲线（new Keynesian Phillips curve）估计（Gali and Gertler，1999）等。从理论层面，工具变量回归模型的重要性以及弱工具变量问题的普遍存在就使得在弱工具变量框架下提出有效的工具变量估计和检验方法变得意义重大。在过去的 20 多年里，相关研究一直是计量经济学的一个热点领域。

模型估计可以分为参数估计和非参数估计两大类。对于参数估计，Hansen

（1982）提出的广义矩方法（generalized method of moments，GMM）是计量经济学的一个基本框架，它包含了最大似然估计、普通最小二乘法，以及工具变量模型中的两阶段最小二乘法。广义经验似然（generalized empirical likelihood，GEL）是Hansen（1982）提出的广义矩方法的一个重要发展。Newey 和 Smith（2004）论证了 GEL 在模型参数估计上比 Hansen（1982）的两阶段 GMM 有着更好的小样本性质。当研究者无法确定模型的具体函数形式时，使用非参数方法可以避免模型误设的发生。常用的一些非参数估计方法主要包括核估计、K-近邻估计、级数估计（series estimation）等。最近几十年，非参数估计有了很大发展，Hall 等（2004，2007）将非参数估计方法应用在了离散型和连续型的混合数据上；Li 等（2009）进一步推广到弱相关数据等复杂情况下，而 Phillips 和 Park（1998）首先研究了关于非平稳数据（nonstationary data）非参数估计的渐近性质。此后，Juhl（2005）考虑了包含非平稳自变量的回归模型的非参数估计。Cai 等（2009）、Xiao（2009）的研究则考虑了包含某些非平稳自变量的半参数变系数模型的估计。

模型检验是计量建模的一个重要目标。模型检验往往对应验证经济理论的正确与否，其过程往往是通过数据和计量方法检验模型相关约束是否成立。最早的模型检验文献可见 Hausman（1978）的研究。在经典的最大似然估计框架下，模型检验包括拉格朗日乘数（Lagrange multiplier，LM）检验以及似然比（likelihood ratio，LR）检验。Newey（1985a）指出 LM 检验、Hausman 检验和 White 检验都可以被视作对某些矩约束进行的检验。

此外，经济学理论得到的结论通常可以转化为某种条件矩约束。Newey（1985b）具体给出了条件矩检验的构建方法，即通过选择由条件矩约束暗含的有限维数的非条件矩约束来构建检验统计量。条件矩检验虽然不能全面检验条件矩约束的合规性，但它在特定模型误设条件下是最优的，因而在经济学家知晓特定备选模型情况下得到了广泛应用。

在很多情况下，经济学家其实对备选计量经济学模型一无所知。在条件矩约束模型中，全面模型设定检验旨在对模型设定进行一致（consistent）的检验。一般来说，有两种途径来构建全面模型设定检验。第一种途径是比较参数回归模型估计曲线与非参数模型估计曲线的差别，这种方式被称为平滑（smoothing）方法，相关文献包括 Gonzalo（1993）、Hong 和 White（1995）、Fan 和 Li（1996）、Zheng（1996）等的研究。第二种途径是通过将条件矩约束转化成与之等价的非条件矩约束来构建检验统计量，这种方式被称为非平滑方法，相关文献包括 de Jong（1996）、Bierens 和 Ploberger（1997）、Stinchcombe 和 White（1998）、Escanciano（2006a，2006b）等的研究。

模型检验往往假设真实模型存在并且唯一，近年来计量建模开始关注存在模型不确定性的情形下，如何进行模型选择或基于模型平均的思想来构建最优预测。

尤其是全球经济面临不确定性可能进一步增强的情况下，如何在实际应用中构建稳健的估计和预测变得更加重要。实际研究中，可能存在多个计量经济学模型在一定的统计学准则下表现非常相近的情况，同时有可能对数据施加"微扰"，如增加或改变几个数据点，表现最佳的计量模型可能会变化（Breiman，2001）。因此，在存在模型不确定性条件下，如何解释模型不确定性以及研究其对统计推断的影响是一个十分重要的课题。特别是在预测领域，常常使用模型组合或模型平均来减少模型不确定性对预测的影响。

传统的模型选择方法是通过最优化一定的准则，如 AIC（Akaike information criterion，赤池信息量准则）、BIC（Bayesian information criterion，贝叶斯信息准则）、Mallows's Cp 等，挑选一个合适的模型，然后使用该模型进行分析预测。但这种模型选择的方法忽略了模型选择过程中的随机性，低估了分析结果的不确定性，从而影响统计推断的结果。另外，不同的准则往往会倾向于不同的模型，这也给模型选择带来了困难，而模型平均方法通过加权平均综合多个模型的估计结果进行分析和预测，能够有效地降低模型不确定性的影响，减少估计误差。

关于模型平均方法，国内外已经有不少文献，主要集中在权重的选择和模型平均估计的极限分布理论两个方面。早期的权重选择方法主要是基于贝叶斯后验概率的加权方法（Draper，1995）以及基于信息准则（如 AIC 或 BIC 值）的加权方法（Buckland et al.,1997）。Hansen（2007）提出了 MMA（Mallows model averaging，Mallows 模型平均）方法，通过极小化 Mallows 准则（Mallows，1973）计算权重，并证明了权重取离散值时 MMA 方法的渐近最优性，开创了对最优模型平均方法的研究。Wan 等（2010）解决了 Hansen（2007）在证明 MMA 渐近最优性时提出的一个理论难题，将权重范围由离散集合拓展到连续集合。Kuersteiner 和 Okui（2010）利用 MMA 类似的方法为两阶段最小二乘估计和信息极大似然估计选择最优工具变量；Hansen 和 Racine（2012）针对异方差情形，提出了 JMA（Jackknife model averaging，Jackknife 模型平均）方法；Liu 和 Okui（2013）提出了 HRCp（heteroskedasticity-robust Cp，异方差稳健 Cp）方法；Lu 和 Su（2015）进一步把 JMA 方法应用于分位数回归；Zhu 等（2019）对于半参数变系数部分线性模型，采用 Mallows-type 准则分配模型权重，并且证明了该方法的渐近最优性；Zhang 等（2013）把 JMA 方法的理论推广到时间序列的框架下；Sun 等（2018）提出了全新的变系数模型的时变加权方法及其最优理论，将线性备选模型拓展到变系数模型，将固定权重拓展到时变的局部权重。

模型平均估计的渐近分布理论源于 Hjort 和 Claeskens（2003）对一般参数模型的模型平均估计的渐近分布；Hjort 和 Claeskens（2006）将这一理论推广到 Cox 模型中；Claeskens 和 Carroll（2007）、Zhang 和 Liang（2011）则将模型平均方法从参数模型推广到半参数模型，给出了渐近分布理论；Wang 等（2012）、Behl

等（2014）分别研究了变系数部分线性测量误差模型和分位数回归中的模型平均估计的渐近分布。上述研究均是基于模型平均权重有显示表达式的情况。Hansen（2014）在模型权重没有显示表达式的情况下，给出了 MMA 和 JMA 估计的局部渐近分布理论。Zhang 和 Liu（2019）在固定参数框架下，推导了 MMA 和 JMA 估计的渐近分布，并给出了基于模拟的置信区间构造方法。这些渐近分布理论为使用模型平均方法处理模型不确定性提供了理论基础。

（二）微观计量经济学

微观计量经济学是现代计量经济理论的一大分支，是主要利用微观个体数据分析企业或个人行为的数量模型和统计方法。近 20～30 年来，随着微观调查数据集的普及和丰富，该领域成了计量经济学中发展异常迅速的研究方向。

微观计量经济学侧重于研究对影响微观个体行为的因素的因果分析以及此类影响因素的效果，其研究范式大体可分为两类：简化式模型（reduced form model）和结构式模型（structural model）。基于简化式模型的描述性实证方法主要借助随机化（randomization）或拟随机化（quasi-randomization）提供的外生性变化对影响因素进行因果分析；结构式模型则通过构建具体的经济模型，结合微观数据对个人行为的演化进行描述和分析。这两种研究范式各有优劣，互为补充。

简化式模型并不对个体行为进行具体的建模，通常利用外生随机性对影响因素进行量化分析，近年来被大量使用在对政策效果的评估领域。因果分析与政策效应评估是经济分析较为关注的核心问题之一，其主要难点在于经济事件与经济政策的内生性问题。基于自然科学的研究方法，随机试验（randomized experiments）无疑也是社会科学中评价一种政策效果的最理想方法。随着社会对政策评估的需求日益增大，越来越多的大规模随机试验被用于经济和社会之中。由于其天然的随机性，基于试验的政策评估的识别、估计与推断都得到了较为完整的分析，见 Angrist 和 Pischke（2010）、Imbens（2010）、Athey 和 Imbens（2017）等的研究。该方法最新的发展包括对试验结果的分布函数的部分识别（Fan and Park，2010）、基于决策理论（decision theory）对试验设计和结果外展性的研究（Banerjee et al.，2017）、涉及复杂和高维数据等大数据的试验（Bakshy et al.，2014）等。

尽管随机试验是政策评估的理想方法，但与之相伴的巨大的社会成本甚至伦理道德的禁止往往使其无法进行。因此，计量经济学提出了一系列基于可观测数据的政策评估与因果分析的数量工具，包括工具变量法、倍差法、匹配法（matching method）等。断点回归成为近年来非常热门的估计"准实验"政策处理效应的方法，见 Angrist 和 Pischke（2009）、Imbens 和 Rubin（2015）、Abadie 和 Cattaneo（2018）的研究。简化式模型通常使用较为简单的函数描述因变量和自变量之间的关系，近几年研究者对简化式模型的识别、估计与推断进行了较为细致的研究，包括非参数和半参数化模型函数、增强估计量统计推断方法对于参数空间的一致有效性等。此外，局部平均处理效应、边际处理效应和分位数处理效应等问题也是近几年来学者关注的热点。

结构式模型主要基于经济理论对个体决策进行建模、对模型参数进行校准或估计，然后基于蒙特卡洛模拟进行反事实实验。随着高质量微观数据库的发展以及计算能力的提升，研究者越来越多地尝试估计结构式模型的参数，微观计量经济学在结构式模型中的运用逐渐广泛。若按模型决策变量的连续性分类，结构式模型可分为连续选择模型和离散选择模型；若按模型变量间的跨期关系分类，又可分为静态模型和动态模型。动态结构模型是基于经济人前瞻性假设的结构式模型，经济人在行为决策时不仅仅考虑当前效用，贴现后的未来效用也将影响当期的行为决策，因此动态规划方法被用来刻画经济人行为决策。不同类型的动态结构模型中，动态离散选择模型与微观计量关系尤其密切，具体模型的求解、估计可参考 Aguirregabiria 和 Mira（2010）的研究。与大多数具有微观基础的宏观模型不同的是，离散选择动态规划模型的决策变量是离散的，因此求解动态规划模型时无法通过对目标函数求取一阶导数来获得模型的决策函数。这给模型求解以及随后的参数估计带来了很多计量经济学上的问题。

相较于简化式模型，结构式模型的参数有更明确的经济学解释，同时模型的解是基于微观经济学中个人效用最大化理论得出的，因此模型可以采用与经济政策相关的状态变量或者模型参数进行反事实实验（Wolpin，2013）。值得指出的是，随着断点回归、倍差法、工具变量以及随机对照试验等方法的发展，简化式模型在实证微观经济学中获得了很大的成功，然而，应用简化式模型进行预测一般存在两方面的问题：首先，模型参数的经济学解释，尤其是因果性解释并不总是十分明确的；其次，对样本进行重复随机试验以获得反事实实验结果的成本是巨大的。因此，结构式模型被认为是分析经济政策效果，尤其是分析尚未实施的政策效果的有力工具，其不足之处是在模型建立、求解以及参数估计方法上相对复杂，常用的估计方法包括极大似然估计、模拟极大似然估计、模拟矩估计（McFadden，1989）、间接推断（Gourieroux et al.，1993）等。使用微观数据估计的结构模型状态空间极大，因此模型的求解、参数估计时的最优化都需要极大的计算资源。

（三）宏观计量经济学

在技术进步等因素的驱动下，宏观经济学研究中常见的时间序列数据往往呈现趋势性特征，如 GDP、总收入和总消费等。对含有趋势成分的非平稳数据进行建模分析，是宏观计量经济学所面临的挑战之一。近 20 年来，计量经济学家通过构建新的非参数及半参数模型，直接对非平稳的趋势性数据进行建模分析。这避免了差分、滤波等去趋势方法对原始数据的结构和相关关系的破坏,进而在研究中保持了实证数据的"原汁原味"。此外,宏观经济数据往往也呈现出非平稳特征,一般用单位根来刻画,而反映非平稳经济变量之间长期稳定的均衡关系可以利用协整(co-integration)模型,并在此基础上进一步构建误差修正模型。

Phillips(2001)详细论述了趋势性时间序列数据建模及宏观计量经济学在21世纪所面临的挑战。首先是趋势成分(单位根)的检验。自从Dickey和Fuller(1979)提出DF(Dickey-Fuller,迪基-富勒)单位根检验以来,计量经济学家相继构建了augmented Dickey-Fuller(增广迪基-富勒)单位根检验、Phillips-Perron(菲利普斯-佩龙)单位根检验、KPSS(Kwiatkowski-Phillips-Schmidt-Shin)单位根检验,这些检验被大量应用到了宏观经济数据的实证分析中。然而,也有许多文献对这些检验在小样本下的功效提出质疑,如de Jong等(1992)、Davidson和MacKinnon(2004)的研究。其次是含有趋势成分的非平稳数据建模方法,其中包括对非线性趋势的捕捉、非参数模型如何考虑协整关系,见Park和Phillips(1999,2001)、Gao和Hawthorne(2006)、Cai(2007)、Cai等(2009)、Robinson(2012)、Wang和Phillips(2009a,2009b,2012,2016)的研究。华人计量经济学家在此领域有颇多建树,相关内容参见Gao等(2007)、Li和Racine(2007)等的研究。

此外,识别趋势成分的具体形式有着重要的经济学含义,这在理论上决定了一个瞬时冲击所造成的影响是逐步消退的短期效应(temporary effect)还是不会衰减的永久性效应(permanent effect)。在实证研究中,对数据进行单位根检验来判断数据的平稳性以及趋势成分的形式是数据分析的必经步骤,然而,越来越多的文献发现,在有限样本下,单位根检验的功效相对较低,有效识别和区分不同的趋势形式变得非常困难,详见de Jong等(1992)、Bierens(1997)的研究。基于此,一个新的研究方向是在趋势成分的形式未知的情况下,研究非平稳时间序列间的长期稳定关系,并对相关变量在未来的演进路径进行预测。

向量自回归(vector autoregression,VAR)模型也是宏观经济研究中常用的计量经济学工具。VAR模型的优点在于:第一,不以严格的经济理论为依据,而是让数据关系说明一切;第二,解释变量中不包括任何当期变量,只要样本足够大,就不存在因参数过多产生模型不可识别的问题;第三,无须事先区分变量的外生性和内生性。长期以来,VAR宏观计量模型得到了不断的发展和完善,并且在实际研究中得到了广泛的运用。例如,从最初的简化式模型逐步向结构式模型(如结构向量自回归模型)、非线性动态模型[马尔可夫机制变换向量自回归(Markov-switching vector autoregression,MSVAR)、门限向量自回归(threshold vector autoregression,TVAR)、平滑转换向量自回归(smooth transition vector autoregression,STVAR)]发展,从而能够更好地符合实际经济情况。同时,计量经济学家还引入贝叶斯统计推断方法,从而提高VAR模型的预测效果。进入21

世纪以来，在研究范式的转变、方法创新以及计算科学技术不断发展的基础上，VAR 模型的使用领域和拓展形式有了新的突破，主要表现为以下三个方面：第一，以动态随机一般均衡向量自回归（dynamic stochastic general equilibrium-vector autoregression，DSGE-VAR）模型为代表，逐步与微观经济理论基础相融合；第二，以时变参数的向量自回归（time-varying parameter vector autoregression，TVP-VAR）模型为代表，向非线性、时变参数的趋势发展；第三，以因素扩展的向量自回归（factor augmented vector autoregression，FAVAR）模型为代表，向大规模、多变量的趋势发展。

研究者根据不同的研究目的、不同频率的时间间隔收集宏观经济数据或金融数据，因而可以把数据看成来自不同机制的随机过程，而识别随机过程中的结构变化，无论是在统计推断理论还是在实际经济配置上，都有重要意义。从统计推断角度来看，忽略了时间序列中的结构性断裂将会导致很大程度的误导。例如，没有正确检测出的结构变化可能会使得条件波动率参数产生虚假的持续性，如集成广义自回归条件异方差（integrated generalized autoregressive conditional heteroskedasticity，IGARCH）效应或长记忆效应（Mikosch and Stărică，2004），同时也会对高阶矩的存在产生影响，如分布的峰度或尾部指数（Andreou and Ghysels，2002），进而影响参数估计和检验的渐近性质。从经济角度来看，已有大量的经验证据表明，当大量结构迥异的经济事件发生交错融合时（如新型市场的全球化和全球股票市场的整合），很可能会产生结构变化，而这一结构变化将会影响金融市场的一系列基本指标，如资产回报率和波动率、期权隐含波动性微笑曲线的形状、投资分配和股权溢价、风险测度指标[包括风险价值（value at risk，VaR）和预期损失（expected shortfall，ES）]，以及信用风险模型和违约量度等。基于这些原因，结构变点的估计和检验问题一直是时间序列计量经济学的重要问题之一（Chen and Hong，2012）。同时，从一维时间序列到多维时间序列再到高维时间序列，结构变点的估计和检验问题以及高维时间序列的建模和推断问题所面临的挑战难度将呈现爆炸式增长（Bickel and Gel，2011；Wang and Samworth，2018）。

除了估计和检验问题，在金融经济时间序列数据带有潜在结构变点的情况下，如何进行准确有效的预测则是第二个层面的问题（Pesaran and Timmermann，2004）。Timmermann 和 van Dijk（2013）在 *Journal of Econometrics* 特刊 *Econometric Modeling and Forecasting* 中收集了 16 篇文章集中讨论了模型和参数不稳定性下的建模与预测。文章指出，经济大萧条和全球金融市场危机引起了人们极大的兴趣，而结构变化的重要性受到了大多数预测者的青睐。文献中通常认为结构变化的幅度（magnitude）和频率（frequency）之间存在反比关系，即一般假设稀有的结构突变的幅度较大，而频繁的结构变化的幅度则较小。这种模型的不稳定性被认为是许多宏观经济和金融模型的不良预测性能的主要来源。我们面临的挑战之一是针对结构的不稳定性，如何设计稳健且适应性强的预测方法，使其能够比简单的基准模型做得更好。在数据维度不断增加、计算能力飞速发展的当下，借助机器学习和传统时间序列模型相结合的方法来研究分析，是未来计量经济学发展的重要方向之一（Sen et al.，2019）。

对动态一般均衡模型的研究是宏观计量的一个重要领域。动态一般均衡模型是从宏观经济的微观基础出发，从消费者、生产者、中间厂商和政府部门等的动态最优化决策过程来推导一般均衡结果产生的宏观经济变量。用动态随机一般均衡模型可以增强模型的解释力和经济学含义，并使得过去宏观经济学和微观经济学的两分法问题得到解决。通过计量经济模型的估计和推断，我们会加深对宏观变量随机过程的了解，并对模型本身的有效性进行评估。近年来动态随机一般均衡模型在计算和引入新的冲击、放宽模型假设（如允许厂商和消费者的异质性）等方面取得很多进展。进一步放宽模型的假设、减少模型校准和更好地估计高阶非线性模型，从而提高模型的预测能力，是该模型未来需要解决的问题。

（四）金融计量经济学

在现代金融产品的研究中，数据的可得性和数据存储的功能得到快速提升，分钟数据和秒数据处理弥补了原有风险研究所用的月度数据的不足。投资机构的高频交易日渐成为资本市场活动的主力军，由此产生的数据为研究金融市场的行为提供了可能。高频计量经济学更多地关注某些随机过程在时间间隔趋于零时的理论性质，如大数定律和中心极限定律更多的是采用广义模型，甚至不要求具体模型，多用非参数的方法进行估计。

在已有的高频数据研究中，大量文献关注如何利用高频数据来估计已实现连续波动率（integrated volatility，IV），其中两个最为有名的估计量是 Barndorff-Nielsen 和 Shephard（2004）提出的多次幂变差，以及 Jacod（2008）、Mancini（2009）提出的门限已实现方差估计量。由于高频数据往往存在噪声和跳跃，不少文献进一步提出了稳健的 IV 估计方法，包括二（多）尺度已实现波动估计（Zhang et al.，2005；Zhang，2006）、已实现核估计（Barndorff-Nielsen et al.，2008）、极大似然估计（Xiu，2010）、预平均估计（Jacod et al.，2009）以及局部矩估计（Bibinger et al.，2014）等。Hansen 和 Lunde（2006）、Aït-Sahalia 等（2011）进一步考虑了具有时变性和相依性的噪声成分并推测噪声可能与有效资产价格相关。Jacod 等（2017）基于逐笔交易的数据进一步研究了市场微观结构噪声各阶矩以及联合矩的统计性质，并且在实证上发现噪声具有正相关性并且呈现一定程度的（微弱）日内特征。Aït-Sahalia 和 Jacod（2012）认为跳跃风险可进一步分解为大跳风险和小跳风险，其中前者代表了少见的极端金融风险，而后者往往来自高频交易为代表的程序化交易行为。鉴于此，Lee 和 Hannig（2010）、Aït-Sahalia 和 Jacod（2009）提出了可以检验无穷多小跳的 Levy 类跳跃检验，而陈海强和张传海（2015）将其用于分析中国 A 股市场，发现股指期货的引进有利于减少大跳风险，但是增加了小跳风险。

大量经验现实显示，随着金融衍生产品的复杂化、全球金融市场的一体化，以及高频数据可获取性的增强，金融变量的非正态尖峰厚尾特征越发明显，同时金融变量间的相依结构也呈现非线性时变特征。基于传统正态或椭圆族分布假设之下的计量建模越来越不能满足金融数据的现实特征需要，并将可能给资产定价、风险管理带来灾难性后果。鉴于此，学者在非正态分布下展开了大量的研究。例如，Hansen（1994）提出了有偏的 t-分布模型来刻画金融数据分布的非对称性。Theodossiou（1998）、Jondeau 和 Rockinger（2003）基于上述模型，将偏度和峰度引入了动态自回归结构，用来刻画金融风险的时变特征。同时，学者将偏度、峰度、协偏度和协峰度作为定价因子引入到资产定价模型中，用来解释风险溢价之谜，见 Potì 和 Wang（2010）、Kostakis 等（2012）、Lambert 和 Hübner（2013）、Engle 和 Mistry（2014）、Cerrato 等（2017）的相关研究。另外，当金融数据的峰度较大时，其方差将不存在，即存在无限方差问题。无限方差问题的存在导致许多资产定价模型以及 VaR 和 ES 模型失效。一些学者在稳态分布下对无限方差问题展开了研究，考察了各种不同条件下的稳态分布极限特征，见 Davis 和 Resnick（1985，1986）、Phillips 和 Solo（1992）、Davis 和 Mikosch（1998）、Bartkiewicz 等（2010）的研究。还有学者从分位数视角来研究无限方差的问题。分位数回归能很好地避开该问题，而且回归结果更加稳健，更多内容可参考 Hall 等（2002）、Peng 和 Yao（2004）、Linton 和 Xiao（2013）的研究。如何刻画金融变量间的非正态、非线性相依结构特征对于风险管理尤为重要。Copula 方法是近年发展起来的，用来研究非正态、非线性相依结构特征的较有效方法之一，并逐渐取代"均值-方差"分析模型，被广泛用于风险管理（Palaro and Hotta，2006；Ozun and Cifter，2007；Fantazzini，2009）、期货套期保值（Lee and Yoder，2007；Hsu et al.，2008）以及金融感染（Rodriguez，2007）的研究中。目前，该领域的研究还存在许多待解决的问题。例如，如何更有效地检验 Copula 函数的正确设定，如何对 Copula 函数的相依结构进行参数或非参数的动态建模，以及如何通过因子方法或其他降维方法来构建多元 Copula 函数，更多问题可参考吴吉林和孟纹羽（2013）、吴吉林等（2015）、Patton（2006，2012）、Fan 和 Patton（2014）、Oh 和 Patton（2018）的研究。

2008 年全球金融危机之后，金融计量文献开始关注从微观层面和网络角度研究金融危机和金融系统性风险。金融体系逐渐从银行主导向各类金融机构相互持有股权债权、业务合作与市场渗透、资产价值相互关联等方向发展，因此呈现出错综复杂的金融网络特征。金融机构的系统性风险网络化传染特征愈加明显，迫切需要网络（network）金融计量分析工具的应用和创新。近年来兴起的网络分析方法为系统风险传染研究提供了新的工具（Leitner，2005；Gale and Kariv，2007；Acemoglu et al.，2015）。作为一种结构现状，金融网络呈现复杂连接和紧密关联的特征，使得较小的冲击能够逐渐传染、扩大至整个金融体系。学者开始运用网络节点和网络边等维度来更为直接地展示金融机构之间的网络关联，从而有效促进了对系统性金融风险传染的相关研究（Arinaminpathy et al.，2012；Hardle et al.，2015）。

有关金融机构系统性风险监测度量的方法主要有以下几个方面。第一，综合指标法，根据历史数据分析，找到影响金融机构系统性风险的预警指标，再通过统计方法对指标进行汇总，构建起预警指标体系，从而反映金融体系风险的综合状况。比较有代表性的综合指标法有高阶级联效应（Acemoglu et al.，2012）、条件风险价值（conditional value at risk，CoVaR）、金融稳健指标、加拿大中央银行的金融压力指数（Illing and Liu，2003）、荷兰中央银行的金融稳定状况指数（van den End and Tabbae，2005）。第二，Kumar 等（2003）提出 Simple Logit 模型，将 KLR 模型和 FR 模型的方法进行了综合，提高了对货币危机的预警水平。第三，通过研究风险传染性和金融机构关联程度度量系统性风险的方法。国际货币基金组织列举了四种分析系统关联性的定量分析模型，包括网络分析法（network analysis approach）、共同风险模型法、困境依赖矩阵法（distress dependence matrix）和违约强度模型法（default intensity model）。第四，评估系统性风险损失及损失概率的方法，包括在险价值和条件在险价值法（VaR、CoVaR）、边际期望损失法（marginal expected shortfall）和系统性期望损失法（systemic expected shortfall）、美国联邦储蓄系统与国际清算银行（Bank for International Settlements，BIS）提出的困境保费法（distressed insurance premium）（Huang et al.，2009）等。第五，国际组织以及各国中央银行、金融监管机构分别开发的监测预警工具，如欧洲中央银行采用的改进的综合指数法、国际货币基金组织系统性风险早期预警系统、英国系统性机构风险评估系统等。近年来，随着计算机技术的发展，利用人工神经网络（artificial neural network）模型领域的研究成果进行金融风险分析的方法也在度量系统性方面有了一些应用，如 Angelini 等（2008）的研究。

（五）面板数据计量经济学

面板数据是将截面数据和时间序列数据综合起来的一种新的数据类型。通过对不同个体在不同时点的变化状态进行记录，面板数据既能够提供不同个体在同一时点的横截面信息，又能够提供同一个体在不同时点的动态变化。因此，与传统的截面模型和时间序列模型相比，面板数据模型在模型估计、假设检验和管理科学应用等方面具有明显的优势。近年来，国内外高质量面板数据的出现极大地推动了面板数据计量经济学的发展，关于面板数据模型的理论和方法得到了迅速的发展与完善，在宏观经济学、应用微观计量经济学和金融学等各个领域都有非常重要而广泛的应用，成为现代计量经济学的重要组成部分。

以 Balestra 和 Nerlove（1966）在国际计量经济学会会刊 *Econometrica* 上发表的文章为起点，在接下来的几十年间，关于面板数据计量模型和方法的理论与应用研究都得到了蓬勃发展。其中，面板数据随机效应模型和固定效应模型成为计量经济学的经典模型。在新时期，随着面板数据收集和储存技术的迅速发展，面板数据集所包含的截面个体和所涵盖的时间跨度都迅速增加，所容纳的信息爆炸式地增长，数据结构变得更加错综复杂，数据形式也多种多样，这些新特征都给面板数据的传统计量分析工具和方法带来了新的挑战。一方面，面板数据计量经济学模型仍然致力于刻画不同截面个体之间所存在的共同特性；另一方面，截面个体维度的增长所带来的异质性也成为计量经济学家所关注的新热点。总的来说，当前面板数据计量经济学发展的热点和创新点主要集中在以下几个方面。

1. 包含截面相关的面板数据建模

经济行为的共同影响因子、空间效应和社会经济网络中的相互作用造成面板数据中的个体之间存在截面相关性，然而，早期的面板数据相关文献常常假设不同截面个体之间是相互独立的，这样的假设忽略了数据的实际特征，很可能导致统计分析结果的无效。因此，学者普遍开始将截面相关纳入模型设定。其中，最主要的两种方法分别是空间方法和因子方法。前者在下文有详细归纳，在此不再赘述，而后者则是通过共同因子结构，利用时变因子来捕捉对截面个体造成共同冲击的因子，如国际石油价格的变动和全球金融危机的爆发，同时利用截面因子载荷来刻画不同个体对共同冲击的不同反应。Pesaran（2006）、Bai（2009）为带有共同因子结构的面板数据模型提供了两种经典的估计方法，并引发了一系列高水平论文的发表，成为面板数据领域较为活跃的研究方向之一。

2. 动态面板模型的发展

经济行为往往是动态变化的，人们常常以过去的行为结果和对未来的预期为基础进行决策。因此，动态面板模型在实际数据分析中有着十分重要而且广泛的应用。其中，动态面板模型中所包含的滞后变量带来的内生性是学者估计模型时需要解决的首要问题。Hsiao 和 Zhang（2015）对具有固定效应的动态面板模型的几种常用估计方法，如工具变量估计量、广义矩估计量和拟最大似然

（quasi-maximum likelihood）估计量的渐近性质进行了分析与比较。在此基础上，更多的学者开始在构造新的估计量和更复杂的动态面板模型上进行创新，如 Bai（2013）、Phillips（2010，2015）、Lu 和 Su（2016）、Moon 和 Weidner（2017）。

3. 非线性面板数据建模的发展

非线性面板数据模型包括各类非参数半参数条件均值模型、条件分位数模型和离散数据模型等。以各类非参数半参数条件均值模型为例，众所周知，参数模型在面板数据建模中具有重要地位，但事前人为地对模型的参数形式进行设定，很有可能引入模型的识别性误差，造成参数的估计和统计推断结果的不准确，具有局限性。因此，不少学者通过采用非参数方法或者半参数方法，让数据说话，自己选择模型，确定变量之间的数量关系，从而避免识别性误差。例如，受到偏好变化、机构重组或者技术进步等因素的影响，实际经济变量之间的关系可能随着时间的推移而发生变化，这时常数系数的假设将不再适用。以时变函数作为模型系数成为一种新的考虑，具体可参考 Cai 和 Li（2008）、Li 等（2011）、Robinson（2012）、Chen 等（2012）、Su 等（2019）的研究。另外，随着可获得的面板数据的类型更加多样化，离散数据模型在面板领域的推广也成为研究热点之一。比起线性模型，特殊的非线性模型结构使得固定效应等参数的处理变得更加具有挑战性。对于这一类模型，往往找不到一种通用的准则来估计，需要具体模型具体分析，如 Honoré 和 Kyriazidou（2000）、Chernozhukov 等（2019）的研究。

4. 非平稳面板数据模型的发展

非平稳面板数据模型具体包括面板数据单位根检验与协整分析，以及包含非平稳变量和未知时间趋势的估计与检验等。在面板数据中，从时间维度上看，其形成的时间序列可能是平稳的，也可能是非平稳的。然而，现有的关于面板数据计量经济学的文献主要集中在沿着时间方向平稳的观察值上，这种情形对于大多数经济、金融、社会科学以及医学的数据都不能满足。例如，宏观经济总量和气候数据往往因为经济周期或者全球温室效应存在着线性或者非线性的趋势，而传统文献常常采用差分平稳和协整回归模型两种方法来剔除或者估计数据中所呈现的时间趋势。但是，在真实趋势生成过程未知的情况下，这两种方法很容易造成信息的损失或者因为模型误设而得出错误结论。因此，学者开始尝试研究如何对面板数据的平稳性进行检验（Bai and Ng，2010；Pesaran et al.，2013），并直接对非平稳面板数据以及同时包含平稳以及非平稳特征的面板数据集进行分析（Robinson，2012；Dong et al.，2019）。

5. 高维面板数据模型的发展

随着当前面板数据收集和储存技术迅速发展，具有快速增长的样本量和变量维度的高维面板数据集带来了如"维数灾难"（curse of dimensionality）等诸多问题，引起了学者的广泛关注。因此，各种与降维手段相结合的统计分析方法应运而生。在此，我们以面板数据的分组计量工具和模型为例进行简要说明。随着面板数据所包含的截面个体数目的快速增加，每个个体的自身特征都不尽相同，具有明显的异质性，这使得提取共同信息进行分析的难度也越来越大。如果对每一个个体的异质性进行刻画，时间维度上所提供的信息往往是不够的，这样反而抵消了面板数据所带来的优势。更常见的情况是，虽然要研究的所有截面个体不存在共同特性，但是部分截面个体之间存在共同特性。学者可以根据这种组内共同特性，将截面个体进行分组，然后再进行组内共性和组间差异性的分析。对于这种情况，面板数据的分组或聚类分析成为研究截面维度较大的面板数据集的必要工具和新的发展趋势，相应涌现的部分文献包括 Ando 和 Bai（2016）、Su 和 Ju（2018）、Su 等（2019）的研究。

总的来说，在信息爆炸的当下，经济金融、生物科学和天文气象等不同领域每时每刻都在产生着大量的面板数据，而面板计量经济学已经成为当前计量经济学领域重要的分支。新时期的面板数据集以前所未有的复杂数据结构和膨胀的数据维度呈现，这对计量经济学的发展来说，既带来了巨大的挑战，也提供了无限的可能性。

（六）空间与网络计量经济学

除了独立数据和时间序列数据，计量经济学中还有一类常见数据是空间数据和网络数据。空间计量经济学正是计量经济学中专门研究个体在空间或网络上互动的一个分支。与简单的线性回归模型相比，空间计量经济学模型能够直接刻画个体在空间或网络上的互动和相关性，因而逐渐受到学者的青睐，并被广泛应用于管理科学和经济学的各个前沿分支领域，包括区域经济学、劳动经济学、房地产经济学、国际经济学、公共经济学、发展经济学等。

空间计量经济学从 20 世纪 70 年代开始起步，最近 25 年取得长足的发展。主要代表工作有 Kelejian 和 Prucha（1998）、Lee（2004，2007）的研究。其中，Lee（2004）严格地证明了空间自回归模型的极大似然估计量和拟极大似然估计量的大样本性质。Kelejian 和 Prucha（1998）则研究了计算相对简单的工具变量估计。他们从空间自回归模型简约形式的主回归部分得到灵感，建议用空间杜宾项及其高阶项来充当模型中空间滞后项的工具变量。Lee（2007）则拓展了 Kelejian 和 Prucha（1998）研究中的矩条件，并提出了模型的广义矩估计。他的矩条件不但包括由空间杜宾项及其高阶项所构成的线性矩，还包括来自模型简约形式中的随机扰动项的二次矩。近年来，空间计量经济学在空间面板模型等方面取得巨大进展（Yu et al.，2008；Lee and Yu，2010）。具体而言，Yu 等（2008）研究了具有个体固定效应的动态面板空间自回归模型的拟极大似然估计。Lee 和 Yu（2010）则讨论了具有固定效应和空间自回归扰动项的面板空间自回归模型拟极大似然估计量的大样本性质。Lee 和 Yu（2014）全面总结了各类空间面板模型的估计和检验方法。

目前，空间计量经济学有如下研究热点和前沿方向。

1. 非线性空间计量模型

其包括离散数据空间计量经济学、空间计量模型的概率论基础研究。目前，非线性空间计量模型的研究主要归功于 Jenish 和 Prucha（2009，2012）。对空间计量经济学的发展来说，非线性空间计量模型需要开拓性的研究。

2. 非参数空间计量模型和高维空间计量经济的估计与大样本理论

高维统计学和高维计量经济学已经取得长足进步，但是它们在空间计量中的应用尚处于起步阶段。

3. 具有内生权重矩阵的空间计量模型的估计与检验

Qu 和 Lee（2015）的研究是此领域的奠基之作。在面板数据的情形下，Qu 等（2017）讨论了具有时变内生空间权重矩阵的动态面板空间自回归模型的拟极大似然估计方法。最后是空间计量模型的稳健估计。Yang（2015）开始了改善空间计量模型的有限样本性质的研究。但此领域尚处于起步阶段，未来还有很多研究可以拓展。

此外，随着计算机和互联网技术的不断发展，个人和个人、企业和企业、地区和地区的联系越来越紧密，用数学的语言来说，这些个体之间形成了一个网络，并且在网络中相互作用和影响。前文讲述金融计量的部分，我们也提到了金融网络。网络如何形成以及网络结构如何影响个体的经济行为，一直是网络计量经济学里最受关注的两个问题。由于个体之间的相互影响无法忽略不计，网络数据并不像传统的截面数据那样具有独立性的假设，这给相应的计量和统计学分析造成了一定的困难。在历史上（尤其是 20 世纪 90 年代之前），经济学家在网络方面的研究并不如社会学家积极。直到 20 世纪 90 年代之后，经济学相关理论的发展和网络数据可得性的增加大大推动了网络计量经济学的研究。微观经济学家开始用博弈论对网络形成的均衡概念进行讨论（Jackson and Wolinsky，1996），实证产业组织理论相关的计量经济学理论的发展也大大推进了对网络形成过程的研究。另外，由于网络数据跟空间数据有诸多的相似性，因而空间计量经济学中的空间自回归模型被广泛应用于网络数据的研究中（Lee et al.，2010）。这也给空间计量经济学的发展带来了新的契机。

（七）大数据（高维）计量经济学

随着信息技术和互联网的迅速发展，数字经济与大数据已经深刻影响到经济社会活动的方方面面。在大数据时代，数据的可得性和多样性导致样本量无限增大，同时变量个数无限增多，可用于分析、决策的信息集合高速增长。传统的统计和计量经济学方法已经不能很好地适用于该数据结构（Varian，2014），如最常用的简单线性回归在高维模型下需要借助更复杂的工具、图像文本等非结构化数据的出现使得传统方法难以被利用于经济预测、传统的假设检验方法在高维度时难以实施。

经济管理决策者需关注高维数据的处理问题，这也对分析大数据的计量经济学方法提出新的要求和挑战。另外，数据可得性增加，以及现代高性能计算机群的计算性能和存储功能增强也给计量经济学科带来了新的机遇，由此催生了以巨大经济变量为研究对象的高维度计量经济学和基于机器学习或人工智能算法的计量经济学。由于机器学习只需要简单模型或者不需要任何模型就能处理复杂数据，并且有很好的预测效果，传统计量模型在一定程度上受到了冲击，因此计量经济学家迫切需要将传统计量模型与机器学习相结合来处理高维度数据。在处理高维度数据时，所面临的问题主要有三个：一是如何选择重要的变量，使模型的预测性能更强；二是如何对变量进行选择，使得模型的估计有更好的性质；三是如何增加模型可解释性。

高维度计量经济学包括经典的线性和非线性非参数模型，一般假设真实模型只包括一部分有限的变量。高维度计量经济学方法的优势是可以用数据来探究其重要性，从而进行变量选择。近 20 年来，LASSO、Dantzig、弹性网络（elastic net）、贝叶斯 spike-and-slab 回归等高维度变量选择方法不断涌现。LASSO 等变量选择方法有很多吸引人的性质，其中一个就是可以用来处理变量个数超过样本量的情况，并且能够选择变量。高维度计量经济学的一个重要应用就是处理多工具变量。好的工具变量需满足两个性质：一是工具变量要与结构方程中的随机误差项不相关，否则该工具变量本身也成为内生变量；二是工具变量要能够解释内生变量。在现实中，如何寻找合适的工具变量是一个非常困难的问题，那么，通过引入大量的外生变量，从中选择能够解释内生变量的工具变量，可以为如何寻找工具变量这一困扰实证研究的顽疾提供解决思路。国际上有学者对 LASSO 方法选择工具变量进行改进并提供了理论依据（Chernozhukov et al.，2018），也有学者用主成分分析、可适性 LASSO 方法进行工具变量的估计和选择。

　　随着机器学习和深度学习在大数据时代得到了快速发展和广泛应用,基于机器学习和深度学习算法训练拟合包括文本、图像、音频、视频在内的复杂数据,提取信息并进行样本外预测,已成为大数据研究的重要分析方法,其为复杂的经济管理问题提供了新的研究手段。因此,借助机器学习方法来对国家经济政策进行评估已经成为一项重要课题,同时已经有学者开始考虑用机器学习方法来研究经济问题(März et al.,2016;Crane-Droesch,2018;Athey,2019)。然而,机器学习和深度学习在模型可解释性、模型算法选择等方面存在不足之处。机器学习和深度学习缺乏合理的算法评估与统计推断理论,通过拟合训练数据无法帮助研究者了解模型的泛化能力,即模型可能只是简单地记忆训练数据的关系,所以机器学习和深度学习可能会错误地将两个无关变量联系在一起,这类似于非平稳时间序列计量经济学的"伪回归"现象。因此,如何借助计量理论来增强模型的可解释性也给计量经济学科带来了新的挑战和机遇。

　　此外,由于传统的计量或统计模型缺乏对大数据和大样本的结构设计,在大数据下,高维计量经济学模型可以将样本进行划分,利用训练集和测试集进行交叉验证以提升拟合效果,因此预测能力会更好。当然,机器学习方法太注重于预测以及拟合效果,往往不能得到无偏估计量(如 LASSO 估计量等)。经济学家更关注于评估某项政策对某种结果的因果效应,因此实际研究中往往把识别因果效用放在首位,其次才是模型的预测效果,但是这并不代表两者是矛盾的,事实上,很多经济学家已经开始利用机器学习算法来进行因果推断(Athey and Imbens,2017)。同时,大数据条件下的因果推断不仅可以得到无偏的平均因果效用,也使得建模以评估个体因果效用成为可能,进而可以分析个体或者群体的异质性问题,包括条件平均处理效应、群体平均处理效应、分位数或者分布处理效应等。这方面的研究成果包括:Wager 和 Athey(2018)采用随机森林算法研究异质性的因果效用,Green 和 Kern(2012)运用贝叶斯可加回归树评估个体的异质性问题。

　　大数据计量经济学是一个方兴未艾的研究方向,统计学、计算机科学等其他学科在大数据分析上的进展逐渐融入计量经济学中。但是,高维度计量经济学还需在增强经济现象解释、处理海量数据的因果机制等方面进一步提高模型的解释力以及理论性质,将原先具有算法优势但缺乏理论依据的方法形成理论框架,并不断提出新的理论。计量经济学主要集中研究估计量的统计性质及假设检验,机器学习主要关注预测精度和预测误差;计量经济学通过计量模型来分析经济现象的特征,大数据分析使用快速算法来寻找数据中的模式和规律,从而进行有效预测,如何调节和融合这两类分析方法,既充满了挑战,又给计量经济学未来的发展带来了新契机。

四、计量经济学国内发展现状、面临的挑战与机遇

近年来，我国计量经济学理论和应用研究均取得了长足的进步。计量经济模型与计量经济方法被越来越多地运用到经济学各分支学科的研究中，并且极大地促进了各分支学科的研究水平。从时间节点上看，我国现代计量经济分析方法比较系统的引入肇始于计量经济学颐和园讲习班。

（一）大力从国外引进计量经济学

1980 年，艾伯特·安多（Albert Ando）、西奥多·安德森（Theodore Anderson）、劳伦斯·克莱因（Lawrence R. Klein）、刘遵义、萧政、粟庆雄和邹至庄等七位在美国任教的著名计量经济学家和统计学家利用七周时间对 100 余位学员集中讲授了计量经济学的基础与前沿课程。其后，为了系统地将现代经济学理论引进中国，在普林斯顿大学邹至庄教授的推动下，美中经济学教育交流和合作委员会与国家教育委员会合作，自 1985 年开始，连续 10 年在中国人民大学设立 "中美经济学研究生培训班"。由于这个培训班获得美国福特基金会资助，所以通常也被称为 "福特班"。"福特班"被认为是中国现代经济学教育的 "黄埔军校"，培养了一大批中国青年经济学人，该批学员在海外学成归国后在中国高校开始尝试经济学的国际化办学。例如，林毅夫、易纲、张维迎、海闻等于 1994 年创建北京大学中国经济研究中心。2002 年 4 月 27 日，在清华大学 91 周年校庆之际，清华大学经济管理学院在全国率先推出 "特聘教授"制度，通过聘请 28 位海外学者担任特聘教授，将国际上先进的学科理论和教学经验带回国内，实现与国际接轨。随后，一批中国高校开始效仿清华大学经济管理学院的做法，积极引进海外学者，以提升经济学教学与研究水平，包括 2004 年到上海财经大学的田国强教授、2005 年到厦门大学并创立王亚南经济研究院的洪永淼教授、2006 年到上海交通大学的周林教授、2006 年到上海财经大学的艾春荣教授、2011 年到首都经济贸易大学的李奇教授、2015 年在南开大学创办金融学院的白聚山教授等。他们从更大范围内提高了中国计量经济学教学、研究与应用的水平，尤其是计量经济学理论研究的水平。

海归学者与本土学者一起促进了计量经济学领域科学研究与人才培养水平的提高，也推动了计量经济学与经济学其他领域及其他社会科学学科的交流，并以实际问题的研究推动计量经济学方法的创新，以方法论的创新进一步提高解决实际问题的能力。在过去的 30 多年中，中国的计量经济学家至少在以下几个方面取得了令人瞩目的成就：①利用大型联立方程组进行宏观经济预测的模型取得了较大的成功；②利用组合模型等各种现代计量经济方法在宏观经济与大宗商品价格预测等方面取得了较大的社会影响；③在计量经济学方法论研究等方面取得了显

著的学术成果,并在很大程度上推动了计量经济学这一学科在中国的发展与普及;④将各种非线性时间序列模型应用于经济周期、经济政策分析等方面的研究,取得了不少重要成果;⑤在计量经济学理论研究方面也取得了不少进展,尤其在非线性非平稳计量经济学模型的估计与检验方面取得了不少积极成果。可以说,计量经济学目前是国内经济学领域少数能够进入国际前沿的学科之一,一批中国学者已跻身国际学科前沿,并在若干领域形成了以中青年研究骨干为主的团队,如厦门大学非线性非平稳时间序列研究团队、上海财经大学微观计量建模团队、北京大学网络与空间计量经济建模团队、中国科学院大学预测科学团队以及首都经济贸易大学因子模型研究团队等。

(二)计量经济学在国内的发展得益于国家基金的支持

计量经济学在国内的快速发展得益于近年来教育部及国家自然科学基金委员会的大力支持,由厦门大学王亚南经济研究院申报的计量经济学教育部重点实验室(厦门大学)获批立项,并于2013年验收通过,是全国首个文理学科交叉的经济学科重点实验室。2019年,以洪永森为项目负责人的"计量建模与经济政策研究"正式获批为管理科学部资助的第一个国家自然科学基金基础科学中心项目。在国家自然科学基金委员会的大力支持下,中心将瞄准国际学术前沿与国家重大需求,在计量建模与经济政策研究领域率先建成世界一流学科,打造国内外较有影响力的科学智库之一,并力争成为中国和亚太最活跃的国际学术交流中心,从而在经济学、管理学领域提升中国的国际话语权。

(三)国内计量经济学面临的挑战与机遇

国内计量经济学面临大数据应用与人工智能快速发展带来的挑战与机遇。

首先,大数据在具有海量信息优势的同时,又具有信息价值密度低的特点。在利用大数据进行计量经济分析时,给定样本中可供分析使用的变量维度会很高,甚至出现远远高于样本量的情况。因而,如何更有效地筛选信息也成为大数据计量经济分析所面临的一个重要挑战。

其次,大数据一方面表现在可得数据形式的多元化,除了传统的结构化数据外,还包括文本数据、音频数据、视频数据等非结构化数据,甚至包括任何可以电子化记录的信息;另一方面,传统的结构化数据的形式也日益多元化,从简单的点数据扩展到区间数据、符号数据和函数型数据等。因此,如何对信息含量丰富、数据形式多层次化的区间数据、符号数据和函数型数据进行计量建模,是富有挑战性的研究工作。

再次,大数据不仅表现为数据形式的多样化,还主要表现为变量之间关系的复杂化。大数据时代,数据特征变化加快,数据收集手段多样化,收集频率愈加密集，经济变量之间更容易表现出时变性、非线性和非平稳性的特点。在宏观经济数据和金融数据分析中，时变性、非线性和非平稳性日益成为主要的特征事实。已有的计量经济建模方法不能很好地刻画经济变量之间的复杂关系，从而严重制约了计量建模在宏观经济预测和实时监控中的有效性，这也是亟须解决的研究难点之一。

最后，大数据时代"互联网+"的迅猛发展也导致了新的网络型数据的产生。从微观个体的角度而言，以互联网为基础的社交媒体数据的产生对于研究个人行为以及社交群体对个人行为的影响提供了重要的数据基础。从宏观角度而言，随着金融科技的发展以及数据可得性的增加，以金融机构间复杂交易网络为基础的金融网络数据对于研究金融风险传染和金融风险管理具有重要的意义。但是，新兴的网络型数据给已有计量经济理论与方法带来了新的挑战，对于网络数据建模、网络形成的建模，以及网络稀疏性处理等关键问题都需要更深入的理论研究和更多的应用尝试。

面对上述挑战和机遇，中国计量经济学发展应立足中国经济现实，坚持问题导向，应强调计量分析方法的科学使用。正如习近平在哲学社会科学工作座谈会上所指出的："对现代社会科学积累的有益知识体系，运用的模型推演、数量分析等有效手段，我们也可以用，而且应该好好用。"[1]应通过重大或重点课题的设立，引导计量经济学方法论的研究，以满足国家重大需求，促进经济学科整体发展水平的提高。党的十八届三中全会提出了推进国家治理体系和治理能力现代化，国家未来发展对科学决策、决策质量和治理水平有更高的要求，这让计量经济学大有用武之地。目前，我国正处在社会经济转型的关键时期，正在努力实现经济增长方式的转变与经济结构的优化调整，而要顺利实现这一转变与结构调整的目标，不但要明察国内外政治经济形势等的变化，把握其未来发展趋势，而且要对已实施的各项国家重要政策尤其是经济政策予以正确的评估，以便发现问题、总结经验，及时调整经济政策，制定、实施新的政策与配套措施。因此，评估政策实施过程中的有效性与利弊得失，以便更好地制定与实施科学、高效的经济政策，对决策科学化与提高国家治理能力来说至关重要。

关于中国计量经济学未来的发展，不少国家著名学者均表达乐观期望。2011年诺贝尔经济学奖得主萨金特（Sargent）教授认为中国学生数理基础扎实，而中国也是人工智能和机器学习领域的领导者，这些优势均可能使中国研究者在计量经济领域发挥越来越重要的作用。

---

[1]《习近平：在哲学社会科学工作座谈会上的讲话（全文）》，http://www.scio.gov.cn/31773/31774/31783/Document/1478145/1478145.htm[2016-05-19]。

第三节 实验经济学与行为经济学

一、实验经济学

实验经济学是在可控设计下产生经济决策数据进而研究经济学问题的一门经济学分支学科。作为经济学的一种研究方法，实验经济学已广泛应用到经济学的各个分支学科，如微观经济学、宏观经济学、公共经济学、金融经济学、劳动经济学、发展经济学等。因果关系研究是自然科学研究和社会科学研究的一个核心内容，相对于现实环境下自然产生的经济决策经验数据而言，实验经济学数据是在事前已经尽可能控制了各种干扰混淆因素条件下产生的，从而数据相对比较整洁，有利于经济学研究人员发现并研究经济因素之间的因果关系。

类似于自然科学（物理、化学、生物）中实验研究的功能，实验经济学具有以下几种主要功能。首先，该方法可以用于检验现有的经济学理论（包括假设和结论），从而证伪或者修正现有的理论。其次，该方法的应用有助于发现规律性经济现象和经济决策现象以及揭示经济变量之间的因果关系，从而启发促进新经济学理论的建立。最后，实验经济学研究有重要的现实应用价值，它有助于政策设计和市场机制设计的制定者在大规模实施之前进行预先科学评估以及在实施时科学设置对比参照，从而为事后评估创造有利条件（洪永淼等，2016）。

实验经济学是一门相对年轻但影响力增长十分迅速的经济学分支学科。其最早可以溯源到 Smith（1962，1964）关于市场行为的实验研究，以及 Sauermann 和 Selten（1960）关于博弈论的实验研究。不过在 20 世纪 90 年代之前，实验经济学研究相对较少。进入 20 世纪 90 年代之后，经济学术界逐渐认识到实验经济学的不可替代性。北美和欧洲的许多大学和研究机构开始建立经济学实验室，并配备专门研究人员开展研究工作。2002 年实验经济学家弗农·史密斯（Vernon Smith）获得诺贝尔经济学奖，标志着经济学术界对实验经济学的肯定。2012 年实验经济学家阿尔文·罗思（Alvin Roth）也因为其将实验方法应用于市场机制设计的开创性贡献（Roth and Murnighan，1982；Roth，2002）而获得诺贝尔经济学奖。2019 年阿比吉特·班纳吉（Abhijit Banerjee）、埃丝特·迪弗洛（Esther Duflo）和迈克尔·克雷默（Michael Kremer）因在应用随机可控的实地实验经济学方法研究减贫问题方面做出突出贡献（Banerjee and Duflo，2009；Kremer et al.，2019）而获得诺贝尔经济学奖。近几年来，实验经济学更是成为经济学研究的热点之一。

实验经济学在市场机制设计和政策设计方面获得广泛的应用。这两方面的研究应用有助于经济学家承担经济学工程师的角色。经济学者可以在实验室实验场景下或在实地实验场景下比较、检验不同政策设计的效果。由于这是在可控条件下实现的，我们可以在大规模实施政策改革或者政策干预之前进行预先科学评估，从而做好理论指导准备和政策实施准备工作。在过去 20 年里实验经济学的相关研究曾应用在设计无线频谱拍卖机制、设计政府采购招标、拍卖、中小学教学以及择校改革、医药健康改革、精准扶贫等方面。

实验经济学不管是在实验室还是在实地所做的随机可控实验的研究，都能很好地识别经济变量之间的因果关系，研究结论具有很高的可信度（credibility）和内部有效性（internal validity），但研究结论能否直接外推到实验之外的更大规模的机构和人群，即外部有效性（external validity），目前存在较大争议（Deaton，2010）。小规模随机可控实验的结果在推及大规模社会实验或政策设计时，存在的问题包括市场均衡效应、外溢效应、实验参与者或参与地方的自选择效应、大规模执行时的成本以及政治因素考虑等（Banerjee et al.，2017）。因此，如何将小规模随机实验扩展到大规模范围，是实验经济学目前研究的一个前沿挑战问题。

实验经济学在国内的引进和发展都很新，是一门新兴学科。我国一些高校已经成立了实验经济学的实验室，如厦门大学、上海财经大学、上海交通大学、武汉大学、西南财经大学等，但实验室条件还亟须改善，利用率也需提高。实地实验也刚刚起步，比较知名的例子有甘犁教授带领的中国家庭金融调查团队在四川乐山的负所得税（negative income tax）实验、陕西师范大学教育实验经济研究所在我国西部省份从事的一些小学和学前儿童发展的实地随机实验。中国处在一个改革实验和试点很频繁的阶段，这为我们发展实验经济学尤其是实地随机实验提供了很好的机遇。

实验经济学是一门影响力日益增强的年轻经济学分支学科，从经济学学科建设发展和参与国际学术研究竞争的角度，我们建议对实验经济学基础研究的前沿领域和应用研究的前沿领域以及实验室建设提供较大力度的支持。基础研究的前沿问题包括：新类型实验数据的收集和利用；非均衡博弈论框架的建立和实验验证，利他主义、公平、信任等在内的亲社会偏好实验研究；将小规模实验大规模化的方法研究等。

从实验经济学应用研究有利于满足我国改革重大需求的角度，我们建议支持实验经济学在政策设计和市场机制设计应用方面的研究。深化改革的全面推进意味着很多新政策即将推出和执行。这些新政策出台之前通常会有多套方案的取舍问题以及推出改革方案的事前评估问题。实验经济学在政策设计及市场机制设计应用方面的研究，将为新政策出台提供非常有益的理论指导支持和政策建议支持。

结合我国国情实际和相关研究前沿，国内的实验经济学研究有可能在以下几个方面产生重要研究成果。

（一）实验经济学在金融市场政府有效设计中的应用

针对目前我国经济发展所处的阶段和引导国内金融市场健康发展的需要，在相当长一段时间内，我国金融工作的两个突出问题是如何促进金融更好地服务实体经济以及如何有效防范金融风险。这些问题的解决有赖于政府对金融市场的有效设计，如合理的信息设计（information design）和新政策的设计推出。在过去的实践中，不少部门在出台政策时没有充分内化实施对象对政策的内生反应，造成不少政策的效果与预期不符，导致政策失效或政策不得不朝令夕改。借助实验经济学方法，我们能够事先模拟设计相关的金融市场以及研究相关政策对金融市场的影响，进而提高金融市场政策设计的科学性。

（二）实验经济学方法在农村公共物品提供政策应用中的作用

要实现乡村振兴，一个重要的基础就是加大对我国农村地区公共物品的供给力度，提高供给质量。2004 年的《世界发展报告》指出，发展中国家的道路、教育、通信、卫生饮用水和健康服务等关键公共服务对于增加贫困人口的收入和统筹城乡发展具有至关重要的作用。国内很多研究表明，我国村级公共物品供给主要存在供给总量不足和供需结构失衡的问题。因此，利用实验经济学的实地实验方法在农村地区进行公共服务、公共物品提供的试点，对于政策设计有着重要的参考作用。

（三）实验经济学在税收制度设计中的应用

目前已有大量文献致力于研究税收遵从的影响因素，以及作为税收权利主体的国家或税务机关可以有效提高税收遵从的政策措施。现有研究的一个空白点是纳税人对税务机关的信任对于税收遵从的影响。尽管很多文献都强调信任对税收遵从的重要作用，但现有的理论和实证研究都存在一定缺陷，理论研究的很多假设限制了纳税人的行为选择，而实证研究主要依靠调查问卷，常常无法准确衡量信任水平并存在内生性问题。通过实验室实验和博弈理论的方法，可以先在小范围内评估税收制度设计的有效性，从而为大规模实施提供事前效果评估。

（四）随机对照实验方法在精准扶贫政策评估中的作用

针对贫困人口的主要致贫原因，在政策设计和工具运用上实现"精准施策"，是打赢脱贫攻坚战的关键。利用实验经济学的方法研究减贫效果，可以帮助政策制定者深入了解贫困者个体行为和集体行为背后的动机与行为准则。经济学实验一般是基于一定数量的群体，因为其结果具有较好的内部有效性，但是外部有效性一直是个较大的挑战。特别是我国成功实践的精准扶贫政策，涉及的人口数量庞大，成果举世瞩目，可以通过结合工具变量法、倾向得分匹配等其他计量经济学的手段，对政策的成本和收益进行有效评估。

（五）合作开展随机实验设计研究

鼓励和支持实验经济学家与企业和政府机构就重要的经济管理问题合作开展实地随机实验设计研究。与业界和地方政府的合作可以使随机实验在大范围内开展，既有助于避免小规模随机实验可能出现的缺少外部有效性问题，也有助于解决我国经济发展中的重大现实问题。我国的很多改革试点都是实验，如经济特区、自贸区、城乡统筹试点、户籍制度改革等，但这些试点不是随机实验，因此对这些实验效果的评估面临很大的方法论挑战。以实验经济学理论和方法为指导的实地随机可控实验能避免这些问题。例如，与某个地方政府或者京东、阿里巴巴等大型电商合作，设计针对农户、小微企业甚至个人消费者的有关小额贷款的随机试验，这样可以增大样本或者实验规模，获得的实验数据和研究结果有助于理解小额贷款对不同群体的各种不同影响。

二、行为经济学的发展背景与发展趋势

行为经济学从探究理性人假设是否完全符合现实出发，把心理学、认知科学和理性经济人分析框架结合起来，研究人的心理因素、认知因素以及非自利因素如何影响个体行为和个体决策以及这些影响对市场的作用。行为经济学通过修正传统经济学中关于理性经济人经典假设的不足，将现实中决策人的一些特征纳入经济理论模型中，提高了经济理论和模型的解释力与应用性。行为经济学的发展不仅丰富了经济学的研究方法，而且极大地拓展了经济学的分析范围。近些年来，行为经济学与新古典经济学理论、实验经济学、管理学、金融学、劳动经济学、博弈论、神经经济学、制度经济学等其他学科的交叉逐渐成为该领域的研究主流。

在古典经济学中，经济学科与心理学学科之间曾经存在密切联系。例如，亚当·斯密的《道德情操论》（*The Theory of Moral Sentiments*）对个体的一些经济行为给出心理学角度的解释。随着新古典经济学的发展，理性经济人的核心假设成为经济学科各分支研究方法的共同基础。尽管以理性经济人为基础的经济学研究方法极大地促进了作为社会科学分支的经济学的发展，但始终有不少经济学家对理性经济人假设的合理性存在疑虑。在 20 世纪 50 年代，经济学家西蒙认为决策人的理性程度会受到其所面临决策问题的复杂性、可用的决策时间以及决策人自身的认知局限的限制，提出以有限理性假设作为个体决策模型的基础。在 20 世纪 70 年代，认知心理学家卡内曼（Kahneman）和特沃斯基（Tversky）以效用函数的再造为核心，考虑个体的心理和行为特征如何影响个体决策，将心理学的理论系统性地引入到经济学分析中。行为经济学在此基础上开始有了较大发展。20 世纪 90 年代，行为经济学逐渐得到主流经济学家的认同，哈佛大学、耶鲁大

学、斯坦福大学、芝加哥大学等相继成立了专门的研究机构，并且开设行为经济学的相关课程，大批一流的经济学家投入到行为经济学领域的研究中，使行为经济学从一门边缘学科变成了当代经济学研究中较重要的一个分支。进入21世纪后，行为经济学家中已有三位先后获得诺贝尔经济学奖，卡内曼获得2002年诺贝尔经济学奖，希勒（Shiller）获得2013年诺贝尔经济学奖，塞勒（Thaler）获得2017年诺贝尔经济学奖。经过几十年的发展，行为经济学已经成长为一门具有相对完备理论体系的新学科。目前，行为经济学正以突飞猛进的速度向前发展，受到国内外学者的广泛关注，如在经济学五大顶级期刊的联合主编中通常至少有一位行为经济学家。

行为经济学对传统经济学模型的拓展可以大致归纳为以下三个方面：非标准偏好、非标准信念、非标准决策（Rabin，1998）。非标准偏好包括时间偏好（自我控制问题）、风险偏好（参照依赖）和社会偏好等。非标准信念包括过度自信、小数定律和投映偏差等。非标准决策包括有限注意力（limited attention）、菜单效应（menu effect）、劝服、社会压力和情绪等。目前，行为经济学的理论模型已经被广泛应用于解释家庭、厂商、雇主、企业高管、投资者和政治家等主体的非理性行为和有限理性行为及其对市场的影响，应用范围涉及消费、家庭金融、金融资产定价、公司治理、产业组织、税收、医疗保险、犯罪、投票、捐赠、劳动力供给、发展经济学等各个方面（Bernheim et al.，2018，2019）。

行为经济学已成为目前经济学研究中的前沿和热点领域，但我国在这方面的研究起步较晚，高校中目前较少开设行为经济学的专业课程，并且也缺乏研究行为经济学的专门机构。从经济学学科建设发展和参与国际学术研究竞争的角度，我们建议对行为经济学的发展提供大力支持，具体包括以下七个方面。

（一）行为经济学理论与数学、统计学等学科的交叉研究

行为经济学放松了传统经济学模型中与理性经济人直接相关的各种假设条件，提倡运用心理学和认知科学的知识来观察真实环境下个体的行为决策，使得经济学模型更符合人们真实的行为规律。这些都需要借助数学和统计学的方法，如概率论、博弈论、模糊决策等。此外，行为经济学与机器学习、人工智能等的交叉研究也逐渐成为热点。人工智能可以应用各种模型来帮助进行判断和决策，解决一些结果不确定性的问题，但是人工智能不会替代人的思考，行为经济学理论能够为人工智能中存在的未知、不确定等提供可行的路径。机器学习可以用于搜索更多的影响选择的行为变量。人工智能的发展有助于克服人类预测的局限性，帮助人类进行更好的决策。例如，Camerer等（2019）在研究"非结构化谈判"（unstructured bargaining）中结合了行为经济学理论和机器学习的方法，用来帮助寻找影响谈判结果的行为要素。

（二）行为经济学理论与中国的制度和文化因素的融合

中国特殊的制度背景和传统文化的熏陶对个体的认知与心理塑造过程有重要影响。将行为经济学理论与中国具体国情相结合，不仅能对现有理论进行丰富和补充，同时也能让行为经济学理论更好地为我国的经济和社会发展服务。例如，慈善捐赠是行为经济学研究中的一个重要议题，但慈善捐赠的规模、结构取决于本国的法律制度、税收政策、社会背景与文化传承等多种因素。近年来，以腾讯公益为代表的公益组织，运用行为经济学的理论，通过日捐、配捐、爱心加倍卡、集小红花、捐行为公益等方式，为慈善捐赠的变革提供了强劲的推动力，也促进了国民公益意识的提高。因此，将我国在制度和文化等方面的差异纳入行为经济学研究，不仅能丰富现有理论，也能使行为经济学发挥更大的应用价值。

（三）行为经济学在公共政策制定方面的运用

以 2017 年诺贝尔经济学奖得主塞勒为代表的行为经济学家致力于推动政府利用行为经济学知识优化政策设计，让政府帮助人们成为有远见的计划者，引导人们在教育、投资、卫生保健、抵押贷款及环境保护等领域做出最优决策。近年来，在美国、英国、德国、OECD（Organization for Economic Cooperation and Development，经济合作与发展组织）、欧盟、世界银行等掀起了一股用行为经济学指导公共政策制定的浪潮。2010 年英国政府设立了行为研究部门，负责应用行为经济学理论为公共政策的制定出谋划策。2015 年 9 月 15 日，时任美国总统奥巴马专门颁布了一个"运用行为科学的深刻洞察更好地服务于美国人民"的总统令，同年美国白宫成立了"行为科学团队"，开始在联邦政府项目中运用行为经济学理论。2015 年世界银行发布的《世界发展报告：思维、社会与行为》，全面论述了行为科学在政策领域的运用。2016 年欧盟委员会发布了《行为透视运用到政策领域：2016 年欧洲报告》，介绍了行为经济学在 31 个国家的应用案例。行为经济学从现实情况和真实行为出发，充分考虑政策工具设计和政策执行过程中的人类行为，通过沟通和说服等方式改变目标群体的行为，政策的有效性得到了显著提升，尤其是在扶贫、环境治理、能源消费等领域取得了显著的成效（Chetty，2015）。例如，有些研究发现贫困会影响个体的偏好并降低个体的决策质量（Bertrand et al.，2004b）。我国目前还较少将行为经济学理论纳入政策制定的范畴，也没有设立专门的行为经济学研究部门，我们建议支持行为经济学在政策设计和实施方面的研究，通过政策文本、信息、政策工具等层面的变革来提升政策有效性。

（四）行为经济学在企业管理和营销中的运用

不仅政府需要将行为经济学的洞察力嵌入政策制定中，企业也需要运用行为经济学的知识来改进管理和营销策略。例如，移动健康应用 GymPact 利用行为经济学中的承诺工具（commitment device）来解决运动管理中的惰性问题。用户首先在应用内签订一个健康协议，包括一周去多少次体育馆、待多长时间等。如果用户按照协议完成了这些承诺，那么他们则会获得现金奖励，否则会被罚款。教育科技公司 MobLab 利用行为经济学和人工智能的方法研究教育决策，通过高浸润性的游戏，佩戴探测仪器和头盔等以采集更广、更深的数据等方法收集行为信息并对其进行分析，制定出适合个人的学业规划、适合个人的专业和学习环境，帮助家庭降低教育的决策成本。随着数字化时代的到来，企业对运用行为经济学来加强用户黏性、提升企业效益有越来越大的需求，将行为经济学研究与企业实际需求相结合，促进产学研的深度融合也是未来一个重要的发展方向。

（五）有限理性的个体决策问题

出于建模方便的需要，新古典经济学文献中通常假设个体采取最优的决策，但大量来自现实的证据表明，由于决策问题的复杂性、人类的认知限制以及有限的时间或关注等原因，个体的决策往往是有限理性的和次优的。如何对有限理性的个体决策问题进行建模一直以来都是极具挑战性的问题。众多学者从不同角度对建模进行尝试或者研究了有限理性个体决策的可能影响和结果。例如，经济学家西蒙提出了足够好标准的个体决策理论，并因此获得了 1975 年的计算机图灵奖和 1978 年的诺贝尔经济学奖。卡内曼和特沃斯基研究了起源于启发（heuristics）和偏差（biases）的决策错误问题并提出了前景理论（prospect theory），前者因此获得了 2002 年的诺贝尔经济学奖。此外，塞勒研究了有限理性的可能影响和结果，并提出了助推（nudge）有限理性人的干预策略，他因此单独获得了 2017 年的诺贝尔经济学奖。正由于有限理性的个体决策比较符合现实但同时建模极具挑战性，有关有限理性的个体决策问题研究仍然处在蓬勃发展的状态。当前在该方向表现比较突出的前沿研究有理性忽视（rational inattention）和有限理性个体决策的公理化基础。前者起源于 2011 年诺贝尔经济学奖得主之一西姆斯在 2003 年宏观经济学论文中提出的理性忽视的后果（Sims，2003），这一概念的发展和应用在近年来有了非常迅速的进展。后者主要从决策理论角度使用萨缪尔森提出的显示性偏好方法（revealed preference approach）审视有限理性个体决策的行为表现。对中国学者来说，有限理性的个体决策问题的理论基础性和现实贴近性意味着我们既有机会对经济学的基本分析框架问题做出自己的理论贡献，也有机会探索如何应用有限理性的理论研究帮助现实中的有限理性人做出更好的决策。

（六）有限理性的博弈理论

新古典经济学文献对博弈场景下的决策问题分析通常是以纳什均衡作为基本

的分析框架。均衡一般被定义为博弈各方的策略组合并且满足每一方的策略都是给定其他方策略的收益最大化选择。均衡的定义意味着博弈各方关于其他方策略的信念是正确的，即对其他方策略的估计与其他方实际采取的策略相一致。由于均衡分析存在显著的优点，如明确的预测、统一的框架和广泛的适用性，均衡分析在过去几十年中成为分析博弈场景下决策问题的首要甚至常常是唯一的方法（Myerson，1999）。

尽管如此，来自博弈实验的众多研究表明，现实中的人们在博弈场景下的决策行为经常系统性地偏离均衡分析的预测。为解决纳什均衡分析与实验观察数据中的不相符问题，从 20 世纪 90 年代开始有限理性博弈理论被提出。目前存在较大影响力的有限理性博弈理论主要有两个：随机反应均衡（quantal response equilibrium）分析和认知分层博弈分析（或 Level k 分析）。McKelvey 和 Palfrey（1995）提出的随机反应均衡将纳什均衡分析中给定其他方的策略选择收益最大化的策略放松为选择收益更大化的策略，即所有策略都有可能被选择但收益更大的策略被选择的可能性更大，并且假定博弈各方将其他方的随机策略选择整合进自家的收益更大化策略选择考虑之中（Goeree et al.，2019）。由于随机策略的引入，随机反应均衡分析显著提高了理论预测与实验观察相一致的程度，但同时由于随机反应均衡分析对理性的要求程度事实上比纳什均衡分析更高，这一要求的不合理性也受到了较多批评。认知分层博弈分析属于博弈场景下决策行为的非均衡分析，即不要求博弈各方对其他方策略的信念与其他方采取的实际策略一致（Nagel，1995；Stahl and Wilson，1994，1995）。同时，认知分层博弈分析对博弈各方的策略能力进行了结构性划分：假定第 0 层级的博弈方随机选择策略或者选择特定场景下显而易见的策略；第 1 层级的博弈方假定对手为第 0 层级的博弈方，然后选择收益最大化的策略；第 2 层级的博弈方假定对手为第 1 层级的博弈方，然后选择收益最大化的策略，依次逐步类推。认知分层博弈分析的预测通常与人们在不熟悉的博弈场景下的决策行为相一致，而且其对博弈方理性程度的要求具有较高的合理性，不过其预测与人们在重复博弈场景下的决策行为偏差较大。通过以上梳理分析可以看出，无论是纳什均衡分析，还是随机均衡分析，抑或认知分层博弈分析，其作为分析博弈场景下决策问题的基本方法都存在较为明显的缺陷（Crawford et al.，2013）。探索更合理的有限理性博弈理论目前仍是一个有待解决的理论研究前沿问题，对这一方面研究的支持有助于中国学者在博弈论这个重要领域做出自己的理论贡献。

（七）建立行为经济学大数据与科研中心

我国的数字经济发展迅猛，政务、消费、金融、医疗、交通、环境等领域的数据资源呈现几何级数增长。通过建立行为经济学数据与科研中心，可整合各个部门、机构、企业等的行为数据，同时促进国内外行为经济学领域学者的定期交流。层出不穷的经济现象为行为经济学研究提供了广泛的素材，同时很多经济问题也急需来自行为经济学的理论指导，但是数据资源的缺失等因素极大地制约了行为经济学在国内的发展。建立权威的行为经济学数据与科研中心，不仅能促进国内行为经济学研究的开展，也能为政府制定政策、企业营销推广等提供更有效、更人性化的建议。

第五章　经济科学的基础理论

第一节　微观经济理论

一、微观经济理论的发展背景与发展趋势

微观经济理论发展至今，从古典经济理论到博弈论，从 20 世纪 60 年代开始发展的信息经济学（Stigler，1961；Akerlof，1970）到近年来广受关注的信息设计理论（Kamenica and Gentzkow，2011），在解释经济现象、理解市场运行、指导市场建立与改良方面都起到了重要的作用，为其他经济学领域提供了理论基础与研究框架。

微观经济理论研究的问题及应用方向十分广泛，也与其他学科如数学、计算机科学有着众多交叉的研究方法。众所周知，博弈论之父冯·诺伊曼也是著名的数学家及计算机学家。而在过去近一个世纪的发展中，经济学的发展也从数学学科中吸取了诸多养料，诺贝尔经济学奖的获得者中也不乏数学家的身影，如奥曼（Aumann）、纳什、沙普利（Shapley）等。同时，市场中展现的大量行为、经济现象也为微观理论研究者提供了极具价值的素材。可以说，微观经济理论是在数学与市场的相得益彰中蓬勃发展起来的。

微观经济理论为经济学的各个应用领域提供了严谨的分析框架理论基础，而其本身发展至今，前沿研究的领域主要包括以下几个方面。

（一）机制设计理论

机制设计（mechanism design）被认为是微观经济的工程设计学，获得广泛应用。该领域的核心问题在于如何针对某些市场摩擦，如信息不对称、外部性等所导致的激励扭曲和市场失灵，设计合理的市场规则或分配方式，从而影响、纠正参与者的行为，并提升资源的配置效率。2007 年，马斯金（Maskin）、迈尔森（Myerson）、赫维奇（Hurwicz）因在机制设计理论方面的突出贡献，获得了诺贝尔经济学奖。机制设计理论以博弈理论与信息经济学为基础，较早的经典工作为这一领域打下了坚实的理论基础并在之后的几十年里逐渐发展。一般性的机制设计理论自 20 世纪形成以来，在众多现实问题中得到了大量应用，特别是政府在提供公共服务

和公共物品方面出现市场失灵情景下的各种机制设计，如维克里-克拉克-格罗夫斯机制（Vickery-Clark-Groves mechanism）。此外，机制设计的思想与拍卖理论一脉相承（Riley and Samuelson，1981），如拍卖机制设计领域的政府招标采购、通信频谱拍卖、公交线路运营权拍卖、汽车牌照拍卖及网络拍卖等。同时期发展起来的匹配机制理论为住院医生匹配、人体器官移植匹配、学校招生等领域提供了有效的政策指导工具。这些理论的成功应用充分展现了市场设计理论对于解决现实问题的巨大潜力，也为我国政府在解决提供公共服务和公共物品方面出现市场失灵及经济社会结构性问题时提供了思路。

进入 21 世纪，微观经济理论迎来了新的发展阶段，其前沿成果包括但不仅限于以下几个方面。

（1）动态机制设计（dynamic mechanism design）的研究重点是基于经典的机制设计框架，并考虑到了机制设计中的潜在缺陷，如设计者无法对商品的分配进行充分承诺，以拍卖为例，卖家无法承诺对流拍商品的后续处置。在这类情境下，通常需要进行多轮的机制设计。因此，针对参与者可以进行多期设计的情况下，动态机制设计主要讨论什么是最优的机制，对福利有何影响，是否还存在显示原理（revelation principle）。

（2）动态匹配理论（dynamic matching theory）在现实中有广泛的应用，如学生择校时会与学校根据双方的偏好排序进行多期匹配，动态匹配理论研究哪种匹配机制会更加合理。

（3）对已有经典机制理论的改进，如在已经满足策略防范的机制中，哪些更容易被实施，或哪些更不易被设计者操纵等（Li，2017）。

（二）市场设计理论

近些年来，市场设计（market design）理论取得了长足的发展。与机制设计不同的是，市场设计面临的研究环境往往不允许金钱的直接介入（Roth，2007），如学生择校、医院与病人的匹配等。市场设计作为一般机制设计理论的拓展和延伸，旨在设计恰当的市场规则以提高资源配置的效率。基于这一思想，匹配理论在市场设计的理论与应用中起到了重要的作用。2012 年，沙普利与罗斯就因为市场设计的突出贡献而获得诺贝尔经济学奖。匹配理论较早的贡献来自如 Gale 和 Shapley（1962）提出的延迟接受算法（deferred acceptance algorithm），这奠定了双边稳定匹配的理论基础。此后，除了在理论方面的长足贡献（Roth，1982；Roth and Sotomayor，1992），其结果和拓展也在各个领域有着广泛的应用，如学校选择系统（Abdulkadiroğlu et al.，2005）、住院医生匹配系统（Roth and Peranson，1999）、人体器官捐赠匹配系统（Roth et al.，2004）等。

（三）信息设计理论

传统的机制设计理论是通过设定分配和支付规则来直接影响决策者的个人收益，以改变个人物质收益的方式激励参与者做出设计者希望的决策选择（Groves，1973；Green and Laffont，1977，1979；Holmstrom and Myerson，1983；Milgrom，1987，2004；Myerson，1981，1983；Palfrey，1982）。

作为对传统的机制设计理论的补充，信息设计（information design）并不是直接通过改变商品、金钱收益的方式来激励经济活动的参与者做出特定的选择，而是为参与者生成和提供用于判断现实状态、对决策有帮助的信息信号，影响参与者的信念形成过程，以此来引导他们的选择，从而达到合意的效率目标。信息设计理论旨在研究当市场中的某一方存在信息优势时，如何通过改变信息传递形式影响他人的决策，从而达到利益或者福利的最优。信息设计理论从一个全新的角度去考虑存在信息不对称的博弈问题。虽然在 20 世纪 90 年代就已奠定了一些基础工作，但该领域较为公认的起点是 Kamenica 和 Gentzkow（2011）的研究，他们在其经典文章"Bayesian persuasion"中提出了一种通过设计信息生成的机制而直接影响决策者信念更新（belief updating）的方法。目前信息设计的研究主要采用贝叶斯劝说模型，就是由于这一模型强调对决策者信念的影响，"信念"是决策者在不完全信息条件下用以衡量各种可能状态的关键变量。决策者通过这一变量计算期望收益，并做出个人收益最大化的理性选择。

通过考察在具体的博弈中参与者对社会计划者发出的信息的反应，Aumann（1974，1987）提出了"相关均衡"（correlated equilibrium）的概念，即一个社会计划者向博弈双方分别发送私密的、激励相容的、关于策略选择的建议信息，当博弈双方都遵从这个社会计划者的建议时，博弈可以达到帕累托最优均衡。迈尔森在《博弈论：矛盾冲突分析》一书中将两种制度安排都称为"信息沟通"：社会计划者通过产生和发送信号，指示博弈各方做出有利于社会合意目标的选择，而博弈各方在接收信号并计算自己每种可能选择的期望收益之后，其最优决策也是遵从社会计划者的信号引导。上述相关均衡的定义是根据完全信息同时博弈来刻画的，后续的研究，如 Bergemann 和 Morris（2013，2016a，2016b）的研究将其推广到了不完全信息博弈中，定义了"贝叶斯相关均衡"，而信息设计是贝叶斯相关均衡与贝叶斯劝说模型的结合。贝叶斯劝说模型（Rosar and Schulte，2010；Rayo and Segal，2010；Kamenica and Gentzkow，2011；Kolotilin，2015）主要研究如何基于经济的真实状态生成信号，发送给决策者，从而引导决策者做出符合最优目标的选择。

信息设计目前是微观经济理论界新兴的研究领域之一，将其基本理念从博弈论和机制设计的理论范畴推广到各类经济社会情境的激励问题当中，不仅仅是从数理模型的角度刻画信息对于决策者信念的改变、对于个人行为的激励，而且能够对现实中的市场运行产生指导作用，这是目前学者所关注的重点。

（四）网络经济学

网络带来的外部效应在微观经济理论研究中早有提及，如 Katz 和 Shapiro（1985）就探讨了网络外部性在竞争中的关系，而随着微观经济理论的方法不断发展，网络经济学（network economics）成了组织经济学的一个新兴的分支。其主要的研究问题有以下两个方面：第一，在不同环境下，市场上的个体会形成什么样的网络（Morris，2000；Jackson，2005），即社会网络的形成；第二，当市场参与者的关系符合某种特定网络结构时，他们的决策将受到怎样的影响（Jackson et al.，2017），即网络下的个体决策。网络经济学的前沿除了其本身的研究之外，还有与其他理论分支的结合，如契约理论、社会学理论、重复博弈等。网络经济学打破了传统的双边或简单的纵向结构，从连接方式这个角度去研究参与者的决策，因此具有很强的应用价值。其最直接的应用就是移动互联网、社交媒体方面的研究。此外，网络经济学还可以应用于劳动经济学（Rubineau and Fernandez，2013；Zenou，2015）、经济发展（Acemoglu et al.，2015）、金融系统风险（Leitner，2005；Acemoglu et al.，2015）、国际政治（Watts，2002）、教育经济学等领域的研究。网络经济学的研究对中国的发展也有一定的借鉴意义，如网络理论可能对我国"一带一路"的实施发展给予一定的理论支持。

（五）产业组织理论前沿

产业组织作为经济学的一个重要分支，在理论和实证方面的发展都随着市场环境的变化而突飞猛进。后面将单独讨论产业经济学，这里主要介绍微观经济理论与产业组织交叉的领域。很多新兴市场如移动互联网的发展为这个领域的研究提供了很多新的课题，尤其是平台经济学和消费者搜索理论。

1. 平台经济学

平台经济学（platform economics）的研究对象为双边市场（two-sided market），即市场的参与者需要服务于双边的客户（Rochet and Tirole，2006；Armstrong，2006）。在这种框架下，平台的定价决策、竞争方式以及最优的市场模式就和传统市场有了很大区别。

2. 消费者搜索理论

消费者搜索理论（consumer search theory）由来已久（Varian，1980；Stahl，1989），而随着互联网的兴起，这一理论在近些年的发展也较为迅速。随着数字经济、电商平台的普及，个体的行为大量依赖于搜索，而人们的搜索行为如何影响商家的定价，如何改变人们的搜索行为、价格与搜索成本间的关系（Armstrong et al.，2009；Armstrong and Zhou，2016）等，是近年来学界研究的热点。

此外，产业经济学中的很多核心问题，如反垄断、政府规制，也运用了其他微观经济理论，如机制设计、拍卖理论。买方与卖方之间的不对称信息及参与成本的差异通常被视为双方合谋垄断形成的关键（Porter and Zona，1993）。在微观经济理论文献中，拍卖能极有效地降低不对称信息下不公平竞争发生的可能性，并能帮助提高资源的配置效率，但在转移支付存在的情况下，竞标者成功合谋的可能性大为提升，拍卖理论的公平性及有效性被明显削弱。如何解决因转移支付造成的拍卖无效性，或找出更有效的反垄断工具便成了亟须解决的问题。

（六）微观经济理论与其他学科的交叉

微观经济理论与实验经济学的结合是最广泛的，这已得益于对照实验可以将无法直接观测到的信息进行有效控制。微观经济理论与计量经济学的结合在近些年的发展也十分迅速，这得益于数据的丰富和实证研究方法的进展使其可以更好地证实或者证伪经济理论，尤其对于一些经典理论进行结构模型估计需要经济学理论和计量经济学的密切结合。例如，上文提到的产业组织理论就是理论与实证交汇的重要领域之一，在现有大数据的环境下，很多行业都成了理想的学术实验室。此外，还有不少研究着力于对网络模型和匹配模型进行结构模型估计及引入机器学习方法（Camerer et al.，2019），也取得了一定的成果。

二、微观经济理论在国内的发展现状和重点研究领域

微观经济理论在国内的发展虽然较快但仍很薄弱，一方面，微观经济理论的研究需要较强的数学背景并与国际研究接轨；另一方面，微观经济理论是被忽视的领域。目前只有少数学者的研究成果能发表在国际 Top5 期刊或微观理论的国际顶尖期刊上，包括 *Journal of Economic Theory*、*Theoretical Economics*、*Games and Economic Behavior* 等。微观经济理论在国内的发展需要更多寻求理论模型的现实意义，这也是我们研究微观经济理论模型的出发点和落脚点。除了上述的微观经济理论的国际前沿研究，我们建议国内的重点研究领域为设计理论与应用，包括机制设计、市场设计和信息设计的理论研究和应用研究。

（一）机制设计

机制设计理论不仅在国际上获得大规模应用，也可服务于解决中国经济发展中所面临的市场失灵和市场缺失问题，如政府层面的物资采购、土地出让拍卖、

政府资源配置等。近年来，我国研究人员开始针对中国特殊的情境进行一系列不同市场机制设计的研究，包括医疗领域的机制设计（Currie et al.，2013）、企业研发创新激励的研究以及在电子商务中的机制设计（Li and Xiao，2014）等，但仍有不足。如何让中国的市场机制更加有效运作，让政府定位更加合理，解决好市场失灵问题，获得更高的民生福祉，避免出现政府与市场制度之间的内在冲突及其潜在的激励扭曲，真正解决好经济结构失衡、体制结构失衡、治理结构失衡这三个结构性失衡问题，是全面深化改革和现代化经济体系及国家治理体系建立过程中的一个重大挑战，这就需要深化对机制设计原理的理解、加强对机制设计运用的研究，以此为中国特殊国情服务。机制设计已成为现代市场经济国家的战略需求，但我们还缺乏针对中国经济实践的机制设计理论和应用方面的研究。比如，以政府为主导的资源配置中除车牌拍卖、碳交易市场之外，还有电力分配、水资源分配、土地分配等资源配置以及农村劳动力市场、金融市场缺失等问题亟待解决；电子商务中的机制设计除信誉机制设计外，还包括监管机制及其他守约机制设计等，这些是我国在本学科研究方向上面临的挑战与机遇。

（二）市场设计

除了以上提到的机制设计重点研究方向外，我们再强调一下市场设计在中国面临的重大机遇与研究前景，尤其是在教育与医疗这两个亟须政府干预来进行优化设计的行业。以教育行业为例，中国 2018 年有 975 万的高考考生，超过 1000 万的中考考生。面对如此巨大的录取规模、每个地区各异的特点与需求，如何设计一套有效的匹配机制就很有现实意义。不少研究也针对中国的高考问题进行了研究（Chen and Kesten，2017），我国学者也就如何改善高考录取机制进行了探讨（Lien et al.，2017）。就医疗而言，我国在器官捐赠与匹配方面的实践还处于摸索阶段，而理论研究方面也亟待发展。

（三）信息设计

信息设计作为一个较新的理论领域，其本身的方法论具有较高的理论研究价值。信息设计也可与其他微观领域相结合，如与机制设计、决策理论结合。信息设计的基本思想可以应用于我国很多行业，尤其是基于互联网、大数据的前沿行业。比如，将信息设计的思想应用于如何提升金融体系的信息披露质量、如何设计更好的互联网平台的评级系统等。此外，信息设计不仅可以理解为一种直接的设计问题，也可以将一些已经存在的经典问题从信息设计的角度去思考，如一些存在复杂信息结构的宏观经济学、金融学的问题，还可将信息设计运用于研究协调博弈、竞赛和拍卖设计、产品广告和个性化营销等微观经济与产业组织的研究，同时也可将信息设计拓展到政府信息公开、公司治理和董事会决策、金融市场信息披露、司法程序设计、选举和委员会投票、媒体信息传播等公司金融、组织行为学、政治学、传播学及其他相关领域。

第二节 宏观经济理论

本节对现代宏观经济学的发展脉络进行梳理总结，并在此基础上，深入分析 DSGE 模型在中国的兴起与面临的问题、微观数据在宏观经济模型中的应用，以及后金融危机时代宏观金融学的发展。本节总结了现代宏观经济学分析技术与理论的热点议题，在厘清国内外宏观经济学最新进展的基础上，提出了一些未来需要关注的议题和重点发展方向。

一、现代宏观经济学的发展概述

宏观经济学是分析总体经济运行规律的一个经济学领域，其主要研究对象包括国民收入总量及其构成、经济整体的投资和消费、货币与财政政策、经济周期与经济增长等。现代西方宏观经济学形成于 20 世纪 30 年代，其后经历了几个重要的发展阶段，对财政政策与货币政策有效性、短期菲利普斯曲线存在性、货币中性、理性预期假设等重要问题进行了大量研究。现代宏观经济学的发展历程中，宏观分析方法的研究范式发展主要经历了三个阶段。

（一）第一阶段：20 世纪 30～70 年代

宏观经济学形成于 20 世纪 30 年代。在此之前，虽有古典经济学对宏观经济问题的理论研究，但直到凯恩斯所著的《就业、利息和货币通论》出版，宏观经济学才成为一门独立的学科。

20 世纪 30 年代以前的古典经济学并没有严格区分宏观经济学与微观经济学。古典和新古典经济理论研究以微观理论为主导，强调：①价格的自由浮动，使市场自发达到均衡，不存在经济危机和失业；②货币市场与产品市场相互独立（古典二分法），可以分别进行局部均衡分析，而非一般均衡分析。均衡产出完全取决于真实产出供给，与货币市场无关。

凯恩斯在 20 世纪 30 年代提出不同于古典经济学的观点和主张：第一，以非充分就业的观点反对新古典经济学提出的资本主义经济能自动达到并经常处于充分就业均衡状态的理论；第二，开创宏观经济的分析方法即总量分析，将货币市场与产品市场相结合，克服传统经济学古典二分法的不一致性。

20 世纪 50～60 年代，凯恩斯开创的宏观经济理论在美国获得极大发展，形成著名的新古典综合学派，其主要代表有萨缪尔森、托宾（Tobin）、索罗（Solow）

等。新古典综合学派接受凯恩斯关于需求管理，采取适当财政和货币政策以消除经济波动、缓解失业的观点，但认为通过实现需求管理达到充分就业后，古典经济学所阐明的原理依然适用。新古典综合学派试图把古典经济学同凯恩斯经济学中有价值的内容综合起来，提出现代收入决定论这一分析工具，以解决货币和财政政策的关键问题。在 20 世纪 50 年代以后的 20 多年间，新古典综合学派的理论受到美国大多数经济学家的赞扬，从而带来一个意见一致的时代。

（二）第二阶段：20 世纪 70 年代末～21 世纪初

20 世纪 70 年代中期，新古典综合学派的理论受到来自经验和理论方面的巨大挑战。在经验证据方面，发达国家出现通胀和失业并存的"滞胀"现象。这与新古典综合学派的理论相悖：菲利普斯曲线显示高失业率与高通货膨胀不会并存。在理论方面，宏观经济学家在 20 世纪 70 年代之前就已经开始不断质疑凯恩斯主义经济学，其中最主要的是以弗里德曼为代表的现代货币主义。但是，现代货币主义理论主要局限于对凯恩斯经济学一些结论的质疑，如关于财政政策与货币政策谁更有效的争论，并未从研究范式上做出更为彻底的结构性变革。

为宏观经济学研究范式带来真正变革的是 20 世纪 70 年代的"理性预期革命"，其主要代表人物包括卢卡斯、普雷斯科特（Prescott）、萨金特等。他们在宏观经济学研究范式上主要有以下两点主张：第一，强调宏观研究的微观基础，如"卢卡斯批判"（Lucas critique），具体来说，宏观模型中个体的行为应该建立在"代表性个人"通过"理性预期""最优化效用和利润"的基础上；第二，强调量化研究，如模型参数的校准，而非单纯定性分析。这种分析范式后来逐渐形成新古典宏观经济学、真实经济周期理论（real business cycle，RBC）、新凯恩斯主义等不同学派，从而发展出 DSGE 的分析框架。

（三）第三阶段：2008 年至今

2008 年席卷全球的金融危机给全球经济带来了巨大损失，也对宏观经济的分析框架提出了挑战：现有的 DSGE 模型通常忽视金融部门，无法预见并解释 2008 年的金融危机。正如斯蒂格利茨（Stiglitz）所言，DSGE 强调的微观基础也许是"错误的微观基础"（wrong micro-foundations）（Stiglitz，2018）。因此，DSGE 模型很难解释金融危机是如何开始并如何传播的，没有预测到发生严重金融危机的可能性。

作为应对，许多宏观经济学家提出了自己的主张[1]，其中最有代表性的是布兰查德（Blanchard，2018）对于三类研究范式的讨论。

---

[1] 有关 DSGE 模型优缺点的讨论可参见 2018 年第一期 *Oxford Review of Economic Policy* 的研究。

第一类研究范式是理论模型的基础模型（foundation models）。这类模型旨在加强微观基础的研究，"解释"而并非"假设"模型中的摩擦。这类研究的目的是在理论上对重大危机或结构性变化的发生做出解释。代表性研究包括"新货币主义方法"（new monetarist approach）（Wright，2018）、"基于代理的模型"（agent-based models）（Haldane and Turrell，2018）等。

第二类研究范式是改进的 DSGE 模型。这类研究范式旨在 DSGE 框架下，改善微观基础，尤其是在假设某种摩擦存在的条件下，研究外生冲击如何传导，进而如何影响宏观经济运行。这类研究的目的是在理论上对一般性的经济周期波动，而非结构性的变化进行预测或解释。

第三类研究范式是通过结构性的宏观计量分析，构造用于预测和政策分析的模型。这些模型的目的是帮助政策制定者研究特定冲击的影响、探索和比较各种替代政策。例如，研究如果中国经济放缓是否会对拉丁美洲产生影响；如果美国政府启动财政扩张，对其他国家会有什么影响。如果有足够的理论依据，该模型还可用于跟踪冲击和政策影响的结构，但其理论结构比 DSGE 宽松。这类研究更关注对宏观数据的拟合和预测，而非微观基础。这类研究范式的代表包括美国联邦储蓄系统用于解决预测的 FRB/US 模型和英格兰银行季度模型（Bank England quarterly model，BEQM）。

最后需要强调的是，新的研究范式的方向还在探索中。这一领域应当会在未来产生宏观经济学研究的顶尖成果。

二、宏观经济学的重大问题与前沿问题

下面我们根据宏观经济学的研究方法与研究内容，从五个方面就宏观经济学的重大问题和前沿问题展开具体分析。

（一）现代宏观经济学的分析框架：DSGE 模型

为了全面科学地评估政府经济政策产生的结构性影响，需要从两个方面进一步扩展大型 DSGE 模型。一方面，需要在政府最优政策选择中充分考虑各类异质性微观主体对政府政策理性预期的反应，从而系统考察政府政策对经济动态路径和稳态均衡状态的影响机制；另一方面，需要通过抽炼基本经验事实，构建符合中国经济特征和实际情况的 DSGE 模型，从而充分理解政府政策对增长路径的结构性影响，提高 DSGE 模型的解释力。

1. 国际和国内发展趋势

近年来，国内学者大量使用 DSGE 建模方法[主要是理性个体新凯恩斯

（rational agent new Keynesian，RANK）模型]来开展学术研究。根据统计，2010～2019 年发表在 8 本高水平 CSSCI 经济学期刊中有关 DSGE 的论文共有 205 篇，发表量从 2010 年的 4 篇上升到 2016 年最高的 34 篇。其中，在《经济研究》发表69 篇，在《金融研究》发表 47 篇，在《世界经济》发表 21 篇。这些文章大部分使用大致相同的研究范式：模型中包括家庭、中间品生产商、最终产品生产商、政府部门等；模型中基本上没有强调微观异质性，少数文章考虑了两类（至多三类）不同家庭或者不同的企业（行业）；如果涉及货币政策，则通过 CIA（cash in advance，货币先行）模型或者 MIU（money in the utility，货币效用）模型引入货币；使用 Calvo 交错定价策略（大部分）或者价格调整成本（少部分）来产生价格黏性；部分文章也引入了工资的交错定价；除了上述名义刚性外，还通常假设存在实际刚性，如投资存在调整成本和由此带来的资本利用率问题，不少文章还引进了消费习惯黏性；通过技术（全要素生产率）冲击来形成不确定性，许多文章也考虑政府支出冲击和货币政策冲击，也有文章考虑偏好冲击、成本冲击、价格加成冲击、投资专有技术冲击等；政府行为主要通过货币政策规则（泰勒规则为主）和财政支出规则引入；通过作者宣称的校准方法确定模型中与外生冲击无关的参数；对实际数据进行 HP 滤波，再通过贝叶斯方法估计出涉及外生冲击的参数。

这种研究方法存在诸多问题。受主流宏观经济学分析框架（特别是 Dynare 软件包）的约束比较明显，无法深入分析和回应我国经济生活中的重要问题和重要关切，无法分析一项改革政策是如何通过完善和发展中国特色社会主义制度来产生积极影响的，无法全面评估各种风险和外生冲击的中长期影响。目前的主流宏观经济学分析框架本质上还是基于经济结构比较稳定、经济增速相对比较低的工业化国家的现实来构建的，研究问题自然以经济波动为中心。我国目前宏观经济的主要问题包括经济增长与体制改革之间的关系、体制改革如何适应结构变化、如何理解体制摩擦、如何理解政府在经济生活中的重要作用等，而主流宏观经济学分析框架难以直接用来分析这些问题。同理，国内使用 DSGE 模型的现有研究基本上忽视了我国的经济特征事实，也无法跟我国的宏观经济数据相匹配，也没有多大的解释力。另外，一些研究者没有针对所研究的具体经济问题的本质选择合适的模型，没有依据模型适用的前提条件，也不顾观测数据的具体情况，在不满足模型的前提条件时生搬硬套那些模型。

从 20 世纪 90 年代开始，宏观经济学家就在 RBC 模型中引入个体异质性，特别是消费者异质性，称为 HARBC（个体异质性真实经济周期，heterogeneous agent real business cycle）模型，如 Krusell 和 Smith（1998）。2010 年以后，大量文献开始使用带有个体异质性的新凯恩斯（heterogeneous agent new Keynesian，HANK）模型，如 McKay 和 Reis（2016）、McKay 等（2016）、Kaplan 等（2018）的研究。

HANK 模型面临三方面的挑战。第一个是技术挑战。HANK 模型试图寻找全局解，从而导致寻找解或者均衡路径的计算过程变得非常复杂且缓慢，需要提出一个可以计算 HANK 模型的标准化算法，用以计算全局解，特别是全局的转移动态。第二个是匹配问题。HANK 模型无法像传统 DSGE 模型一样匹配宏观经济数据（如经济波动数据）。第三个是参数敏感性。目前尚缺乏对 HANK 理论性质的理解，没有很好的经济理论对 HANK 模型进行参数设定，导致模型求解对模型参数非常敏感。虽然面临诸多挑战，但 HANK 模型依然是一个非常重要的国际前沿问题。它有可能统一异质性模型和新凯恩斯模型，并且可能修正传统主流宏观经济学模型的许多结论和含义。

2. 主要研究方向

1）分析政府政策的结构性（对增长路径的）影响

考虑政府政策的结构性影响，需要将各类行为主体对政府政策（如改革方案、防范化解重大风险的政策手段等）的理性预期反应考虑到政府最优政策的选择中，使得政府政策系统性地影响整个经济的动态和稳态。这类研究可以分析政府政策对经济增长和经济结构变化的长期影响，也可以通过政策实验方法来分析完善和发展中国特色社会主义制度过程中涉及的各种问题。研究面临的主要挑战是要将各类行为主体的最优选择（或者充分必要条件）作为最优政策选择的约束条件，因此模型变得更为复杂。通常难以求出政府最优政策选择的所有一阶条件，自然也无法通过对数线性化来求解模型。这就需要研究求解模型的非线性解法和算法。

2）构建大型 DSGE 模型，提高模型预测能力

2018 年 12 月 18 日，习近平在庆祝改革开放 40 周年大会上的讲话中强调，"我们要坚持以供给侧结构性改革为主线，积极转变发展方式、优化经济结构、转换增长动力，积极扩大内需，实施区域协调发展战略，实施乡村振兴战略，坚决打好防范化解重大风险、精准脱贫、污染防治的攻坚战"①。这充分表明，我们构建的大型 DSGE 模型需要有足够的包容性。也就是说，由于我国改革开放不断深入、经济持续增长、结构快速变化、外部环境日益复杂，许多宏观经济现象相互作用，为了充分理解政府政策的结构性（对增长路径的）影响，提高 DSGE 模型的解释力，构建的 DSGE 模型必须能够在多个方面与我国的经济特征和实际情况相符合，因此，中国宏观经济学研究需要构建大型 DSGE 模型，从而评估我国各项经济政策和改革措施，努力使得模型具有预测能力。

---

①《习近平：在庆祝改革开放 40 周年大会上的讲话》，http://www.gov.cn/xinwen/2018-12/18/content_5350078.htm [2018-12-18]。

3）大型 DSGE 模型的（平衡或者非平衡）增长动态分析或转移动态分析

为了分析我国改革开放、技术进步、产业升级带来的工业化、城市化、结构转换等现象，为了理解我国的高储蓄率、内需不足、老年化、收入分配、土地财政、地方政府债务、货币超发、宏观杠杆率上升、金融风险等问题，需要分析 DSGE 模型的（平衡或者非平衡）增长动态，最好是可以分析其转移动态。因为需要分析政府政策的结构性（对增长路径的）影响，所以有很多技术性问题需要深入研究。如果要分析我国一些改革政策的影响，如房产税改革、延期退休改革、利率市场化改革、外汇市场改革的影响，更需要分析模型的转移动态。这与当前 HANK 模型寻找算法来计算全局解，尤其是全局的转移动态的努力殊途同归。

（二）非线性分析方法及其在宏观经济学中的应用

1. 研究背景与意义

20 世纪 70 年代，宏观经济学在"卢卡斯批判"之后出现了"理性预期革命"，研究范式发生了重大转变，DSGE 模型逐渐成了研究宏观经济学问题的主要工具。DSGE 模型通过构建经济中个体的动态优化问题，求解得到个体最优决策方程和市场出清条件，从而刻画各个经济变量在外生冲击下的动态变化。DSGE 模型相比其他的宏观经济学研究方法有两个突出的优点：一是具备微观基础，强调了个体预期的作用，避免了"卢卡斯批判"；二是可以通过数值模拟拟合现实数据，量化分析冲击对经济波动的贡献度，进行反事实的政策分析。目前，全球主要的央行和国际机构都已经建立了自己的 DSGE 模型，并使用模型来评估经济运行状况和政策效果。

在使用 DSGE 模型进行量化分析时，求解的精确性至关重要。目前国内外的研究方法大多采用近似求解方法，即对模型中的变量在其稳态点附近进行局部线性化近似处理，再对此线性模型进行求解。局部线性化处理虽然大大降低了模型求解的难度，但也牺牲了结果的精确性。例如，Aruoba 等（2006）发现局部线性化解法的误差是全局解法的 10 倍以上。

更重要的是，中国作为一个仍然处于转型中的经济体，忽略其经济变量在不同稳态间的转换将会严重阻碍模型对重要的经济问题进行量化分析的能力。Mendoza 等（2019）就指出，当经济中的变量存在差距较大的多种状态时，局部线性化解法的误差将会更加严重，而且无法刻画存在状态转换可能性所带来的预防性储蓄等重要的经济现象。

由于全局非线性解法作为一种研究工具在宏观经济学中有着广泛的应用前景，同时其在方法论方面与数学和工程学有着深入的相互交叉，因此将相关问题作为重要的基础性和应用性课题进行研究有着重大的理论与实践价值。

2. 国际和国内发展趋势

近年来随着数值算法的不断改进和计算机运算能力的不断提升，国际上逐渐出现了使用全局非线性分析方法求解 DSGE 模型的应用，解决了一批和现实紧密相关的重大宏观经济学问题，如货币政策零利率下限问题、主权债务违约问题、资本流动突然中断问题等。但是，全局非线性分析方法的应用仍然处于起步阶段，主要体现在以下两个方面。

一是目前全局非线性求解模型的能力有限。全局非线性解法存在着传统的"维度诅咒"（curse of dimensionality）问题，即求解模型所需的时间随着模型中状态变量数目的增加呈现出几何级数的增长。计算能力的限制使得求解和估计包含多个状态变量的大型模型变得不可实现。因此，各国央行所使用的大型模型目前还只能采用局部线性化的方法来进行分析，这影响了非线性方法的应用。

二是目前运用非线性分析方法的研究主要关注发达国家或者拉丁美洲等小型开放经济体的问题，鲜有针对中国问题的。国内的研究虽然构建了符合中国经济特征的模型，但在方法论上仍然采用在稳态附近线性化近似的方法求解，几乎没有使用全局非线性方法进行分析。方法论的缺失不仅导致了使用模型进行量化分析时误差的增加，而且限制了模型对中国经济转型问题的解释能力。

（三）微观数据在宏观经济模型中的应用

随着科技的进步，记录着微观经济行为的电子化大数据为经济学研究提供了最新的数据来源。覆盖面广、时间跨度大的大数据不仅可以分析微观个体的经济行为，而且可以更准确深入地刻画宏观经济的运行规律。依托最新的微观大数据，宏观经济学者可以更好地观察和分析微观主体的行为规律，从而构建更符合微观规律的宏观模型。

1. 总体发展背景

最新的大数据使得我们可以更好地观测微观主体的行为规律，如企业的生存与发展以及造成企业不同表现的相关因素。微观经济行为是宏观经济表现的基础，在我们的经济生活中最常见的经济参与者就是企业。对于企业的深入观测和分析，一方面与已有更宏观维度的分析形成互补，另一方面直接为制定涉及企业的宏观经济政策提供了更具象的实证依据。

此外，大规模微观数据使得我们可以构建更加完善的宏观价格和产量指标。这些宏观经济指标是宏观经济生活中非常重要的衡量标准，直接反映了国计民生的变化，是重要的政策依据。以价格指数构建为例，我国的价格指数构建采用的是抽样调查、加权平均的办法。这里的抽样既包括产品的抽样，也包括地点的抽样。产品的抽样是指代表规格品的选择。地点的抽样是指价格调查点选取的是经营品种齐全、销售额大的商场（店）、超市、农贸市场、服务网点等。这些抽样是在大数据时代来临前数据稀缺条件下的应对，而随着大型微观数据的出现，抽样不再成为唯一的选择。更可贵的是，不再对产品进行抽样和笼统的计量，使得我们可以更为具体地区分每一种产品。这使得我们对消费者行为的刻画更为具体和准确，而相应的价格指数会更好地反映生活成本的变化，数据的观测也更频繁，这意味着更短期的宏观经济指标的测量成为可能。

2. 国内外发展态势

大数据为观测微观个体的行为提供了更准确、细致的实证基础。以宏观层面的企业行为观测与分析为例，早期最著名的是 Gertler 和 Gilchrist（1994）的研究。这篇文章发现规模不同的企业对于经济周期的反应是不同的。在接下来的 20 多年间，学者不断利用各种数据来分析企业规模的影响。更广泛地说，数据中影响企业的因素包括：企业大小、企业的资产负债率以及常讲常新的企业财务约束。随着大型微观数据的出现，学者观测到更多的企业行为规律。Hottman 等（2016）利用美国大型消费品交易数据，总结出企业差异化的四个重要因素——生产成本、消费者偏好、产品数量和溢价。针对宏观经济表现和企业行为的相互作用，越来越多的学者也开始使用大型微观数据。一部分通过数据分析企业行为（如进入退出市场的行为、产品调整、定价等）如何随着经济波动而变化，另一部分则通过构建更符合实际微观数据的宏观模型来分析企业行为的变化如何反向作用于经济波动。

微观大数据还为宏观价格指数的构建开辟了新的方向。目前常见的价格指数包括拉氏指数（使用基期消费权重，假设产品种类无变化）、帕氏指数（使用当期消费权重，假设产品种类无变化）、费雪指数（前两种指数的算数平均数）、萨托-瓦尔蒂亚（Sato-Vartia）指数（使用结构性的权重，但假设需求无变化、产品数量无变化）。Redding 和 Weinstein（2020）、Feenstra 等（2017）的工作论文使用最新的微观数据，将探讨价格指数的话题推向新的高度。前者旨在建立一个与最新的微观数据相吻合的宏观价格数据结构模型，探讨如何对价格指数中的重要参数进行估计，并用美国的消费品数据来检验这一理论。而后者的主要目的是利用一个更为简单的模型，比较中美两国在价格指数上的不同，并分析造成这种不同的原因。

总的来说，以往的理论和实证分析都是基于传统数据特点：数据多为问卷调查数据或者样本数据、数据观测变量较少、数据的观测频率较低。而随着近几年大型微观数据的积累达到了一定的空间和时间的覆盖程度，新的研究趋势是利用新的数据，改进过去的理论，以期适应新的数据特点：数据包括更多小微企业、企业异质性明显、数据观测更具体、数据频率更高。

在数据的积累中，我国走在了世界前列。例如，我国关于企业的新兴大型微观数据可分为两类：第一类是海关微观数据和经济普查微观数据；第二类是公司数据或专业的数据机构收集的数据，如阿里巴巴的线上交易数据。以线上交易数据为例，从 1994 年的方兴未艾到 2014 年超过零售业总额的 10%，线上交易已成为国民经济生活的重要部分。大规模的线上交易对我国的居民生活产生了广泛和深刻的影响，同时也为众多企业寻求生存和业务拓展提供了渠道。随着阿里巴巴等的大规模微观数据的出现，我们可以更好地认识居民生活在电子商务日益活跃的时代产生的新现象、新变化，并与之相对地分析线上企业（尤其是广大的小微企业）现有的和最佳的生存与发展模式，研究宏观经济表现和微观行为之间的相互作用。在目前我国的两类新兴数据中，公司数据或专业的数据机构收集的数据虽然往往较难获得，但由于数据的精细度高和覆盖面广，反而最适用于新的研究框架。

（四）宏观经济中的金融中介

2008 年金融危机后，西方学者逐渐认识到金融中介在宏观经济中的重要地位，开始在宏观结构模型中加入金融中介以凸显其作用。金融中介（银行）在我国扮演着更重要的角色，原因有二：第一，企业对银行贷款的依赖程度大，银行贷款是企业最重要的融资方式；第二，金融中介作为货币政策传导渠道中的重要环节，对货币政策的传导机制影响举足轻重，而关注金融杠杆、维护金融市场稳定也是宏观审慎政策的目标。在我国经济发展过程中，重视银行在宏观经济中的重要地位，从宏观经济学的视角总结分析银行与货币政策的联系，银行与经济波动、银行审慎监管与金融稳定的关系，充分发挥银行在联系国民经济时的纽带作用，是我国宏观经济学发展的一个重要课题。

由于我国的发展现状且央行使用的货币政策工具与西方国家的也有所不同，学术界根据我国现状对我国货币政策进行了广泛的研究。目前，该研究方向发展迅速且成果颇多：实证方面，有对我国各类货币政策（包括数量型和价格型工具）有效性的研究、利率市场化前后货币政策传导效率的变化研究等；理论方面，很多研究沿用西方宏观结构模型拟合中国宏观数据进行政策模拟分析。对宏观审慎政策的研究大多集中于与货币政策的关系、对货币政策的影响、两者如何协调配合等话题，研究方法上大多还停留在西方经济学宏观模型的政策模拟分析。

目前，国内外有关货币政策传导渠道中金融中介作用的研究主要强调银行贷款渠道和资产负债表渠道，而这两者都在有关实证研究中被广泛证实存在。这方面可以重点关注的主要研究包括以下内容。

1. 银行与货币政策的关系

银行是货币政策影响实体经济的重要环节。研究银行异质性对我国货币政策传导机制的影响，以及货币政策对国有四大银行和城市商业银行的信贷规模与资产负债表的影响等问题，对厘清货币政策在银行中的传导机制有重要意义。目前，国内外文献在分析货币政策在银行中的传导渠道时，主要关注银行贷款渠道和资产负债表渠道。此外，很多国内外实证研究表明货币政策会通过银行风险承担渠道传导。这样，货币政策不仅通过改变银行贷款数量与资产负债表影响实体经济，还会影响银行资产本身的风险。这三者相互影响、密切相关、不可分割。从理论与实证两方面分析银行中存在的这些传导机制，是深入理解银行与货币政策关系的重要方面。

2. 银行周期与经济波动的关系

银行资产负债表的周期性如何影响经济波动？在构建宏观结构模型的基础上，描述我国的银行杠杆周期、银行自有资本周期，用于理解银行周期与经济波动的关系，至今这方面的研究仍处于初步且亟待发展的阶段。另外，我国影子银行发展迅速，发展出度量影子银行规模的比较完善的方法以便对影子银行规模进行测量，也是理解银行周期的重要方面，对厘清我国金融中介的周期行为、识别货币政策和宏观审慎政策的影响机制至关重要。

3. 银行信贷约束与金融摩擦

债务问题与信贷约束是金融危机的重要因素，因此信贷约束是一个重要的研究领域。对信贷约束如何影响银行对不同企业的贷款发放、按揭贷款的信贷约束对不同收入的家庭有何影响等问题的回答是理解银行信贷约束影响家庭和生产的重要方面。

4. 银行存款保险制度和银行风险承担

自我国引入存款保险制度以来，国内对其如何影响银行风险的研究结果并未得到一致的结论。在利率市场化的前提下，存款保险制度对银行存贷款规模、银行资产风险转移有何影响？存款保险制度的存在又如何影响货币政策与宏观审慎政策的制定？这些都是亟待研究的问题。

5. 银行审慎监管政策与货币政策的关系

在货币政策通过银行传导的同时，银行审慎监管政策也发挥着对银行负债和资本结构的监管作用。对于宏观审慎监管对货币政策传导的影响、两者如何共同影响银行行为与风险、两种政策如何协调配合等话题，都需要构建结合我国实际情况的宏观结构模型来进行政策模拟分析。

（五）财政政策与国家治理现代化

财政是国家治理的基础和重要工具。如何在进一步深化改革的过程中，总结财政政策的实践经验并提炼一般理论规律，从宏观经济学的视角讨论积极财政政策在短期、长期的实施效果，分析财政政策与政府债务的关系，讨论财政政策与货币政策之间的协调机制，研究国家治理与财政政策之间的联系，充分发挥财政的作用，有效提高国家治理能力，是现代经济学的一个重要课题。

在这一方面的主要研究内容包括以下方面。

1. 积极财政政策与经济波动的关系

我们需要从理论层面厘清财政支出政策通过何种渠道并且在哪些范围发挥作用，进而为制定合理的财政政策提供理论依据。另外，积极财政政策会通过影响人们的预期而发挥作用，因此积极财政政策的实施应该宣视预期管理，使政策的制定、实施具有一定的规则性。政府需要重视财政政策的预期管理，通过增强政策透明度、提高政策规则性，形成稳定的政策预期、良好的景气预期、确定的收入和支出预期。

2. 财政政策与经济增长的关系

在经济走出低谷之后，财政政策的侧重点应从短期转向长期，从需求管理转向供给管理，从总量扩张转向结构调整。对于支出结构调整对经济增长的影响，研究者没有达成一致意见。为什么要进行减税降费？减税降费措施对经济的长期影响缺乏定性和定量分析。而这一问题正是政府的重大需求，需要理论分析提供政策依据。

3. 财政政策与政府债务的关系

增支减税的积极财政政策会造成政府债务规模的扩大和赤字水平的提高。前者属于公债政策，后者属于预算政策。如何正确认识和估算地方政府债务的违约风险，并进一步防范可能造成的金融市场风险？如何规范地方政府的发债行为？这些都是当前经济改革中面临的重大问题。政府在调整支出和税收政策的同时，也要制定恰当的公债政策和预算政策，从而保证债务规模可控，防范由于债务违约风险所引起的经济动荡。

4. 财政政策与货币政策之间的协调机制

财政政策与货币政策是政府宏观经济调控的两大主要工具。积极财政政策需要根据经济形势，选择适当的货币政策与之搭配。但如何进行"松""紧"搭配？如何选择政策工具？如何评价政策工具搭配的效果？回答这些问题需要建立一个统一的分析框架来进行严格的理论分析。

5. 财政政策与国家治理的关系

在社会主义市场经济体制下，我们将整个经济体视为一个有机的整体，政府是这个经济有机体中最重要的一部分，有能力带动整个经济的发展。如何把政府或者国家加入到宏观经济学的分析中，是现代经济学面临的一大挑战。这就需要打破原有宏观经济学的分析框架，引入国家或者政府的行为、目标函数，从而真正实现"国家治理"观念的理论表述。这无论是从理论层面还是从实践层面都具有重大意义。

三、中国宏观经济学面临的挑战与机遇

习近平 2016 年 5 月 17 日在哲学社会科学工作座谈会上发表重要讲话时指出："要按照立足中国、借鉴国外，挖掘历史、把握当代，关怀人类、面向未来的思路，着力构建中国特色哲学社会科学，在指导思想、学科体系、学术体系、话语体系等方面充分体现中国特色、中国风格、中国气派。"[①]习近平的上述讲话，指明了中国宏观经济学研究的总体思路和学术目标，这有利于我们把握中国宏观经济学研究面临的挑战和机遇。

根据习近平的讲话精神，中国宏观经济学研究在未来一段时间需要弥补理论研究的不足，应对四个方面的挑战：第一，科学总结改革开放和经济建设的实践经验，将中国经济学问题上升为一般经济学问题；第二，构建符合中国经济环境的宏观经济模型，以深刻认识和准确把握经济新常态和经济领域重大风险、评估改革方案、提高宏观政策决策水平；第三，强化宏观经济研究中的科学方法使用，特别是对宏观理论研究中数理方法、实证研究中的计量方法的合理使用；第四，增强以问题为导向的宏观经济研究，科学运用宏观经济研究方法解决在财政、金融、开放经济等领域遇到的实际问题，服务国家经济建设的重大需求。

---

① 《习近平在哲学社会科学工作座谈会上的讲话》，http://cpc.people.com.cn/n1/2016/0519/c64094-28361550.
html?winzoom=1[2016-05-19]。

（一）科学总结实践经验，讲好中国故事

"当代中国正经历着我国历史上最为广泛而深刻的社会变革，也正在进行着人类历史上最为宏大而独特的实践创新。这种前无古人的伟大实践，必将给理论创造、学术繁荣提供强大动力和广阔空间。"[①]改革开放 40 年，中国的经济改革取得了辉煌成就，其中的关键因素是中国特色社会主义制度的不断完善和发展。我们需要采用科学的分析方法，科学整理和提炼中国经济增长的基本事实，揭示中国社会发展中展示的逻辑和趋势；进一步，我们需要将中国经验与世界其他国家相对比，找出中国经济增长事实中存在的差异和共性问题；最后，我们需要科学总结中国经济增长的经验，为解决一些世界性经济发展和增长难题提供思路与办法，特别需要对中国的经济增长源泉进行科学总结和认识，从而为其他发展中国家实现经济增长、完成经济现代化提供成功经验。

总之，正如习近平在庆祝改革开放 40 周年大会上的讲话中强调的一样："改革开放 40 年积累的宝贵经验是党和人民弥足珍贵的精神财富，对新时代坚持和发展中国特色社会主义有着极为重要的指导意义，必须倍加珍惜、长期坚持，在实践中不断丰富和发展。"[②]中国宏观经济学家需要解释"中国经济奇迹"之谜，科学认识中国经济增长的动力和模式，使用前后一致的逻辑来理性认识整个改革过程或者主要的改革过程。

（二）构建符合中国经济环境的宏观经济模型

"面对我国经济发展进入新常态、国际发展环境深刻变化的新形势，如何贯彻落实新发展理念、加快转变经济发展方式、提高发展质量和效益，如何更好保障和改善民生、促进社会公平正义，迫切需要哲学社会科学更好发挥作用。面对改革进入攻坚期和深水区、各种深层次矛盾和问题不断呈现、各类风险和挑战不断增多的新形势，如何提高改革决策水平、推进国家治理体系和治理能力现代化，迫切需要哲学社会科学更好发挥作用。"[①]因此，中国宏观经济学研究需要构建符合中国经济环境的宏观经济模型，构建适应中国国情的宏观经济学分析框架，以深刻认识和准确把握经济新常态和经济领域重大风险、评估改革方案、提高宏观政策决策水平。

国外学者构建的 **DSGE** 模型，大多基于经济稳定的成熟经济体，因此他们可

---

① 《习近平在哲学社会科学工作座谈会上的讲话》，http://cpc.people.com.cn/n1/2016/0519/c64094-28361550.html?winzoom=1[2016-05-17]。

② 《习近平在庆祝改革开放 40 周年大会上的讲话》，http://www.sastind.gov.cn/n152/n6760050/n6760051/c6804891/content.html[2018-12-18]。

以将经济体系描述成一个稳态或者平衡增长路径,进而专注于分析一项政策导致经济偏离稳态(平衡增长路径)的脉冲响应。在中国经济改革实践中,来自改革的制度红利长期存在并发挥显著作用,因此,我们不能把改革的经济影响理解为一种短期的外生冲击,不能照搬国外的 DSGE 理论来分析我国各项改革方案的经济影响。我们需要将各类行为主体对政府改革政策的理性预期反应考虑到政府最优改革政策的选择决策中,需要基于我国的经济特征和实际情况构建宏观经济模型。

构建符合中国经济环境的宏观经济模型有助于我们科学分析政府政策产生的影响;有助于深刻认识和准确把握外部环境的深刻变化与我国改革发展稳定面临的新情况、新问题、新挑战;有助于事前预估经济领域重大风险的可能影响;有助于在风险发生之后及时评估风险导致的经济后果,并且对风险应对政策的可行性及成本收益做科学评估;有助于评估各项改革政策的短期、中期和长期的影响。

(三)强化宏观经济研究的科学方法

"马克思、恩格斯在建立自己理论体系的过程中就大量吸收借鉴了前人创造的成果。对现代社会科学积累的有益知识体系,运用的模型推演、数量分析等有效手段,我们也可以用,而且应该好好用。"[1]因此,中国宏观经济学研究需要强化科学方法的使用,规范、合理运用数理分析方法与计量工具,防止滥用和错用研究方法。

宏观经济研究要对理论和实证分析两手抓,两手都要硬。一方面,在实证分析中,宏观计量研究需要结合数理模型的定性分析结果与计量分析的定量分析结论来科学回答研究问题。通过构建数理模型可以规范分析经济个体的行为选择机制,而计量分析的目的是验证数理模型所揭示的主要机制、主要结论和主要推断。因此,数理模型与计量分析构成一个完整的整体,互相补充,共同实现研究目标。另一方面,在理论研究中,目前流行的 DSGE 模型是众多研究工具中的一个方案,我们可以基于这种工具进行理论和实证研究,但 DSGE 模型并不是唯一选择。我们还可以构造其他数理或者描述性理论模型,并进行计量分析。

我们还要重视其他新兴的研究方法与研究工具,如使用微观数据开展宏观计量研究。网络经济和电子化社会产生了大量记录微观经济行为的大数据,这些数据可以更好地识别宏观经济冲击、识别宏观经济政策在经济中的传导机制、观察和分析微观主体的行为规律,从而构建更符合微观规律的宏观模型,为制定涉及企业的宏观经济政策提供更加具体的实证依据。这样,宏观模型的微观基础会更加牢固,宏观经济政策决策会更加科学、精准,最终助力提升国家治理现代化水

---

[1]《习近平在哲学社会科学工作座谈会上的讲话》,http://cpc.people.com.cn/n1/2016/0519/c64094-28361550.html?winzoom=1[2016-05-19]。

平。同时，结合微观大数据的研究，能够充分利用中国经济改革发展过程中积累的各种大型微观数据，讲好中国故事。

（四）强调宏观经济研究的问题导向

"问题是创新的起点，也是创新的动力源。只有聆听时代的声音，回应时代的呼唤，认真研究解决重大而紧迫的问题，才能真正把握住历史脉络、找到发展规律，推动理论创新。"[1]因此，中国宏观经济学研究需要在未来的研究中特别强调问题导向。

宏观经济研究需要解释重要经济现象、揭示重要经济规律；需要回应社会热点和社会关切、服务国家经济建设重大需求。第一层面的问题和政策涉及我国经济的高质量发展。例如，在新常态时期，如何提高金融中介的作用，从而推动我国经济的高质量发展？金融中介是如何影响我国货币政策的传导机制的？金融中介的行为是如何影响货币乘数和货币流通速度的？如何在稳就业、稳金融、稳外贸、稳外资、稳投资、稳预期的同时，实现我国经济的高质量发展？如何完善我国的财政体制，调整中央财政和地方财政关系，以促进经济的高质量发展？什么样的财政政策和货币政策可以同时优化经济结构与促进经济增长？如何完善财政政策与货币政策的协调机制？如何鼓励创新创业，实现勇于创新、自主创新？如何通过促进创新和技术进步来实现全要素生产力的提升与产业结构的优化？如何积极稳妥推进供给侧结构性改革？如何解决发展不平衡不充分的问题？如何改善收入分配？如何加强社会民生建设？如何完善社会保障体系？如何逐步建立全国统筹的社会保障体系？如何兼顾经济发展和生态环境保护双重任务？如何树立正确的政绩观，不简单以 GDP 论英雄？

第二层面的问题和政策涉及防范化解重大风险和减少经济波动。例如，如何防范化解金融风险，守住不发生系统性金融风险的底线？如何建立现代化的宏观调控体系？如何改善和加强对金融中介的监管？如何加强对影子银行的监控和监测，以防范金融风险、减少经济波动？如何避免风险形成，化解风险冲击或减缓风险影响？如何提高对各类经济风险的预判和识别能力？如何规范地方政府的发债行为？如何控制宏观杠杆率？如何稳步实现去杠杆？

因此，宏观经济研究不能仅从文献出发，还应重视我国的实际情况和实际问题，使用科学研究方法解决现实经济问题。

---

①《习近平在哲学社会科学工作座谈会上的讲话》，http://cpc.people.com.cn/n1/2016/0519/c64094-28361550.html?winzoom=1[2016-05-19]。

第六章　经济科学的多维应用研究

第一节　国际经济与贸易

一、国际经济学的发展背景与发展趋势

本节主要分析国际经济学里面的国际贸易，不包括国际金融。传统国际贸易理论主要从国家产业之间的比较优势角度和产业内部规模经济角度解释贸易发生的机制，进而评估或者预测贸易自由化以及贸易政策工具的影响。近20年来，国际贸易学科的重要进展是将企业之间的异质性引入上述传统分析框架（Melitz，2003）以及量化贸易模型的研究（Eaton and Kortum，2002）。这一基础理论的突破推动了很多方向的进步（Melitz and Redding，2014；Costinot and Rodríguez-Clare，2014）。首先，将企业参与国际贸易的决策行为引入模型增强了经济模型对贸易数据的实证解释能力，如出口企业与非出口企业之间的系统性差异、企业进入退出特定市场的动态特征，以及企业在不同微观层面为应对贸易自由化政策做出的调整；其次，异质性的引入以及贸易模型的量化分析为理解贸易的整体效应和分配效应提供了一个新的分析视角，在比较优势和规模经济之外，行业内企业之间的资源重新配置成为贸易促进经济效率的一个新机制；最后，研究者同时开始关注企业生产组织的异质性，即生产效率如何影响企业对生产边界、对外投资、跨国生产安排以及外包服务等生产组织形式的选择。Caliendo 和 Rossi-Hansberg（2012）进一步探讨了需求异质性通过企业的组织形式选择进而影响企业生产效率的一种可能机制。

企业异质性以及量化贸易模型所开创的新研究领域尚未完全得到充分挖掘。在异质性模型中，资源从低效率企业到高效率企业的重新配置是实现贸易利得的一个重要渠道。相应地，存在其他影响资源再配置的政策和市场不完备因素，涉及要素市场摩擦（如劳动力市场摩擦、资本市场不完全等）、环境污染外部性、产业政策及宏观经济政策等方面，上述因素和政策背景如何与贸易壁垒交互作用、共同影响国家行业间的贸易及福利是未来值得探讨的方向。目前这个方向的前沿研究有 Caliendo 等（2019）关于美国劳动力市场摩擦的分析，Tombe 和 Zhu（2019）、Fan（2019）对于中国劳动力流动成本的分析，Shapiro 和 Walker（2018）关于贸易

对减污贡献的分析等。另外，关于企业生产的组织形式选择，尤其是全球价值链以及企业生产网络的研究也在起步阶段，相关成果包括 Antràs 和 Chor（2013）、Bernard 等（2018）的研究。企业异质性如何影响企业安排生产网络的微观机制及宏观影响的实证与量化分析，也是近期的重要研究方向。在此背景下，中国作为一个大国，国内的产业、劳动力等相关的政策如何传导并影响国际市场以及全球技术进步也值得我们进一步深入探讨。

二、国际经济学在国内的发展现状和重点研究领域

由于我国一直坚持对外开放，在经济市场化和快速增长的过程中不断融入全球化的过程，国际经济学得到了较好的发展，在众多微观经济学领域中，国内学者在国际贸易方面的学术研究是最活跃、最国际化的。2015 年至 2019 年上半年期间，中国学者在国际经济学的顶尖期刊 *Journal of International Economics* 上发表了 38 篇文章，占总数的 10%；如果加上中国港澳台学者和海外华人学者的发表的话，共发表了 69 篇，占比为 18%。还有少数研究发表在更好的期刊上，如北京大学国家发展研究院的余淼杰关于降低关税对中国加工贸易企业生产率影响的论文发表在 *Economic Journal* 上（Yu，2015）；Brandt 教授团队关于中国加入 WTO 后对制造业企业生产率的影响的研究发表在 *American Economic Review* 上（Brandt et al.，2017）。一个主要原因可能是我国国际贸易的快速发展、在全球贸易中日渐重要的地位以及中青年国际经济学家的研究水平不断提高，另一个主要原因是中国工业企业数据库和海关产品数据库开放给了学术界使用，使得国际贸易领域的实证研究进步很快。但研究的国际影响力还亟待加强，大多数研究通过微观数据的细致分析提供了特征事实，更普遍意义的理论归纳、方法贡献尚有较大欠缺。此外，学术研究在国际同行认可的专业期刊中的影响力依然不足。

基于国内国际贸易研究的现状和国际贸易面临的重要现实问题，我们建议如下与中国政策高度相关的具体研究方向。

（一）国际形势不确定背景下的贸易高质量发展

国际贸易不确定性增加是一个趋势，这一领域可以关注的研究方向包括如下几个方面。①贸易不确定性的测度、传导和预测。例如，可结合文本分析及机器学习方法识别并预测贸易不确定性。此外，在全球生产网络中，不确定性的微观传导机制需要进一步研究。②贸易政策不确定性对企业生产行为、行业生产率与消费者福利的影响，以及造成宏观经济波动的机制分析与动态效应的量化评估。③不确定性转为贸易摩擦后，中国企业行为的影响研究及风险防控。

（二）企业的全球化与跨国企业

随着中国经济的发展，企业也以各种不同的方式加入全球化，这一领域可以关注的研究方向包括以下几个方面。①中国企业在不同行业间参与国际生产的特征事实，以及不同行业企业如何在不同国家、地区间组织研发、生产、销售。此外，上述特征事实对于企业生产的作用及动态效应。②跨国企业层级组织、生产结构、企业内全球资源配置的特征事实和作用，以及对东道国和目的地的资本市场、劳动力市场、技术市场的影响机制及其量化评估。③主权国家间税收及非税收竞争对于跨国企业生产活动的机制、作用效果及其量化评估。

（三）全球化与国内地区间生产

中国作为一个大国，全球化生产会以多种方式和国内地区间互动，这一领域可以关注的研究方向包括如下方面。①全球生产网络加强了国家间的垂直专业化分工，进一步完善全球化生产的理论模型将有助于更好地理解产业链上的贸易流，以及地理环境、比较优势等因素对于产业链定位的影响。②全球生产网络对国内地区间人口流动、企业生产及地区发展的影响机制研究，以及地区间产业结构的中长期动态分析。③聚焦国家重大政策，对特定区域进行研究。

（四）贸易协定及国际贸易政策

全球地区间生产合作增加，地区间贸易协定也在迭代更新，中国需要在贸易政策制定中有更高水平，这一领域可以关注的研究方向包括如下方面。①区域贸易协定形成的政治经济学研究。双边及多边贸易和投资协定、自由贸易港建设对中国进一步提高对外开放水平的政策设计研究，尤其是需要关注不同区域贸易协定叠加时对参与各方带来的效果。②WTO规则制定的效果及其影响的量化评估。③贸易政策效果的量化评估。在全球化生产中，尤其需要关注贸易政策在地理和生产链上的溢出效应分析，以及短期和长期效果的量化评估。

（五）服务贸易

随着科技和贸易的发展，服务贸易在国际贸易中的比重越来越大。各国由于经济发展差异，对于服务业的开放持保留态度而难以进一步达成一致。对中国而言，在加入WTO后制造业的贸易关税及非关税壁垒已经较低，如何进一步通过开放技术及服务行业，尤其是生产性服务行业（如知识产权、金融、教育等）来提升我国第三产业的效率，从而向高质量社会转型已成为我国发展的重要课题。这一领域由于数据较为有限，可以关注的研究方向是不同服务业发展的特征事实以及对不同行业生产、出口的影响机制。

对于全球化问题的研究，既需要细致分析单个市场的作用机制，又需要总体考虑多市场的一般均衡效果。此外，需要短期和长期相结合，以更加完备理解全球化生产对于个人、企业、地区、国家的综合影响。对于中国学者来说，上述几个方面的研究，尤其是更多涉及微观层面产业链的分析，数据的局限性是一个非常大的挑战。目前常用的中国海关数据与工业企业数据不能直接体现企业之间的联系，更详细的微观数据的开放、挖掘及整理工作将为推动这些领域的研究提供更好的条件。

第二节　金融经济

本节对金融学研究主流范式进行梳理，分析全球金融危机的冲击和数字经济的发展使研究范式可能发生的变化，在此基础上考察金融学的发展趋势和重要研究问题，并结合中国金融发展的现实情况，提出一些未来需要关注和重点发展的方向与议题。

一、金融学研究的主流范式

作为经济学的一个分支，金融学遵循经济科学的研究范式。一个研究范式包括理念和方法两部分，从理念上看，经济学的核心问题是在经济活动中的人如何进行资源配置和财富分配以实现效率与公平，这是各种经济社会制度都要追求和平衡的两大目标。现代经济学的研究方法基本上可以分为两类：第一类为以假设-演绎为基础的经济学规范研究方法，包括文字分析和数理模型；第二类为以数据和计量方法为基础的实证研究方法。自 20 世纪 50 年代以来，金融学研究的主流范式是运用实证的方法分析微观决策者如何通过金融体系进行跨期配置资源。

（一）现代金融学研究的主流理念

20 世纪 50 年代以前，金融经济学更接近于宏观经济学，特别是公共财政学和货币经济学。以美国金融学会为例，它成立于 1939 年，初期每年选举 1 位会长和代表货币银行、公司金融、投资、公共财政和保险等子专业领域的 5 位副会长，这种组织架构基本反映了二战到 20 世纪 50 年代前金融经济学的研究重点领域。

从 20 世纪 50 年代开始，金融经济学进入了一个全新的时代，开始运用主流经济学的研究范式系统性地分析金融问题，即个人、家庭、企业、政府等通过金融体系跨期配置资源以求在不确定条件下最大化效用和福利，涌现了第一批历史性的学术研究成果，如资产组合理论、CAPM 模型、公司资本结构模型等。

随着 20 世纪 70 年代数理经济学的蓬勃发展，默顿引入了包含投资机会状态变量的风险状态因子模型[跨期资本资产定价模型（intertemporal capital asset pricing model，ICAPM）]，随后有学者提出了以消费为基础的资本资产定价模型（consumption-based capital asset pricing model，CCAPM）、以生产为基础的资本资产定价模型（production-based capital asset pricing model，PCAPM），在假设生产者已知家户最优化消费投资决策下，厂商利用投资来最大化厂商股价，因此优化的投资决策可以反映家户端对风险贴现的信息。同时，经济学与数学的学科交叉发展也迸发出学术界优美的金融定价公式，即期权定价理论。上述研究贡献奠定了现代金融学基础，其中莫迪利亚尼（Modigliani）于 1985 年，马科维茨、米勒（Miller）和夏普（Sharpe）于 1990 年，以及斯科尔斯与默顿于 1997 年获得诺贝尔经济学奖。

20 世纪 70 年代以来，以 Jensen 和 Meckling（1976）的论文发表为标志，公司金融领域的学者逐步将信息不对称、委托代理问题等因素引入到基于理想世界的研究框架中来。其中，围绕资本结构这一公司金融领域的经典议题，学者综合考虑信息不对称、税收、实物期权等因素，就企业是否存在最优资本结构、为何会导致实际资本结构与理论预期偏离等问题进行了广泛探讨。20 世纪 80 年代以来，基于股东利益最大化的视角，学者对董事会、股权结构、公司控制权市场等重要的公司治理机制进行了深入研究。研究推动了一系列资本市场重要制度变革的形成，前所未有地加深了金融学的理论同现实世界的联系程度。

20 世纪 80 年代以来，经济金融学科开始与心理学进行学科交叉发展，进而发展出了行为经济学与行为金融学，其通过实验的方式更进一步地理解人们在获利与损失下的复杂认知和抉择。随后，塞勒等应用了相关的理论来解释金融异象。在 2000 年后的因子动物园的时代中，行为经济学与行为金融学逐渐发展成了经济金融学中的重要子领域，特沃斯基与塞勒分别于 2002 年和 2017 年获得了诺贝尔经济学奖。

（二）现代金融学研究的主流方法

在现代金融学的研究中，数据比其他领域可得且丰富。例如，芝加哥大学商学研究生院于 1960 年成立了 CRSP（Center for Research of Security Prices，证券价格研究中心），收集了美国股市的历史数据，至今仍是权威的数据库之一。同时，20 世纪 70 年代中，金融计量经济学的发展也为运用金融数据验证金融理论提供了严谨的方法，随后到了 20 世纪 80 年代实证金融快速崛起，成为现代金融学研究的主流方法。

资产定价一直是金融学主要的研究领域之一，其发展集中体现了现代金融学主流研究方法的演进过程，即实证研究随着数据可得性的加深而日渐成为主流。自 20 世纪 60 年代夏普、林特等提出市场风险因子模型（CAPM）之后，金融领域在资产定价议题上开启了一系列有组织的研究。20 世纪 70 年代，默顿引入了包含投资机会状态变量的风险状态因子模型 ICAPM。随后有学者相继提出了以消费为基础的资本资产定价模型 CCAPM、以生产为基础的资本资产定价模型 PCAPM。这些理论模型虽然得到了不断的发展和丰富，但并没有获得实证上的广泛支持，直至 1993 年三因子模型的提出。三因子模型对股票截面数据拥有非常强的解释能力并且逐渐成为资产定价的标杆。尽管三因子模型对现实拥有很好的解释能力，但仍因缺乏理论模型的支持，其主要论述仅仅立足于风险溢酬之上（如 ICAPM）。

继三因子模型后，资产定价模型进入因子动物园的时代，许许多多的特色因子被推出[①]，并用来解释或预测股价的报酬率。近年来，学者开始表达出相关的忧虑，即研究者不断地推出新的因子来满足市场的持续需求，这些虽然很实用但是缺乏理论依据的因子最终会带来毁灭性的结果，这意味着严谨做研究的学科和时代的终结。出于上述担忧，近几年一系列学者的研究开始深入探究哪些特质因子是多余的、哪些特质因子有理论支持且能够包含其他的因子特质，并进一步检讨与缩减因子的数列。因此，资产定价领域正从因子动物园时代进入因子战国（factor war）时代。

在因子战国时代，用不同统计方法或理论模型来进行因子筛选的文章受到了期刊的重视，如运用 LASSO 等方法。除了以新统计方法来筛选因子外，对于因子间动态关系的研究仍存在进一步了解的必要。同样，许多因子间的相关性仍需要用理论模型来厘清。在新的理论发展上，在 2000 年后除行为金融与信息不确定等定价概念外，也持续有新的理论推出，如中介资产定价（intermediary asset pricing）理论等也有待相关的实证支持。

与上述的资产定价领域类似，以实证为主的研究风格也贯穿了公司金融、货币银行、国际金融等金融学各个重要的子领域。这一风格的不断发展，彰显了金融学与现实联系紧密、数据可得性高的典型特征。

（三）金融与经济的关系

所有金融决策都要在金融体系内完成，金融体系会限制决策者，也可能对其赋能。在金融学蓬勃发展的大背景下，学者一直思考金融与经济的关系，特别是以银行体系和股票市场发展为代表的金融发展究竟如何影响经济增长。20 世纪 70 年代，美国经济学家爱德华·萧（E.S.Shaw）和麦金农（Mckinnon）[②]分别从"金融抑制"和"金融深化"的角度论证金融自由化政策对于发展中国家经济发展的必要性。20 世纪 80 年代后，广大新兴市场国家纷纷实施了金融自由化的举措，

[①] 其中包括动量因子、公司盈余、反转效应、特质波动度、彩券特质、关注度、情绪指标等。

[②] 他们分别出版了《经济发展中的金融深化》和《经济发展中的货币与资本》一书。

广泛吸收借鉴以美国为主要代表的发达金融市场的实践经验。因此,学术界针对这一问题的讨论有着迫切的现实意义,回应了当时实务界的诉求。

金融发展与经济增长往往相伴而生,因此在这一领域的研究中,学者对金融发展与经济增长孰为因孰为果争执不休。随着研究的深入,学者开始不仅仅局限于探讨金融发展和经济增长的因果关系,而是就金融发展促进经济增长的前提条件和作用机制等问题进行更深层次的探讨。特别地,始自 LLSV 的一系列研究表明,高效的法律制度、良好的产权保护制度是金融体系有效运转并促进经济增长的前提。并且,由于各国的基础制度不同、公司治理水平不同,金融开放和经济全球化的效果可能会较为有限。此外,越来越多的学者也认识到,支持企业创新是金融发展促进经济增长的关键突破口,由此形成了一系列金融发展影响企业创新,进而促进经济增长的研究。

2008 年金融危机的爆发深远地影响了实体经济,金融发展与经济增长的关系在新的历史条件下重新成了各界关心的重要议题。一方面,考虑到银行系统的重要性,在危机期间政府往往救助银行,以避免流动性收缩;另一方面,政府对银行的干预将影响银行的商业决策,造成信贷资源的错配。具体有以下几个方面研究的前沿议题:第一,如何优化银行信贷供给结构,增加制造业贷款比重,支持先进制造业发展,如所有制差异、内部治理结构差异等对银行信贷决策的影响;第二,借款企业或个体的特征如何影响银行的信贷决策,如企业的规模、政治联系、个体的地理特征是否会对银行信贷决策产生影响;第三,宏观环境如何影响银行的信贷决策,如经济政策不确定性、货币政策、财政政策的变动对信贷配置的影响。

二、金融学研究的发展趋势

分析金融学的发展趋势应该考察其研究范式可能发生的变化,主要有两条线索:一是技术变革推动的变化,当前的技术变革以使用数字化的知识和信息为关键生产要素、以现代信息网络为重要载体、以信息通信技术的有效使用推动效率提升和经济结构优化,与此相关的一系列经济活动可以归结为"数字经济";二是社会变革推动的变化,2008 年全球金融危机显著而又深远地影响了世界经济金融发展态势,暴露出的一系列深刻问题,如从微观的货币和激励扭曲问题到宏观的系统性风险和财富分配不平等问题,并没有从根本上得到解决,以至于在新冠疫情全球大流行的冲击下,酿成更大规模的全球金融动荡,也为数字经济的进一步发展带来了巨大的挑战和机遇。在此背景下,偏微观、偏实证风格的金融学研究主流范式不断深化,发展趋势主要表现为以下方面。

（一）理念革新

1. 微观个体研究的深化，系统性风险受到瞩目

2008 年前，美国经济经历了几十年的"大缓和"时期，实体经济活动的整体波动性降低，而金融危机后，实体经济陷入大衰退。宏观经济与金融的关系重新被深刻反思，经济学者纷纷将金融中介和金融摩擦直接整合到宏观经济分析中，公司金融学者在实践中反思基于股东最大化视角的原有框架，资产定价学者则将金融中介融入资产定价模型中。

2008 年国际金融危机发生后，社会各界也对国际金融危机前主要金融机构内部治理机制不力的问题给予了广泛关注。一个典型事实是，由于很多企业股东是短视的，股东最大化视角下的公司治理可能会带来严重不利的社会后果。因此，越来越多的研究着眼于利益相关者视角下的公司治理问题，关注以债权人、员工、客户为代表的利益相关者如何在投资者保护中发挥积极作用。虽然利益相关者视角下的公司治理早有研究，但在金融危机的背景下，这个问题受到了前所未有的重视。由于利益相关者与股东在风险激励上存在显著差别，如何平衡风险承担与风险防范的关系，成了新的历史条件下的重要课题。创新是经济发展的核心动力，而创新活动具备高风险。因此，企业需要保有一定的风险承担能力和风险激励，才能够促成自身长期发展和经济转型。然而，如果企业以超额负债、过度投资等方式采取过度冒险的行为，就有可能影响自身的经营稳定和市场价值，甚至有可能带来一些连带的风险。因此，考察企业风险行为的影响因素，衡量适合企业的风险承担程度，设计合理的风险激励机制，都具有较大的学术价值和较强的实践意义。

全球金融海啸表明，企业与金融体系间的关系错综复杂，金融风险和危机在全球的扩散范围及影响程度比历史上任何时期都更加猛烈，甚至远远超过了人类的预期。金融风险网络化传染特征愈加明显，基于复杂网络的金融风险的传递及其对系统风险（systemic risk）的影响已成为一个重要的前沿研究方向。从网络的角度，金融学研究的微观基础不断深化。

2. 金融科技与数字经济蓬勃发展

移动互联网、云计算、大数据、人工智能、物联网、区块链等信息技术的突破和融合发展促进了数字经济的快速发展[①]。自 2009 年比特币发行以来，数字货

---

① 自 20 世纪 90 年代以来，随着信息技术的发展，数字经济理念在全世界流行开来。数字经济的 1.0 阶段，持续到 21 世纪初期，核心是 IT 化。在这个阶段，信息技术在传统的行业和领域得到推广应用，大大提升了原有经济系统的运行效率，降低了运行成本，但还没能在全社会形成成熟的互联网商业模式。

币成为研究的热点问题。与数字货币相伴而生的记账技术——区块链（blockchain）技术，或者称为分布式记账，开始逐步应用于更广泛的金融业务中。这是与现有的中心式记账体系完全不同的模式，因此激发了金融学研究的新理念。自 2013 年以来，相关讨论由初步探索转向更为专业的学术分析。

数字经济中，数据成为驱动商业模式创新和发展的核心力量，生长出互联网平台这一全新的经济组织，并带来了商业模式、组织模式、就业模式的革命性变化。大型科技公司（big tech）借助其海量的数据和先进的科技，正在改变金融服务的模式，通常从支付业务开始逐步涉足金融业务，再借助前期的数据积累，拓展借贷、保险、征信等业务。与传统金融机构不同，大数据（data）、网络效应（network）与业务生态相互加强——同一科技公司提供多种业务平台，大量用户形成网络效应，这导致了数据的极大丰富，从而科技公司在大数据与机器学习的基础上能够更好地设计业务、拓展用户，形成 DNA 正反馈机制。

由于金融科技产品一般交易便捷，覆盖面大，往往会吸引大量的用户，能够赋能消费者与中小企业，服务原来银行无法覆盖的长尾用户；在此基础上，金融科技公司既可能降低银行服务的门槛，提供普惠型的金融服务，倒逼银行的创新与改进，也可能形成数据垄断，造成用户的价格歧视，减少用户福利，从而形成新的监管挑战。相关研究在过去几年大量出现，包括大数据、机器学习、网络信贷、普惠金融、监管科技等。金融领域的顶级期刊 *The Review of Financial Studies* 将 2019 年第 5 期作为金融科技专刊（*Special Issue：to Fintech and Beyond*）在一定程度上代表了这一趋势。

需要指出的是，金融科技与此前的金融研究领域存在交叉重叠。例如，大数据优势使资产定价得以探索新的变量；大型科技公司的网络平台与机器学习算法可能增强系统风险与网络传染，并揭示更多的用户行为特征；在科技推动下的传统金融机构转型、新型融资模式出现，则为货币银行与公司金融创造了新的研究空间。

大数据、非常规数据为金融交易提供了多维度、全方位的信息，有助于降低信息不对称，使得金融资产的定价更为精确。上述观点也得到了国际上主要金融组织的广泛认同。国际金融稳定委员会（Financial Stability Board，FSB）指出，大数据的使用有助于信贷风险评估和保险合同的定价，应当充分挖掘对应的信息价值。OECD 于 2018 年发布有关数字化和金融的研究报告，特别强调大数据和人工智能的出现为金融资产的定价增加了更多的决定变量。国际保险监督官协会（International Association of Insurance Supervisors，IAIS）指出，保险科技领域一个重要的课题就是如何挖掘和使用那些看起来和保险风险不相关却能在预测风险方面起到重要作用的用户数据［如 Facebook（脸书）账号使用情况对保险定价的作用］。

以保险领域为例，传统的健康险定价主要考虑被保险人的年龄、性别、是否吸烟、健康状况等因素，保险公司主要通过由投保人填写调查书的方式收集相关信息。随着可穿戴设备和手机应用程序的普及，保险公司可以实时获得被保险人的运动数据、血压、体重等重要信息，从而实现健康保险的动态定价。传统的车险定价主要考虑被保险人的驾驶记录、年龄、汽车的类别、往返工作单位的路程等因素，而车载设备的普及和物联网的应用使得保险公司可以通过卫星设备及时获得驾驶人的驾驶情况、驾驶速度等信息，符合安全驾驶标准的投保人可以获得额外的保费折扣。不难看出，金融科技的兴起使得保险公司不再局限于自己收集的数据，通过智能设备的应用以及同其他平台合作，保险公司可以获得更多维度的数据，从而为保险定价提供更丰富的变量。

基于以上事实，一个重要的课题就是度量由金融科技的兴起所带来的额外信息对金融产品定价的具体贡献是多少，并与传统的定价变量做比较。探究此问题有助于我们厘清相较于传统信息而言，金融科技对资产定价的贡献程度，测算金融科技为传统金融行业带来的增量价值。

（二）方法革新

1. 文本分析的应用

随着数字经济的不断发展，数据总量正以空前的速度爆炸性增长，数据类型极大丰富，纷繁复杂的数据实时可得，利用大数据的新估计方法被实证金融广泛采用，如以高频数据估计股价的波动率、偏度、峰度、后尾与跳跃等，以文本分析来评估投资人情绪，使用音频、视频等非结构化的数据分析公司电话、电视会议的信息等。同时，一些非金融的数据库，如大型互联网平台的工作招聘和申请（LinkedIn）、分析师之前的职业经历（Zoominfo.com）、经理人之间的联系（BroadEx）、广告（TNSMI），以及一些问卷调查、随机实验的数据也被用来分析金融问题。

学者还充分运用文本分析等工具重新梳理了产品市场竞争、行业联动、产业链等传统主题，在此基础上对同行业企业财务决策之间的同伴效应（peer effect）、企业间的供应链网络、社会网络、贸易网络如何驱动跨行业并购，单一企业的特质风险如何沿着供应链传导等主题进行了深入研究，取得了一系列重大进展。

2. 高维与高频数据的计量方法

与经济学各个领域内部出现"实证革命"一样，金融学术领域逐步脱胎于早前主要基于相关关系的探讨，更加重视基于大样本微观数据的实证研究，对因果关系的识别和处理更为精细。同时，越来越多的文献利用机器学习大数据驱动优化的方法来提升模型的解释与预测能力。

金融经济学是一门高度依赖于实证研究的学科,金融经济学家进行推断的主要方法是基于模型的统计推断,即金融计量。虽然计量方法在经济学的其他分支中也非常重要,但是由于不确定性(如协方差与高阶矩估计)在金融学理论和实证研究中的核心作用,金融计量学科有着其独特的不可替代的重要地位。近 20年来,金融计量学科在越来越多的相关领域学者的贡献下蓬勃发展。不仅仅是金融经济学家,数学家、统计学家乃至计算机科学家均为我们从不同的角度更好地理解金融市场做出了贡献。同时,中国学者基于中国金融市场数据的金融计量研究越来越多,这更是为这一学科带来了新的活力。另外,金融计量方法在若干分支领域内得到了显著的拓展和提升。这些领域包括金融市场波动率的测量和建模、计量模型和理论在高频高维金融数据分析中的应用、极端风险管理工具、因果效应的量化、收益率可预测性的检验和推断、基于计量方法的大规模投资组合选择等。同时,金融计量也开始与金融工程、行为金融学产生学科交叉,在高频数据的可得性大增后,学术界开始讨论高阶矩的计量统计测度估计与期权隐含高阶矩差异的经济含义。而行为金融学则是以调整市场风险后的特质波动与偏度来定义个股的彩票特质以显示相关股票的未来收益率较低。

金融工程近年在欧美的学科设计中逐渐侧重金融科技。相较于过去金融工程透过随机过程模型与参数模型的优化的研究方式,金融科技更趋向大数据驱动的非参数模型优化,如类神经网络、粒子群最优化再加上强化学习(reinforcement learning)、机器学习及深度学习(deep learning)来进行决策的最优化分析。同时,除了新理论方法的引进外,在金融科技应用面的议题也包含了区块链以及互联网金融的相关研究。金融工程跨信息科学或大数据科学的交叉研究逐渐受到关注。目前跨领域的发展仍偏重将信息科学所发展出的理论方法应用于过去的金融工程议题,如应用深度学习于各种信用风险的管理、应用大数据优化方法于风险对冲等。此外,还有结合金融工程过去已发展的随机理论来改善各种机器学习的演算法。

金融计量学科的新发展无疑提升了我们对金融市场运行的理解,也为我们如何更好地发展金融市场提供了一些指引,但是,这一学科的现状距离完备或完善还非常遥远,其未来的发展中充满机遇与挑战。海量的实证研究呈现出的繁杂甚至有时相互矛盾的结果,使我们更难去发现一个或一类研究带来的本质性价值;一些曾经在发表时强有力的实证结果并没有通过时间的检验;过于依赖假设条件和复杂参数的模型或方法无法在大量的数据中得到高效的实际运用。如何在目前已经具备的庞大数据量和高性能计算能力的优越条件下,对金融计量理论方法进行创新和完善,将是发展这一学科的道路上的核心任务与目标。

3. 网络测度的计量方法

2008 年全球金融海啸表明，经济金融一体化所引起的风险和危机在全球的扩散范围和影响程度比历史上任何时期都更加猛烈。金融风险网络化传染特征愈加明显，由于金融网络计量建模方法尚未成熟，在模型估计、检验、预测等方面存在很多亟须解决的问题，迫切需要方法与工具的创新。基于复杂网络的经济金融风险的传递及其对系统风险的影响已成为一个重要的前沿研究方向。

首先，金融风险的复杂网络建模已经成为一个重要的前沿研究领域。收集微观经济金融（网络）数据、发展网络建模的新方法、开辟计量建模的一个新领域，对于金融风险传播途径研究、系统风险监控等方面具有重要的意义。其次，基于金融网络特性的风险管理，可深入挖掘经济金融网络对信息、风险的二次作用模式，在网络上刻画风险的汇聚、传导和放大机制，为风险管理提供新的预警工具。再次，金融风险驱动因素的网络估计，可运用一个或多个经济网络去解释金融网络，并研究可能的反向因果关系和相变关系。最后，目前流行的模型和方法无法直接应用于系统性金融风险的政策量化评估，需要进一步创新。

（三）研究对象革新

1. 更多基金种类的研究

随着金融数据的日益完善和详尽，对其他金融机构的研究也越来越深入。对于投资者来说，特别是基金的研究一直是一个热门的课题，而且近年关于基金研究的论文数量正在逐步增加，其前沿可以归纳为以下几点。第一，在研究方法方面，近几年的研究基金的论文越来越注重理论分析，通过经济学建模的方法建立理论模型从而指导实证研究。这一趋势体现在顶级期刊的文章发表上，尤其是体现在高被引论文上。第二，在研究内容方面，随着基金数据的日益完善和详尽，近年的论文除了研究共同基金的绩效、基金流、基金投资组合分析等传统问题，还增加了对基金经理背景、基金家族、私募基金、对冲基金、国际基金市场等话题的研究，研究的问题更加丰富。第三，在学科交叉方面，基金的研究与其他金融、经济的学科联系更加紧密，出现越来越多的交叉研究。例如，除了早年运用资产定价模型分析基金绩效的研究外，近年出现了运用经济学博弈论分析基金市场的论文、运用基金流分析资产定价模型的论文，也有不少论文是分析基金交易与公司理财、公司治理的关系的。

2. 普惠金融下的家庭金融

家庭部门在金融系统中扮演着资金供给者的角色，同时在金融活动中是重要的投资者和参与者，因此家庭金融的研究一直是一个重要的课题。家庭金融研究的现状和态势可以归纳为以下几点。首先，在研究方法方面，近几年的研究家庭金融的论文越来越注重理论分析，通过经济学建模的方法建立理论模型从而指导实证研究。新的研究方法（如实验经济学）也得到了广泛应用。其次，在研究内容方面，随着国民教育的提升和金融产品的丰富，近年的论文除了研究家庭消费、投资、储蓄等传统问题，还增加了对各种新的话题的研究，如家庭金融素养、金融普惠、消费金融、金融科技等，研究的问题更加丰富。当家庭经济水平达到小康阶段，新型金融服务的出现使得中国家庭从原来的高储蓄模式转向高消费模式，融资渠道的拓展使得家庭也产生更高的创业动机。另外，作为经济活动的主体，家庭的行为也受到经济政策的深刻影响，如收入分配、社保基金、养老保险、房地产限购、放开三孩等政策都会对家庭行为产生多方面的影响。最后，在学科交叉方面，家庭方面的研究与其他金融、经济、统计的学科联系更加紧密，出现越来越多的交叉研究。例如，除了早年运用生命周期理论、永久收入假说研究外，近年出现了运用心理学、行为金融学等理论研究家庭行为的论文，以行为金融学为例，学者更进一步讨论经济体系中异质性投资人的决策差异，研究不同背景等对投资人的决策影响。

家庭金融研究的机遇与挑战可以归纳为以下几点。第一，金融创新日新月异，因此对家庭行为的研究方法要求越来越高，也越来越强调与不同学科、领域之间的交叉融合。这对研究人员的知识广度和深度有了更高的要求，也要求研究团队的知识背景更加多元化，要有更多的跨领域合作。例如，大数据和金融科技的出现，不仅需要掌握金融学、经济学的知识，同时对于统计学、信息管理学方法的掌握也有很高的要求，由于拥有多学科的专业人才，因此有能力整合各方面的知识来创造好的研究课题。第二，国内外家庭金融调查的数据日益完善，能够让研究人员研究更多的问题，将更加先进的研究方法与新的数据相结合，从而发现更加重要的问题。第三，目前学术界与业界的交流合作更加紧密，大数据、机器学习、金融科技等的出现，使得业界在学术科研方面有更多的投入。这样的交流合作能使研究人员发现更多有趣的课题，从而有更多发现。

三、金融学的学术前沿问题

如前所述，金融危机的冲击和数字经济的发展使金融学研究的主流范式不断深化。更为重要的是，传统的货币理论受到巨大冲击，财富分配重新回到经济学的核心，普惠金融成为热点问题，全球化的不确定性加大，金融安全和金融合作上升为国家战略，这些问题也成为金融学研究的学术前沿。

（一）金融危机和数字货币对传统货币理论的冲击

20 世纪 30 年代经济大萧条和 2008 年金融危机都与货币政策相关联，爆发前都出现了前所未有的经济繁荣，危机发源地的政府都采取了极其放任自流的经济政策，过度负债的经济模式已经充满风险。

2008 年金融危机后，各国纷纷采取更加宽松的货币政策，直接求助金融机构，增加债务杠杆以驱动经济增长，导致公共财政盈余无法支撑过度的举债消费，也造成一些国家无法继续承受过重的债务负担。加上评级机构不断下调"欧洲五国"的主权信誉评级，引发以欧债为代表的主权债务危机，关于主权货币和债务的理论思考也被推到学术前沿，政府（国家）作为一个决策（融资）主体被纳入金融学的分析框架。

美国金融学会主席报告将主权融资与公司融资进行类比，介绍一种新颖的国家资本结构分析框架，国家的债权即国家以外币发行的主权债，国家的股权即国家发行的货币和以本币发行的主权债。这种框架对通货膨胀的成本和收益、最佳的外汇储备及主权债务重组等问题提供了新的见解，并试图为货币经济学、财政理论和国际金融学建立一个统一的微观理论基础，引起更多争论的是现代货币理论（ modern monetary theory，MMT），"现代货币"的含义是法定货币（ fiat money），本质上是政府信用货币体系，而不是银行信用货币。MMT 主张财政赤字货币化、政府作为最后雇主通过债务融资保证充分就业等政府干预政策。该理论在过去默默无闻而近年来备受瞩目，与 2008 年以来美国等发达国家选择债务驱动型的经济增长模式密切相关。

目前，全球经济一直面临着低增长、低通胀、低利率的"异常"环境。一方面，市场主体在低利率环境下追求高收益，可能更多从事高风险活动，金融稳定风险可能加剧；另一方面，低通胀会下调企业和家庭的通胀预期，延迟支出和投资，引起总需求下降，使实体经济可能陷入通缩周期，使宏观经济下行风险放大。"三低"环境也加大了央行在维持物价稳定、促进增长与金融稳定之间权衡的难度，宏观经济政策面临的挑战需要新的货币基础理论。

同时，数字货币的兴起为传统货币理论研究带来了新的机遇与挑战。数字货币逐渐分化为三个研究领域：第一个是以比特币为代表的私营部门发行的加密货币，它没有内在价值，依靠市场交易预期而获得交易价值；第二个是以脸书发行的 Libra 为代表的稳定币，它将与法定货币的价值挂钩，这样能够便利全球的跨境支付，但同时将带来资本流动、汇率稳定的种种挑战；第三个是各国央行普遍关注的"央行数字货币"，即央行发行的法定数字货币，它具有法币属性，但同时具备数字货币的便捷交易功能，其宏观金融影响是目前各国央行的研究重点。

Brunnermeier 和 Niepelt（2019）构建了统一的货币理论框架，论证了各类非法定货币与法定货币的等价性，并推导出发行各类数字货币而避免经济冲击的充分条件。其基本结论是，在发行数字货币对流动性、财富均保持中性，且央行政策通道可以充分对冲的情况下，货币改革不会导致经济冲击。但这些条件在现实中通常是不满足的，因此，分析各类数字货币的宏观金融冲击成为一个重要的议题。

（二）财富分配重新回到经济学的核心，普惠金融成为研究热点

收入分配差距过大是金融危机的前兆，较少数的人占有较多的社会财富，特别是金融机构高管薪酬激励扭曲的问题饱受诟病，薪酬方案决定了各金融机构管理层追逐高风险收益的意图，而没有要求其承担相应的风险带来的损失，直接鼓励了高风险投资；银行、券商、评级机构和基金经理的激励高度一致，使投资者相信新型金融产品可以使风险分散化，而没有充分披露这些产品的真正风险。只要有人愿意购买这些金融衍生产品，持有人就不在意真实的风险，只在意交易额和利润，从而制造了巨大的系统风险，而损失由全社会来承担。

危机具有强烈的再分配效应，如美国爆发"占领华尔街"等运动并蔓延至其他国家，社会对资本、金融的态度和理念逐渐发生变化，对金融从业人员尤其是高级管理人员表现出极大的不信任，甚至是仇视、敌对，人民的呼声和诉求由"自由""效率"逐渐趋向于"公正""平等"。

金融能否造福社会？对大多数经济学家来说，金融显然有益于社会，但大部分社会大众不这么认为，两者存在一个巨大的偏差，这足以动摇金融系统有效运作的政治合理性。诺贝尔经济学奖得主希勒在《金融与好的社会》一书中指出金融对社会是有益的，人是有很多非理性情绪的，"矫枉过正"对一个社会来说并不是一件好事情。

各国史无前例的宽松政策一方面避免了出现 1929 年的经济大萧条，但另一方面可能导致经济脱实向虚，财富分配不平等程度不降反升，后 90%人口的财富占比显著下降，后 50%人口的财富比例变成负的，但前 1%人口的财富占比继续上升。可见，金融对财富差距扩大化可能起到推波助澜的作用。这种差距扩大化，往往又是社会动荡的导火索。无论是发展中国家，还是发达国家，必须把金融的普惠性提高到国家发展战略的层面来加以考虑。

普惠金融的概念是由联合国于 2005 年"国际小额信贷年"中第一次明确提出的，从金融角度提升社会福利、增强社会保障和保护弱势群体，有利于向普罗大众提供更好、更便捷、更安全的金融服务，经过十多年的实践，普惠金融已经成为全球公认的削减贫困、保障权利、实现平等发展的重要途径。2016 年在杭州举办了 G20 峰会，《G20 数字普惠金融高级原则》、《G20 普惠金融指标体系》升级版以及《G20 中小企业融资行动计划落实框架》等三个关于普惠金融

的重要文件提交峰会讨论，普惠金融上升为全球发展战略，这方面的研究也成为热点议题。

（三）全球化不确定性加大，金融安全与金融合作上升为国家战略

危机爆发后，决策者总是面临民粹主义、民族主义和经济问题政治意识形态化的三大挑战，市场力量不断挑战令人难以信服政府政策，这使得危机形势更为糟糕。英国脱欧、特朗普当选等一系列"黑天鹅"事件表明逆全球化初露端倪，民粹主义抬头。根据德意志银行的研究，民粹主义指数已飙涨至接近20世纪30年代的高点，加大了全球合作的不确定性。受到全球民粹主义抬头和逆全球化等相关趋势的影响，政策不确定性（political uncertainty）的有关话题成了研究热点。

新冠疫情全球大流行可能会加剧三大挑战，促进逆全球化进程[①]，特别是疫情冲击下全球金融空前动荡再次唤起世界各国的金融安全意识，并将金融安全提高到国家安全的高度。2008年金融危机催生了G20峰会机制，为当时全球合作抗击金融危机发挥了重要作用，并成为此后国际社会应对全球性议题的最高政治层面协调指导的机制性平台。但此次疫情中，美国和其他国家采取的极端货币政策或财政政策，并不能扭转局面且有强烈的溢出效应，全球货币体系和金融治理面临巨大挑战。

与疫情大流行类似，气候变化的金融冲击也是全球性的趋势。气候变化使得全球气候风险加剧，有可能引发资产价格突然暴跌并摧毁金融体系。2015年12月，全球195个缔约方达成历史性气候新协议《巴黎协定》，实施推进低碳经济转变并为其提供资金的重要任务正式开始，由此产生气候金融（climate finance）的概念，世界银行将其定义为向低碳、适应气候变化发展的项目提供投融资。2020年9月，中国明确提出2030年"碳达峰"与2060年"碳中和"的目标。

虽然气候变化和环境因素早就被纳入宏观经济框架（Nordhaus，1992），但关于气候金融的学术研究方兴未艾，金融领域的顶级期刊 *The Review of Financial Studies* 在2020年第3期发表了气候金融专刊（*Special Issue：Climate Finance*），这说明这一学术前沿的重要性。

四、中国金融学面临的挑战与机遇

中国经济已经深度融合到全球经济中，更为重要的是，世界对中国的经济依赖度持续上升。麦肯锡的研究显示，2000～2017年，世界对中国经济的综合依存

[①] 2020年3月21日出刊的英国《经济学人》杂志，封面图案直接就是在象征全球化的地球上面挂了个"结束"的牌子，明确表示："我们所知道的全球化正在走向终结。"

度指数从 0.4 逐步增长到 1.2。因此，中国金融学也面临着与世界一样的挑战，即金融危机和数字经济下研究范式的深化与革新。

同时，中国金融学也面临历史机遇。一方面，金融危机在中国并没有直接爆发，而表现为系统性金融的防范和化解，中国政府明确要求金融要为实体经济服务，从而满足经济社会发展和人民群众的需要；另一方面，中国数字经济发展可能成为全世界的领跑者，中国人民银行早于 2014 年便开始研究数字货币，在互联网金融及人工智能领域也涌现了不少世界级企业。

（一）积极防范系统性金融风险、推进货币理论前沿探索

1. 积极防范和化解系统性金融风险，并探索其货币本源

防控系统性风险是中国经济金融运行中一个至关重要的政策取向，也是党的十八大以来中央始终关注的重大经济金融问题。防范化解重大风险是三大攻坚战的首要任务，其中，金融风险是重中之重。习近平多次强调，"防止发生系统性金融风险是金融工作的永恒主题。要把主动防范化解系统性金融风险放在更加重要的位置，科学防范，早识别、早预警、早发现、早处置"[1]。2019 年《政府工作报告》中也尤其强调要继续打好"防范化解重大风险"，这是三大攻坚战之首，指出"防范化解重大风险要强化底线思维，坚持结构性去杠杆，防范金融市场异常波动，稳妥处理地方政府债务风险，防控输入性风险"。

关于系统性金融风险的研究很多，一些学者从货币的角度出发思考金融风险的本源。有学者提出贷款创造存款的观点，认为银行信用货币制度存在银行以营利为目的与创造货币公共品之间的天然矛盾，由此导致了内生的金融风险，表现为银行流动性的内在脆弱性、过度扩张的倾向及支持存量资产交易导致的资产泡沫。因此，金融与实体经济之间的良性循环对防范金融危机具有关键作用，需要通过强化金融支持实体经济、流动性约束、资本约束、银行会计管理等措施予以维持。中国的金融体系以间接融资为主体，在跟踪国际前沿研究进展时，需要注意这种体制差别，货币政策操作应主要针对银行贷款创造存款货币的行为。

同时，地方政府债务风险也可以追溯其货币本源。有学者认为中国工业化伴随着金融深化持续进行，其中的关键是以"土地引资、土地财政和土地金融"为核心的高效融资模式。这个思路与国家资本结构分析框架有类似的地方，不同之处在于地方政府得以直接融资，这是其他国家没有的，其中土地财政和土地金融分别是股权融资和债权融资，这倒逼中央政府信用和银行信用货币并导致金融风险，表现为融资平台的过度扩张、信贷错配及房价高企等。

---

[1] 《全国金融工作会议在京召开》，http://www.gov.cn/xinwen/2017-07/15/content_5210774.htm[2017-07-15]。

2. 加快研发央行数字货币，拓展货币理论前沿

在数字货币的冲击下，"央行数字货币"（central bank digital currency，CBDC）成为近年来的国际热点问题，受到各国央行与国际组织的关注。同时，我国央行加快数字货币的推进，必将对我国的支付、银行与宏观金融体系产生不可忽视的影响。

我国已经为央行数字货币的发行进行了较为充分的准备工作。目前的整体设计方案中，我国央行数字货币的名称为"DCEP"，代表数字货币（digital currency）与电子支付（electronic payment），中文定义为"具有价值特征的数字支付工具"。我国的央行数字货币并不具备完全的匿名属性，这是它与现金的一个重要区别。我国的央行数字货币采用了"分级限额安排"，综合了代币型与账户型的实现方式，即对于未绑定账户的匿名使用者，数字货币仅可进行日常小额支付；如果要进行大额交易，需要绑定账户、核实身份。这一特征又被称为"可控匿名"，这既在一定程度上保持了匿名属性，又不违背反洗钱的原则。一方面，大额交易不可匿名；另一方面，所有的交易都可以进行追溯[①]，能够利用大数据分析来识别匿名交易者的具体身份。另外，与现金投放类似，我国央行计划对数字货币采用双层运营体系，即央行对接商业银行、商业银行或机构对接个体用户。由央行发行数字货币，商业银行在中央银行开户，按照100%全额缴纳准备金，个人或企业通过商业银行或机构开立数字钱包，个人或企业所持有的央行数字货币仍属于央行负债。这一运行体系直接借助现有的商业银行体系，能够降低央行数字货币的发行成本。与此同时，这也降低了央行数字货币与现金、存款的兑换成本，居民可以较为方便地在央行数字货币、现金与存款之间进行资产配置和转移。

虽然我国的央行数字货币实践走在了世界前列，但目前相关的宏观金融理论研究仍几近空白。比较各国央行数字货币的"宏观研究"与"实践推进"，一个鲜明的对比是：我国的"实践推进"先于"宏观研究"，但美国、英国、瑞典、丹麦等发达国家的"宏观研究"大多先于"实践推进"。例如，丹麦央行利用开放宏观金融的理论框架进行情景模拟，发现在固定汇率制度与资本账户完全开放的国家，央行数字货币的发行将导致资本波动加剧。在此研究的基础上，丹麦明确表示不发行央行数字货币。英国央行至今尚无明确的发行计划，但早在2015年即公开号召学界分析其宏观影响，并强调央行数字货币不是一种简单的技术问题，它将影响金融体系的基础结构。与此同时，我国的央行数字货币已经"呼之

[①] 我国央行数字货币的详细介绍来自中国人民银行数字货币研究所所长穆长春的在线课程"科技金融前沿：Libra 与数字货币展望"。

欲出",但国内的讨论多以技术路线、设计细节为主[①],关于其宏观影响尚无严谨的学术论文予以讨论。

我国的央行数字货币发展迅速,这既为中国学者提供了机遇,也进一步加强了相关研究的紧迫性。央行数字货币的发行可能会对整个支付体系、金融系统都造成一定的冲击,既可能提高我国现有体系的安全与效率,也可能引入一定的金融风险,还可能在某种程度上推动人民币国际化与资本账户开放进程。如何结合我国国情对央行数字货币展开分析,是摆在中国金融学者面前的新课题。

(二)普惠金融存在巨大需求与明显优势

普惠金融在我国的发展中,既存在巨大的需求,也存在明显的优势,其在我国未来的金融学研究中具有重要的现实意义。

从需求方面看,普惠金融主要服务于"长尾用户",即中小微企业与缺乏有效抵押品的家庭。从企业方面,小微企业是我国经济发展的重要动力,它们占市场主体的90%以上,贡献了约80%的就业、70%的国内专利权和60%以上的GDP,但小微贷款是一个世界性难题,具有成本高、利润低、风险大的特点,中国有很大一部分小微企业无法从传统金融机构取得信贷。据世界银行2018年发布的《中小微企业融资缺口报告》,截至2017年底,我国中小微企业融资缺口达1.9万亿美元。因此,大力度发展多层次资本市场是助力小微企业融资的重要途径。然而,我国企业在直接融资的渠道上面临诸多限制,使得很多优秀的中小微企业与直接融资无缘,在资本市场上的一些"壳公司"却享有超额收益,这阻碍了上市企业质量的提升。随着科创板的推进和资本市场基础制度设计的进一步完善,中小微企业得以通过更加有效的直接融资途径化解经营发展中的难题。

从家庭方面看,普惠金融的需求同样明显。提供普惠于家庭的金融供给是深化金融供给侧结构性改革的必要手段。西南财经大学中国家庭金融调查与研究中心的报告显示,我国家庭面临着严重的信贷约束。欧美国家解决家庭信贷约束的主要金融供给来源于信用卡,但我国人均信用卡持有量较少。如果我国的家庭金融供给问题得不到解决,必将加剧人民日益增长的金融服务需求和金融供给不平衡、不充分的矛盾。特别是新冠疫情导致经济出现下行风险、部分家庭收入锐减、现金流"急冻",急需有效的金融供给来确保普通家庭的正常生活。因此,改善我国家庭的金融供给难题任重而道远。

除了巨大的现实需求,我国发展普惠金融还存在明显的先发优势。我国的金融科技已经位于世界前列,而金融科技是以市场化手段促进中小微企业贷款、提

---

① 例如,范一飞,《关于央行数字货币的几点考虑》,《第一财经日报》2018年1月25日;姚前,《央行数字货币的技术考量》,《第一财经日报》2018年3月6日。

供家庭金融服务的有效方式。有学者曾指出，规模效应是小微贷款的关键。集中分析大量小微企业的信息，能够降低信息不对称程度，进而降低风控与催收成本。而金融科技对大数据的整合分析，是形成规模效应的有效途径。在实践中，以网商、微众和新网为代表的新型网络银行已每年发放上千万笔的小微贷款，其主要风控工具是机器学习和大数据分析，而且它们的不良率比大多数商业银行要低。对于家庭而言，以阿里巴巴蚂蚁金服为代表的金融科技公司积累了大量的用户支付信息，从而在数据基础上形成了新的信贷风控系统，根据国家金融与发展实验室的估算[1]，网络消费信贷从 2014 年的 0.02 万亿元到 2018 年的 6.9 万亿元，已经成为家庭部门短期信贷的主要来源之一。借力于金融科技来实现普惠金融，在我国既是挑战也是机遇。

（三）全球化变局下积极探索金融安全与金融合作

党的十九大报告指出，"推动形成全面开放新格局。开放带来进步，封闭必然落后。中国开放的大门不会关闭，只会越开越大"[2]。改革开放 40 年使中国成为一个贸易大国，以自贸区和"一带一路"倡议为代表的开放型经济体系的逐步构建更是标志着当前的对外开放进入新阶段。但是，相比于贸易开放，作为现代经济核心的金融开放在中国却相对滞后，中国在全球金融体系中的影响却依然较小。今后 40 年的大趋势是中国加快金融开放的步伐，不断融入世界的金融体系，成为金融大国和强国，即使在全球化变局下金融开放仍是大势所趋，但也面临更多的风险与挑战。

1. 人民币国际化与国际货币体系的均衡发展

人民币国际化始于 2008 年的国际金融危机，美元流动性枯竭，贸易融资也大规模冻结，持有大量美元的中国开始对其他国家和地区提供流动性支持，人民币国际化的另一个"机遇"是欧债和美债危机，2011 年欧债危机严重恶化，标准普尔下调美债的 AAA 评级，使得一些国家的央行开始购买中国国债。

2016 年 10 月 1 日人民币正式加入国际货币基金组织特别提款权货币篮子，人民币以 10.92% 的权重成为第三大权重货币，将对全球货币体系带来非常深远的影响。2020 年新冠疫情引发的全球金融动荡较 2008 年有过之而无不及，改革以美元本位制为基础的国际货币和金融体系的呼声更加强烈，人民币以及人民币资产在本次全球金融动荡期间表现稳定，体现出了避险资产的潜在性质，这将是人

---

① 资料来源：《2019 中国消费金融发展报告——创新与规范》，http://www.nifd.cn/Interview/Details/1552[2019-09-24]。

②《习近平：决胜全面建成小康社会 夺取新时代中国特色社会主义伟大胜利——在中国共产党第十九次全国代表大会上的报告》，http://www.gov.cn/zhuanti/2017-10/27/content_5234876.htm[2017-10-27]。

民币进一步国际化的又一个重大"机遇"。中国应利用好此次机遇,进一步扩大开放的高度、深度和广度,探寻国际货币和金融体系的均衡发展模式。

值得注意的是,2020 年 3 月 31 日,美联储宣布设立海外央行回购工具,在已有的美元互换工具基础上,进一步加码向全球提供美元流动性。可以说,一个以美元为核心、明确排除人民币、联合各主要经济体的新的国际货币金融网络已呈雏形,在这个新网络中,美元的国际地位进一步提升。因此,要警惕金融的去中国化,需要深入研究大国之间在货币领域的博弈。

2. 中国金融全面开放与国家金融安全

中国金融市场开放始于 2002 年,合格境外机构投资者、合格境内机构投资者和人民币合格境外机构投资者计划先后推出。2010 年,中国人民银行首次允许三种类型的机构(外国中央银行、人民币结算银行和跨境人民币结算参与行)在银行间债券市场进行投资。2014 年 11 月和 2016 年 12 月,中国股票市场双向开放列车的"沪港通"和"深港通"发车。2017 年 7 月"债券通"的开通,扩大了中国债券市场的对外开放。

国际金融机构也提高了对我国股票市场和债券市场的关注。我国 A 股被纳入MSCI(Morgan Stanley Capital International,摩根士丹利资本国际)指数、富时全球股票指数系列,中国债市纳入花旗世界国债指数、彭博巴克莱债券指数。2020年 4 月 1 日,我国金融服务行业进入全面开放阶段,国外的券商、保险、期货公司以及信用评级机构,都可以来中国开全资公司。然而,金融开放也是一把双刃剑。日趋频繁的跨境资本流动也会导致各国金融市场间的联动和共振增强,使单一国家的危机更易于在全球范围内传递,这对国内资本市场的风险防范以及国内宏观政策操作提出挑战。

随着我国金融开放的加快,近年来许多国外盛行许久的衍生商品在我国发行与快速成长,包括信用衍生品(如资产担保证券、担保贷款凭证等)、指数与商品期货、指数与商品期权、交易所交易基金等,使得金融衍生品的研究处于方兴未艾之势。然而,2008 年美国次贷风暴的教训指出,衍生商品交易因复杂的特性而存有不对称的透明度,加以不明确或有限责任让经理人通过增加杠杆来创造获利而最终损害股东的权益,甚至引起"大而不能倒"的金融安全议题而危害纳税人与国家的利益。因此美国在 2010 年通过多德-弗兰克法案来限制银行体系对私募与对冲基金的自营交易和投资。自法案施行后,参与者减少导致金融市场多种商品(包括利率交换与信用交换等)的流动性大减。而在 2020 年初新冠疫情导致美国金融市场面临人类史以来最大的振荡,目前有研究指向多德-弗兰克法案限制金融体系间借贷交易是其中的原因之一。显然,在中国衍生商品迅速发展并力争国际定价权之际,有很多风险的防范方式必须事先研究。对于越来越多的跨境交易，政府间的金融合作与监理有其必要性。

在中国金融全面开放的背景下，金融衍生品市场的国际定价权与风险防范已经刻不容缓。石油是世界的主导性能源，全球原油贸易定价主要按照期货市场发现的价格作为基准。西得克萨斯中间基原油（West Texas intermediate，WTI）和欧洲布伦特（Brent）原油期货长期主导着国际原油的定价权，而亚洲一直没有一个有影响力的、能充分反映该地区原油实际供求情况的定价基准。2018 年人民币原油期货上市后，主力合约的成交规模已经仅次于 WTI 和 Brent 两大原油期货，成为亚洲及中东地区最大的原油期货市场，已具有一定的国际定价权。然而，2020 年 4 月 20 日，WTI 期货 5 月结算价收于每桶-37.63 美元，开创了"负油价"的历史记录，这使中国银行的"原油宝"遭受巨大亏损，无疑给我们敲响了金融安全的警钟。

再以期权为例，2019 年呈现爆发式的成长，推出沪深 300 与黄金等 15 种期权，成交量与成交金额的年增长率分别超过 30%，市场金额超过 5000 亿元。根据美国期货业协会的信息，按照统计，我国的三家商品期货交易所的 2018 年商品期货和期权的成交量分别位列第 1 位、第 3 位和第 4 位。同时，2018 年起我国的（指数型）交易所基金也呈现快速成长，交易所交易基金规模至 2018 年底约 3800 亿元，占非货币基金约 16%。以上种种的迹象显示，产业对上述衍生商品有着强烈的需求，许多实体经济和广大产业客户利用期货衍生品市场进行风险管理与投资避险。可以预见的是，国内业界将更广泛使用金融工程定价模型来进行风险管理以及有更多的学者将国外已发展的衍生商品理论应用于国内的衍生商品市场研究。

3. 引领气候金融与绿色金融的制度建设

随着全球变暖的加剧与我国环保意识的增强，气候金融与绿色金融成为全球各国的重要议题。一方面，应对气候变化、实现可持续发展需进行大量投资，金融因此在绿色发展中起到了关键作用，由此产生若干相关概念，如可持续金融、绿色信贷、气候投融资等。其本质均为通过金融手段实现必要的投资与融资，进而应对气候变化、改善人居环境、实现可持续发展。另一方面，气候变化相关的金融风险不容忽视，金融风险的相关分析对于应对气候变化不可或缺。气候变化可能带来的底层金融资产面临价值贬损的风险。气候相关的金融风险往往在集中时间、集中地区集中发生，进而冲击局部甚至全局的金融稳定。从经济逻辑上讲，应对气候变化、减少碳排放与控制环境污染的本质在于控制外部性，而任何具有外部性的经济活动都需要政府的有力干预才能得到有效解决。在政府引导与制度建设方面，我国走在了世界前列，无论是在国内治理还是在国际协同方面，都进行了若干实践。

中国绿色金融标准体系的建设遵循"国内统一、国际接轨、清晰可执行"原则[1]。在国内标准方面,我国在 2017~2021 年健全了国内绿色金融与绿色信贷的制度条例。2018 年 1 月,新修订的《中华人民共和国标准化法》正式实施,为绿色金融标准制定和可持续发展提供了法律保障;中国人民银行也在 2018 年制定了《银行业存款类金融机构绿色信贷业绩评价方案(试行)》(现已失效),自此存款机构的绿色信贷业绩评价结果纳入银行业存款类金融机构宏观审慎考核。与此同时,碳排放交易自 2012 年开始在多地试点,2021 年 7 月,全国的碳排放交易启动,其本质是一种金融市场。

在国际合作方面,我国积极展开绿色金融的多边合作,影响力与话语权逐渐提升。中国人民银行牵头了 G20 可持续金融研究小组[2],我国等 8 个国家共同发起成立了央行与监管机构绿色金融网络[3],截至 2023 年 3 月 29 日已有 125 个成员。需要指出的是,各国制定绿色金融的标准与各国能源结构、工业化程度密切相关。与欧美等发达国家主要关注应对气候变化不同,包括我国在内的广大发展中国家同时面临发展经济与保护环境的双重任务,不仅关注应对气候变化,还关注节能减排、资源节约高效利用等,内容更加多元化。因此,结合发展中国家的国情来制定绿色金融标准、兼顾"可持续"与"发展"两个目标,应是我国的重要研究课题。

在我国制度建设与国际影响的基础上,中国亟待填补绿色金融的相关研究。我国的实践为绿色信贷和碳交易的研究提供了难得的自然实验,为实证分析提供了政策冲击、识别策略与数据资源。这方面的研究也将为我国的绿色金融发展提供有效的理论指导,为我国进一步引领国际共识提供更充分的学术支持。

进一步地,我国央行高度重视对气候变化相关的金融风险研究,既包括低碳转型过程中的资产定价逻辑变化与潜在财产损失,又包括气候异常、环境污染事件所导致的企业、家庭资产负债表冲击。我国已开始尝试对区域、央行的气候金融风险异质性进行测算[4],但仍有大量相关的研究、测算有待推进。

---

[1]《王信:绿色金融标准体系进展和思考》,https://finance.sina.cn/esg/2019-09-16/detail-iicezzrq6133851.d.html[2019-09-16]。

[2]《中国绿色金融发展报告(2018)》摘要,http://www.gov.cn/xinwen/2019-11/20/5453843/files/b61d608674b04494b3ae1aef76dd7b13.pdf[2019-02-06]。

[3] 官网网站为 https://www.ngfs.net/en。

[4] 信息来源:《碳交易对商业银行信用风险的影响》,https://www.sohu.com/a/315240456_820355;《碳交易对商业银行信用风险的影响——基于火电行业的压力测试研究》,http://www.greenfinance.org.cn/upfile/file/20190621154120_325031_92556.pdf。

第三节 财政与公共经济

一、公共经济学的发展背景与发展趋势

公共经济学，国内称财政学，迄今已有 230 多年的历史，其核心是从规范的（normative）以及实证（positive）的角度来研究政府对经济的影响，包括解释政府行为、分析政府行为对企业和个人行为的影响，以及评估相应的福利变化。通常可将政府对经济的干预分成三种类型：①改善资源配置，当市场失灵时，政府可以通过公共财政手段来合理配置资源以达到社会最优状态，以弥补和纠正市场失灵；②分配资源，当市场配置资源导致一些不被社会价值接受的结果，如收入分配严重不平等、贫困等，政府可以通过转移支付、社会保险等财政手段来调节分配，从而实现社会公平和基本保障的目标；③稳定经济，政府可以通过财政政策来熨平经济周期波动、减少失业和缓解经济衰退等，这个作用通常在宏观经济学中讨论，尤其是与宏观货币政策结合在一起进行讨论。随着经济理论和计量经济学的发展，公共经济学的研究重点也在不断转移。从目前来看，由于 2008 年的金融危机以及 2020 年的新冠疫情，政府稳定经济的功能又成为研究热点。

公共经济学近期前沿研究的主要内容为：公共物品理论，包括公共物品的提供和定价理论；税收理论，包括最优税制的设计、税负的分担、税收的社会福利影响等；税收对劳动供给、储蓄、风险偏好、代际转移、企业行为、住房投资、自然资源、国际贸易、经济增长、环境的影响；养老与社会保障、公共教育、公共健康及各种社会福利政策和项目；地方公共财政与城市公共财政；法律的经济学分析、市场与政府关系的政治经济学分析。由于环境和气候问题、全球化过程中的问题引起的关注以及行为经济学、实验经济学和微观计量经济学等领域的新发展，环境税、国际税收的竞争与协调、慈善捐赠的经济学分析、社会保障和养老方面的实证研究成了本学科的研究热点（Auerbach and Feldstein，1985，1987，2002a，2002b；Auerbach et al.，2013）。

二、公共经济学在国内的发展现状和重点研究领域建议

目前国内财政学的研究主要集中于财政和公共管理两个维度。虽然我国财政学也包含主流公共经济学的一些研究内容，如通过税制设计实现资源配置的效率性和公平性、为公共物品供给提供资金来源，其中税率确定、税收结构等都是核心议题，公共支出与公共物品供给，包括社会保障、教育、卫生、环保等，研究的重点是各类社会保障支出（如养老金、失业金、医疗保健和补助、伤残保险、

社会救助等）或者不同的制度模式的设计及效果等，但我国特殊的经济社会背景使得国内公共经济学与国外存在较大区别，主要体现在总体上对财政的分配和稳定作用更为看重，对财政的资源配置作用研究不足。比如，国内财政学更关注财政预算和收支、转移支付制度设计、利用财政投资扶持产业和刺激经济等，对税收理论研究不够深入，尤其是最优税率的设计、税制对个人和企业行为的影响以及对社会福利和效率的影响，无论是理论分析还是实证研究都没有引起足够的重视。

不过，我国财政学研究也拓展了一些有特色的研究领域，如基于官员考核晋升制度的政府行为分析（Li and Zhou，2005）、财政分权理论及制度对我国经济发展的影响（Xu，2011）等。还有一系列的研究问题需要结合中国具体国情深入研究，如财政分权理论及制度，包括分析各级政府间财政关系以及激励相容机制等问题；公共品理论基础上的公共品供给方案和机制设计；我国财政体制改革背景下财税政策选择及其影响；城镇化背景下的社会保障体系的完善；全球化背景下的关税政策选择等。党的十九大报告指出，"加快建立现代财政制度，建立权责清晰、财力协调、区域均衡的中央和地方财政关系。建立全面规范透明、标准科学、约束有力的预算制度，全面实施绩效管理。深化税收制度改革，健全地方税体系"[①]。这些为我国财政学的研究提供了一些新的领域。

结合我国目前的社会和经济发展现状，我国财政学学科的优先发展领域以及未来发展方向包括以下几个方面。

（一）实验经济学在公共经济学中的应用

通过科学有效的实验，包括实验室实验及实地实验，可以在相对短时间内以较低的成本衡量、评估相关改革措施和政策，同时为更好地执行、制定和完善相关政策制度提供参考。目前实验经济学在劳动经济学、公共经济学、发展经济学中得到广泛应用。以公共物品供给为例，除了在传统的公共品理论及研究框架基础下分析个体决策机制在公共物品需求和供给中的作用机制外，利用实验经济学的手段，分析博弈和信息在个体决策以及公共物品供给中的作用并检验各类公共物品供应机制的效果，是公共品研究领域的前沿问题（Chaudhuri，2011；Chen，2008；Großer and Reuben，2013；Ledyard，1995；Laury and Holt，2008；Ruffle，2005；Saijo，2008）。

一个例子是利用实验经济学方法研究税收征管问题。逃税是绝大多数国家普遍存在的现象，以最低的成本有效地提高税收遵从是税收制度设计中的一个重点和难点问题。目前已有很多文献致力于研究税收遵从的影响因素，以及作为税收

权利主体的国家或税务机关可以有效提高税收遵从的政策措施（Alm et al.，1993；Clotfelter，1983；Collins and Plumlee，1991；Friedland et al.，1978）。尽管很多文献都强调纳税人对税务机关的信任对税收遵从的重要作用，但现有的理论和实证研究都存在一定缺陷。理论研究的很多假设限制了纳税人的行为选择，而实证研究主要依靠调查问卷，常无法准确衡量信任水平，并存在内生性问题（Pickhardt and Prinz，2014）。通过实验室实验和博弈理论的方法，可以在小范围内评估税收制度设计的有效性（Alm and Jacobson，2007；Alm，2010；Beck et al.，1991；Spicer and Becker，1980；Spicer and Thomas，1982）。

（二）大数据背景下的财税政策选择及其效果评估

税种、最优税率的设计以及税负的分摊及其对社会福利的影响是税收理论领域一直关注的研究问题。智能化和网络化使得各类微观个体的信息可得性增强，其中包括消费者、生产者等具体信息，从而丰富了财税政策选择和设计的可能性，也给各类政策执行带来了新的机遇和挑战。

（三）我国财税体制改革的研究和效果评估

当前我国正处在深化财政体制改革的阶段，具体措施包括营改增、税负调整、费改税、个人所得税改革、税收征管体系改革等，分析这些措施对宏观经济、企业、家庭和个人等的短期和长期影响能够为进一步完善我国财税体制提供支持。

（四）财政预算绩效评估

财政预算绩效问题一直是我国长期探索和亟须解决的问题。2014年前后，地方政府在推行财政预算绩效改革方面也采用了诸多重要举措：第一，在省级层面公布落实预算绩效改革内容和步骤，制定和完善财政预算绩效评价体系；第二，各省（自治区、直辖市）选择部分县（市、区）、部分部门预算和重点项目预算作为试点先行先试。由于预算绩效改革事关我国现代财政制度能否成功建立，很有必要对其效果进行科学评价。考虑到此轮财政预算绩效改革的"试点"内容具有多层面性，且每个层面的试点地区的主体特征存在差异性的特点，需要扩展和改进相关的微观计量方法来分别评估整体预算绩效改革、部门预算绩效改革及项目预算绩效改革对财政预算资金使用绩效的影响效应。

（五）我国的社会保险机制设计创新

这里的社会保险（social insurance）机制指广义的政府为帮助个人应对未来的负面冲击而提供的保险或者保障，包括养老保险、医疗保险、失业保险、工伤保险等，通常需要受益者自己平时定期缴费购买。一般情况下，随着人均GDP的增加，政府在社会保险方面的支出比例也会增加（Chetty and Finkelstein，2013）。但社会保险也可以涵盖因陷入困境需要扶助的个人，如因重大疾病或遭遇自然灾害、突发事件等不可抗力而致贫的个人。例如，新冠疫情中产生了很多公共财政相关的问题，其中因防疫抗疫产生的失业、停产、医疗救助、医疗设备和产品的供给与配给、撤侨等，都需要政府重新考虑在发生跨区域、全国性、甚至全球性的负面冲击时，如何为受到影响的个人和企业提供扶持、保险及应急救助，这些对财政制度和政策设计提出了新的挑战。

第四节 产 业 组 织

一、产业组织经济学的发展背景与发展趋势

产业组织经济学关注不完全竞争的市场中企业和消费者的行为，讨论市场配置资源的效率。起初，产业组织经济学的发展和政府公共政策的制定密切相关。在美国 20 世纪 30 年代的大萧条时期，人们开始反思经济波动与市场组织结构的关系。例如，是否由于市场中的大企业控制市场价格，价格将不能反映需求和供给的平衡，从而加剧经济波动、带来经济危机？这些问题激发了对公共政策制定的研究。政策制定者开始关心如何干预市场，什么样的市场组织结构是最优的。产业组织经济学也在这一时期得到快速发展，并将重心放在政府管制政策上。初期的产业组织经济学研究把市场结构当成固定的，形成了结构-行为-绩效（structure-conduct-performance，SCP）的研究框架。随着技术和市场的快速发展，市场结构发生了巨大的变化，这也直接影响了产业组织经济学的发展，研究重心从固定的市场结构转向了企业策略性行为。

20 世纪 80 年代，以 Tirole（梯若尔）为代表的一批经济学家，将博弈论引入产业组织理论中，用以讨论企业间的博弈以及企业和消费者间的博弈，并分析最优的市场组织结构，这一时期产业组织经济学理论研究得到了快速发展（Tirole，1988）。这一领域中的理论包括寡头市场中企业博弈、合谋、横向并购、研发投资博弈，垄断企业的产品多样性、价格歧视，上下游企业间纵向合约关系、合并，不完全信息市场中的价格分布等。近期的产业组织理论研究有所发展但并不活跃，这一时期的理论更多关注市场中的摩擦，如不完备信息、外部性等，并讨论如何通过机制设计来减少摩擦。一些理论结合政府的管制政策，讨论在信息不完备的市场中如何对"道德风险"和"逆向选择"问题进行管制、在寡头和垄断行业中如何对价格进行管制、在集中度较高的行业如何对大企业间兼并上下游企业间兼并进行管制，以及对企业反竞争行为（如反竞争合约）的管制等。这些理论影响到许多诉讼案例，也影响到法律（如反垄断法）的制

定。同时，随着双边市场的兴起，如信用卡、电商平台、广告平台等，文献开始关注双边市场与单边市场的不同特征，如网络外部性、兼容性、用户的多宿主（multi-homing）行为等（Rochet and Tirole，2003），并讨论这些特征如何影响双边市场的定价、双边市场的规模发展、双边市场间的竞争，以及平台多样性等问题。

经济学关心的核心问题是市场、政府和企业的边界。由于市场和企业边界的动态变化，尤其是跨国企业以及大型企业集团的出现，企业内部的组织、层级和激励等治理问题也是产业组织研究的重要问题（Garicano and Rayo，2017；Bai et al.，2019），并且企业内部治理和市场竞争互相影响。

二、实证研究占据主流

近 20 年来，随着信息技术的发展和微观数据的可获得性，产业组织经济学已将重心转移至实证研究，且其发展路径与数据的发展息息相关。早期因大量行业数据不断增多，实证研究开始使用行业间的差异来分析市场结构，如什么因素决定了市场集中度、企业规模的分布及其发展演变过程，市场结构如何影响创新研发等。这一阶段的实证研究仍采用简约式回归（reduced form regression）的方法，但是，由于内生性问题，简约式回归往往不能给出准确的答案。例如，在讨论市场结构如何影响企业的投资行为时，由于不同行业的市场结构是内生的，使用行业间的差异、采用简约式回归的方法得到的结果是有偏的。

随着企业数据的增多，实证研究转而向更微观层面发展。不同于劳动经济学中能搜集到个体层面的大量数据而以采用简约式回归方法为主，由于产业组织经济学早期以理论发展为主，并且企业层面大量数据的搜集难度较大，因此实证研究偏向于建立在理论模型基础上的结构化实证方法。文献开始聚焦于某一个特定行业，考虑单个企业的行为、单个消费者的行为，并考虑这些行为对最终市场结构和整体福利的影响。该方法将传统的理论模型与数据相结合，根据现实中可观测的内生市场结果，估计出基准参数，然后进行反事实的分析。

产业组织经济学采用的结构化模型实证研究方法的最大优势是可以进行反事实分析，即讨论未发生的情况下市场参与者的反应、市场结果和福利，这可为政策制定提供有益的参考。采用反事实分析可以部分避免简约式回归中的内生性问题。例如，在讨论市场结构对企业投资的影响时，我们可以在反事实分析中对市场结构进行外生的扰动。此外，结构化估计方法还可以讨论不同的机制，并用以指导政策的制定。比如，在某特定市场中，是进入成本还是运营成本对市场结构的影响更大？如果要补贴企业，应当补贴进入者还是在位者企业？这些很难用简约式回归方法来回答的问题可以通过结构化模型估计方法来回答。

这一部分的文献依据的侧重点可分为两类。一类侧重于供给端企业间的博弈，如寡头市场企业的静态博弈（Bresnahan and Reiss，1991）、动态博弈（Bajari et al.，2007；Arcidiacono and Miller，2011；Arcidiacono et al.，2016；Hotz and Miller，1993）、垄断竞争市场中单个企业的动态行为（Das et al.，2007）。通过分析这些行为，我们可以估计进入成本、运营成本和生产率。最近这部分的文献越来越与国际贸易相结合，讨论在中间市场中企业的进出口决策，量化分析国际贸易的影响，并指导国际贸易政策的制定。另一类侧重于消费者的行为，大多使用商家层面的销售数据，通过消费者的购买行为估计消费者偏好。近年来有文献对消费者行为做更细致的实证分析，如估计消费者的动态购买行为（Hendel and Nevo，2006；Gowrisankaran and Rysman，2012）、消费者学习、搜索和匹配等，并估计企业并购、合谋、掠夺性定价等行为对消费者福利的影响（Allen et al.，2019；Igami and Uetake，2019）。

目前产业组织经济学国际前沿问题大致有以下几个方面：①信息摩擦和企业行为；②企业内组织、层级和激励政策；③企业创新、研发与知识产权保护；④反垄断和竞争政策；⑤产业间关联和动态；⑥特定行业的产业组织，如互联网、医疗、金融等；⑦结构模型实证方法的发展。

三、产业组织经济学在国内的发展现状和重点研究领域建议

我国从计划经济转向市场经济，市场发展相对滞后，这很大程度影响了产业组织经济学在我国的发展和应用。第一，目前国内关于产业组织经济学的研究偏向研究政府政策目标，对于企业和消费者行为的研究不足（刘志彪，2015）。20世纪90年代实行的国企改革，带动了以张维迎为代表的一批中国经济学家率先应用企业理论对国有企业问题进行分析，但是由于市场发育滞后，对于市场中企业行为和企业间竞争的研究较少。第二，目前国内产业组织经济学大多数研究关注于生产制造企业，对于服务业的研究不足。第三，由于数据的可获得性，目前对于企业研究大多关注生产数据，如生产率等问题，而对于造成差异的创新、知识产权、销售等市场结构和微观机制的研究不足。第四，我国经济发展过程中出台了各种各样的针对企业和行业的产业与竞争政策，但对这些政策的理论依据、科学量化评估远远不够。伴随着中国特色社会主义市场经济的完善过程，进一步理解企业创新研发、生产销售、市场竞争行为和消费者购买决策行为变得更为迫切，产业组织经济学显得非常重要。第五，我国在全球贸易中占据重要地位，但将产业组织和国际贸易结合的研究还比较少，如特定市场结构下贸易政策的传导及作用效果。

由于我国经济发展的阶段和特点，我们提出以下六个需要重点研究的领域。

①我国市场配置资源的作用越来越大，我们需要结合中国的产业和企业实际运行与制度背景，利用产业组织理论和实证研究来评估和指导产业政策、反垄断及竞争政策的效果；由于上游的知识产权和研发相对于下游的生产销售具有更弱的地域性，因此知识产权的反垄断政策将成为未来国际竞争的制高点。②我国从生产制造大国走向技术前沿，成为创新研发大国，创新研发以及知识产权变得越发重要，我们需要进一步理解微观市场结构，如市场中介、企业规模分布、政策设计等对企业创新、研发的效果，以及知识产权保护政策对企业的决策作用和影响。③数据作为一种新的生产要素，发挥着越发重要的作用。我们需要研究数据对于企业组织结构、内部激励及外部竞争行为带来的变化以及对于消费者的影响。④我国服务业比重逐渐上升，我们需要研究特定服务行业的产业组织经济学，这也是产业组织经济学的惯例，如知识产权、互联网、医疗、金融等服务行业。⑤我国是一个超大经济体，拥有全产业的生产市场、规模巨大且差异明显的消费市场，并且在全球贸易中占据重要地位，我们不仅需要对单个行业进行研究，也需要研究行业间关联、全球产业链网络之间的关联及其动态变化和互动。⑥我国市场经济仍然在发育和完善的过程中，市场与企业边界仍然需要进一步研究。由于双边网络效应、交叉补贴等效应导致大型平台的兴起，平台内部治理和平台间的竞争的影响有助于厘清市场和企业的边界。此外，我国大型企业集团构成了庞大的企业网络，这种网络和市场间的互动关系有助于我们深入理解市场和企业的边界。

第五节 经 济 发 展

一、发展经济学的发展背景与发展趋势

发展经济学是 20 世纪 40 年代后期逐步形成的一门综合性经济学分支学科。第二次世界大战以后，随着 100 多个国家和地区的民族独立与国家解放，如何促进不发达地区的经济发展成为一个核心的主题，发展经济学也应运而生。发展经济学关注的重点是落后国家的经济发展以及民众的生活水平改善，探讨如何在经济增长的基础上实现经济、社会、环境的可持续发展。

不同时期经济发展的特征也塑造了发展经济学研究主题思想和研究方法的演变。在 20 世纪五六十年代战后的经济恢复以及国际社会中资本主义和社会主义阵营对立的背景下，发展经济学的核心集中在新古典经济增长理论、经济产业结构（Lewis, 1954; Chenery, 1960）以及对市场与政府在资源配置中作用的讨论（Herrick and Kindleberger, 1988）。进入 20 世纪七八十年代，随着发达国家和第三世界国家经济发展水平差距的进一步拉大，发展经济学逐步转向发展中国家的贫困问题，

尤其是探讨市场化改革、政府引导产业政策在提高社会生产能力中的作用（Sen，1973，1988；Hirschman，1981；Streeten，1984）。进入 20 世纪 90 年代，随着全球化的不断深入，开放和贸易成为发展经济学新的关键议题，各国经济的整合也促使了各国经济体（包括发展中国家）的经济制度改革、贸易政策选择以及政府在经济发展中的职能（Stiglitz，1998）。

由于发展经济学研究主题覆盖范围广，理论研究方面多与其他学科交叉，如宏观经济学的经济增长理论、微观经济学的激励和机制设计理论、政治经济学的制度选择以及公共经济学的公共决策理论等。事实上，发展经济学可以分为发展微观经济学（Bardhan and Udry，1999）和发展宏观经济学（Agénor and Montiel，2015）。发展经济学本身独有的理论则多集中于贫困与分配公平的测度和定义上（Rawls，2009；Harsanyi，1975；Sen，2009；Bertrand et al.，2004）。近 20 年来，随着全球化各国经济联系的进一步加强、金融工具和信息技术的进步，发展经济学更侧重实证研究，探讨针对发展中国家的促进发展的具体手段和措施，尤其是不同社会、历史、自然禀赋环境下的公共政策选择和针对微观个体的发展途径与手段。近年来，以班纳吉、迪弗洛和克雷默为代表的一批经济学家通过实地的控制对照实验经济学与计量分析方法相结合，来评估各类扶贫手段的效果。这种转变赋予了发展经济学更多的政策含义，实践中能够直接与扶贫政策设计结合。这三位经济学家也因此获得了 2019 年的诺贝尔经济学奖。

目前发展经济学研究中的发展措施选择包括面向微观个体的介入手段以及公共政策选择两大类。从内容上看，面向微观个体的介入手段主要包括技术产品和制度安排两大类。

（一）技术产品或服务介入手段对经济发展的效果评估

1. 新技术产品或服务的介入相关干预效果评估

这方面的研究除评估新产品或技术的使用带来的健康、劳动效率、收入等经济影响外，还分析信息提供、教育以及价格在引导个体使用产品或技术中的作用。这方面的具体研究应用包括：营养补充剂（Hoddinott et al.，2008）、现金补贴或转移支付（Dupas，2014；Barham et al.，2013）、保险产品（Mobarak and Rosenzweig，2013）、化肥、安全饮用水提供（Banerjee and Duflo，2011）、小额信贷及其他金融服务和产品的提供（Banerjee et al.，2015）等。这些研究推动了非政府组织（non-governmental organizations，NGO）在扶贫实践工作中选择相应的干预手段，并为 NGO 和地方政府扶贫工作提供了指导。

2. 随机实地实验

随机实地实验可以检验制度变化对当地经济和社会的影响，如墨西哥在 1997 年开展的综合改善教育、卫生和营养的项目 PROGRESA，设置了很多关于家庭如何获得教育补贴、卫生补贴的内容，目前有很多研究评估这类综合项目或者制度设计如何在短期和长期影响当地贫困、教育和卫生等发展指标（Schultz，2004；Djebbari and Smith，2008）。美国田纳西州实施的 Project STAR 项目对地区学校进行小课堂教学改革，也有很多研究评估这些制度变化对学生成绩、长期收入、健康等的平均影响效应和差异效应（Nye et al.，2000；Krueger，2003）。

3. 政策评估

除了随机试验外，发展经济学另一个主要的分支是政策评估，其通过计量分析方法识别具体政策的经济影响或者制度因素在经济发展中的作用，如 Acemoglu 等（2001）评估了历史社会制度对经济的长期影响，Acemoglu 等（2002）还评估了不同类型的政治制度（开放及攫取型的制度）与地理要素相结合对地方经济发展水平的长期影响。Besley 和 Burgess（2004）评估了政府管制对经济发展水平的影响。由于中国在过去 30 年进行大范围的改革和政策实施，也有很多学者积极对中国的改革、政策变化的经济影响进行评估，如 Lin（1992）对中国家庭联产承包责任制对农业生产的影响的分析等。

（二）国际前沿研究主题

1. 环境因素和气候变化下的可持续发展

这方面的研究主要关注环境要素下的可持续发展挑战，尤其是区域环境污染与全球气候变化背景下经济发展的可持续性问题。17 个可持续发展目标中有 13 个直接与自然环境、气候变化有关（https://undocs.org/E/2019/68）。气候变化在规模和风险方面具有独特性，它是一个强大的威胁倍增器，如生态环境丧失、疾病和全球安全，而且有可能将过去几十年的发展成就蚕食掉（Hallegatte et al.，2016）。由环境或气候变化带来的贫困和移民问题，将成为未来导致贫困的一种新的可能性来源。气候变化与贫困日益交织在一起，将是全球下一发展阶段的特征。

2. 利用随机试验进行干预的机制解释及外部适用性

目前随机试验的计量分析多采用简约形式（reduced-form），一些介入手段对个人行为的影响机制很难被具体地识别出来，从而也间接导致随机试验的外部适用性很难预测（Deaton and Cartwright，2018）。针对这一问题，目前也有一些学者开始将随机试验与结构化模型估计相结合，探讨介入手段的具体作用途径和机制（Attanasio et al.，2020）。此外，干预手段往往具有重要的外部性：评估的好处是很少局限于该特定项目，而是溢出到将来的项目。对于评估的其他方法，这些外部利益可能比采用 RCT（randomized controlled trials，随机控制实验）更大。RCT 外部有效性的缺失一直是人们关注的焦点（Pritchett and Sandefur，2015），如何将小规模随机试验扩展到大规模范围，是发展经济学实地随机试验领域面临的一个前沿挑战问题（Banerjee et al.，2017）。

3. 数字化革命与经济发展的影响

随着近年来互联网经济以及信息通信技术的迅速发展，如何通过激励手段和措施确保穷人平等分享数字化革命（digital revolution）带来的收益，进而世界如何从数字化革命中受益成为发展经济学的一个核心议题。目前已经有很多研究探索确保穷人直接受益，包括促进他们数字化连接，同时通过利用制度设计，如交易平台、市场准入等改革来确保他们从数字化革命中获得普惠共享（Jack and Suri，2014）。

4. 全球化、反全球化与经济发展的关系

这方面主要考察发展中国家在全球化趋势发生变化时受到的影响。不少研究力图解释反全球化背后对全球化不满的驱动因素、它与先前广泛的民众动乱之间的异同、如何解决这种不满，以及是否存在将这些因素联系在一起的共同点。有关的探讨包括不平等和相对贫困的日渐扩大、对经济开放的抵制、社交媒体的影响、多边主义、贸易和环境问题的国际谈判与协调等。尤其是目前国际贸易形势的变化，除直接影响国际货物、服务贸易、直接投资、全球价值链联系外，还会影响到国际援助、人口流动等方面，发展中国家在其中所受到的影响有待评估。

5. 实验经济学与发展经济学的结合

与随机试验发展的趋势类似，发展经济学积极探讨个人、公司等行为中的要素变动所带来的影响，以及制度设计所引发的经济结果，这是一个重要的研究领域。目前利用实验经济学的实验设计和评估方法可以在政策或制度施行前对其效果进行预评估，如车牌拍卖制度的环境和经济影响、碳交易市场的环境经济影响等（Yang et al.，2020）。

6. 重要经济发展政策的经济影响评估

确定大中型基础设施项目的种类及位置是任何贫穷国家的发展战略中的重要

内容，这些措施很难通过随机试验方法对其效果进行评估。各种反贫困政策、教育和健康项目的效果评估也很重要（Schultz and Strauss，2007）。因此利用合理的因果识别计量分析方法对不同政策的经济影响进行评估也是未来发展经济学研究的一个核心方向。

二、发展经济学在国内的发展现状及重点研究领域建议

由于我国还是发展中国家，经济发展是主要目标，因此发展经济学的研究比较活跃，在应用微观领域仅次于国际贸易。例如，2015 年至 2019 年上半年期间，中国学者在发展经济学的顶尖期刊 *Journal of Development Economics* 上发表了 21 篇论文，占同期该期刊论文总数的 6%。

考虑到中国的经济发展阶段和体制的特殊性，中国的发展经济学除了目前国际的研究主题外，我们建议以下几个重点研究领域。

（一）2020 年后的相对贫困问题研究

我国在脱贫攻坚战方面取得了巨大成就，已实现全面脱贫目标。今后的研究将主要集中于相对贫困问题，聚焦低收入群体，包括机会不平等与相对贫困的关系、贫困脆弱性与防止返贫、低收入群体的生活与经济决策以及有利于低收入群体的包容性增长等。在相对贫困标准方面，要区分绝对贫困线和相对贫困线、全国性的和地方性的标准、估算不同地区代表性家庭的消费下限（consumption floor）等。我国在解决相对贫困问题方面设计和实施了很多政策与项目，需要对这些政策的效果进行量化评估。很多政策和项目是有针对性的，在评估方法方面只能利用观察数据（observational data）采用微观计量的因果识别方法，因此具体运用时需要改进和发展不同的非随机试验的微观计量方法。对于拟设计或拟执行的政策，则可以考虑采用随机试验的方法进行小规模事前评估。

（二）收入分配不平等研究

国内有不少全国性的家庭抽样调查数据，其被广泛用于中国收入分配问题的研究，比较有代表性的是从 1989 年开始的中国家庭收入调查以及较近的中国家庭金融调查。关于我国收入分配的研究也一直是热点，如 Piketty 等（2019）的研究，但收入分配不平等的研究还需深入，如收入分配不平等的全球趋势、原因和影响是什么？我国居民的收入和财富的分布在城乡之间、不同人口特征群体之间和不同区域的动态分布与演变趋势是什么？中国的中产阶级如何衡量及如何演变？收入分配不均等如何影响人口和阶层的社会流动性？

（三）基础设施的社会效益评估

基础设施建设投资是非常关键的经济发展战略。我国在兴建（高速）公路、（高速）铁路、机场、城市公共设施等方面投入巨大，同时在发展中国家和"一带一路"建设中的基础设施援建规模也相当巨大。如何量化评估这些基础设施的社会效益和对（地方）经济发展的短期与长期影响是重要的研究课题。

（四）数字经济与包容性发展

数字化革命与经济发展已成为发展经济学的前沿研究问题。我国的数字经济规模增长很快，提供了很多研究机会。新冠疫情导致的全国范围的网课教学产生了很多新问题，尤其是不少学生面临上不了网的困难，这揭示了我国数据经济发展的不平衡和城乡分化。这个领域中有很多可以研究的问题，比如，在数字经济和信息技术发展过程中，如何重视和努力确保中低收入家庭和欠发达地区平等分享数字革命带来的收益？如何利用数字化革命帮助政府更好地决策和提供公共服务？如何利用数字和信息技术建立一种更好地了解和帮助贫困人口的新方法？如何保护个人免受数据的潜在恶意使用？如何评估数字经济发展过程中的试点项目和政策的效果？阿里巴巴集团与各地政府合作的、以电子商务为合作平台的农村淘宝项目对农村经济发展和福利的影响如何？

第六节　农业与农村经济

一、农业与农村经济的发展背景与发展趋势

农业经济学是用经济学和管理学的方法研究与农业相关的问题的一门应用型学科，起源于 19 世纪末期，最早用于分析农业生产者如何优化资源配置以达到生产效率最大化的目的（Gardner and Rausser，2001）。20 世纪中后期，随着农业经济学家[包括 1979 年的诺贝尔经济学奖得主舒尔茨（Schultz）]在研究中大量应用逐渐成熟的现代计量经济学方法，农业经济学逐渐成为以应用微观研究为主，关注农业生产、食品消费、减贫问题、环境资源与生产协调发展的一门综合性学科（Debertin and Pagoulatos，1992；Lybbert et al.，2018）。

农业经济学大体可分为三个研究方向：传统农业经济学、农业发展经济学和农业资源与环境经济学。传统农业经济学主要围绕土地政策、粮食安全、市场结构、技术采用、价格政策等与农业生产销售相关的议题展开（McMillan et al.，1989；Lin，1992；Rosenzweig and Parry，1994；Huang et al.，2005；Alston et al.，2009）。农业发展经济学以减贫为出发点，关注农业金融市场发展、农村教育、医疗资源

分配、劳动力部门间转移、女性社会角色以及农村家庭内部资源优化等与农村居民生活、农村发展相关的议题（Yao，1999；Yamano et al.，2005；Carter and Lybbert，2012；Jensen，2012）。农业资源与环境经济学追求农业的可持续性发展，研究议题包括灌溉水资源的有效利用、土壤肥力保护、气候变化对农业的影响、农村环境污染治理等（Deschênes and Greenstone，2007；Pfeiffer and Lin，2014；Kube et al.，2018）。三个研究方向彼此并非完全独立，如 Just 和 Zilberman（1988）研究农业政策对收入分布和生产技术的影响的同时涉及了生产（传统农业经济学主题）与增收（农业发展经济学主题）两个研究方向。

农业经济学的主要特点是政策导向性强，研究一般以提出合理且可执行的政策建议为目的。农业经济学的研究主题一般紧扣时下的农业生产、农民发展、农村环境资源保护中的突出问题，试图通过经济学分析提出有理有据、行之有效的政策建议。其中，以因果识别为前提的政策评估一直是农业经济学的一项重要研究任务（von Pischke and Adams，1980；Goodwin and Mishra，2006）。许多农业经济问题及其研究结果的适用范围都超出了农业领域，上升到国家综合治理层面，如对农地土地所有制的研究、对气候变化的研究以及对转移支付的研究等，都涉及国家粮食安全、国际谈判地位以及长期稳定发展等重要问题（Xu et al.，2006；Wei et al.，2009；Meng，2013）。

目前国际上农业经济学研究的主要变化趋势可归纳为以下三个方面：传统农业经济学轻度缩水；农业发展经济学稳步成长；农业资源与环境经济学研究热度升温较快（Lybbert et al.，2018）。首先，经过几十年的发展，西方国家以规模化农场为主要生产单元的生产模式已经比较成熟（Kislev and Peterson，1982；Hoppe and Banker，2010），在各要素市场相对完善的情况下，农业生产模式已同第二、三产业的公司化经营十分相似，如签订合同、批量储购、拥有完善的金融服务体系等（Chambers，1989；Goodhue，1999）。在这样的背景下，西方发达国家的传统农业经济学对自身微观层面的农户研究正在逐渐减少。其次，由于发达国家内部农业人口的人均收入已经较高，国际上主流的农业发展经济学家将目光投向了非洲、东南亚、南美洲等地区，试图通过采用随机干预试验的方法提出帮助当地减少贫困的有效的政策建议（Duflo et al.，2007）。最后，随着社会经济发展到更高的阶段，一方面农业对资源的需求不断扩大，另一方面民众对环境的要求也不断上升，因此产生了难以调和的矛盾。在此背景下，学界研究农业资源与环境经济学的热情持续高涨。农业经济学领域的顶级学术刊物 *American Journal of Agricultural Economics* 曾对最近 40 年本学科内研究量做了统计，发现主题增加最多的是农业环境领域（Lybbert et al.，2018）。

目前农业经济学国际前沿问题研究主要有以下方面：①发达国家中农业生产者的风险管理策略研究，包括贷款、保险和差异化种植行为等；②欠发达国家推广农业保险的理论和实证检验，包括指标保险中基差风险的控制、投保需求的激励以及保险效果的评估；③欠发达国家推广信贷服务的理论和实证检验，包括对信息不对称问题的解决等；④政府转移支付政策（如各类补贴政策）对农业生产、农户收入和农产品进出口的影响；⑤土地政策改革的效果评估，尤其关注农场面积和土地生产力的关系；⑥高附加值农业产业的发展，以及行业内新技术采用的成本效益分析；⑦在发达与欠发达国家中农产品市场的可得性与弱势群体的营养健康的关系；⑧气候变化带来的农业生产风险识别与适应性策略研究；⑨环境约束与农业发展问题的矛盾和协调（以发展中国家为主），如化肥和农药的使用等；⑩各类环保政策效果的评估，包括政策成本和环保的等价经济收益评估；⑪水资源管理的政策创新、水市场发展和效果评估。

二、农业经济学在国内的发展现状和重点研究领域建议

截至 2018 年，我国还有 40%的人口为农村人口，2019 年农业增加值占 GDP 的比重为 7.1%，"三农问题"还很突出，农业经济学还需要大力发展。我国农业经济学研究当前面临着如下机遇。第一，基于农业在整体经济发展中的重要性，以及粮食安全问题对于中国这样的人口大国的意义，中央政府高度重视农业发展，连续多年发布以农业为主题的中央一号文件，为农业经济学研究提供了重要的政策支撑。第二，中国农业处于重要的历史转型阶段。根据发达国家的经验，农业部门的 GDP 占比随着经济发展会不断降低，就业人口也会随之减少。目前中国正处于该转变过程的中间阶段。然而，由于中国的人口密度较大，这与众多发达国家不同，它们的成功转型经验不一定完全适用于中国，因此中国急需一批农业经济学家能够根据中国的特点，研究出适合中国农业转型的政策建议。第三，基于当前中国农业农村发展的现有成果，向世界输送成功经验，用国际语言讲述中国故事。虽然中国当前还处于农业农村转型过程中，但是现有的成就（如中国利用7%的世界耕地养活 22%的全球人口，以及中国令世界瞩目的减贫成果）已经足够供世界上部分国家和地区借鉴。这些成就有鲜明的中国特点，如果将之归纳总结并推广到与中国有类似发展约束的发展中国家中，将是中国农业经济学家对国际农业经济学界做出的重要贡献。

中国农业经济学研究同样面临挑战。虽然当前中国农业经济学处于一个难得的历史发展阶段，但是国内农业经济学也有一些不足之处。第一，数据的获得门槛较高。国内农业经济学研究面临的首要问题是公共数据资源较少、依赖科研项目进行调研则费用昂贵。农业经济学是一门较为依赖实证数据的应用型经济学学科，中国的农业经济学公开数据较少，目前常见的几个公开数据库对农户生活方面的信息采集相对较为完善，但是对农业生产投入等方面的信息收录不足。个别

数据库虽然涵盖了生产信息，但由于种种原因，使用起来并不方便。采集一套有效的可供科研的数据成本巨大（一个有效样本户的总采集成本可以达到几百元甚至上千元），且并不是所有学者都有足够的社会资源来组织一次成功的调研。因此，数据的约束一定程度上限制了农业经济学研究的进展。

第二，研究方法的科学性有待进一步提高。经济学实证分析对因果关系判定的要求较为严格，中国的农业经济学实证分析起步较晚，早年的农业经济学讨论基本以学者经验为主导，即以定性分析和调查报告为主，缺乏强有力的数据来支持结论。进入 21 世纪后，定量实证分析逐渐在中国农业经济学中成为主流分析方法，但是大量的研究依然没有很好地解决因果关系问题，所得的结论可能仅是相关关系，而非因果关系，即结论可能本末倒置。国际上解决因果关系问题主要依赖于科学的计量方法的应用或者通过随机干预试验来获得数据从而得到因果推论。中国一方面仅有一小部分学者正在进行随机干预试验（门槛较高），另一方面在计量技术的应用上还不够成熟，如在对工具变量的独立性上要求较低、缺乏严谨的讨论来增强研究的说服力。

除了前述的农业经济学国际前沿研究问题外，基于中国的国情，中国国内农业经济学还面临如下重要研究问题（包括但不仅限于这些）：①在保证粮食安全和农户收入的前提下稳健扩大户均经营规模，逐渐释放农业劳动力，促进农业产业化、人口城镇化，最终达到走向现代化的目标；②快速发展的信息与通信技术在农业生产领域的应用，如在农作物生长状况监控和化肥农药的使用方面的应用，农产品电子商务对农户收入、农业供应链及消费者的影响；③探索农业大数据的信息采集、数据应用及计量方法；④评估政策性农业保险市场的成效以及探索农业银保联动的可能性（保险和信贷是金融体系的两大支柱产业），进一步探索改善农业信贷市场的可能性，以更为成熟稳健的农业金融服务体系支持经营规模扩展的大方向政策任务；⑤探索以实证为依据、以乡村振兴为目标的具体乡村振兴实施策略；⑥户口政策松绑的改革对农民工流动、城市定居的影响；⑦留守家庭的各方面经济生活改善问题；⑧农村教育资源普及和质量改进的措施探索，农村基层医疗水平的改善及成效分析；⑨完善缺水地区的灌溉管理制度，继续探索发展水交易市场；⑩平衡畜牧业（尤其是猪养殖行业）发展与农村污染防控的矛盾关系，平衡农业生产、农业加工行业发展与农村地区污染防治和管控（包括空气、水、土地等），评估有机农业发展的策略、政府各类生态补偿政策的成效。

总的说来，为提高中国农业经济学研究水平，亟须增加农业经济学研究主题和研究方法的多样性，鼓励对新领域的探索，如对与农业发展息息相关的服务行业（如农村金融、电商、信息技术等）的发展研究，鼓励采用国际前沿方法的研究，如定量实证因果推断、随机干预试验等，鼓励利用大数据、大型微观调研数据以及实地小规模实验数据来分析政府政策的干预效果，从而为政策设计和实施提供事前、事中和事后的评估。

第七节 区域与城市经济

一、区域与城市经济的发展背景与发展趋势

城市（含区域）经济学初期发展于 20 世纪 70 年代的"新城市经济学"，不少著名经济学家运用微观经济理论和最优控制方法来研究城市内部土地的有效配置问题（Mills and MacKinnon，1973），其中一些作者先后获得了诺贝尔经济学奖，如索洛（Solow）获 1987 年诺贝尔经济学奖、维克瑞（Vickrey）获 1996 年诺贝尔经济学奖、莫里斯（Mirrlees）获 1996 年诺贝尔经济学奖、斯蒂格利茨获 2001 年诺贝尔经济学奖等。经典的 Alonso-Muth-Mills 模型（Alonso，1964；Mills，1967；Muth，1969）是新城市经济学的代表性成就之一。该模型主要描述城市内部空间结构，解释不同区位的房地产租金或价格、人口密度以及不同类型群体的区位选择差异。另一个经典的空间均衡模型是描述人口在城市之间自由流动的空间均衡模型——Rosen-Roback 模型（Rosen，1979；Roback，1982），其解释人们在不同城市间收入、城市便利性和住房成本之间的权衡（Glaeser，2008）。此后城市经济学在理论和应用研究方面都得到了很大的发展，研究主题包括人口与经济活动（在城市内部和城际之间）的空间分析、住房经济与政策、地方公共财政问题、城市劳动力市场、城市交通问题、基础教育、城市社会问题（如贫困、犯罪、种族歧视、衰退社区等）（Yinger，1986，2020；Mills，2000）。20 世纪 80 年代后随着大量微观数据的涌现，城市经济学实证研究方面得到了快速发展，尤其在城市劳动力和房地产市场、集聚经济的微观机制、城市公共政策效果评估等领域，而且出现了显著的交叉学科特色。

城市由于人口和经济活动的集聚产生了各种正的和负的外部性，这些一直是城市经济学理论、应用研究和公共政策探讨的重点，尤其是负的外部性，如交通拥堵、环境污染、歧视等。

2016 年，全球有 54.5%的人口居住在城市，2030 年将提高到 60%，并且每 3 个人中就有 1 个人会住在居民超过 50 万的城市（United Nations，2016）。Marshall（1920）指出了集聚经济的三种重要微观基础：劳动力市场共享、中间品投入共享、知识溢出[更多的讨论参见 Duranton 和 Puga（2004）的研究]。最近的实证研究为这三种来源都提供了一些证据，并且发现这种集聚带来的规模收益（如提高生产率）会随着距离的增加而衰减，集聚效应在产业范围、空间范围、时间范围上呈现不同的特点和衰减速度，这些都解释了城市经济学的基本问题——城市为什么会存在（Rosenthal and Strange，2004）。

进入 21 世纪以来，城市经济学家更加关注城市里面的由距离接近性导致的非市场互动（nonmarket interactions），包括知识外溢、社会资本、社会网络、同伴效应（peer effect）、邻里效应（neighborhood effect）等（Glaeser，2000），这些非市场互动大多产生正的外部性，可以解释城市经济学的基本问题——城市为什么会存在。克鲁格曼因新经济地理领域的贡献而获 2008 年诺贝尔经济学奖后，新经济地理在城市经济学和更一般的空间经济学中得到广泛应用和扩展，并且发展了空间分析的结构模型，即量化空间模型（quantitative spatial models），其可以估计政策冲击对经济活动空间分布的一般均衡的影响（Holmes and Sieg，2015；Proost and Thisse，2019）。典型的应用有柏林墙的建立和拆除对附近经济活动集聚的影响（Ahlfeldt et al.，2015）、美国城市中高技能劳动者流动的决定因素和社会福利影响（Diamond，2016）、中国放松户口管制对人口和经济活动在中国城市间分布的影响（Bosker et al.，2012）等。

最近二三十年来，现代微观计量经济学方法也大量运用到城市经济学领域，用于评估各种城市公共政策和社会实验的效果，并结合城市问题和城市数据的特点有不同的改进。比如，基于截面数据的断点回归方法在城市经济学里面变成了空间或者边界断点回归。随机社会实验也有进行，比较有名的实验是美国住房和城市发展部的"机会流动性"（moving to opportunity）实验，其随机地选择一些贫困家庭给予住房券以帮助其迁移到较好的社区，该实验引起了很多经济学研究来评估其效果（Katz et al.，2001；Chetty et al.，2016）。各种包含空间或者地理信息的大数据也被用来研究各国以及全球城市发展问题，尤其是缺乏数据的发展中国家城市化问题，如基于卫星遥感影像数据的土地利用数据（Burchfield et al.，2006）、基于气溶胶光学厚度推算的空气污染数据、全球夜晚灯光数据、全球人居点人口分布数据（Henderson et al.，2012；Henderson et al.，2018；Henderson and Turner，2020）。

中国的快速城市化和经济转型发展为城市经济学的研究提供了独特的机遇与挑战。许多重要的城市和区域研究问题不仅仅关乎中国，也帮助世界更广泛地理解公共政策、历史因素和经济发展是如何影响城市空间演化的，而这些是结构转型中的社会乃至所有国家都面临的普遍问题（Baum-Snow et al.，2020）。中国如何应对城市人口快速膨胀所需要的住房、交通、就业和公共服务需求，引起了国际学者以及世界银行、亚洲开发银行等国际机构的关注和研究兴趣。一方面，国外城市经济学家开始研究中国城市问题；另一方面，国内的城市研究论文不断在国际城市经济学领域的高质量期刊上发表。比如，代表性的研究有中国特色制度背景下的城市规模是否太小（Au and Henderson，2006）；我国城市住房政策存在的问题和政策选择（Zenou，2012）；以中国住房体制改革为案例建立模型，探讨产权配置对均衡房价的影响（Wang，2011），探究改革如何通过减少信用约束释放劳动力、促进创业(Wang, 2012);我国城市土地拍卖问题(Cai et al., 2013);基于中国数据创新性地衡量土地利用管制强度(Brueckner et al., 2017);北京的交通限行政策对空气质量和经济活动的影响(Viard and Fu, 2015);中国的公路和铁路等交通基础设施建设对城市空间结构的影响(Baum-Snow et al., 2017)等。

目前城市经济学国际前沿问题研究主要有以下方面:①多中心城市空间结构形成的理论模型,基于大型微观数据和大数据的城市内部空间结构识别的方法以及城市空间结构的动态演变;②最优城市规模的理论和实证检验方法;③城市集聚经济微观机制的理论解释以及世界各国城市集聚经济的实证检验;④城市蔓延的测度、原因和社会经济影响,包括对环境污染、交通拥堵、公共健康、社会互动、农地保护等的影响;⑤发展中国家城市化过程中的各种理论、实证和城市公共政策问题,尤其是在缺乏系统的微观数据和官方统计数据的情况下如何运用大数据来研究发展中国家城市问题;⑥城市衰退区域的更新和再开发的理论与政策设计;⑦城市增长的源泉及其增长政策设计与评估;⑧城市劳动力市场和城市住房市场及其政策,由于人口在城市间的流动,城市劳动力市场和住房市场需要联系在一起来研究空间均衡的机制与影响;⑨城市交通拥堵和环境污染治理的理论、政策设计与评估;⑩城市基础设施和公共服务的需求、供给和融资问题;⑪城市经济学实证研究方法的创新和应用。

二、城市经济学在国内的发展现状和重点研究领域建议

我国城市化和城市发展过程中面临很多新问题和新挑战。首先,国内研究城市和区域问题多从区域科学、经济地理、城市规划、城市管理等角度出发,较少从经济学的角度进行分析,缺少经济学的理论分析,在城市和区域政策的设计与探讨方面缺少微观经济基础。其次,我国在城市化和城市建设方面推出了各种各样的政策与改革实验,但对这些政策效果进行的科学量化评估还远远不够,其中一个问题是关于各个城市的微观数据的可得性问题。比如,要实时了解一个城市的房地产市场动态和问题,一个比较有效的方法是直接利用该城市的住房交易数据,但这种数据目前并没有得到充分的开发利用。

另外,我国的城市经济学研究也面临很好的机遇:国际学界对中国城市问题很感兴趣,想了解中国如何解决大规模、快速城市化过程中出现的各种挑战和问题;国内一批年轻的城市经济学者已经成长起来;土地地块出让数据、空气质量监测数据、夜晚灯光、气溶胶光学厚度等卫星遥感数据等大数据被用来研究城市问题;房地产中介行业产生的住房交易大数据、网约车公司提供的交通出行大数据、通信公司提供的手机使用数据等各种业界大数据也被广泛开发

利用。同时，作为交叉学科的城市经济学，也得益于其他经济学科在理论和方法方面的发展，如微观计量经济学为城市公共政策和项目效果评估提供了实证研究方法。

除了上述的国际前沿问题，由于我国城市和区域发展的阶段与特殊性，国内的城市经济学研究目前还面临一些新的迫切需要研究的问题：①城市群发展、都市圈经济和区域一体化发展的理论与政策设计，如京津冀一体化、粤港澳大湾区、长江经济带、成渝城市群等；②区域协调发展的理论和相关政策设计，如跨界环境污染的协调治理问题、跨区域的公共基础设施的融资和成本-效益分析、缩小区域发展不平衡的政策设计、中央与城市财政收支关系等；③我国的韧性城市研究，包括城市如何应对地震、洪涝、飓风、极端气温等自然灾害以及恐怖活动、流行病、重度环境污染等重大公共突发事件，城市如何发展韧性以能在重大的负面冲击下尽快恢复正常运营；④户籍等制度改革、人口老龄化、产业转型等因素对城市人口流动和城市规模影响的理论与实证分析，对城市创新能力、社会阶层流动性、社会福利的影响等；⑤城市劳动力市场的空间演化和聚集经济的异质性，如社会网络与信息流动的机制，企业和个人的区位选择与匹配程度，社区的收入分层与流动，歧视的测度和相关政策研究，个体婚育选择、劳动供给和居住安排的交互作用机制等；⑥收缩（人口流失）城市和资源耗竭型城市发展与管理的理论分析及政策设计；⑦地方公共财政问题，如房产税的设计和征收，地方债务问题，土地财政的经济学分析，地方政府在招商引资、吸引人才、可持续发展和提供地方公共服务等方面的竞争等；⑧城市房地产市场的供给与需求的微观机制分析，住房质量、城市舒适性与房地产价格的关系，市场泡沫的测度，房地产政策的设计和效果评估，中低收入阶层及新进移民的可支付住房问题等；⑨城市化过程中的特殊问题，如农民工的市民化、建设用地的有效配置、不同规模城市发展和产业结构转型的规律等；⑩我国大型城市的国际竞争力及创新城市建设等相关理论、实证及政策应用问题；⑪地方化政策（place-based policy）效果评估，如各种开发区政策、自贸区政策、各地的政策实验等；⑫与城市规划、城市管理、经济地理、地理信息系统、大数据处理、公共政策、劳动经济学、国际贸易理论、环境经济学、社会学等学科的交叉合作；⑬中国优化经济活动空间布局的理论机制分析与政策体系设计；⑭继续开发卫星遥感影像数据（如夜晚灯光、土地利用、气候与环境治理监测数据等）、GPS 数据（如谷歌和百度的地图、街景、滴滴交通数据）等城市大数据并应用到城市经济研究的各个方面。

为促进我国城市经济学的发展，亟须促进城市经济学的国际交流，吸引和培养城市经济学人才，加快城市大型微观数据和大数据的搜集、开放与整理，加强城市经济学的理论研究、实证研究方法的创新以及城市公共政策的量化评估。

第八节 人口与劳动经济

一、人口与劳动经济学的发展背景与发展趋势

劳动经济学是应用微观经济学的重要组成部分,所有微观经济学教材都将劳动力市场作为要素市场理论的重要组成部分。劳动经济学研究的核心问题是关于劳动力资源配置的问题,这涉及人的方方面面,如在个体层面个人如何发挥自己的优势?在社会层面,人与人之间如何协调合作,以便在不断变化的技术进步条件下推动整体社会的繁荣?因此,劳动经济学的发展目标与经济学科整体的发展目标是一致的,都是为了促进个体的幸福和整体社会的繁荣。

劳动经济学是经济学最重要的研究领域之一,其在理论基础、技术手段、方法论等方面都走在经济学研究的前沿,内容丰富,涉及领域广泛,多位经济学家因为在劳动经济学领域的突出贡献而获得诺贝尔经济学奖。例如,库兹涅茨因为在研究人口发展趋势及人口结构对经济增长和收入分配关系方面做出了巨大贡献,1971 年获得了诺贝尔经济学奖。1979 年诺贝尔经济学奖得主舒尔茨提出的人力资本理论,强调人力资本在经济发展中的作用。1992 年的诺贝尔经济学奖授予美国经济学家贝克尔(Becker),以表彰他将微观经济学的研究领域扩展到更为广阔的人类行为,包括非市场行为。贝克尔将经济学和社会学、心理学等学科结合起来,极大地拓展了劳动经济学的研究范围,他的主要贡献包括三个方面:一是对歧视的经济学分析,二是对犯罪的经济学分析,三是人力资本研究。2000 年,诺贝尔经济学奖得主赫克曼将微观计量理论创新与实证研究相融合,聚焦于劳动力的供给、工资、失业的持续时间和判别分析、劳动力市场的项目与政策效果评估等。2015 年诺贝尔经济学奖获得者迪顿(Deaton)因其在消费、贫困和福利方面的经济理论贡献而获奖。

20 世纪 70 年代的劳动经济学所涵盖的内容集中在劳资关系、工人运动、劳动法、工会组织理论上。但最近 40 多年发生了根本性的变化,主要是因为相关的经济学各分支领域的蓬勃发展及其与劳动经济学的密切关系。例如,劳动经济学与宏观经济学的联系表现在研究失业和通货膨胀之间的关系上;计量经济学和劳动经济学相得益彰,互相推动了彼此的发展。二战以后微观计量经济学的很多新方法就是为解决劳动经济学中的问题而发展出来的。最近 20 多年来,劳动经济学越来越成为一门应用微观计量经济学,劳动经济学家常用的微观计量方法包括工具变量法、双重差分法、倾向匹配得分、断点回归法等(Heckman et al.,1998;Bertrand et al.,2004;Athey and Imbens,2006;Abadie and Imbens,2006;Hahn,1998;Hahn et al.,2001)。这些实证分析方法被广泛应用于劳动经济学的研究议题当中,如最低工资效应、在职培训的效果评估、失业救济、教育的回报率、就业歧视等(Card

and Krueger，1994，Heckman et al.，1997；Lechner，2002；Lee and Card，2008）。

劳动经济学的研究特点是使用高质量的个体和家庭层面的微观数据研究不同政策对个人行为决策、福利的影响（Kaestner et al.，2017）。在这些前沿研究中，对于已经发生政策的评估，多基于准实验的方法识别政策的因果影响（Einav et al.，2018；Finkelstein et al.，2019）。对于尚未发生政策的评估，结构模型被越来越多地用来进行反事实模拟及预测（Keane et al.，2011）。近些年来实地随机可控实验方法在劳动经济学中也得到广泛运用（List and Rasul，2011）。

（一）劳动经济学的主要发展规律和态势

1. 多学科领域的交叉

劳动经济学与多个领域交叉，如劳动经济学与发展经济学、人口经济学、家庭经济学、城市经济学等密切相关。劳动经济学也催生了新的经济学分支领域，如人事经济学、健康经济学、教育经济学、幸福经济学、犯罪经济学。近年来，学者开始探讨劳动经济学与行为经济学、心理学、金融学、国际经济学等领域的交叉。在大数据时代，学者在实证模型估计层面，开始探讨劳动经济学和机器学习领域的交叉。

2. 与现实联系密切

在应用层面上，劳动经济学与公共政策结合紧密，特别是那些与人的福利相关的政策，如就业、教育、医疗、生育、养老、人口流动、移民等相关的公共政策。

3. 未来发展态势

劳动经济学的发展规律和态势受其研究对象以及现代人所面临的愈发复杂的现代社会构成的影响，其研究范围将更为广泛，更为注重与现实的联系，各领域也更需要交叉。比如，当下将城市经济学、发展经济学和劳动经济学相结合，探讨劳动力资源的空间流动和分布、区域发展、城市化、收入分配与反贫困问题等，是中国经济的研究热点。

（二）劳动经济学的主要研究特点

1. 对实证检验因果关系的重视

劳动经济学家和计量经济学家共同推动微观计量经济学的发展。随着微观数据的可获得性大大提高，实证检验可以使用的数据来源更为详细，如将雇主与雇员相匹配的面板数据（employee-employer matched data）的出现，因果关系实证检验的详尽度和可信度也越来越高。

2. 新经济业态产生的现实问题

新的科技条件、全球化发展、大数据时代等给现代社会带来各种新的生活形态，如 Uber（优步）、滴滴带来的零工经济（gig economy）的发展，使学者可以在新的冲击下检验已有的理论，或发现新的因果关系、新的典型事实。

劳动经济学前沿领域的研究特点是与新的经济现实紧密相连的。比如，在新的网络科技发展所带来的新的工作和学习机会的场景下，使用大型网络数据来研究性别差异、教育等经典议题以及人工智能、机器人和劳动力的关系；在现代经济服务业占比越来越大的体系中，研究服务行业长时间工作制和公司内部的晋升机制；在全球化人才可以流动的背景下，研究高技能人才的空间分布及其对城市区域经济增长的影响等。

3. 发展中国家劳动经济学的发展机遇

对发展中国家而言，劳动经济学面临的挑战是其在国际前沿研究领域缺乏竞争力和发言权。竞争力的缺乏一方面源于数据不太容易获得和完善，另一方面也源自研究的问题缺乏一般性经济学意义。但随着发展中国家，特别是中国的发展，越来越多的经济社会问题将与发达国家所面临的问题产生共通性和共同性，因此迎来一个很好的机遇。发展中国家的劳动经济学者，特别是中国的劳动经济学者，可以好好把握这个机遇，在劳动经济学的国际前沿研究领域做出自己的贡献。

二、劳动经济学在国内的发展现状和重点研究领域建议

在微观经济学的各个领域中，劳动经济学的研究队伍在国内相对而言比较庞大，不少青年学者利用各种个人层面的微观数据研究劳动经济学里面的各种问题，特别是实证研究方法的运用和规范性也走在其他微观领域的前面。但如前所述，所研究的很多问题要么比较琐碎，不能密切联系国内劳动力市场发展和国民经济发展的重大问题，要么缺少一般性和新颖性，在劳动经济学的国际顶尖期刊上很难产生影响力。例如，2015 年至 2019 年上半年期间，国内经济学家在 *Journal of Labor Economics* 上发表的论文只有 8 篇，占比仅为 4%。

结合劳动经济学的国际发展前沿和国内的实际发展情况，建议本学科的优先资助领域为与中国经济发展、中国劳动力市场发展和完善、人力资本的配置、收入分配等密切相关的领域。例如，我国面临严峻的老龄化问题，在老龄化社会下，确保充足的劳动力供给，制定养老、健康保险政策来保障老年人福利以及调整生育政策是关乎社会稳定的重要问题。同时，该问题也与国家、地方财政，以及社保基金的有效利用息息相关，这是劳动经济学与公共经济学交叉的一个重要领域。

国内劳动经济学研究目前还面临一些新的迫切需要研究的问题：①中国自改革开放以来，人口结构演变、劳动力市场发展、教育与人力资本积累、收入分配等典型事实的总结和分析；②中国经济结构转型、城市化与人力资源的空间分布，以及城市化过程中城市新增人口尤其是农民工的城市融入问题；③服务经济的劳动力市场与老龄化社会中的养老保险和健康问题；④与创新、创业活动相关的企业家劳动力市场以及高技能劳动者市场；⑤发展中国家的国际移民问题，包括来中国工作生活的外国移民问题；⑥对城乡、区域、性别、技能、行业、生产要素等不同维度的收入不平等的研究；⑦对我国职业类别的划分以及各个职业所需技能的量化，这是基础工作，对我国劳动力的技能和人力资本质量现状、职业技术教育和高等教育的课程设计、劳动力技能和职位的匹配效率、企业和城市生产率的提高等的研究都是必不可少的基础数据库，这方面可以参考美国劳工部就业和培训管理局开发的 O*NET 数据库；⑧数字经济、零工经济等产生的新就业形态对在职培训、终身学习的影响，以及对劳动力市场匹配的影响，结合大数据、人工智能等信息技术手段降低劳动力市场搜寻成本、提高匹配效率；⑨劳动经济学非常强调实证检验，需要详尽的各种大型微观数据，如雇主与雇员匹配的数据，本学科健康发展的一个重要保障是，在确保数据保密性的前提下，形成以研究为目标的微观数据共享机制，因此，微观数据使用制度的建设也是一个重要研究课题。

第九节　卫 生 经 济

一、卫生经济学的发展背景与发展趋势

卫生（健康）经济学是 20 世纪 50～60 年代发展起来的一个经济学分支，主要通过经济学理论和方法研究卫生、健康相关领域的问题。作为一门交叉学科，卫生经济学涉及的领域非常广泛，除经济学外，还包括医学、心理学、流行病学、保险学、管理学及社会学等学科。

随着社会发展，卫生问题日趋重要，经济学家开始研究卫生体系资源配置的优化和效率的提高。Arrow（1963）指出医疗市场中普遍存在的不确定性和信息不对称等问题决定了卫生经济学研究的特殊性。此后，卫生经济学家关注于医疗卫生资源配置的优化和改善，并且随着各国医疗保险支出的比重不断上升，医疗保障制度也逐渐成为卫生经济学研究的重点。而医疗市场的不确定性及信息不对称导致的道德风险和逆向选择等问题，成了这些研究和相关政策设计的核心问题（Einav et al.，2010）。有关健康行为的需求也是卫生经济学关心的一个问题，Grossman（1972）将健康需求引入效用函数，建立了个人决策行为的人力资本模

型。健康资本的积累可以带来正向的收益，因而产生对健康资本（或者医疗/预防产品）的需求。以此为框架，经济学家开始研究家庭和个人的健康投资与生产行为，并衍生了对健康行为的各类分析。

卫生经济学的政策导向性是其与其他经济学分支的重要区别之一。由于卫生部门在各国财政支出的比重不断上升，以及经济学家在优化资源配置方面的优势，卫生经济学的发展与政府卫生部门的发展和各类卫生政策紧密相关，并在一定程度上对卫生政策的制定起到了主导作用。基于现实世界以及与公共政策的紧密联系是卫生经济学学科发展最重要的推动力（Gruber，2019）。

卫生经济学研究发展领域及其前沿研究主要包括以下几个方面。

（一）医药问题研究

使用经济学的理论和研究方法研究药品供给定价、研发、需求以及评估药品领域的政策干预是卫生经济学的一个重要研究方向（Howard et al.，2015；DiMasi et al.，2016；Walley，2018）。使用成本收益分析和成本效果分析等方法评估与设计医药相关的政策也是卫生经济学研究的一个重要方向。

（二）医疗保障问题研究

随着医疗保障在各国卫生产业的支出比例逐步上升，医保问题已经成为卫生经济学研究的热点。由于医疗服务存在信息不对称和不可交易的特性，因此医保和患者以及医生和医保之间的委托代理问题就会导致道德风险与逆向选择等问题，这些都是医疗市场研究的核心问题（Eggleston and Hsieh，2004；Geruso and Layton，2017；Zweifel et al.，2009）。在医保研究方面，医保支付方式和医保个人支付方式的设计与评估对供需双方行为的影响，以及医疗保险对社会公平和减少贫困等方面的影响，成为卫生经济学研究的热点（Chetty and Finkelstein，2013；Kaestner and Lubotsky，2016；Gruber，2017；Ericson and Sydnor，2017；Eliason et al.，2018；Einav et al.，2018；Curto et al.，2019）。

（三）医生劳动力市场问题

医护人员作为医疗行业的行为主体，决定了整个医疗服务业的效率（Baicker et al.，2014；Garthwaite et al.，2014）。在诊疗过程中，医生会受到各类制度导致的金钱方面的激励，这影响到医疗市场供给方的行为，从而最终影响到医疗服务质量、医疗支出和患者的治疗结果。为此大量研究关注医疗工作人员的临床行为以及劳动力供给行为（Dafny，2005；Baicker et al.，2014；Garthwaite et al.，2014；Clemens and Gottlieb，2014）。

（四）医疗市场的竞争和规制

关于医疗市场的竞争和规制也是卫生经济学界不断讨论的问题。由于医疗市场结构决定了医疗服务的长期效率，公私立医院差异以及营利和非营利性机构差异一直是学术界争论的一个热点问题。已有文献对各种医疗机构以及各种市场结构下的成本、医疗服务效率、财政负担和公共卫生作用进行了大量的探讨（Eggleston et al.，2008；Basu et al.，2012；Gaynor et al.，2012；Gaynor et al.，2015；Gwartney et al.，2014），但是仍无法达成共识。由于基层医疗是整个医疗市场的基础，其状况直接影响到整个医疗体系的公平性和效率性。大量卫生经济学研究使用经济学理论和工具研究基层医疗的供需以及评估各类基层医疗政策，并设计和改进各类基层医疗制度（Kringos et al.，2010；Feldstein，2011）。而且随着全球人口老龄化进程加速发展，评估和设计基层医疗制度以应对医疗体系中慢性病疾病负担的增加和养老与长期照料需求的增加，也成为卫生经济学的重点（Prince et al.，2015）。

（五）健康行为问题

关于健康行为的影响和需求也是卫生经济学的一个重要领域（Coile and Duggan，2019）。大量经济学研究对健康的正向收益或者健康损害带来的成本进行评估（如空气污染对死亡率和医药支出的影响、极端气温对死亡率和生产率的影响等），并测算人们对健康的支出意愿或者估算人们为避免健康损失而产生的支出以及相应的政策补偿（Santerre and Neun，2012；Sloan and Hsieh，2017；Gertler and Gruber，2002；Zhang and Mu，2018）。部分研究关注肥胖的成因以及肥胖对工作、生活、收入的影响（Nayga，2000；Chou et al.，2004）。大量文献对吸烟、酗酒和吸毒等成瘾性不良健康行为的成因与影响以及政策干预进行了研究（Adda and Cornaglia，2010；Cawley and Ruhm，2011）。一些研究讨论健康和收入的相互影响，如疾病对家庭个人收入的影响或者收入冲击对于健康的影响（Currie and Stabile，2006；Ding et al.，2009；Acemoglu et al.，2013；Koijen et al.，2016）。大量研究对健康与经济发展之间的关系进行了分析，发现经济增长与健康改进之间有直接的相互关系（Acemoglu and Johnson，2007；Chandra and Skinner，2012；Hokayem and Ziliak，2014；Karimi et al.，2017）。

（六）公共卫生问题

随着贸易和人口流动的增强，可传染性疾病对经济的影响已经远超出传统的卫生领域，并对全球的社会和经济都会有深远的影响（Smith et al.，2019）。学者需要评估疫情对更广泛社会经济领域的影响，以及评估各类公共卫生制度和政策干预的效果（Sanders et al.，2016）。

（七）药品食品安全问题

卫生经济学中的一个重要分支是政府对医药和食品行业制定与执行市场监管，引导企业行为方向，确保药品和食品的安全问题（Pauly et al.，2012；Roberts，2018）。这一课题涉及企业行为和政府行为的博弈，与产业组织和微观理论结合较多。现有文献涉及消费者如何关注政府信息披露来选择企业产品（Jin and Leslie，2003）、企业如何利用企业品牌躲避政府监管（Jin and Leslie，2009）和政府职能部门如何利用高科技手段来提高卫生监管的效率（Jin and Lee，2014）等。

二、卫生经济学在国内的发展现状和重点研究领域建议

我国卫生经济学的研究起步比较晚，但随着我国医疗体制改革的深入和国民经济发展模式的转型，卫生经济学领域的研究也日益受到关注。

国内卫生经济学研究大多关注个人健康、家庭健康支出、卫生服务利用和其他家庭个人决策以及相关公共卫生政策的影响（Lei and Lin，2009；Lin et al.，2009；封进和李珍珍，2009；封进等，2010；潘杰等，2013；Liu and Zhao，2014；Cheng et al.，2015；Pan et al.，2016）。关于供给侧方面，部分文献对我国基本医疗市场中存在的信息不对称问题进行了研究，如我国医保中存在的逆向选择问题以及逆向选择对参保状况的影响（臧文斌等，2012）、我国医疗市场中的道德风险问题以及道德风险对于医疗费用和医疗服务质量的影响（彭晓博和秦雪征，2015）、我国医疗市场的各种规制对医疗市场的影响（Yi et al.，2019）等。

由于数据等因素所限，我国经济学界对于药品问题、医疗市场劳动力、医疗服务供给和食品安全及监控的相关研究相对较少。特别是应加强和改进政策评估，使用科学的评估方法，针对我国卫生体制中的薄弱环节，实行基于实际经济数据和经济理论的政策量化评估。随着我国医药卫生体制改革的深入和城乡居民基本医疗保险制度的完善统一，卫生经济学将在我国卫生政策评估和制度建设方面做出重要贡献，从而进一步提高我国政府在卫生政策和管理领域的精细化管理水平。

我们提出以下几个值得重点研究的问题。

（一）药品问题

药品问题是我国整个医疗体系的关键。我国居民对医疗服务和药品的需求不断增加，为应对因医院服务定价过低和 20 世纪 80 年代以来政府补贴减少带来的收支压力，医院开始过度使用药物和医疗技术，因此造成医院对药物收入的财务性依赖。由于公立医疗机构通过控制处方权掌握了 75%以上的药品零售，公立医

疗机构拥有买方垄断地位，且受到医疗服务价格管制和药品购销价格管制，因此拥有双向垄断地位的公立医疗机构形成了通过药品的隐形返利和回扣获得垄断收益的畸形药品购销模式。这种"以药养医"的激励机制导致过度医疗和因此导致的过度用药等问题，这给百姓造成了过重的医疗支出负担，并导致了抗生素滥用等公共卫生问题。在我国医疗卫生服务总支出中，药品的费用占到了40%左右，这一比例较高。目前我国医药市场规模一直保持快速增长，在全球医药市场的占比已达11%，成为仅次于美国的全球第二大医药市场，但是无论是从经济角度还是从疗效角度来看，我国在药品使用方面的效率都比较低。

与此同时，我国的制药行业也取得了长足进步，但是受制于市场结构和政府规制，我国制药企业规模普遍较小，且严重重复建设，而且这些企业还缺乏制药上下游产业链的配套建设基础和技术共享。我国是仿制药大国，根据国家药监局报告，中国现有的18.9万个药品批文中，有95%属于仿制药。然而，中国仿制药水平较低，长期面临着安全无效的尴尬问题。目前国内新药研发还是以模仿国外原研药为主，适应证和疗效类似，但不是同样的化学物质，很难在短期内和原研药并驾齐驱，从临床推广上看，内资药企很难同外资药企竞争。由于创新药研发成本高，创新药的临床推广成本会高于仿制药，因此在竞争过程中处于不利局面。

我国大多数药品管制并没有起到预期的效果，而且管制具有内生性，一旦被引入，管制便会呈现自我强化的趋势，其负面效果也会越来越严重。2015年中央放开国家发展和改革委员会对药品价格的管制，建立药价市场化形成机制，医疗服务定价机制改革也随之展开。基本医保成为最大买方，开始主导医药定价。因此，医保方的改革将决定是否能改变医疗行业中的"以药养医"和医药腐败等问题。药品支付机制的核心应是医保药品支付机制，具体而言则是医保方与医疗服务供方协商谈判确定医保药品支付标准，而药品的采购价格是确定支付标准的重要参考，因此研究药品支付机制需要将采购机制和医保支付机制同时纳入。当前中国公立医疗机构的药品采购并非市场化，医疗服务供给方必须经由卫生和计划生育部门主导的省级集中采购平台采购，导致药品采购价格虚高虚低并存，进而导致临床用药中同时存在药品短缺以及药品费用过高的双重问题。

针对药品方面，卫生经济学家急需研究的问题包括：①分析供方的医疗服务和药品使用行为，解析医疗服务诱导需求的原因；②量化分析过度医疗服务和过度用药的影响，估算过度医疗的损害；③研究各类政府规制和医疗政策对供方医疗服务行为的影响，为解决过度医疗问题提供政策支持；④精确描述我国药品研发的现状，更为准确地刻画我国医药创新的数量和质量；⑤度量各类政府规制对药品创新的影响，为提高我国药企创新能力提供政策支持；⑥研究食品和药品的安全问题，为改进食品和医药的监管提供学术支持；⑦研究中医药的发展，为提高中医药研发和应用提供政策支持。

（二）医保问题

随着老龄化加剧以及医保待遇的逐步提高，医保支出在我国医疗保健支出中的比重将进一步提高，医保基金的收支压力巨大，可持续性堪忧。为此，医保方需应对医疗保险市场的道德风险问题，在确保服务质量的同时合理控费，从而提高医保资金的使用效率。为引导医疗机构合理诊疗、控制医疗费用合理增长、确保医保基金高效平稳运行，国务院办公厅在 2017 年印发了《关于进一步深化基本医疗保险支付方式改革的指导意见》，提出了全面推行以按病种付费为主的多元复合式医保支付方式的指导方针。为此，人力资源和社会保障部办公厅于 2018 年印发了《关于发布医疗保险按病种付费病种推荐目录的通知》，要求各地根据本地区医疗付费状况确认需要分值的病种和对病种分值。随后，全国各地开始根据本地区医疗服务状况制定并推行以按病种分值支付为主的医保支付制度。

支付体制改革主要集中在两个方面：首先，改革在医院中采用的按病种付费的方式；其次，改革政府对基层卫生服务机构的预算拨款方式。医保支付机制设计的核心问题是在信息不对称的情况下，应对医生和患者的道德风险，确保服务质量并控制医疗成本（Ma and McGuire，1997）。医保方可以调整各类医疗机构的费用自付比例，从而影响患者就诊机构选择，调整医疗服务的需求。医保方也能选择支付结构和风险分担方式，从而限制医生的诊疗行为，影响医疗服务的供给（Chetty and Finkelstein，2013）。由于医疗服务存在信息不对称和不可交易的特性，医生拥有一定的市场势力，可以实施价格歧视策略，从而影响到供给的价格和数量。因此医生和患者以及医生和医保之间的委托代理问题是医疗市场研究的核心问题（Eggleston and Hsieh，2004；Zweifel et al.，2009）。医疗保险作为付费方可以定价并管制患者的自付比例，限制医生的价格歧视和定价能力（Ma and McGuire，1997）。随着收入差距扩大，医疗服务利用及健康不平等问题也在加剧，地区之间医疗卫生设施的质量差异巨大，以及各地区筹资与报销比例的差异较大，各地区和各群体存在医疗服务利用和健康方面的巨大不平等问题。

针对医保方面，卫生经济学家急需研究的问题主要包括：①分析各类医保支付制度对医疗服务效率和医保收支的影响，为改进医保支付制度提供政策支持；②评估医保分割化管理对医疗服务效率、风险承担和平等性的影响，为提高统筹级别和改善医疗资源不平等问题提供学术支持；③描述各类医保支付制度对各级医疗服务需求的影响，为优化医疗资源分配以及引导百姓对各级医疗资源的需求提供政策支持；④度量各类医保政策变化对医保参与和医保收支的影响，为改进医疗财政制度和改善医保收支提供实证研究证据。

（三）基层医疗问题

卫生经济学使用经济学理论和工具研究基层医疗的供需、评估各类基层医疗政策、设计和改进各类基层医疗制度。在我国整个三级卫生网络中，基层卫生院和卫生服务中心是为群众提供基础医疗和基本卫生预防保健服务的机构，要解决百姓"看病难、看病贵"的问题，基层卫生服务机构的作用不可忽视。基层医疗的建设是保证城乡居民的基本医疗卫生需求能够得到充分满足的必要条件，我国基层医疗卫生的发展是完善我国分级诊疗制度的关键。然而，由于竞争激烈、财政扶持不足以及城市化导致的人口流失，一些基层卫生院效益不佳、生存困难，医护人员的待遇也受到很大影响（Li et al., 2017）。在这种情况下，基层卫生院对人才的吸引力大大下降。同时，由于人才培养制度等方面的问题，我国严重缺乏全科医生，以及一些妇产科专科医生和预防保健医生。人才的缺乏严重地制约了基层卫生院的发展。因此，除了明确财政对基层卫生院的支持，增强相关人才特别是全科医生的人才培训并保证基层卫生院医疗人员的待遇，才能促使基层卫生院更好地提供公共医疗服务。

针对基层医疗方面，卫生经济学家急需研究的问题包括：①精确描述我国基层医疗的现状和区域差异，更为准确地描述城市化和老龄化等问题对基层医疗机构的影响；②分析量化各类基层医疗政策的影响，为改进基层医疗服务和促进分级诊疗提供政策基础。

（四）医院改革问题

医护人员作为医疗行业的行为主体，决定了整个医疗服务业的效率。我国存在医患关系恶化和医生工作负担过重等问题，这严重影响到了医疗机构的工作环境、医疗服务质量、医疗人员的供给（Hesketh et al., 2012；Qin et al., 2013）。此外，人事制度和管理制度也影响了我国医生的工作效率与工作环境。现有医院人事制度和管理制度是在计划经济时代建立起来的，虽然经过了一系列的改革，但是在很多方面已经不适应我国现有的医疗市场结构，阻碍了医疗系统效率的提高。

针对医院人事制度和管理制度方面，卫生经济学家急需研究的问题包括：①度量医院人事制度和管理制度对我国医疗服务效率的影响，为改善我国医疗人事制度和管理制度提供研究支持；②分析医患关系和医生声誉的影响因素，为解决医患冲突等社会问题提供学术研究支持；③评估过重工作负担和较低收入水平对医生工作效率与服务质量的影响，改进医疗工作人员工作环境和待遇的政策制度设计等。

（五）医疗市场建设

各类行政医疗机构的优缺点，一直是学术界争论的一个热点问题。公立医院在我国医疗体系中占据主导地位，但是地方政府对医疗市场准入的限制和对三甲医院的过度投入，导致公立三甲医院拥有极强的市场势力，从而扭曲了医疗市场的医疗供给行为，并弱化了基层医疗服务供给，导致人民的医疗服务需求无法得到有效满足。例如，宿迁于2004年完成了公立医疗机构医疗市场化改革，这一改革对当地医疗服务市场和地方财政有着巨大的影响，但学界对其效果仍未有定论。因此，引入民营医院的竞争在一定程度上改善了医疗市场结构和医疗资源的供给。

针对医疗市场建设方面，卫生经济学家急需研究的问题包括：①评估医疗资源分布导致的医疗供给与需求之间的偏差，为改善我国医疗资源分布和满足人民医疗需求提供政策设计；②分析民营医院的进入对地区医疗服务和市场结构的影响，为支持社会办医和发展健康产业以及改进医疗机构市场准入制度提供研究支持。

（六）对医疗需求的评估

随着我国经济社会的快速进步和医疗保障制度的逐步完善，人民群众对医疗服务的需求逐步提高，而且慢性病和肥胖等健康问题逐步开始浮现。因此，针对现阶段医疗需求评估问题，卫生经济学家急需研究的问题包括：①评估各类健康行为成因和造成的影响，通过制度设计改善人民生活习惯，降低不健康行为的损害；②评估各类负面环境、经济和社会问题等因素对人民健康的影响，测算各类负面影响的价值，并设计相应机制来应对各类损害；③从宏观层面评估人民健康和卫生事业发展对经济的贡献，并评估经济增长对人民健康的改进。

（七）人口老龄化及其应对

我国人口老龄化进程正在加速发展。根据世界卫生组织估计，在未来的25年内，我国60岁及以上老年人在全人口中的构成比预计将增加一倍以上。人口老龄化意味着我国医疗体系中慢性病疾病负担的增加（Prince et al.，2015），并带来养老和长期照料需求的增加。因此，我国政府为应对老龄化带来的一系列问题，将对医疗体系和养老制度进行相应的调整。

针对老龄化问题，卫生经济学家急需研究的问题包括：①分析人口老龄化对我国医疗体系和社保体系的影响，以评估老龄化对劳动力市场、医疗需求和养老需求的影响；②加强对慢性病的影响和应对政策的研究，为我国政府慢性病综合防控战略提供学术方面的支持；③加强对养老和长期照护等问题的研究，为构建养老、孝老、敬老政策体系和社会环境，推进医养结合，加快老龄事业和产业发展提供政策设计和效果评估；④加强人口发展战略研究，评估各类生育政策对经济社会的影响，为促进生育政策和相关经济社会政策配套衔接提供学术支持。

（八）预防控制重大疾病和应对公共卫生危机的卫生政策设计

新冠疫情的全球大流行表明可传染性疾病对经济的影响已经远超出传统的卫生领域，对全球社会和经济都会产生深远的影响。为应对疫情，习近平在中央全面深化改革委员会第十二次会议强调，"完善重大疫情防控体制机制，健全国家公共卫生应急管理体系""研究和加强疫情防控工作，从体制机制上创新和完善重大疫情防控举措，健全国家公共卫生应急管理体系，提高应对突发重大公共卫生事件的能力水平"[1]。

针对预防控制重大疾病、应对公共卫生事件的卫生政策设计，卫生经济学家急需研究的问题包括：①评估疫情对经济的冲击，包括研究其对医疗支出、生理和心理健康、人力资本等各卫生相关领域的直接影响，以及研究其对农业和食品产业、餐饮旅游、贸易等第三产业、制造业等的冲击，并在宏观层面研究疫情为国际贸易、劳动力市场和资本市场等部门带来的短期与长期的影响；②评估各类疫情防控政策和各类公共卫生制度，发现其中存在的各类问题，以此为基础设计有效的疫情防控和应急救治机制，以协助政府完善重大疫情防控救治体系，健全重大疫情应急响应机制。

（九）食品和药品的安全问题

食品和药品的安全问题一直是较为突出的民生问题。食品药品安全事关人民群众的身体健康和生命安全，也是老百姓的基本需求。保障食品药品安全，应贯彻落实好习近平对食品安全提出的"四个最严"，即"最严谨的标准、最严格的监管、最严厉的处罚、最严肃的问责"[2]。鉴于新时代人们对生活水平的提高有着更高的追求，如何引导消费者树立正确的饮食习惯，从而产生对健康食品的需求，引导企业生产，是卫生经济学需要重点关注的领域。

针对食品药品的质量与安全问题，卫生经济学家急需研究的问题包括如下几个方面。①从供给侧研究利用产品的信息披露机制如何引导行业向消费者提供优质安全的食品和药品，以及药品的研发和创新问题。②从需求层面解答和分析新时代下，居民对于不同食品维度上的要求，引导消费者向健康的饮食和生活习惯上转变。③参与食品安全国家标准制修订。对食品安全标准的使用进行跟踪评价，研究消费者对于食品安全标准的理解，充分发挥食品安全标准保障食品安全、促

①《习近平主持召开中央全面深化改革委员会第十二次会议强调：完善重大疫情防控体制机制 健全国家公共卫生应急管理体系》，http://www.gov.cn/xinwen/2020-02/14/content_5478896.htm[2020-02-14]。
②《让农业成为有奔头的产业（习近平讲故事）》，https://baijiahao.baidu.com/s?id=1737652103151982470&wfr=spider&for=pc[2022-07-07]。

进产业发展的基础作用。④研究如何引导和推动食品产业的转型升级，包括如何设计调整优化食品产业布局，鼓励企业获得认证认可，引导食品企业延伸产业链条，加强与电商平台深度融合，打造有影响力的品牌等。⑤研究政府监管对于食品药品行业提升的机制与作用，除研究职能部门完善法律法规、严厉打击违法犯罪和加强基层综合执法等对于生产经营者主体的影响以外，还研究如何建立食品安全追溯体系、推动生产经营者主体积极投保食品安全责任保险、社会监督和投诉举报机制的监管作用等。

第十节　环　境　经　济

一、环境经济学的发展背景与发展趋势

环境经济学是经济学和环境科学的交叉新兴学科。经济学家对环境问题的研究可追溯到 18 世纪（Sandmo，2015）。华盛顿环保智囊机构未来资源（Resources for the Future）创立于 1952 年，这标志着环境经济学作为独立经济学学科的开始（Pearce，2002）。随着 1970 年后全球环境问题加剧并受到广泛关注，环境经济学得到了进一步发展。环境经济学的核心是运用经济科学和环境科学的理论与方法，分析人类经济系统和生态环境系统的相互关系，并通过设计相应的政策手段，推动经济和环境的可持续发展。

环境资源价值评估是环境经济学的核心研究方向。基于环境资源的非市场性，目前主要有两种评估方法：显示性偏好方法（revealed preference approach）和叙述性偏好方法（stated preference approach）。显示性偏好方法主要包括旅行费用法和特征价格法。旅行费用法（travel cost method，TCM）的基本构想由 Hotelling（1947）最先提出。初期的 TCM 模型主要运用区域数据去估计旅游地的需求曲线（Clawson，1959；Trice and Wood，1958）。20 世纪 70 年代以来，越来越多的研究学者使用微观数据去估计 TCM 模型，如 Burt 和 Brewer（1971）、von Haefen（2010）。随着随机效用最大化原理的进一步完善与发展（McFadden，1968，1974），随机效用 TCM 模型逐渐成为处理多目的地的主流模型，如 Train（1999）的研究。此外，为了能够同时考虑多目的地的可替代性，离散-连续选择模型（Hanemann，1984）和库恩-塔克模型（Wales and Woodland，1983）也逐渐被完善并应用到多目的地的 TCM 研究，如 von Haefen 和 Phaneuf（2005）、Richards 和 Mancino（2014）的研究。

特征价格法（hedonic price method，HPM）的最初应用可以追溯到 20 世纪 30 年代（Waugh，1928）。在环境经济学里，HPM 主要通过房地产或劳动力市场去估计环境资源的价值，其依据是房地产价值与住宅周边的环境质量存在一定的关

联性、工资与工作地点周边的环境质量也存在一定的关联性，如 Smith 和 Huang（1993，1995）、Chay 和 Greenstone（2005）的研究。应用于评估环境资源价值的 HPM 理论模型是由 Rosen（1974）最先构建的。Feenstra（1995）扩展了 Rosen（1974）的模型，并考虑了市场的不完全竞争性。Bajari 和 Benkard（2005）则进一步放松了 Rosen（1974）的假设并提出使用非参数方法估计 HPM 模型。

叙述性偏好方法主要包括条件价值法和选择模型法。条件价值法（contingent valuation method，CVM）通过构建一个假设市场及选择支付（受偿）方式与询价方法，在问卷调查里直接询问人们对使用环境资源的支付意愿（受偿意愿）。最初的 CVM 问卷调查主要采用两种询价方式：开放式询价和迭代竞价（Randall et al.，1974）。除以上两种询价方式外，其他询价方式包括支付卡（Mitchell and Carson，1981）、双界二分选择法（Hanemann et al.，1991）、多界二分选择法（Welsh and Poe，1998）和 1.5 界二分选择法（Cooper et al.，2002）等。CVM 在环境资源价值评估上的应用可以追溯至 20 世纪 60 年代（Davis，1963）。然而，CVM 一直备受质疑，特别是在其最初应用的时候，主要原因是该方法依赖于假设的政策情景。虽然 CVM 的应用仍存在很多的局限性和偏误（如抗议性答复、假设性偏误、策略性偏误等），但学术界和政府部门对 CVM 的接受程度自 20 世纪 80 年代以来已有了显著的提高。Carson（2012）指出，已有超过 7500 篇来自 130 多个国家的关于 CVM 的文章，其中大部分的文章是在近 20 年内发表的。

选择模型（choice modeling，CM）法在环境资源价值评估上的应用始于 20 世纪 80 年代。初期的研究主要采用条件排序法（Rae，1983）。20 世纪 80 年代后，条件评分法和选择实验法逐渐得到发展与应用，如 Mackenzie（1993）、Adamowicz 等（1997）的研究。目前，选择实验法是评估环境资源价值最常用的 CM 方法。随着 CM 应用的逐渐推广，CM 与 CVM 的对比研究（Stevens et al.，2000；Mogas et al.，2006）及如何使用 CM 和 CVM 的数据去共同估算联合模型（Adamowicz et al.，1998；Mogas et al.，2009）也开始吸引越来越多的研究者去探讨。另外，结合显示性偏好与叙述性偏好这两种方法去评估环境资源价值也是目前研究方向之一，如 Ebert（1998）、Eom 和 Larson（2006）、Huang 等（2016）的研究。

基于环境资源的外部性和公共品特性，探讨如何制定和实施有效的环境政策去分配和管理环境资源，并对环境政策的实施效果进行评估和福利分析也一直是环境经济学的重要研究方向。目前，关于环境资源的讨论涉及了空气、水资源、森林、湿地、濒危物种的保护、海洋、气候等方面（Jaffe and Stavins，1990；Ellerman et al.，2000；Tietenberg，2006；Evans and Woodward，2013）。环境政策的工具选择与设计则主要是基于市场机制的经济激励型工具，如征收排放税和颁发交易许可证。Weitzman（1974）对价格型和数量型的环境政策工具进行了理论对比分析。随后，不少学者指出在信息不对称的情况下，价格数量复合型政策工具的实施效果可能会优于单一型的政策工具，尤其是存在高非线性的模型函数和不可逆的环境损害时（Roberts and Spence，1976；Weitzman，1978；Pizer，2002；Jacoby and Ellerman，2004）。关于环境政策实施效果的评估和福利分析也逐渐从局部均衡分析拓展至一般均衡分析（Carbone and Smith，2008，2013）。当前，环境经济学与宏观经济学的联系日益紧密，环境宏观经济学也逐渐成为经济学的一个重要研究分支（Hassler et al.，2016；Hassler and Krusell，2018）。2018年诺贝尔经济学奖得主诺德豪斯（Nordhaus）是首位将气候变化和环境因素纳入宏观经济框架的经济学家，其构建的 DICE（dynamic integrated model of climate and the economy，气候与经济动态集成模型）和 RICE（regional integrated model of climate and the economy，气候与经济区域集成模型）（Nordhaus，1992）为宏观经济学者在探讨气候变暖的经济效应问题上提供了一个核心的分析框架（Golosov et al.，2014）。截至2019年，Elsevier 出版社已出版了四卷《环境经济学手册》，对过去数十年的环境经济学研究以及对未来研究的展望进行了一个系统性的总结（Mäler and Vincent，2003，2005a，2005b；Dasgupta et al.，2018）。

目前国际上环境经济学主要研究主题包括以下几个方面。

（一）环境价值评估

利用微观理论和实证方法，分析环境要素或环境变化的经济价值，从而为个体决策和政策的成本效益分析以及国民经济绿色核算提供支持。

（二）环境政策及其效果评估

在环境经济学的公共物品和外部性理论基础上，运用机制设计以及相关经济学理论，分析环境政策的效率性、公平性和对社会福利的影响，并结合实际社会经济背景，分析环境政策对个人、企业的影响。

（三）环境风险与决策

在气候变化的背景下，分析环境的不确定性和决策的不确定性对经济系统的影响以及相关应对政策选择及其效果评估。

二、环境经济学在国内的发展现状和重点研究领域建议

我国特殊的经济社会背景使得国内环境经济学与国外有很多不同之处，主要体现在经济转型和发展背景下环境政策选择及其影响；城镇化背景下的环境治理以及全球化背景下环境治理和环境政策选择；环境污染的区域协调治理等。尤其是党的

十九大报告中提倡"生态文明体制改革"，突出强调"推进绿色发展""着力解决突出环境问题""加大生态系统保护力度""改革生态环境监管体制"[①]等四个方面。

目前环境经济学将在传统的环境经济学理论和研究框架的基础下，结合我国具体社会经济背景，分析环境污染、气候变化、生态保护与经济发展和居民健康的相互联系，从而推动环境与经济可持续发展。此外，当前智能化的社会系统还使得大数据使用、信息整合等能极大推动环境监管、环境政策设计和实施、环境影响评估等传统环境经济学研究主题，并带来新的机遇和挑战。

结合我国目前的环境和经济发展现状，我国环境经济学学科的优先发展领域以及未来发展方向包括以下几个方面。

（一）环境污染治理的政策设计及其效果评估

经过 30 多年的环境治理，我国针对环境污染的政策包括了各类国家和地方政策，如环境标准、强制管制和关停措施、环境补贴、企业排污税以及排污权交易等各类强制与激励政策。各类政策所针对的对象、区域以及执行手段、效果存在很大差异，综合评估各类政策的执行及其效果，对于进一步推动环境生态保护治理有很大的意义。

（二）气候变化的经济影响及政策选择

气候变化所带来的环境不确定性会影响整个经济系统，包括农业、自然资源、产业布局、土地利用、城市规划等各个维度，综合分析这些影响将为我国气候变化政策选择及参与全球气候谈判提供学理支持。此外，气候变化的政策选择将与能源政策、环境污染治理产生一定的协同效应。

（三）环境资源价值评估方法的改进与扩展

显示性偏好和叙述性偏好方法是评估环境资源价值的主要方法。这两者的理论假设是环境资源的质量能够影响人们的偏好，进而影响人们的经济活动与选择决策。因此，通过观察人们的实际选择（显示性偏好）或对假设情景及市场的预期选择（叙述性偏好），可以估计与其相关的环境资源价值。但是，显示性偏好方法无法用来估计环境资源的非使用价值，叙述性偏好方法容易导致假想偏误。探讨如何结合显示性偏好与叙述性偏好方法去联合评估环境资源的使用价值和非使用价值并减小偏差、偏误，有重要的实践意义。

---

①《习近平：决胜全面建成小康社会 夺取新时代中国特色社会主义伟大胜利——在中国共产党第十九次全国代表大会上的报告》，http://www.gov.cn/zhuanti/2017-10/27/content_5234876.htm[2017-10-27]。

（四）环境资源价值的加总和环境污染损害成本的加总

已有大部分文献只针对某一环境资源进行价值评估，尚缺乏一种有效的方法对各类估计的环境资源价值进行加总。探讨如何加总各类环境资源价值，将为我国环境政策提供一个更全面的衡量指标。类似地，关于我国各种环境污染对健康、生产率、环境本身的损失的成本的估算也是限于某类人群、某类疾病或者某个区域的研究，缺乏对环境污染损害成本的总体估算，如大气污染给中国带来的总的社会成本是多少，目前还没有量化的估计。这些成本和价值的估算对于评估环境污染治理政策的成本收益非常重要。

（五）一般均衡环境宏观模型的构建

目前，关于环境政策的成本收益分析，既有文献一般假设局部的环境政策变化对整体经济活动的影响较小，而仅对环境政策的变化进行局部均衡分析，但是，经济系统是个网络，局部的环境政策变化也会对其他地区的经济活动造成影响。另外，已有文献也忽略了环境政策变化所引致的非市场反馈效应：环境政策的变化不仅会直接影响地区的经济活动，也会通过改变环境水平影响消费者的偏好，产生非市场的反馈效应，从而进一步影响消费者的经济决策和福利水平。结合中国国情、基于中国的经济运行数据构建一般均衡环境宏观模型将会更有效地帮助决策者对大型环境政策进行福利分析。

（六）大数据背景下的环境政策选择及其效果评估

智能化和网络化使得各类微观个体的信息可得性增强，其中包括消费者、生产者以及环境监测等具体信息，从而丰富了环境政策选择和设计的可能性，对于各类环境政策执行带来了一些新的机遇和挑战。此外，这些信息也拓宽了环境监管的维度，便于公众参与环境监管体系，因此探讨信息技术和数字经济时代背景下公众参与环境监管的方式与作用有重要的实践意义。

（七）环境数据的开发利用

以上各项前沿问题的研究都离不开环境数据。目前国际上同行研究使用的数据包括全球共享的卫星遥感数据、各国政府公布的各类环境历史和实时监测数据、基础地理信息数据、健康数据等。我国在空气质量和水资源质量监测数据公布方面取得了成效，利用这些数据产生了一批较高质量的学术和政策研究成果，但在土壤污染数据、卫星遥感数据、基础地理信息数据的公布等方面还需要改进。

第十一节　新兴与交叉经济[①]

一、新兴与交叉经济学的发展背景与发展趋势

随着经济全球化和新工业革命的蓬勃发展，国际政治经济环境发生了很大变化。新时代呼吁高等文科教育的创新发展，"新文科"建设应运而生。"新文科"建设，一般是指人文社会科学和新一轮科技革命与产业变革交叉融合而形成以交叉学科、交叉专业为主要内容的"新文科"这样一个学科建设过程。"新文科"概念最早由美国俄亥俄州的希拉姆学院（Hiram College）在2017年提出，旨在对传统文科进行学科重组、文理交叉，将新技术融入哲学、文学、语言等课程体系中，从而实现跨学科的融合和交流。事实上，任何一个学科都有它的历史传统，其发展具有历史的连续性和路径依赖的特点，因此任何学科的改革、创新与发展都是建立在已有的历史的基础上。

（一）新时代的重要特点

一个显著特点是新信息技术革命的兴起。互联网、移动互联网、大数据、云计算、人工智能、机器学习、区块链及物联网等新技术相继出世，以这些新技术为代表的信息技术革命正在深刻改变人类的生产和生活方式。新信息技术和经济的结合正在推动新一轮工业革命，产生了"数字经济"这样一个新的经济形态。随着数字经济的蓬勃发展，数据成为最关键的生产要素，有人将数据称为数字经济的"石油"资源。以前我们讲生产要素，一般是指资本、劳动、技术、管理，现在还要加上数据。数据作为一种新的生产要素，到底有什么新的特点、新的经济形态、新的经济运行规律，这些都值得我们深入探讨（洪永淼和张明，2020）。

另一个显著特点是经济全球化不断深入发展。经济全球化是指生产要素，包括资本、技术、数据、劳动、管理等要素在全球范围内的空前大流动，形成了全球产业链、供应链、价值链，也形成了人类利益共同体和命运共同体。在经济全球化过程中，西方跨国资本流向全球的各个角落，在全球范围内优化了生产要素配置，推动了世界经济增长，更凭借其雄厚的资本以及先进的技术，赚取了超额的垄断利润。中国过去40年通过改革开放，主动融入经济全球化，积极参与国际分工，充分发挥自身的比较优势，迅速成长为全世界第二大经济体，也是经济全球化的较大受益者之一。但中国与西方国家不一样，主要是依靠人口、经济规模

---

① 本节基于洪永淼（2021a）的研究。

以及亿万人民的辛勤劳动而成为经济全球化的主要受益者,特别是成为三分天下有其一的全球产业链和全球供应链中心。

与此同时,中国面临的国际政治经济环境发生了很大的变化(洪永淼,2020a)。第一,由于劳动力的比较优势,中国出口大量的劳动密集型产品(如纺织品)到西方发达国家,特别是到美国这个全球最大的消费市场,而美国的纺织业等劳动密集型产业,由于劳动力成本等因素,无法与中国竞争,导致中国与美国的产业工人群体产生了利益冲突。第二,中国与一些发展中国家,如越南、墨西哥、印度等国家,开始争夺美国等西方发达国家的消费市场。与中国一样,这些发展中国家的劳动力比较便宜,其劳动密集型产品有竞争力,但是世界消费市场容量就那么大,因此出现了中国与一些发展中国家竞争西方发达国家消费市场的矛盾。第三,随着经济快速发展,中国积累了一定的资本,技术也有很大进步,中国企业开始走出去。"一带一路"倡议是中国企业在全球范围内的资产优化配置的一种重要方式,但是这些国际市场原来是西方跨国公司的传统势力范围,现在中国开始与它们竞争世界市场,便产生了新的利益冲突。第四,最近几年,中美贸易摩擦以及中美地缘局势冲突愈演愈烈。美国为了阻延中国崛起,开始采取各种手段全面围堵中国,如在高新技术上打压中国高科技企业,实行"技术脱钩",在投资上设置种种限制,同时破坏中国作为世界工厂和全球供应链核心之一的地位。中美之间的贸易冲突与地缘局势矛盾,正在深刻改变全球政治经济格局。中国对外经贸关系出现的新变化,是中国经济学家需要密切关注、及时跟踪并提出有效对策的重大理论与现实问题。中国经济学家应该总结70年来特别是40年来的经济发展经验,构建反映中国经济发展规律的原创性经济学说,在新时代指导中国深化改革和进一步对外开放,并服务于中国经济全球化的实践。

(二)经济学、人文社会科学人才培养面临的挑战

除了理论创新的客观要求,新技术革命、新工业革命、经济全球化也对高校经济学和人文社会科学的人才培养带来巨大挑战。例如,在新工业革命浪潮中,出现较大规模的机器代替工人的现象。机器代替工人是马克思《资本论》的一个经典命题,在他所处的资本主义时代,每次经济危机之后都伴随机器代替工人的现象。机器代替工人的现象,在新的技术革命和产业变革浪潮下,仍然在全球范围内存在。这是人类技术革命的一个重要标志,因为社会生产力提高了,不再需要那么多劳动力,特别是低技能的劳动力。目前在全世界外汇交易市场,算法交易已占整个外汇市场交易的85%以上。机器学习也可以替代人工翻译,包括同声传译,以前很多高端学术讲座需要聘请同传译员,费用很高,现在机器学习软件可以替代人工同声传译,虽然目前技术可能还不是那么成熟,但是这个趋势已经

展现出来。长期以来，会计专业人才在全世界非常抢手，但是现在会计人员也开始面临被机器学习替代的危险。新闻写作也是如此，已经出现机器人记者。甚至已经有人开始让机器人做科学实验、写学术论文，并且通过匿名评审。这些例子大都涉及人文社会科学的人才培养。我们现在必须思考，需要培养什么样的人才才能应对新技术革命和新工业革命的巨大挑战。

高等教育人文社会科学如何应对人才培养方面的新挑战？哈佛大学校长吉尔平·福斯特在美国西点军校的一个演讲中提到，"最近英国文化委员会一项调查显示，在国际上，超过半数的领导人持有人文学科或社会科学的学位，而75%的商界领袖表示，最重要的职场技能都与人文学科有关，即分析问题的能力、人与人之间沟通的能力和写作能力"（Faust，2016）。沟通能力、写作能力恰恰是中国高校人才培养中相对忽视或者说没那么重视的一个环节。

习近平在2016年哲学社会科学工作座谈会上的讲话中指出，"一个没有发达的自然科学的国家不可能走在世界前列，一个没有繁荣的哲学社会科学的国家也不可能走在世界前列。"[1]这个论述彰显了人文社会科学在国家发展中的重要地位。经济学是人文社会科学的重要组成部分。在新时代，需要建设什么样的经济学科，培养什么样的经济学人才，才能应对新时代的各种挑战，是摆在中国高校经济学科面前的现实问题。

二、经济学研究与学科交叉

除了研究范式与研究方法之外，学科交叉对经济学研究的重要性也日益显现。回顾自然科学与经济学的发展史，可以发现，有些不同领域的理论的科学思想是非常类似的。比如，牛顿的"万有引力"和亚当·斯密的"看不见的手"，这两个完全不同的理论的基本思想具有很强的相似性。达尔文的物竞天择、适者生存的"进化论"与市场经济的自由竞争、优胜劣汰，其基本思想也是类似的。长期以来，自然科学、经济学以及其他人文社会科学都是互相影响、互相渗透的。交叉学科和交叉方法与一个学科的发展历史、发展水平和发展阶段是密切相关的。例如，如果经济学只停留在定性分析上，那就用不了数学。现在人文社会科学的不少学科，包括经济学、管理学的各个本科专业，都要学习微积分、线性代数、概率论、统计学等数学知识。在"新文科"建设中，人文社会科学的学生也需要学习自然科学的基础知识，以培养自身的科学素养。

---

[1]《习近平：在哲学社会科学工作座谈会上的讲话（全文）》，http://www.scio.gov.cn/31773/31774/31783/Document/1478145/1478145.htm[2016-05-19]。

（一）经济学研究与理工科交叉

我们现在列举经济学中一些文理交叉的具体例子。比如，使用随机游走模型研究金融市场的有效市场假说（Bachelier，1900），这是在 1900 年法国的一位数学博士的博士论文中最早提出来的，比爱因斯坦 1905 年提出布朗运动还要早 5 年。有一门交叉学科叫经济物理学，其主要将物理学的复杂性、非线性科学的方法应用于经济学，如将混沌理论应用于经济学研究。国际贸易理论中有一个经典的贸易引力模型，其假设两个国家的贸易额跟它们的地理交通距离的平方成反比，这是牛顿的 "万有引力" 思想的引申与应用。数学方法在经济学中的广泛应用就更不用说了，如应用固定点定理证明一般均衡的存在，从而使瓦尔拉斯在 1874 年首先提出的一般均衡理论在几十年后经过阿罗和德布鲁的证明而成为一个严谨的经济理论体系（Arrow and Debreu，1954）。最早应用于物理学的欧拉方程则已成为刻画宏观经济学的动态优化投资（或消费）过程的标准数学工具。在时间序列分析中，频谱分析将数学的傅里叶变换应用到物理学的信号分析与处理中，这个方法也被应用于宏观经济分析，是研究宏观经济波动与经济周期的基本方法。什么是频谱分析呢？一个随机经济变量（如国民生产总值增长率）随时间变化，可以将它分成很多不同频率的线性组合，每个频率有一定的随机权重系数，其平方期望值就是频谱密度函数，可用于刻画每个频率的强度大小。如果能够找到频谱密度函数的最大值，那么根据对应的频率就可以确定经济周期。形象地说，频谱分析可以说是宏观经济的心电图。

机器学习中一个重要的方法叫人工神经网络（artificial neural network），其最初是仿照认知科学中人脑接收与处理信号，最后形成一定的概念或产出的过程。信号进入眼睛、耳朵、鼻子、大脑等感官，通过大脑更深层次地综合分析与处理，最后汇总形成产出。这就是模仿认知科学的一种数学建模方式，称为人工神经网络模型（White，1992）。著名计量经济学家怀特在 20 世纪 80 年代，从数学上证明了当样本数据容量足够大时，人工神经网络模型可以一致估计出任何未知的回归函数，这是机器学习领域的一个原创性理论贡献（White，1989）。如今人工神经网络以及与之相关的深度学习在人脸、语言识别等领域有很成功的应用，其实几十年前计量经济学家怀特就已经在人工神经网络模型的基础理论方面做出了重要的原创性贡献。当然，对人工神经网络模型做出重要原创性贡献的还有很多来自不同领域的人。

（二）经济学研究与人文社会科学交叉

以上所讨论的学科交叉都是经济学与理工科的交叉，如经济学与数学、物理学、计算机科学之间的交叉等。第一届诺贝尔经济学奖得主丁伯根是物理学家，由于其在计量经济学方面的重要贡献而获奖，而数学家纳什则由于对博弈论的重要贡献而获得 1994 年诺贝尔经济学奖。下文我们讨论经济学与人文社会科学的其他学科之间的交叉，这种交叉也同样重要，因为经济只是人类社会的一个组成部分。从历史上看，经济学作为一门社会科学，拥有丰富的人文元素。例如，亚当·斯密最著名的著作是《国富论》，但同时他还写了一本书叫《道德情操论》（*The Theory of Moral Sentiments*）（Smith，1759）。亚当·斯密一方面主张自由竞争、发挥市场"看不见的手"的作用，另一方面也主张要有道德情操、人文关怀。1845 年，在《共产党宣言》发表之前，恩格斯写了一本《英国工人阶级状况》（*The Condition of the Working Class in England*），其描写了英国工人阶级悲惨的生活、工作状况（Engels，2009）。马克思的《资本论》则被誉为"工人阶级的圣经"。

目前，各种人工智能技术正广泛应用于经济、管理、社会、法律等诸多人文社会领域。《外卖骑手，困在系统里》（赖祐萱，2020）讨论了外卖骑手和算法的关系，算法用于精确预测外卖配送时间，以提高外卖效率。餐饮公司根据算法预测看谁的配送时间最短，据此给予奖励，这造成一些配送员不遵守交通规则，甚至出现交通事故。机器学习现在也广泛用于信用贷款审批。如果申请贷款的有大企业、小企业，那么很多贷款大概率不会落到小微企业上，因为小微企业的抗风险能力差、信用风险高。机器学习的优化行为意味着它所挑选的对象将是最优质的企业，因此小微企业得到贷款的机会比较小，但这跟普惠金融的目标就可能出现矛盾。这些优化算法缺乏人文关怀的元素，而其主要原因是算法背后资本的逐利动机与行为。上文提到了中国在抗击新冠疫情中取得了很大的成功，其中一个原因就是发明了健康码，其能够及时跟踪一个人所接触的对象以及所去过的地方，这涉及使用包括个人行踪信息的大数据。在非常时期，这样使用大数据问题不大，但在正常情况下，使用大数据可能会牵扯到侵犯个人隐私，这两方面如何协调呢？显然，如何在人工智能中加入人文关怀的元素，是经济学研究的一个重要课题。经济学需要以人为本，兼顾效率与公平、技术与人性、科学与人文，从而实现经济社会物质与精神的和谐发展。这就需要推动经济学与心理学、管理学、历史学、社会学、伦理学、政治学、法学、传播学等人文社会科学之间的交叉融合。

从历史上看，经济学和人文社会科学一直是密切相关的。例如，经济学中充满了很多心理因素。心理因素在经济活动中的重要作用可以说是经济学作为一门社会科学与自然科学最大的一个区别。众所周知，诞生于 19 世纪 70 年代的经济学边际革命学派，将心理因素引入到经济学分析框架中，研究边际效用（即心理偏好）对需求的影响。凯恩斯有效需求不足理论诞生于 20 世纪 30 年代大萧条时期，其边际消费倾向在一定程度上是一个心理概念，而其流动性陷阱概念就是讲投资者的心理预期如何影响投资。当代宏观经济学的一个核心理论是理性预期学派，其研究经济不确定性使经济主体对未来如何形成理性预期，以及这种理性预期如何影响经济，包括在政策环境发生变化时。实验经济学通过实验手段研究心理因素对经济主体决策行为的影响。在神经元经济学（neuroeconomics）中，经济学家使用实验手段研究心理因素对经济行为的影响，也是通过脑科学等现代方法研究其神经机理，如研究人对风险的厌恶是否跟其体内的荷尔蒙或者某些生物激素含量有关。这些新兴学科都是交叉学科的产物，推动了经济科学的发展。一些心理学家由于其对经济学的重要贡献而获得诺贝尔经济学奖。例如，提出有限理性假设的 1978 年诺贝尔经济学奖获得者西蒙和提出前景理论的 2002 年诺贝尔经济学奖获得者卡内曼。

现代经济学越来越重视情感因素在经济学中的作用。诺贝尔经济学奖得主希勒所写的 *Narrative Economics：How Stories Go Viral and Drive Major Economic Events* 一书于 2020 年被翻译成中文《叙事经济学》。他在书中指出，有些情况下，基于经济数据的定量实证研究不见得会得到很多洞见，经济学家经常忽略重要经济故事的传播所形成的社会心理或情绪，以及它们对经济活动的影响。重要经济故事的传播不单单指故事本身，还指故事传播的深度、广度、速度以及所形成的社会情感的强弱。

那么，如何将社会心理、情感元素纳入经济学的科学分析框架中呢？以前，经济学家没有数据可以测度社会心理、社会情感变量，因此这方面的研究大都是定性分析。现在有了大数据，特别是有了非结构化的文本数据，可以通过文本数据和人工智能技术来测度社会心理变量、社会情感变量。例如，可以通过梳理投资者在微博、推特、脸书等社交媒体上的一些反映投资者情绪或情感的关键词，分析关键词出现的频率，构建投资者情绪指数，以描述投资者情感强度。有了投资者情绪指数，经济学家便可以通过文本回归（textual regression）研究情感指数对如经济增长、资产定价及金融市场波动等的影响。福利经济学也有一个重要心理变量叫幸福感。长期以来，如何测度消费者或居民的幸福感一直是福利经济学的一个难题。在大数据条件下，幸福感可以通过统计调研测度，也可以通过文本数据进行更准确的测度。通过主流报刊、社交媒体等文本数据，分析某些经济政策关键词出现的频率，可以构建经济政策不确定性（economic policy uncertainty）指数，这个指数本质上是新闻从业人员关于经济政策不确定性的描述刻画，因此可以将它归类为社会心理指数。构建这些社会心理、情感指数之后，就可以进行文本回归分析，从而研究心理、情感因素对经济行为与金融市场的影响（洪永淼和汪寿阳，2021a）。

文本回归分析不仅仅适用于经济学研究，也适用于人文社会科学的其他领域。比如，若想了解法国文学家雨果所著的《悲惨世界》描述的那个时代，可以收集描述那个时代的社会情景的数字化历史文本数据，构建当时的社会悲情指数，然后进行文本回归分析。又如，要研究中世纪的黑暗指数，可以收集描述中世纪欧洲政治社会环境的数字化历史文本数据，然后用定量方法加以测度。中国科学院著名统计学家安鸿志教授是小说《红楼梦》的业余爱好者，曾用概率论与统计学方法研究《红楼梦》，并写了一本《随缘话红楼》（安鸿志，2012）的小册子。事实上，早就有人通过统计《红楼梦》前80回中常用副词的出现频率和后40回中常用副词的出现频率来判断这两部分是否为同一作者所著，这是应用了统计学假设推断中关于两个样本的统计检验。

第三部分

自然科学基金经济科学"十四五"学科发展布局与规划

第七章　经济科学学科的顶层设计与布局优化[①]

　　习近平指出，"用中长期规划指导经济社会发展，是我们党治国理政的一种重要方式""我们要着眼长远、把握大势，开门问策、集思广益，研究新情况、作出新规划"[②]。"十四五"时期是我国开启全面建设社会主义现代化国家新征程，全力迈向第二个百年奋斗目标的第一个五年，标志着中国进入了一个新的发展阶段。中国正经历着历史上最为广泛而深刻的社会变革，国内外经济形势经历着前所未见的深刻调整和剧烈变化，新问题、新矛盾甚至新危机对中国经济科学的发展提出了新挑战、新机遇和新要求。与此同时，世界经济科学研究也在经历深刻变革，产生了以"实证革命"为代表的研究范式革新（Angrist et al.，2017），大数据、机器学习和人工智能等领域的突破性发展使经济科学的研究内容、研究方法和研究工具出现重要变化（洪永淼等，2021）。为满足新时代中国经济发展的迫切需要、顺应新一轮经济科学变革的历史趋势、促进中国经济科学学科进一步创新发展，国家自然科学基金委员会管理科学部落实国家自然科学基金委员会的改革部署，以申请代码调整为契机，推动优化学科布局改革，为适应现代经济科学发展潮流、深入研究新时代和新实践提出的重大理论与现实问题指引正确方向。

第一节　新时代经济科学学科的定位

　　管理科学部一直鼓励中国学者围绕"真问题"开展科学研究，通过运用数理研究、实证研究、实验研究等科学方法解释经济发展现象、提炼经济发展理论、揭示经济发展规律，从而为解决现实经济问题提供科学方法和可行路径。自 2017年国家自然科学基金委员会管理科学部设立经济科学学科以来，我国经济科学领域的课题申请数量和研究成果均快速增长，国家自然科学基金已成为支持国内高水平经济科学研究的主要力量，有力推动了中国现代经济科学研究的本土化、规

---

　　① 本章内容基于任之光等（2021）的研究。

　　②《正确认识和把握中长期经济社会发展重大问题》，https://baijiahao.baidu.com/s?id=1688947561493248452&wfr=spider&for=pc[2021-01-15]。

范化和国际化。重点项目的申请量在 2018 年有大幅上升后，保持稳定态势。与此同时，批准资助的项目数量、金额、资助金额占比、单项平均资助金额等均基本保持稳定。由于项目申请数量增长较快但最终资助项目数保持稳定，项目之间的竞争强度加剧，资助率出现小幅下降。从 2017～2019 年经济科学学科内各领域的申请情况来看，农林经济管理（G0308）、经济发展与贸易（G0304）、金融管理（G0306）、人口资源环境经济与劳动经济（G0307）、区域经济与产业经济（G0309）的申请项目数和资助项目数一直保持在前五位，占申请项目总量的 82%、资助项目总量的 78%（任之光和陈中飞，2019）。

从不同学科代码下资助发表的高水平学术论文数量来看（表 7.1），在 2017～2019 年已立项的项目中，经济发展与贸易（G0304）、金融管理（G0306）、区域经济与产业经济（G0309）、货币政策与财税政策（G0305）、人口资源环境经济与劳动经济（G0307）代码下发表的高水平 CSSCI 经济学论文数量分别位于前五位。经济发展与贸易（G0304）、博弈论与信息经济（G0301）、计量经济与经济计算（G0303）、行为经济与实验经济（G0302）代码下发表的国际 A 类及以上 SSCI 经济学论文数量分别排在前四位。

**表 7.1 2017～2019 年经济科学各学科已立项项目
资助发表的高水平学术论文数量**　　　　　　　　单位：篇

学科领域	代码	2017 年		2018 年		2019 年		合计	
		CSSCI	SSCI	CSSCI	SSCI	CSSCI	SSCI	CSSCI	SSCI
经济发展与贸易	G0304	53	7	38	1	13	0	104	8
金融管理	G0306	44	0	19	0	6	0	69	0
区域经济与产业经济	G0309	32	1	8	0	8	0	48	1
货币政策与财税政策	G0305	29	0	8	0	4	1	41	1
人口资源环境经济与劳动经济	G0307	12	0	1	0	1	0	14	0
计量经济与经济计算	G0303	8	1	4	2	1	0	13	3
行为经济与实验经济	G0302	7	2	5	0	0	0	12	2
农林经济管理	G0308	2	1	9	0	0	0	11	1
博弈论与信息经济	G0301	4	4	2	2	0	1	6	7
合计		191	16	94	5	33	2	318	23

资料来源：国家自然科学基金委员会年度统计与年度报告，由计量经济学教育部重点实验室（厦门大学）和国家自然科学基金委员会 "计量建模与经济政策研究" 基础科学中心整理

从标注基金支持的类型看，2010～2019 年在国内高水平 CSSCI 期刊发表的论文中，署名获得 "国家自然科学基金资助" 的论文有 3792 篇，占整体论文总量的 49.54%，高于署名获得 "国家社会科学基金资助" 的论文（3073 篇，占 40.15%）。

在国际发表方面，中国学者发表的 SSCI 论文中获得国家自然科学基金资助的数量从 2010 年的 57 篇跃升至 2019 年的 2115 篇，占比从 51.9%跃升至 83.9%，这显示出国家自然科学基金已成为国内经济学高水平学术研究的最重要支持力量。

第二节　经济科学学科资助框架

为了更好地推动中国经济科学学科发展和人才培养，进一步优化学科布局和学科管理工作，管理科学部自 2019 年开始试点，基于"鼓励探索、突出原创""聚焦前沿、独辟蹊径""需求牵引、突破瓶颈""共性导向、交叉融通"这四大科学问题属性开展资助工作（李静海，2019；任之光和陈卫飞，2019），计划通过进一步优化学科申请代码系统，为经济科学的繁荣发展做好顶层设计。

学科分类是学科发展顶层设计中的一项重要内容，它反映知识体系的内在逻辑结构，体现经济科学学科整体布局，影响国家自然科学基金资助的战略规划。国家自然科学基金申请代码应该体现科学研究的内在逻辑，以更好地适应、促进和推动学科资助和管理工作的需求，更好地匹配合适的专家对申请项目资料做出公正、客观、科学、合理和及时的评审资助建议。因此，申请代码不能等同于教育部学科代码，也不同于图书馆分类代码。在充分理解这一重要差异后，我们进一步考虑学科之间的相关性、相容性和交叉性，考虑学科当下的热点和难点，预测未来的前沿和突破，既注重热门学科、优势学科"扶优助强"，又关注冷门学科、弱势学科"补齐短板"。

在提出和论证申请代码调整方案的过程中，我们始终坚持以下八项调整原则。

1. 科学性

我们对每一项调整内容均给出具体的调整理由并进行科学论证，广泛咨询相关领域专家的意见和建议，集思广益；我们参考了 2017～2019 年国家自然科学基金经济科学学科项目申请和立项情况，以及 2010～2019 年标注了国家自然科学基金支持并发表的高水平研究论文的数量，在科学评估已有项目资助绩效的基础上提出调整方案。

2. 逻辑性

我们首先提出了优化学科布局的总体思路，构建学科总体布局框架，从经济科学学科之间的内在逻辑出发，梳理学科之间的逻辑关系，确定代码前后顺序。

3. 稳定性

新的学科代码调整方案参考了中国科学院科技政策与管理科学研究所课题组的

《管理科学部 "十三五" 科学发展布局及申请代码设置研究》（2016 年 9 月 27 日）[①] 和《NSFC 管理科学部申请代码调整方案》（2016 年 10 月 21 日），在保持学科已有代码的内容和范围具有历史延续性的基础上，进行必要的调整和优化。

4. 完备性

新的申请代码不仅涵盖了原有三级代码下的所有研究方向，还尽可能覆盖经济科学各研究领域。

5. 专业性

从经济科学研究的专业角度出发，尊重经济科学学科领域的基本属性和发展规律，参考国家社会科学基金、香港大学教育资助委员会、*Nature* 杂志、美国经济学会经济学文献分类代码、美国国家科学基金会、法国国家科学研究中心等教育、科研、出版社机构对经济科学研究领域分类的方法，努力保证每个申请代码下的学科内容具有专业性。

6. 正交性

为了提高基金申请的效率，新的申请代码尽量减少二级学科内的研究方向的重叠和交叉。

7. 前瞻性

作为学科发展的顶层设计，我们兼顾学科未来发展的可能性，结合中国未来发展的需求、契合经济科学研究发展的趋势提出未来可能的发展方向。

8. 兼容性

在充分满足中国经济科学学科发展战略需要的同时，新的代码调整方案还应注意兼顾和世界经济科学体系进行学术交流与合作的需要。

遵循以上八项基本调整原则，我们构建了一个以数理、计量、实验三大科学方法和宏观、微观两大基本理论为支柱，覆盖金融、财政、产业、发展、制度、农林、城市、资源环境、人口、健康等多领域交叉应用研究的 "三位一体" 的学科资助总体框架（图 7.1）。基于这个总体框架，我们调整并优化了学科申请代码并提出 "十四五" 期间经济学科优先资助领域，在研究方法、基础理论、多元应用、多维交叉这四大领域寻求创新和突破，包括研究方法领域 "基于大数据经济

[①] 在此，我们要特别感谢中国科学院科技政策与管理科学研究所徐伟宣研究员提供其课题研究成果，作为本书重要的参考资料。

学研究范式革命"方向、基础理论领域"中国经济发展规律原创性研究"方向、多元应用领域"经济发展中长期趋势与重大理论实践问题研究"方向，以及多维交叉领域"新兴与交叉学科方法创新和理论创新"方向等多项重大问题。这些均为国内经济科学领域目前和中长期迫切需要研究的学术难点和热点，迫切需要国内经济学者在未来贡献研究力量。

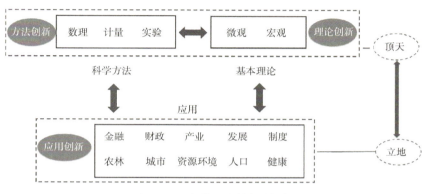

图 7.1　经济科学学科资助框架

第三节　学科代码调整内容和意义

在充分调研和科学分析的基础上，国家自然科学基金委员会管理科学部按照委党组对申请代码调整的要求精神，进行经济科学学科申请代码设置调整，内容包括适应学科发展需求、取消三级申请代码、优化经济学科布局、扩充二级代码内涵、完善学科关键词词库。经过多轮专家论证和反复修改完善，国家自然科学基金委员会管理科学部最终提出新的国家自然科学基金经济科学学科申请代码，于 2021 年开始正式实施。

经过多轮专家论证，国家自然科学基金委员会管理科学部确定经济科学学科14 个新申请代码（2021 年版），分别为：G0301 计量经济与经济统计、G0302 行为经济与实验经济、G0303 数理经济与计算经济、G0304 微观经济、G0305 宏观经济管理、G0306 国际经济与贸易、G0307 金融经济、G0308 财政与公共经济、G0309 产业经济、G0310 经济发展与经济制度、G0311 农林经济管理、G0312 区域经济、G0313 人口劳动与健康经济、G0314 资源与环境经济。

2021 年版申请代码遵循了经济科学学科之间的内在逻辑，按照从前沿和原创方法，到基础理论，再到需求导向、交叉应用研究领域的逻辑关系展开。在新的申请代码中，前三个代码 G0301～G0303 分别从计量、实验、数理三个方面强调经济科学研究方法的创新，共同构成科学方法部分，其中计量经济与经济统计为实证研究提供了基本的分析方法和工具，行为经济与实验经济、数理经济与计算经济则为微观经济理论和宏观经济理论的研究提供了基本的分析方法及工具。G0304 和 G0305 从微观和宏观两个角度强调了经济科学中基础理论方面的研究范畴。G0306～G0314 涵盖了经济科学中有关开放经济、金融经济、公共经济、产业经济、发展经济、农林经济、城市经济、人口劳动教育健康、资源与环境等主要研究领域，突出了需求导向与交叉应用的研究方向。

一、申请代码下的研究内容和资助方向

1. G0301 计量经济与经济统计

计量经济与经济统计是以经济学和统计学为基础、以社会经济数据为主要研究对象、以识别社会经济发展规律和因果关系为主要目的的一门交叉学科，为实证研究提供科学分析工具。主要研究方向包括：估计方法、统计检验、机器学习与大数据分析、金融数据分析、时间序列分析、面板数据分析、政策评估、风险管理、贝叶斯分析、复杂数据建模、国民经济核算与宏观经济测度、国民经济结构与产业关联分析、价格统计和价格分析等。

2. G0302 行为经济与实验经济

行为经济从探究理性人假设是否符合现实出发，把心理学、认知科学和理性人分析框架结合起来，研究人的心理因素、认知因素及非自利因素如何影响个体行为与个体决策以及这些因素对市场均衡的影响，而实验经济学是在可控设计下产生经济决策数据进而研究经济学问题的一个经济学分支学科。主要研究方向包括：个体决策理论、期望及非期望效用函数理论、有限理性、前景理论、助推理论、动态不一致、公平与社会偏好、信念和决策、市场及宏观实验、博弈实验、个体决策实验、实地实验等。

3. G0303 数理经济与计算经济

数理经济与计算经济是综合使用经济学分析工具以及数学、信息科学和数据科学等技术手段的交叉学科，为经济学理论分析、数值模拟、仿真模拟分析提供科学研究方法与工具。主要研究方向包括：经济优化理论与方法、一般均衡分析、测度与随机理论、复杂系统与混沌理论、数理金融、数理分析一般方法、数值计算方法、数值模拟与估计、多主体建模与仿真、计算机建模一般方法等。

4. G0304 微观经济

微观经济研究微观决策主体（如家庭、个人和企业）在市场中的决策、相互

之间的互动、市场机制的效率、市场失灵和弥补市场失灵的公共政策设计问题，这是经济科学的重要理论基础。主要研究方向包括：一般均衡理论、市场理论、福利经济学、非合作博弈论、合作博弈、竞合博弈、演化博弈理论、信息经济、社会选择理论、机制设计理论、拍卖与竞争理论、匹配理论、网络博弈与算法博弈、协商理论与方法等。

5. G0305　宏观经济管理

宏观经济管理是分析总体经济运行规律的一个经济学领域，它以国民收入总量、总体投资和消费、货币与财政政策、经济周期和经济增长、收入与财富分配等总量与分布目标作为研究对象，是经济科学重要的理论基础。主要研究方向包括：经济周期与经济危机、经济增长、宏观定量模型、微观主体动态决策与宏观经济、货币理论与政策、宏观财政政策、通货膨胀、宏观模型预测、外汇储备与货币体系、开放宏观经济等。

6. G0306　国际经济与贸易

国际经济与贸易主要从国家产业之间的比较优势、产业内部规模经济、企业异质性等角度解释贸易发生的机制，进而评估或者预测贸易自由化及贸易政策工具的影响。主要研究方向包括：国际贸易理论、跨国生产与全球价值链、经济地理与要素流动、贸易与发展、贸易政策与政治经济学、国际贸易组织与贸易协定、国际贸易与国际收支核算等。

7. G0307　金融经济

金融经济运用经济学研究范式系统性地分析金融问题，即个人、家庭、企业、政府等通过金融体系跨期配置资源以求在不确定条件下最大化效用和福利，这是经济学、数学、计算机、心理学、社会学等多学科交叉的应用型研究领域。主要研究方向包括：资产定价、公司金融、金融市场、金融中介、国际金融、行为金融、家庭金融、金融风险、金融监管与政策、新兴金融领域等。

8. G0308　财政与公共经济

财政与公共经济是从规范和实证的角度研究政府对经济的影响，包括解释政府行为、政府行为对企业和个人行为的影响，以及这些行为变化所带来的社会福利的影响。主要研究方向包括：财政基础理论、政府间财政关系、税收制度、财政管理、社会保障、税收管理、财政分配、财政支出、公共债务、公共选择、行为与财政实验等。

9. G0309 产业经济

产业经济主要研究不完全竞争市场中市场主体（如企业、消费者等）的组织、研发、生产和销售决策及竞争行为，在深入理解市场主体行为的基础上讨论政府政策设计以期实现有效的资源配置。主要研究方向包括：企业理论、市场组织与结构、规制与竞争政策、制造业与服务业、知识产权与数据、行业管理与政策、产业集聚、关联与产业政策等。

10. G0310 经济发展与经济制度

经济发展关注的重点是发展中国家经济发展以及居民生活改善问题，探讨如何在经济增长的基础上实现经济、社会、环境的可持续发展，近年来，其研究目标从发展和减贫扩大转变到减轻社会不平等、促进共同繁荣。经济制度的研究内容包括法与经济学、经济转轨、经济制度比较、经济体制改革等，是经济科学与社会学、法学的交叉学科。主要研究方向包括：反贫困制度与政策、发展途径效果评估、收入分配不平等、气候变化与反贫困、随机试验和发展政策、数字革命与经济发展、全球化和逆全球化与经济发展、政治激励与经济发展、经济制度、经济体制改革、法与经济、量化经济史等。

11. G0311 农林经济管理

农林经济管理是用经济学和管理学的方法研究与农林相关问题的一个应用型研究领域，关注农业生产、食品消费、减贫问题、环境资源与生产协调发展等问题。主要研究方向包括：林产品市场与贸易、林业制度与政策、林业可持续发展、农业投入与政策、农业科技创新与推广、农业产业发展、农业可持续发展、农产品市场与贸易、农业生产组织与制度、农村公共物品与公共服务管理、农地制度与管理、农村金融与保险、农村人力资本、农村建设与发展、农民生产、食品管理、粮食安全等。

12. G0312 区域经济

区域经济研究人口和经济活动在城市内部与城市之间的空间分布，是应用微观交叉学科，研究的内容主要包括城市空间结构、集聚经济、城市发展、城市房地产市场、交通经济学、城市劳动力市场、地方公共财政等。主要研究方向包括：城市经济、区域可持续发展、区域经济、空间经济与空间结构、房地产经济、交通经济等。

13. G0313 人口劳动与健康经济

人口劳动与健康经济研究的核心是关于人的问题，人口经济研究人口规模与经济发展之间的关系，劳动经济研究劳动力资源的配置，健康经济通过经济学理论和方法研究卫生健康领域的问题，其是医学、心理学、流行病学、保险学、管理学及社会学等学科的交叉领域。主要研究方向包括：劳动供给、劳动需求、工作、工资与福利、人力资本、人口流动、劳动力市场机制与政策、劳动力市场差别与歧视、人口经济管理、教育经济、健康经济等。

14. G0314　资源与环境经济

资源与环境经济是经济学和环境科学的交叉新兴学科，运用经济科学和环境科学的理论与方法，分析人类经济系统和生态环境系统的相互关系，并通过设计相应的政策手段，推动经济和环境的可持续发展。主要研究方向包括：资源可持续发展战略、资源经济、绿色经济与低碳发展、循环经济与废弃物回收、环境经济、气候经济与气候政策等。

二、新代码的特点与意义

经济科学学科申请代码（2021年版）的修订经历了一年多的认真调研和反复论证。课题组分四个阶段举办了30余场学术研讨会，访谈了国内外200多位专家学者，包括国际顶尖学者（如诺贝尔经济学奖得主、克拉克奖得主等）、国际学术期刊主编和副主编、国内学术带头人和学术管理者，获得了对于学科布局、发展规划和战略措施的具体建议。课题组基于文献计量和统计学的科学方法，梳理了国内经济科学发展的现状，总结归纳了主要领域的突破性进展，研究了各学科发展的国际前沿动态和未来发展方向，对中国经济学科未来发展的学科布局和总体规划有了科学、全面、清晰的认识。同时，课题组采用文本分析方法分析2010～2019年中央政府工作报告、党和国家领导人重要讲话等，全面把握国家战略需求和政策导向。在充分研究的基础上，课题组完成了《经济科学发展战略研究》，形成"十四五"期间管理科学部经济科学学科发展战略的顶层设计，提出经济科学优化学科布局的具体建议，其中包括"经济科学学科申请代码设置调整计划"。管理科学部举办多轮内部研讨会，咨询学界专家对调整计划进行充分讨论和补充修订，最终形成14个新的学科申请代码（2021年版）。

与原有学科申请代码（2016年版）相比，新的学科申请代码（2021年版）的设计更为合理，符合经济科学学科自身的发展规律和当代经济科学的学科特点。经济科学的研究范式和研究方法，从早期以历史分析、逻辑分析、定性分析为主，发展到目前以定量分析和实证分析为主（洪永淼和汪寿阳，2020）。当代经济科学的研究内容包含三个主要组成部分：第一部分为基本研究方法和分析工具，涉及微积分、概率论、线性代数等数学工具,信息科学、数据科学和计算机等计算工具,心理学、认知科学和实地实验等实验工具等;第二部分为基础理论和经济思想,包括从经济行为人、厂商、市场等微观视角切入的有关行为人博弈、市场机制效率、公共政策设计等问题,以及从国民收入总量、总体投资和消费等宏观视角切入的有关经济波动和增长、货币财政政策制定、收入和财富分配等问题;第三部分为应用和交叉研究,涵盖金融、财政、产业、发展、制度、法律、农林、城市、资源环境、人口、健康等领域具体的研究对象和研究内容,从而使经济学能够用于研究包括自然和社会在内的复杂社会经济系统,更好地为新发展理念提供理论基础和方法支撑。经济科学的三个主要组成部分紧密联系:数学工具和理论模型的科学运用是表达经济思想的重要载体,定量分析与实际问题的紧密结合是检验经济理论的主要途径。只有保持研究方法的科学性、理论和现实之间的一致性,我们才能推动经济学作为一门科学不断向前发展。

遵循八大调整原则,新申请代码在基本保留原有代码内容的基础上,对代码进行了内容扩充与拆分合并(表 7.2)。例如,将"博弈论与信息经济"的代码名称改为"微观经济",对资助内容进行了扩充;在国家自然科学基金资助体系内首次加入"经济统计"的研究方向①,拆分原代码"计量经济与经济计算"为两个新的代码,即"计量经济与经济统计"和"数理经济与计算经济";拆分原代码"人口资源环境经济与劳动经济"为两个新代码"人口劳动与健康经济"和"资源与环境经济";拆分原代码"区域经济与产业经济"为两个新代码"产业经济"和"区域经济";拆分原代码"经济发展与贸易"和"货币政策与财税政策",按照专业性和正交性原则组合为四个新代码,分别为"国际经济与贸易"、"宏观经济管理"、"财政与公共经济"以及"经济发展与经济制度"。

表 7.2 新旧申请代码调整方案对比

新二级代码和名称	原二级(含三级代码)和名称	与原代码关系
G0301 计量经济与经济统计	G0303 计量经济与经济计算(部分)	保留原代码 G0303 中关于计量经济的部分,新增经济统计的内容,并调整代码顺序
G0302 行为经济与实验经济	G0302 行为经济与实验经济	保留原代码 G0302 名称不变
G0303 数理经济与计算经济	G0303 计量经济与经济计算(部分)	扩充原代码 G0303 中关于经济计算的部分,新增数理经济的内容,并调整代码顺序
G0304 微观经济	G0301 博弈论与信息经济	扩充原代码 G0301 的内容,涵盖微观经济研究中所有前沿理论问题

① 首次加入"经济统计"研究方向的举措反映了国家自然科学基金委员会对于我国经济统计工作的重视,以及在大数据时代推动中国经济统计研究进一步发展的努力。

续表

新二级代码和名称	原二级（含三级代码）和名称	与原代码关系
G0305 宏观经济管理	G0305 货币政策与财税政策（部分） G030401 经济增长与发展（部分）	合并原代码 G030401 和 G0305 中有关宏观经济与货币政策的部分，涵盖宏观经济研究中有关经济增长、经济波动、货币理论与政策、宏观定量分析等内容
G0306 国际经济与贸易	G0304 经济发展与贸易（部分） G030402 贸易经济	保留原代码 G0304 中有关贸易关系的部分，增加有关国际经济的内容，涵盖跨国企业和全球价值链、经济地理与要素流动、贸易政策、国际贸易组织等内容
G0307 金融经济	G0306 金融管理 G030601 银行体系管理 G030602 金融市场管理 G030603 金融创新管理	保留原代码 G0306 内容，调整代码名称
G0308 财政与公共经济	G0305 货币政策与财税政策（部分）	保留原代码 G0305 中有关财税政策的部分，新增财政、公共经济等研究内容
G0309 产业经济	G0309 区域经济与产业经济（部分） G030902 产业经济管理	保留原代码 G0309 下有关产业经济管理的部分，增加产业组织、企业理论、规制与竞争政策、知识产权与数据等内容
G0310 经济发展与经济制度	G0304 经济发展与贸易（部分） G030401 经济增长与发展（部分）	保留原代码 G0304 下有关经济发展的部分，增加有关经济制度的内容
G0311 农林经济管理	G0308 农林经济管理 G030801 林业经济管理 G030802 农业经济管理 G030803 农村改革与发展 G030804 食品经济管理	保留原代码 G0308 的主要研究内容，调整代码名称
G0312 区域经济	G030901 区域经济管理	保留原代码 G030901 的内容，增加城市经济的内容
G0313 人口劳动与健康经济	G0307 人口资源环境经济与劳动经济 G030701 劳动经济 G030702 人口资源环境经济（部分）	保留原代码 G0307 中有关劳动经济学和人口经济学的内容，并加入有关家庭、健康、教育经济的内容
G0314 资源与环境经济	G030702 人口资源环境经济（部分）	保留原代码 G030702 中有关资源与环境的内容

　　新学科申请代码的修订还参考了国家社会科学基金、美国国家科学基金会、法国国家科学研究中心、美国经济学会等机构对于经济科学学科领域的划分体系。具体来说，国家社会科学基金项目申请代码的学科分类包括"理论经济学"和"应用经济学"两大类，理论经济学类包括 13 个二级代码，应用经济学类包括 24 个二级代码（表 7.3）。美国国家科学基金会将经济学划归"社会、行为和经济科学"

领域，经济学目录下包括 10 个领域：计量经济学、经济史、环境经济学、金融学、产业组织、国际经济学、劳动经济学、宏观经济学、数理经济学、公共经济学。与美国国家科学基金会类似，法国国家科学研究中心将经济学领域划分为 13 个子领域：一般经济、农业环境能源经济、发展与转轨经济、法律与经济、公共经济与公共选择、经济思想史、国际经济学和货币经济、计量经济、产业组织、健康经济与管理、区域经济与地理经济、博弈论与实验经济、劳动经济与人口。美国经济学会有一套经济学文献主题分类系统，被当代西方经济学界广泛使用，也被应用到国内一些重要的期刊，如《经济研究》《经济学（季刊）》等。它包括 20 个一级编码（从 A～R 和 Y～Z），在每个一级编码后以两位阿拉伯数字对经济学各领域进行"辞书式"编码分类。这与我国采用的《中国图书馆分类法》类似。其他学术和研究机构，如香港大学教育资助委员会、一些商学联盟、*Nature* 期刊并没有对经济学领域做进一步细致划分。

表 7.3　国内国际主要机构对于经济科学学科领域划分

机构名称	领域划分内容
国家社会科学基金	理论经济学类
	政治经济学、宏观经济学、微观经济学、比较经济学、发展经济学、生产力经济学、经济地理学、经济思想史、经济史、世界经济学、国民经济学、区域经济学、理论经济其他学科
	应用经济学类
	管理经济学、数量经济学、会计学、审计学、技术经济学、生态经济学、劳动经济学、城市经济学、资源经济学、环境经济学、物资经济学、工业经济学、农村经济学、农业经济学、交通经济学、建筑经济学、商业经济、价格学、旅游经济学、信息经济学、财政经济学、货币银行学、保险学、应用经济其他学科
美国国家科学基金会	社会、行为和经济科学
	计量经济学、经济史、环境经济学、金融学、产业组织、国际经济学、劳动经济学、宏观经济学、数理经济学、公共经济学
法国国家科学研究中心	经济学领域
	一般经济、农业环境能源经济、发展与转轨经济、法律与经济、公共经济与公共选择、经济思想史、国际经济学和货币经济、计量经济、产业组织、健康经济与管理、区域经济与地理经济、博弈论与实验经济、劳动经济与人口
美国经济学会	A 总论教学，B 流派方法，C 数理数量方法，D 微观经济学，E 宏观经济学与货币经济学，F 国际经济学，G 金融经济学，H 公共经济学，I 卫生、教育与福利，J 劳动与人口经济，K 法与经济，L 产业组织，M 商业管理和商业经济学、市场营销、会计学和人力经济学，N 经济史，O 经济发展、创新、技术变革与增长，P 经济体制，Q 农业和自然资源经济学、环境和生态经济学，R 城市、农村、区域、房地产和交通经济学，Y 杂项，Z 其他专题

与国内国际主要机构对于经济科学学科领域的划分体系相比，新学科申请代码吸收了其中先进、合理和有益的成分，同时充分体现自然科学基金资助项目的"科学性"属性，强调自然科学研究"原创、前沿、需求、交叉"的鲜明特色。新学科申请代码的资助框架凸显了科学方法和基础理论的重要地位，在学科布局中 G0301～G0305 这五个申请代码强调"原创、前沿"的方法与理论创新。新学科申请代码细化了应用交叉研究的具体问题，G0306～G0314 这九个代码尽可能覆盖更多学科内容，同时实现了最大的正交性，减少了重复资助的可能，为"需求、交叉"研究引领方向。

新学科申请代码体系对学科资助方向做出详细规划，也细化了每个资助方向下研究的关键词，努力遵循三个"有利于"原则：首先，有利于申请者明确自己的研究方向，凝练关键科学问题，完善项目申请材料；其次，有利于评审专家确定自己所属的专业领域，运用专业学识和研究经验判断项目申请材料的科学性与可行性；最后，有利于国家自然科学基金委员会匹配项目申请人和评审专家，为每一份项目申请材料给出公正、客观、科学、专业、及时的评审意见，从而提高国家自然科学基金委员会的管理效率和资助绩效。

需要指出，为了满足"新文科"建设的发展需求，促进量化人文经济学分析方法的发展，促进大数据革命背景下经济学与法学、政治学、历史学、社会学、文化学、心理学等多学科的交叉应用研究，在这次新代码调整方案中特别增设了有关"经济制度"方向的研究。这是国家自然科学基金委员会在新形势下促进新兴交叉领域研究发展的一次有益尝试。经济是人类社会系统的一个子系统，经济科学的研究方法不仅要在文理交叉方面实现研究方法与工具的突破和创新，更要根植于中国人文社会科学的土壤中发现新问题，产生新思想，构建新理论，完善新体系。

第八章　学科发展规划：优先发展领域与重点支持方向

以国家自然科学基金委员会"原创、前沿、需求、交叉"四类科学问题属性为导向，基于大量文献计量学研究成果，经过众多专家反复研讨论证，厦门大学经济学科牵头的课题组完成了《经济科学发展战略》研究报告（以下简称报告）。报告提出，"十四五"规划期间，经济科学要重点推进经济科学的基本理论、国家重大需求、交叉学科等重点领域的原创性、前沿性、交叉性等高质量的学术研究，服务国家经济建设与全球化实践的重大需求，提升中国经济科学的研究水平，用国际语言讲述中国故事，提高中国经济学的国际影响力与话语权；报告提出并论证了"十四五"规划期间在主要经济科学领域需重点资助的项目内容，建议国家自然科学基金委员会要继续努力推动经济科学与数学、统计学、信息科学、物理学、工程科学、医学科学、心理学等自然科学以及社会、历史、语言等社会科学相关领域的交叉研究；为落实国家自然科学基金委员会"优化学科布局"的改革任务，适应经济科学在新时代的发展需求，报告提出并论证了经济科学学科申请代码的调整方案，明确了新申请代码下的资助范围和内容，从而为经济科学的繁荣发展做好顶层设计。

第一节　经济学的研究范式①

一、经济学研究范式的历史演变

任何学科的发展离不开其研究方法及其知识生产与积累方式的进步，而一门学科是否具有科学性或者说其科学性的程度有多高，关键在于它是否有一个与时俱进的科学研究范式。研究范式，是指一个学科的学术共同体进行科学研究时所遵循的模式与框架，是学科知识生产与积累的基本研究方法的总和，是影响经济学研究质量的关键因素。历史上自然科学每一次的重大理论突破，都伴随着研究

---

① 本节内容基于洪永淼和汪寿阳（2021a，2021b，2021d）的研究。

范式的革命和研究方法的创新（Kuhn，1996），经济学的发展也是如此。

1776 年亚当·斯密《国富论》的发表，标志着经济学作为一门独立的学科正式诞生。亚当·斯密以经济增长为主题，运用历史方法和逻辑方法，论证自由竞争的资本主义经济制度能够比封建经济制度创造出更大的生产力。亚当·斯密使用了很多案例分析，这是实证研究的一个最基本方法。90 年后，马克思的《资本论》第一卷于 1867 年出版。马克思运用历史唯物主义和辩证唯物主义的分析方法，揭示资本主义经济制度下资本和劳动的矛盾与对立，以及资本主义历史发展规律。与《资本论》第一卷的出版相差不到十年，19 世纪 70 年代西方经济学出现了"边际革命"，代表人物包括杰文斯（Jevons）、瓦尔拉斯和门格尔（Menger）等。边际革命通过效用函数将心理因素引入经济学的分析框架，解释需求函数和供需关系，特别是稀缺资源的有效配置问题。边际概念的引进，也为数学（微积分）在经济学的广泛应用打开了一扇大门，推动了现代经济学定量分析方法的发展，为新古典经济学的形成奠定了重要的方法论基础，也为以后实验经济学和行为经济学研究心理因素对经济主体行为的影响奠定了理论基础。

20 世纪 30 年代大萧条后的"凯恩斯革命"（Keynesian revolution），开辟了以现实问题为导向的宏观经济学总量分析的研究范式，通过分析宏观经济统计变量（如 GDP、通货膨胀率、失业率、利率）之间的数量关系，寻找解释产生失业、有效需求不足等现实经济问题的原因以及解决方法。凯恩斯也因此被称为"宏观经济学之父"，其《就业、利息和货币通论》出版的时间（1936 年），与计量经济学这一学科诞生的时间（1930 年）基本一致。计量经济学是经济学实证研究的最主要方法论，与凯恩斯以问题为导向的宏观经济总量分析的研究范式相辅相成。可以说，凯恩斯革命开辟了计量经济学作为经济学实证研究最主要方法论的广阔的发展与应用空间。事实上，早期的计量经济学理论与方法大多以宏观计量经济学模型为研究对象，这一传统一直延续到如今宏观经济学中基于 DSGE 模型的实证研究，这从标准的计量经济学教科书中可清楚看到。当然，经过近百年的发展，现代计量经济学不但包括宏观计量经济学，还包括微观计量经济学等很多分支，而且发展非常迅速。

到了 20 世纪五六十年代，新古典综合（new classical synthesis）理论将新古典经济学（微观经济学）和凯恩斯经济学（宏观经济学）有机融合，并通过理性经济人这一新古典经济学基本假设和严谨的数学推导，建立了体系化的现代经济学理论。这方面的一个典型案例是阿罗和德布鲁的研究（Arrow and Debreu，1954），他们运用数学的不动点定理（fixed point theorem）证明一般均衡市场存在的可能性，从而在 80 年后完成瓦尔拉斯在 1874 年最早提出的一般均衡论的理论证明。新古典综合理论后来发展为理性预期学派和 DSGE 理论，成为现代宏观经济学的理论基础。而原来作为应用数学一个分支的博弈论则成为微观经济学的理论基础，并且与信息不对称、非完全理性等偏离经济学理想状态的假设结合在一起，推动信息经济学、行为经济学（包括行为金融学）和实验经济学等学科的兴起与发展。

二、经济学研究的"实证革命"

20 世纪 80 年代以来，由于计算机技术与运算速度的不断进步，以及经济数据的可获得性，经济学研究逐步转变为以计量经济学和实验经济学为主要方法的实证分析，不是通过数学推导，而是基于观测数据和实验数据推断现实经济中经济变量之间的逻辑关系，特别是因果关系，并验证经济理论或经济假说解释现实经济现象的能力。这就是现代经济学新的范式革命，即"实证革命"。Angrist 等（2017）发现，1980～2015 年国际顶尖和主流经济学期刊以数据为基础的实证研究论文数量占比从不到 35% 上升到 55% 左右。

经济学之所以会出现"实证革命"，主要是因为它符合科学研究范式。什么是科学研究范式？Kuhn（1996）在《科学革命的结构》一书中提出，任何理论假说都需要经过经验验证才能证明其正确性与有效性。鄂维南（E，2021）指出，自牛顿以来，自然科学研究基本上按照开普勒和牛顿两种不同范式展开，其中牛顿范式是基于第一性原理的研究方法，其目标是发现物理世界的基本原理，如牛顿、麦克斯韦、玻尔兹曼、爱因斯坦、海森堡、薛定谔的理论物理学的主要研究方法是"思想实验"，而开普勒范式是指数据驱动的研究方法，通过对数据的分析寻找科学规律并解决实际问题，如行星运动的开普勒定律。无论是哪一种范式，任何理论假说都需要接受经验验证，而且在相同的条件下，任何结论应该能够被独立地重复证实或发现。撤稿观察数据库（Retraction Watch Database）显示，《自然》（*Nature*）和《科学》（*Science*）2001～2020 年各撤稿 67 篇、74 篇，其原因是这些文章的结论不能获得大多数人重复实验的验证。2021 年，《金融学报》（*Journal of Finance*）自创刊以来首次撤回获得该期刊 2020 杰出论文奖的一篇论文，主要原因是该研究的核心实证结果无法复制，研究成果可靠性不足。

经济学家将科学研究范式引入经济学研究，并在方法论上进行创新，使之更符合经济学研究所基于的前提假设和数据特征。以因果关系研究为例，几年前中国经济学家对产业政策是否有效这一问题争论非常激烈。这种学术争论是十分有益的，同时基于经济观测数据对产业政策效应进行量化评估，也可提供重要的证据与洞见，有助于精准施策。大家知道，除了产业政策外，影响经济的因素很多，这些因素有的可观测，有的不可观测。产业政策评估就是控制其他因素不变，聚焦产业政策变化是否会导致经济结果的变化。如果经济结果发生变化，说明产业政策与经济结果之间存在因果关系；反之，产业政策与经济结果之间就不存在因果关系。虽然经济理论从逻辑上可推出在一定条件下产业政策是否会影响经济结果，但这种理论推测都是建立在一系列前提假设的基础上，因此需要经验验证才能真正成为一种可以解释现实和预测未来的经济理论。由于现实经济环境与条件经常发生变化，任何经济理论都需要经常接受经验检验才能用于指导经济实践。如果一个理论不能解释新的经济现象，那就需要进行理论创新。

因果分析最重要的假设前提是保持其他变量不变。新古典经济学代表人物马歇尔的"局部均衡"分析方法像一种基于思想实验的因果分析方法，但因果关系最终需要通过经验（数据）验证。在自然科学中，控制其他因素不变相对比较简单，可以通过可控实验实现，但对于经济学乃至社会科学来说，其数据多为观测数据，并非通过可控实验获得。经济系统的这种非实验性特点给因果分析带来了巨大挑战，也正因如此，计量经济学和实验经济学在过去 40 年发展了很多因果分析方法，如实验经济学、RCT、自然实验（natural experiment）、观测方法（observational method）、结构模型（structural model）等。这些实证方法是不同学科特别是文理学科交叉的结果，已广泛应用于经济学、管理学、心理学、政治学、社会学、历史学、医学、生物统计学等学科。

前文提到，马克思的《资本论》的主要分析方法是历史唯物主义和辩证唯物主义，《资本论》也使用一些数学工具和案例分析方法，但马克思在《资本论》中并没有使用以数据为基础的定量实证研究方法。日本马克思主义经济史学家守健二曾专门研究《资本论》的写作史，他在 2019 年的一段采访中提到，马克思在写《资本论》时做了大量读书笔记，其考察资本主义经济危机的笔记称为《危机笔记》。根据守健二的访谈，马克思在《资本论》中虽然没有基于数据的定量实证研究，但他事实上做了这方面的准备工作，只是那个时代没有计算机，连数据都需要他本人手工收集编制，那么进行定量实证研究的难度可想而知。因此，我们不能将马克思时代以定性分析为主的研究方法与现在以定量分析为主的研究方法对立起来。以哪种分析方法为主，其实不仅与学科发展的阶段密切相关，也受到时代背景的制约。在大数据时代，定性分析可以转化为定量分析，两者可以有机融合。

2016 年 5 月 17 日，习近平在哲学社会科学工作座谈会上指出："对现代社会科学积累的有益知识体系，运用的模型推演、数量分析等有效手段，我们也可以用，而且应该好好用。需要注意的是，在采用这些知识和方法时不要忘了老祖宗，不要失去了科学判断力。马克思写的《资本论》、列宁写的《帝国主义论》、毛泽东同志写的系列农村调查报告等著作，都运用了大量统计数字和田野调查材料。"[①]习近平这里提到的模型推演、数量分析、统计数字和田野调查等方法与手

---

①《习近平：在哲学社会科学工作座谈会上的讲话（全文）》，http://politics.people.com.cn/n1/2016/0518/c1024-28361421.html[2016-05-18]。

段，与现代经济学的定量实证研究方法特别是因果推断方法是一致的。我们应该坚持问题导向，坚持思想与方法并重，坚持定性分析与定量分析相结合，并批判性地借鉴国外一切有益的理论成果和分析方法，从而提高中国经济学的研究水平与研究质量。

第二节　大数据背景下的经济科学发展趋势[①]

在大数据时代，以互联网和移动互联网为基础的经济活动，包括生产、交换、分配与消费，催生了一个新的经济形态，即数字经济。几乎所有经济活动都会留下痕迹，这些痕迹就是实时或几乎实时产生的各种形式的大数据。这些大数据反过来会驱动各种经济活动，数据已经成为关键的生产要素。《经济学人》杂志曾提出一个新的 GDP 概念，即数据生产总值（gross data product），其用来测度数字经济时代一个国家或地区的数据财富大概有多少，或者说数据资本有多大。大数据和人工智能（特别是机器学习）技术正在改变人类生产与生活方式，同时也正在改变经济学的研究对象、研究范式与研究方法。大数据为经济学研究提供了大量丰富的故事和素材。经济学研究的主要目的是透过各种复杂的经济现象去揭示经济运行和发展规律。在数字经济时代，几乎所有的经济现象都可用大数据来描述。这就要求对海量大数据进行由表及里的深入系统的定量实证分析，从中揭示经济系统的本质特征与本质联系，特别是经济变量之间的因果关系。因果关系在经济学研究中占有中心地位，因为因果关系是任何经济理论具有多大解释力的决定性因素。在大数据时代，经济科学的研究范式、研究方法及研究对象都产生了巨大变化，从而不断推动经济科学向前发展。

一、大数据与经济学研究范式变革

经济学实证研究范式包含三大要素：①数据，包括观测数据和实验数据，大部分经济数据是观测数据；②分析方法与工具，包括计量经济学模型、方法、计算工具，如统计软件包和机器学习算法程序包；③经济理论，用于提供经济解释、经济直觉，其本身也常常是受检验的对象。经济学实证研究的最主要方法论是计量经济学，这一方法论学科为推进经济学科学化发挥了重要作用（洪永淼，2007；李子奈，2008）。

以互联网、移动互联网、云计算、人工智能为代表的信息科技革命和第四次工业革命正在深刻改革人类的生产与生活方式，从而催生了数字经济这一新的经

[①] 本节基于洪永淼和汪寿阳（2021d）的研究。

济形态。人类很多经济社会活动与行为轨迹都以数字化的形式被记录下来，形成了各种形式的大数据，这些大数据包含着大量互相关联的微观经济主体行为动态信息。相对于传统数据，大数据具有什么特点？大数据对经济学研究，特别是经济学研究范式与研究方法有什么影响？众所周知，大数据有以下四个特征。①规模性（volume），即样本容量大，变量个数多。若样本容量大于变量个数，称为高大数据；若变量个数大于样本容量，称为胖大数据。大部分经济大数据均是大量互相关联的微观经济主体（如消费者、生产者、投资者等）的动态行为大数据。②高速性（velocity），即可获得高频数据甚至实时数据。③多样性（variety），即既有结构化数据，又有各种形式的非结构化数据，包括文本、图形、音频、视频等。即使是结构化数据，也有新型的数据，如矩阵数据、函数数据、区间数据、符号数据等。④准确性（veracity），即噪声大、信息密度低。这些特征是传统数据所不具备的。

在很多情景下，大数据包含传统数据所没有的信息。例如，高频微观行为大数据提供了大量互相关联的经济主体的互动关系如何随时间演变的信息，而类似于一次性快照的传统微观调查数据则不包含这些动态信息。又如，社交媒体平台的文本数据包含了经济主体（如投资者、消费者）丰富的情绪、情感等心理信息，这也是传统数据所没有的。情绪、情感是人类的非理性现象，但可从文本数据中提取并定量测度。新型数据需要新的分析方法与工具，如对文本数据的情感分析需要用到自然语言处理技术与包括机器学习在内的分析方法，如词典方法（dictionary methods）、主题模型（topic models）、词向量模型（word embedding models）[关于自然语言处理的介绍，参见 Manning 等（2008）、Jurafsky 和 Martin（2009）的研究]。大数据的可获得性和机器学习的应用，不可避免地引起经济学实证研究范式与研究方法的变化（胡毅等，2019）。那么，大数据和机器学习如何改变经济学的研究范式与研究方法呢？大数据是开辟新的研究领域、研究方向、研究命题，还是以更新颖、更有启发性的方式来回答传统问题？大数据是带来一次研究范式的变革，还是仅仅是渐进式范式变化的延续？以下，我们首先从经济学视角来讨论这些重要问题。

（一）从完全理性到非完全理性

长期以来，新古典经济学假设理性经济人在完全竞争市场环境下进行经济决策，优化配置稀缺资源，但理性经济人这一新古典经济学的最基本假设与实验经济学、社会心理学的经验发现并不兼容。随着经济理论的发展，完全竞争市场假设拓展为垄断与寡头垄断，完全信息假设拓展为信息不对称假设，而完全理性经济人假设也通过实验经济学得以放松，如假设有限理性。宏观经济学的理性预期学派也研究认知偏差对经济运行所带来的影响（崔丽媛和洪永淼，2017）。这些研究均取得了丰硕的理论成果，如产生了信息经济学、规制经济学、实验经济学、行为经济学、行为金融学等新兴学科。

社会科学和自然科学一个最大的不同之处为自然科学的主要研究对象是自然界，是没有意识的物，而社会科学的主要研究对象是有心理意识的人，存在情绪、情感、价值判断等心理现象。比如，新冠疫情给人类社会经济带来了巨大的不确定性，经济主体对于这种不确定性给现在与未来经济造成的可能影响会形成一定的心理预期，这种预期反过来会影响经济主体当下的消费与投资行为，从而影响整个经济运行。经济学家早就认识到心理因素在经济学中的重要性，19 世纪 70年代的"边际革命"首先通过效用这个概念将心理因素引入经济学的分析框架中，宏观经济学从凯恩斯革命到理性预期学派都非常注重经济主体（如消费者、投资者等）的心理预期对宏观经济的影响，如"流动性陷阱"就是指投资者对前景极其悲观，因此不管利率有多低也不愿意借贷去投资。但是，很多经验事实表明，人的决策并不都是完全理性的，常常受到情绪、情感、情景及偶然因素的影响（Shiller，2000，2019）。要精确研究经济主体的心理因素（如投资者的情绪、情感，消费者的幸福感、满意度等）及其对经济的影响，需要对经济主体的心理进行测度。由于传统数据很少包含经济主体的心理信息，以往很难开展关于经济主体的心理如何影响经济的定量实证研究。如今，大数据特别是文本数据，提供了很多消费者、投资者的情绪、情感、价值判断等信息，这些心理信息可通过自然语言处理技术与人工智能方法从文本数据中提取出来（Tetlock，2007）。因此大数据使经济学家能够采用定量实证研究方法，精确研究社会心理对经济的影响。诺贝尔经济学奖获得者希勒（Shiller，2019）在《叙事经济学》一书中，倡导重视研究社会情感及其传染对重要经济事件的影响。众所周知的抢购、银行挤兑、线上直播、羊群效应、资产泡沫、金融传染病等，都是社会情感及其传染影响经济行为的例子。2021 年初，美国股市大量散户投资者在与机构投资者博弈时取得了胜利，让人们见证了散户投资者通过社交网络平台的情感传染所爆发出来的巨大影响力。同样地，作为一种长期形成的社会心理与行为习惯，文化也可定量刻画。例如，荷兰社会心理学家 Hofstede（1984，1991）基于跨国调查数据提出了一个文化维度理论，从六个维度定量测度不同国家的文化差异。另外，可从企业财务报表和工作报告等文本数据中提取刻画文化元素的有用信息，构建并测度文化变量，这样便能精确研究企业文化对企业经营的影响（Goldberg et al.，2016；Li et al.，2021）。

（二）从孤立经济人到社会经济人

新古典经济学所假设的理性经济人在微观层面上是一个孤立的经济人，这与现实生活中的人完全不同，这是新古典经济学最突出的一个缺陷。在《〈政治经济学批判〉序言、导言》中，马克思批判了从孤立的个人出发来研究财富与生产的错误做法。马克思强调人的社会性，注重研究人与人之间的生产关系。现实中，人是社会人，人与人之间具有千丝万缕的直接或间接的联系。特别是随着互联网技术的广泛使用和经济全球化的深入发展，人与人、企业与企业、行业与行业、群体与群体、国家与国家之间等各个层面的联系更加紧密。这些联系所构成的各种社会网络（如地理网络、行业网络、平台网络、数字网络等）会深刻影响微观经济主体的行为与心理。以前，绝大多数的微观调查数据相当于一次性快照的数据，不包含人与人之间互相联系的信息，因此很难将经济人当作社会经济人加以研究。现在，大量微观行为高频大数据，如脸书、推特、领英（LinkedIn）、微博、QQ、知乎、豆瓣、贴吧等社交媒体平台上的各种文本数据，可提供大量的、丰富的人与人之间的动态联系信息，这使经济学家可将经济人视为社会人，从而研究他们之间的经济社会关系及其动态演变。习近平在 2020 年 8 月召开的经济社会领域专家座谈会上指出，"我国社会结构正在发生深刻变化，互联网深刻改变人类交往方式，社会观念、社会心理、社会行为发生深刻变化"[1]。大数据可用于精确刻画与研究这些社会变化及其影响，以适应社会结构、社会关系、社会行为方式、社会心理等的深刻变化。

（三）从代表性经济人到异质性微观主体

20 世纪 30 年代的凯恩斯革命宣告宏观经济学的诞生，这对世界各国经济政策特别是货币政策与财政政策的制定产生了深远影响。宏观经济学主要研究总产出（如 GDP）、价格水平（如 CPI）、失业率、汇率等宏观经济变量之间的数量关系，如奥肯定律（Okun's law）、泰勒规则（Taylor's rule）等。在 20 世纪 70年代之前，宏观政策分析主要使用简约联立方程组刻画宏观经济变量之间的数量关系，其本质是通过观察经济主体对既往政策变化的反应，对其行为方程进行估计，从而预测新政策的效果。但这种方法没有考虑到政策变化后经济主体通过预期改变自身行为，从而导致政策失效的可能性（Lucas，1976）。"理性预期革命"后，宏观经济学逐渐发展出动态一般均衡模型，通过引入理性代表性经济人内生跨期最优决策来解决"卢卡斯批判"问题，其本质是假设经济主体的偏好等结构参数（structural parameters）不会随政策而改变，通过估计代表性经济主体的结构参数，而非其行为参数，并结合经济主体跨期优化的理论结果，来预测政策效果。但在单一代表性经济人假设下，宏观模型仍然缺乏对微观主体决策行为的深入刻画，特别是刻画宏观经济变量之间数量关系的方程并不是在众多互相关联的微观

---

[1]《在经济社会领域专家座谈会上的讲话》，http://www.gov.cn/gongbao/content/2020/content_5541470.htm?ivk_sa=1024320u[2020-08-25]。

主体行为的假设基础上推导出来的。现实中的经济主体，如消费者、生产者、投资者、地方政府等，存在显著的异质性（heterogeneity），具有不同的结构参数以及不同的经济行为。例如，低收入和高收入家庭受新冠疫情的影响程度不同，他们应对疫情的行为也不一样。在中国，不同所有制的企业的行为也有很大差别。宏观经济总量通常是由加总（aggregation）获得的，存在异质性，加总可能导致信息失真。由异质性很强的不同群体所构成的宏观经济动态趋势，可能与代表性经济主体假设下的宏观经济趋势有显著差别，甚至相反。比如，通过效用最大化推导出来的个人消费函数（即个人消费与个人收入之间的关系），在加总后并不能得到相同函数形式的宏观消费函数，除非每个人的效用函数均属于齐序函数（Varian，1999）。Granger（1980）通过一个例子说明，具有"短记忆"（short memory）性质的个人消费时间序列，在加总后，宏观消费变量将变成具有"长记忆"（long memory）性质的时间序列。微观主体的异质性使得为宏观经济理论奠定微观基础的尝试更加困难。然而，大量高频微观经济主体行为大数据的出现，如消费者在线消费数据与企业投资数据，可用于识别外生经济或者政策冲击对不同行业、不同部门、不同微观主体产生的分布效应（distributional effects），刻画这些冲击在经济系统内的传导路径，从而更好地理解宏观经济政策传导机制，帮助政府制定精准有效的宏观经济政策。

（四）从经济分析到经济社会系统研究

　　人类社会是一个复杂系统，由经济、科技、政治、法律、社会、历史、文化、地理气候、生态环境等因素共同组成，而且经济与其他因素交织在一起。经济学家早就认识到了这一点，因此除了政治经济学外，还出现法与经济学、经济史学（包括量化经济史学）、生态经济学、环境经济学、气候变化经济学、教育经济学、健康经济学、文化经济学等交叉学科。新一代信息技术的快速发展与广泛应用，除了记录大量微观经济行为大数据外，还产生了很多关于生态环境、医疗健康、政治法律、公共政策、历史文化等领域的大数据。这些大数据的可获得性使经济学家能够在一个统一的经济社会框架中，以系统方法研究经济与其他因素或其他子系统之间的互动关系（洪永淼和汪寿阳，2021a）。在大数据背景下，经济学的跨学科交叉融合研究的趋势日益加强，经济学与社会科学其他领域之间的界限越来越模糊，特别是社会科学各个领域以大数据为基础的定量实证研究范式与研究方法日益趋同。近年来，由于大数据在社会科学各个领域的可获得性与广泛使用，认知科学、实验心理学、人工智能、计算机编程、数据科学等方法论学科的知识与方法，如机器学习、深度学习、文本分析、社会网络分析及模拟仿真等，已被广泛应用于社会科学各个领域的研究中。事实上，经济学与社会科学其他领域一个共同的主要目的是识别因果关系与定量评估经济社会公共政策，且都面临经济社会系统的非实验性特点，因此所使用的很多定量实证方法具有共性。例如，经济学家所熟悉的很多因果推断和定量政策评估方法，包括工具变量、双重差分、断点回归、倾向积分匹配、虚拟事实分析等，也日益广泛应用于社会学、政治学、历史学、教育学等社会科学的其他领域中。

2009 年，美国 15 位学者（Lazer et al.，2009）在《科学》上提出"计算社会科学"（computational social science）这个新兴学科的概念。社会科学的最主要研究对象是人，它是研究关于人类如何思考（心理学）、如何处理财富（经济学）、如何互相联系（社会学）、如何治理人类自己（政治学）以及如何创造文化（人类学）等的科学。2012 年，14 位欧美学者（Conte et al.，2012）联合发布了《计算社会科学宣言》，呼吁计算社会科学通过结合信息技术、人工智能和社会科学理论来解决新时代社会科学面临的重要问题。目前，计算社会科学进入了基于大数据的实证研究范式：数据驱动（data driven）的研究方法将算法和计算工具应用于复杂数据，以揭示社会现象的本质。计算社会科学的研究范式蕴含着交叉学科方法，需要包括经济学家在内的社会科学家、认知科学家、计算机科学家、数学家、统计学家、物理学家等各领域学者的通力合作。

综上所述，大数据的可获得性，特别是大量互相关联的异质性微观经济主体行为（包括心理）的高频大数据，使经济学实证研究有望弥补现代西方经济学中一些经常受到批判的重要缺陷，如假设孤立的理性经济人，忽略经济主体的社会联系（即社会性），忽略经济主体进行经济决策时所处的历史、文化、心理、情景等因素的影响。大数据特别是文本数据使得测度社会心理变量（包括情感、情绪、价值判断）和文化变量成为可能，使经济学的实证研究能够将社会科学的"反身性"特点纳入定量实证研究框架，即文本回归（textual regression）分析框架，从而将原来只能进行定性分析的问题转变为严谨的定量分析，并且通过跨学科交叉研究，将经济置于一个更大的人类经济社会系统之中，以系统的观念与方法研究经济与人类社会系统中其他子系统的互动关系。此外，利用大量互相关联的微观主体行为的高频大数据，可让经济学家更好地识别外生冲击（如新冠疫情、中美地缘局势冲突）或政策冲击对不同微观主体的分布效应、识别这些冲击的传导机制，从而奠定宏观经济学的微观基础。毫无疑义，历史上对经济学发展有重要影响的哲学、政治学、法学、社会学、历史学、心理学等学科将继续产生重要影响，与此同时，因大数据分析而需要的数学、统计学、计算机科学、数据科学、认知科学等学科也将发挥重要的方法论作用，所有这些学科将极大推动经济学和人文社会科学之间以及经济学和数学与自然科学之间的交叉融合。

二、大数据与经济学研究方法变革

新型数据需要新的分析方法与工具。Einav 和 Levin（2014）讨论了大数据，特别是美国政府部门行政大数据和私人部门大数据如何改变经济学实证研究的统计方法。Varian（2014）、洪永淼和汪寿阳（2021a，2021b）分析了大数据与机器学习给计量经济学和统计学带来的机遇与挑战。Mullainathan 和 Spiess（2017）、Athey（2019）讨论了机器学习对计量经济学理论与方法的影响。这里，我们从多个维度具体说明大数据如何深刻改变经济学实证研究方法。

（一）从模型驱动到数据驱动

首先是从模型驱动（model driven）转变为数据驱动。从广义上说，经济学以数据为基础的定量实证研究可视为数据驱动的研究。从狭义上说，大数据背景下的模型驱动研究和数据驱动研究有其特殊含义：两者都是以数据为基础的研究，前者通常是指使用一个低维参数模型（如线性回归模型），这样的模型存在误设的可能性，从而导致模型证据（model evidence）和数据证据（data evidence）出现差异；而后者是指直接使用机器学习算法分析数据，机器学习算法本质上是一种正则化（regularized）非参数统计方法，不假设具体的函数形式，因此具有较大的灵活性，比较接近数据证据（洪永淼和汪寿阳，2021c）。随机森林提出者 Breiman（2001a）详细讨论了这两种研究范式。以下，我们在经济学框架中分析这两种研究方法的优劣性与异同点。

在现代经济学中，很多经济理论都是基于一些关于制度、技术、经济主体偏好与行为等的基本假设通过数学模型建立起来的。这种理论建模方法是对复杂经济系统的一种高度简化与抽象，聚焦于主要经济变量之间的因果关系，以揭示经济运行的内在本质，但由于数学模型的高度简化与抽象，现实中的很多其他因素没有被考虑进来。因此，当经济模型用于解释现实观测数据时，可能会出现模型误设的情形，从而对经济实证研究的结论造成不可忽略的影响（洪永淼，2021b）。这是模型驱动的实证研究的一个主要弊端。当然，并非模型误设就不能使用。例如，分析文本数据的自然语言处理方法（如词典方法、主题模型、词向量模型）都是文本语言的误设模型，但这些误设模型在提取文本数据中的信息时非常有用（Grimmer and Stewart，2013）。

很多经济学理论假说与模型无关。比如，经典的有效市场假说定义为

$$E(Y_t \mid I_{t-1}) = E(Y_t)$$

其中，Y_t 为某个资产在一个时期的收益率；I_{t-1} 为历史信息集合；$E(Y_t)$ 为无条件期望收益率；$E(Y_t \mid I_{t-1})$ 为基于历史信息的预期未来收益率。有效市场假说成立时，

历史信息对将来的收益率没有任何预测力。如果要用观测数据验证这一假说，通常需要假设一个预测模型，如线性自回归模型：

$$Y_t = \beta_0 + \sum_{j=1}^{p} \beta_j Y_{t-j} + \varepsilon_t$$

然后，验证该模型所有滞后项的系数都等于零的统计假设：

$$H_0 : \beta_1 = \beta_2 = \cdots = \beta_p = 0$$

通过这样的方式将经济假说转变为统计假说，从而可使用计量经济学方法来检验经济假说，但这种方法存在局限性，即如果发现所有滞后项的系数都为零，则不能证明有效市场假说是正确的，因为线性自回归模型只是预测收益率的一种方式，还有无穷多的非线性预测方式。有可能线性自回归模型没有预测能力，但非线性模型有一定的预测能力（Hong and Lee，2003）。因此当不能拒绝统计假说时，只能说线性模型没有发现拒绝有效市场假说的证据，而不能说证实了有效市场假说，除非能穷尽所有的预测模型，但这是做不到的。这就是通常所说的实证研究只能"证伪"，不能"证实"。因此模型证据与数据证据两者之间存在差异。大数据的出现使我们可采用机器学习的方法，不假设具体的模型或函数形式，而是让数据本身告诉真实的函数关系是什么，从而突破传统低维参数模型的局限性，挖掘更多的数据证据，缩小模型证据和数据证据之间的差异。对大多数传统数据来说，线性模型常比非线性或复杂的模型在预测时表现更好，但在大数据条件下，样本容量、变量维度以及噪声都大幅度提高，线性模型无法刻画大数据的非线性、异质性、动态性、离散性等重要特征，而机器学习则能够有效刻画它们并进行精准预测。比如，决策树和随机森林可有效捕捉交互效应等非线性特征。

在宏观计量经济学中，以韩德瑞（Hendry）为代表的计量经济学家，曾提出了"伦敦政治经济学院计量经济学方法论"，即"LSE econometric methodology"（Campos et al.，2005），强调从一般到特殊（from general to specific）的建模方法，即从一个复杂、高维、与数据相吻合的计量经济学模型出发，再利用经济理论与统计推断方法来降维简化模型，以提升模型的经济可解释性和样本外预测能力。这里，经济理论可视为对模型参数的约束，如在线性自回归模型中，有效市场假说意味着所有滞后项系数为零。这样，便可从一个高维统计模型中得到一个具有经济含义的简约计量经济学模型。也有计量经济学家主张从特殊到一般（from specific to general）的建模方法，即从一个简单的模型开始，逐渐放入新的解释变量，并考虑是否存在非线性关系，通过模型诊断和模型设定检验，最后得到一个适用的计量经济学模型。因为大数据的容量大、变量多，从一般到特殊的方法在大数据情景下可能更有科学性，特别是可减少由模型误设而产生的系统偏差。需要强调，从一般到特殊的方法仍需要经济理论的指导，特别是在降维和经济解释时。将数据驱动方法与经济理论相结合,是数据驱动方法增强其经济可解释性的必由之路。

(二)从参数估计不确定性到模型不确定性

大数据将实证研究的关注点从参数估计不确定性(parametric estimation uncertainty)转变为模型不确定性(model uncertainty)。传统计量经济学模型常包含低维解释变量与低维未知参数,研究者主要关注未知参数的一致性估计,然后通过 t 统计检验量或 P 值判断参数估计的统计显著性,进而推测其经济重要性,特别是当某个参数估计值在统计上显著不为零时,研究者将下结论说相应的解释变量是"重要的"。从统计学角度看,t 统计检验量或 P 值刻画了参数估计不确定性,这种估计不确定性主要是由样本容量有限等原因造成的。在大数据条件下,由于样本容量大,参数估计值十分接近真实的参数值或其概率极限,因此标准误差很小。哪怕真实参数值非常接近零,以致没有多大的经济重要性,其 t 值在统计意义上也是非常显著的。换言之,经济重要性与统计显著性不是一回事(洪永森和汪寿阳,2021b)。在数据容量不大的情形下,实证研究者通常没有区分经济重要性和统计显著性,但在大数据条件下,区分这两者就显得特别重要,因为任何参数估计不确定性在样本容量很大时将大大降低,甚至在实际中可忽略不计。

另外,由于大数据特别是胖大数据包含大量潜在的解释变量,可能存在共线性或近似共线性,从而导致估计模型出现不确定性。模型不确定性是指当数据出现"微扰"(perturbation),即增加或减少一小部分数据时,基于某一准则(可以是统计准则,也可以是经济准则)的最优估计模型会出现显著变化,如重要或显著的解释变量集合突然改变了,显示模型对数据的微小扰动具有高度的敏感性。因此,在大数据情形下,需要将注意力从(给定模型下)参数估计不确定性转移到模型不确定性。Varian(2014)指出,很多经济学实证研究包含"敏感性分析"(sensitivity analysis),即通过假设不同模型设定来检验实证发现的稳健性,实际上是在检验模型不稳定性的影响。从经济预测视角看,当出现模型不确定性时,可将不同的模型进行线性组合或模型平均,以提升样本外预测的稳健度(Bates and Granger,1969;Sun et al.,2021)。从经济学的角度看,可能存在不同的经济理论或模型可解释同一个经济现象,但因为样本数据不多等原因没有办法拒绝其中错误的模型,或者有可能每一个模型可解释现象的一部分,但就像日本 20 世纪 50 年代著名电影《罗生门》那样,每个人对于同一个案件都有合乎逻辑的解释,法官则由于证据不足而无法判断谁是真正的杀人凶手。模型不确定性也会影响经济主体的决策行为。Hansen 和 Sargent(2001)研究了当经济主体对数据生成过程(即产生数据的真实模型)存在一定程度的不确定性判断时,这种模型不确定性或模型模糊性(model ambiguity)如何影响经济主体的决策行为。

（三）从无偏估计到正则化估计

经济学实证研究主要是识别与推断经济因果关系，很多传统的统计推断方法均基于无偏估计。一个例子是经典的低维线性回归模型：

$$Y_i = X_i^{\mathrm{T}} \beta^0 + \varepsilon_i, \ \ i = 1, 2, \cdots, n$$

其 OLS 估计量以及相应的残差方差估计量均为无偏估计。常用的统计推断方法，如经典的 t 检验和 F 检验均基于这些无偏估计量，但无偏估计不一定是最优估计。随着大数据的广泛使用，可能出现很多解释变量，当解释变量维数较高时，有较大概率会存在近似共线性，导致 OLS 估计不稳定，即 OLS 估计量的方差很大。如果对参数施加一定约束，通过牺牲无偏性质来换取估计方差的显著减少，则将显著减少均方误差，提高预测精准度。一个例子是 Hoerl 和 Kennard（1970）提出的岭回归（ridge regression），其损失函数定义为

$$\min_{\{\beta_j\}} \sum_{i=1}^{n} \left(Y_i - X_i^{\mathrm{T}} \beta \right)^2 + \lambda \sum_{j=0}^{p} \beta_j^2$$

参数估计量为 $\hat{\beta} = \left(X^{\mathrm{T}} X + \lambda I \right)^{-1} X^{\mathrm{T}} Y$，其中 I 为单位矩阵。这个估计量不是无偏估计量，但其解存在且比较稳定。从本质上说，岭回归通过约束未知参数值的大小，以牺牲无偏性换取方差的显著减少，从而改进预测效果。在大数据时代，经常使用机器学习进行预测（包括分类），其基本思想是将数据分成两个子集，一个是训练数据（training data），用于训练算法；另一个是测试数据（test data），用于测试算法的样本外预测（out-of-sample prediction）能力或泛化（generalization）能力。为了获得较好的泛化能力，机器学习通常引入一个惩罚项，限制算法的复杂度，这实际上是在算法预测的方差与偏差之间取得一个适当的平衡。因此，算法预测大多是有偏估计。目前，统计学家与计量经济学家正在将机器学习应用于政策评估等统计推断中（Athey and Imbens，2019）。关于基于有偏估计量的统计推断方法，需要系统地建立一套新的统计学与计量经济学理论（Lee et al.，2016）。

（四）从样本内拟合到样本外预测

任何一种经济理论的生命力取决于其对经济现实的解释力，特别是其所揭示的因果关系的解释力。经济学传统建模与经验解释大多基于样本内拟合。然而，任何一种科学理论或假说，必须能够在同样的条件下，独立地重复通过经验验证。因此，一种科学理论或模型不仅仅需要能够解释已经发生的现象，更重要的是能够进行精准的样本外预测，即拥有良好的泛化能力。在实际应用中，样本内拟合和样本外预测之间也存在一个权衡的问题。一般而言，一个模型越复杂，其样本内拟合越好，但是，一个模型的样本外预测能力如何，取决于它是否能够捕捉不

同数据中的共同特征(即通常所说的"信号")。不同数据的共同特征越多,或模型捕捉共同特征的能力越强,其样本外预测能力越好。例如,机器学习依靠非参数统计方法,具有强大样本内拟合的能力,但这并不能保证样本外精准预测。一种高度灵活的机器学习算法,不但能够捕捉数据中的"信号",而且会捕捉数据中无助于样本外预测的"噪声",从而导致样本内过拟合。为了改善样本外预测精准度,必须限制模型复杂度,这就需要对模型进行正则化(regularization)。

正则化通过限制参数值或参数维度或模型复杂性,减少捕捉训练数据中的"噪声",避免算法的过拟合,以获得良好的样本外预测。大部分经济决策(如消费、投资)是在不确定市场条件下所做的决策,均基于样本外预测,因此良好的样本外预测能力十分重要。由于经济结构常常具有时变性,以前表现优越的模型不一定能够继续精准预测未来。此外,经济主体的理性预期使经济主体会随政策变化而改变其行为,从而导致政策失效(Lucas,1976)。因此,精准的样本外预测具有很大的挑战性。在实证研究中,经常看到一些模型具有很显著的样本内证据(如预测变量的参数估计值很显著),但样本外预测能力很弱。但是,任何科学理论或假说,都必须建立在可靠、可重复验证的实证基础之上。可重复验证意味着在相同的条件下,任何科学理论或假说都应该有很好的样本外预测能力,而不仅仅是有很好的样本内拟合。Varian(2014)指出,随着大数据可获得性的增强,经济学的实证研究在检验经济理论的有效性时,将会更多地从样本内拟合转变到样本外预测。Hofman 等(2021)提出了在计算社会科学领域兼顾解释与预测的整合建模思想。

(五)从低维建模到高维建模

传统计量经济学模型大多是低维模型,即解释变量维数小、未知参数维数也小。低维模型存在模型误设的可能性,如遗漏重要的解释变量,而大数据特别是胖大数据提供了大量潜在的解释变量,其维数甚至比样本容量更大,这给计量经济学建模带来很大挑战,但也提供了巨大的灵活性,可显著减少因模型误设而引起的系统偏差,避免遗漏重要的解释变量。事实上,很多经济金融问题涉及高维潜在的经济变量。高维建模将所有潜在的解释变量放进模型中,再用统计方法排除不重要的解释变量,实现有效降维,从而达到识别重要解释变量、增强模型可解释性、提升预测稳健性与精准度等目的。

高维建模思想可用于金融学中的高维投资组合选择问题,如假设要从标准普尔 500 中选择 30 只股票进行投资,如何在每个时期选择最重要的 30 只股票并决定其最优组合权重,是一个降维问题。再以异质性资本资产定价模型为例:

$$Y_{it} = \alpha_i + \beta_i' X_t + \gamma_i' Z_{it} + \varepsilon_{it}, \quad i = 1, 2, \cdots, n, \quad t = 1, 2, \cdots, T$$

其中,Y_{it} 为资产 i 在时期 t 的回报率;X_t 为影响所有资产价格的共同风险因子;

Z_{it} 为特质风险因子，只与资产 i 密切相关。一般情形下，X_t 和 Z_{it} 的维度都不高，但不同的资产 i 有不同的特质风险因子。如何从包括所有潜在的共同风险因子和所有资产特质风险因子的高维风险因子集合中识别出共同风险因子与每个资产的特质风险因子，是一个降维问题。再以多元波动率模型估计（Cui et al.，2021）为例，假设有 p 个资产，刻画其时变波动率与相关性的条件方差-协方差矩阵的维数为 $p×p$，需要估计的未知参数个数可高达 $3p^2+3p$ 个。自 Engle 和 Kroner（1995）的研究以来，如何在保证条件方差-协方差矩阵半正定性的前提下，有效估计多元波动率模型的未知参数值，一直是金融计量学的一个难题。

如何对高维模型进行降维，解决"维数灾难"问题？岭回归没有降维功能，但 Tibshirani（1996）提出的统计学习方法 LASSO 可用于选择重要的解释变量，从而达到降维目的。假设存在稀疏性，即在大量潜在的解释变量中，只有少数变量的系数不为零，在这种情形下，可考虑如下最小化问题：

$$\min_{\{\beta_j\}} \sum_{i=1}^{n} \left(Y_i - X_i^{\mathrm{T}}\beta\right)^2 + \lambda \sum_{j=0}^{p} \left|\beta_j\right|$$

这个方法称为 LASSO，由于对未知参数值的约束从原来岭回归的 L2 范数（参数平方和约束）改变为 L1 范数（参数绝对值加总约束），LASSO 会令数值很小的系数直接为零，从而达到降维的目的。当样本容量足够大时，LASSO 将以大概率正确识别重要的解释变量，同时排除所有其他不重要的解释变量。机器学习的基本思想类似于 LASSO，但有两个显著不同。首先，机器学习一般不用线性回归模型，而是采用非参数分析方法，即让数据挑选最优的函数关系，因此具有很大灵活性，可避免模型误设而导致的系统偏差。其次，由于非参数方法的灵活性，存在对数据过拟合的可能性。为了改进样本外预测精确度，机器学习将数据分为训练数据和测试数据，其中训练数据用于决定算法结构，而测试数据用于检验样本外预测效果。

非参数方法可有效刻画非线性关系，如边际递减或递增效应、交互效应等，但也存在"维数灾难"，特别是当存在高维潜在的解释变量时。为了解决这个问题，机器学习采用了类似 LASSO 的惩罚项以实现有效降维和避免过拟合。这种带有约束的统计优化问题称为正则化，即通过限制模型复杂性，在偏差与方差之间取得适当平衡，以提升预测精准度。这种思想广泛应用于决策树、随机森林、人工神经网络、深度学习等机器学习方法中。需要强调，正则化并不一定都对高维参数施加稀疏性假设。例如，在估计多元波动率模型时，直接假设参数稀疏性并不能保证时变方差-协方差矩阵的半正定性，在这种情形下，可假设未知参数矩阵是低秩的，即假设很多参数行可表示为少数参数行的线性组合，这样既可实现降维估计，又能保证矩阵的半正定性（Cui et al.，2021）。

高维问题或"维数灾难"并不是统计学与计量经济学所特有的现象。例如，在微观经济学中，包含大量经济主体（或博弈者）的超大型博弈问题的求解也面临维数灾难问题。在宏观经济学中，当状态变量维数变大或服从非马尔可夫过程时，刻画随机动态最优规划的贝尔曼方程（Bellman equation）的数值求解也存在维数灾难问题。对于其他学科如物理学和应用数学，多元偏微积分方程的数值求解在变量维数增加时也面临同样的难题。如果拥有大数据，机器学习特别是深度学习将是解决上述高维求解难题的一个有效方法。

（六）从低频数据到高频数据

大数据的一个显著特点是其动态性，即产生高频数据甚至实时数据。高频与超高频金融数据的可获得性催生了高频金融计量学（Engle and Russell，1998；Engle，2000）和高频微观金融学[如市场微观结构（market microstructure）金融学，参见 O'Hara（1995）的研究]。20 世纪 90 年代，Engle 和 Russell（1998）基于高频与超高频金融交易数据，提出了一个自回归条件久期（autoregressive conditional duration，ACD）模型，用于刻画资产价格变动或交易的时间间隔与历史信息之间的动态关系，这类模型的产生得益于高频金融数据的可获得性。

由于不能实时监测 GDP 等宏观经济变量，宏观经济学研究长期以来受到低频数据的限制。实时预测（nowcasting）原是气象学的一个术语。Giannone 等（2008）提出了利用大数据实时预测当期 GDP 的方法，即在季度 GDP 数据发布之前，利用实时更新的数据预测当期 GDP，其基本思想是将大量的异质数据（如失业率、工业销售、贸易差额等）作为信息源，在传统季度 GDP 数据发布前从中提取出有关当期 GDP 变化的信息。美联储每天都在利用高频大数据预测当期季度的 GDP 增长率和通货膨胀率，这对美联储制定货币政策可提供很大帮助。

随着高频微观经济数据的产生，很多宏观经济指标都能实现高频化甚至实时化，如可用互联网消费价格大数据构建日度 CPI 数据。一个例子是美国麻省理工学院的一个名为"十亿价格"的研究项目，构建了美国和阿根廷的日度 CPI 指数（Cavallo，2012，2013）。Scott 和 Varian（2014，2015）使用谷歌搜索数据构建了重要宏观经济变量的高频数据，包括失业人数、消费品零售总额、消费者情绪指数等，以往这些变量只能通过统计调查构建低频数据。预计高频宏观经济数据的可获得性将催生一门新兴学科——高频宏观经济学。宏观实体经济与金融市场高度相关。金融市场有高频数据，但长期以来宏观经济指标数据的获得相对滞后，因此研究者没有办法研究实体经济与金融市场之间的即时互动关系。如果宏观经济变量能够高频化，那么这种研究将成为可能。除了用于构建高频宏观经济指标之外，高维大数据在识别外生经济或政策冲击对不同行业、不同经济主体的分布效应，以及宏观经济政策的传导机制等方面也具有天然优势。

比如，可用高频金融市场大数据精准识别货币政策冲击。针对特定的货币政策工具（如利率），利用"高频"数据（以日为频率）估计货币政策执行前后金融市场价格（反映市场对政策的预期）的变化，并利用胖大数据控制其他高维因素，识别没有预期到的外生政策冲击（Gertler and Karadi、2015）。相较于宏观计量经济学的结构向量自回归模型，上述方法能够更精准地识别外生货币政策对金融市场的冲击。

再如，高频微观行为大数据（如家庭在线消费和企业的投资）可用于识别宏观经济政策对家庭消费与企业投资的分布效应。异质性主体新凯恩斯（heterogeneous-agent new Keynesian）理论认为货币政策冲击会对面临不同约束（如信贷约束）的微观家庭产生异质性影响，从而导致政策具有分布效应并影响其传导机制。分析微观层面的家庭消费与投资在货币政策实施前后的动态变化，可精准刻画货币政策对不同家庭冲击的分布效应及其背后的市场摩擦机制。同样地，企业投资大数据可用于刻画宏观经济政策（如信贷供给）对微观层面的异质性企业投资行为的分布效应，从而为制定精准信贷政策提供科学依据。

基于高频的企业生产与销售数据，可估计重大外生冲击（如新冠疫情、中美贸易冲突）发生后，同一产业内不同企业之间的动态关联，以及不同产业之间的动态关联，刻画重大冲击的产业网络或产业链传导机制，特别是对系统性重要产业和核心企业的识别，这将有助于制定科学的定向经济复苏政策（如定向信贷供给和政策补贴），提升产业链的稳定性与韧性，有效降低系统性风险，增强扩张性政策的有效性。

（七）从结构化数据到非结构化数据

大数据包括结构化数据和非结构化数据，后者不能以传统的行-列格式表示。非结构化数据包括文本、图像、视频、音频等，可用于定量刻画结构化数据无法描述的社会经济活动与现象，如群体心理、企业文化、经济政策不确定性等。非结构化数据一般是高维的。例如，从统计学视角看，文本数据是一种高维的复杂数据。假设一个文件包含 10 000 个汉字，每个汉字从 500 个最常用的中文字库中提取，则完全表示这个文件的维度将高达 $10^{(4 \times 500)}$。如果去掉最常用和最不常用的汉字以及标点符号，假设共剩下 3000 个汉字以及每个汉字在文件中出现的频率，则需要用一个 3000×2 维度的矩阵来表示，维数还是很大。因此，分析非结构化数据的第一步通常是借助深度学习等人工智能方法，如利用自然语言处理技术获取文本中的语义学信息，利用语音识别（speech recognition）确定声音和音频中的声调，以及通过计算机视觉（computer vision）提取图像和视频蕴含的地理信息等。

以文本数据为例，各种政府工作报告与政策文件、各类新闻报道、社交媒体平台的各种评论等都是文本数据。文本数据的现代统计分析可追溯到 Mosteller 和 Wallace（1963）的研究。他们通过分析《联邦党人文集》（*The Federalist Papers*）中每篇文章中的冠词（如 "an" "of" "upon"）出现的频率，并基于每个人写作习惯不会轻易改变的假设，分辨出《联邦党人文集》中原来作者不明的文章的作者是詹姆斯·麦迪逊（James Madison），而非亚历山大·汉密尔顿（Alexander Hamilton）。在计量经济学史上，对于谁发明的工具变量法，计量经济学界有过争议。关于工具变量估计的推导最早出现在 Wright（1928）所著的《动物油与植物油关税》一书的附录中，但附录的写作风格与正文完全不同。Stock 和 Trebbi（2003）对文本数据进行主成分分析，并使用前四个主成分作为预测变量，最终得出结论，即工具变量估计的提出者是菲利普·赖特（Philip Wright），而非他的儿子休厄尔·赖特（Sewall Wright）。在中国，也早有学者基于《红楼梦》文本数据所包含的常用副词，用统计学两样本均值检验方法研究《红楼梦》前 80 回的作者和后 40 回的作者是否为同一个人。

文字语言是人类表达思想、情感，进行沟通、交流的最主要工具，因此可从文本数据中提取有用信息，测度各种社会心理变量，如金融学中的投资者情绪指数（Tetlock，2007；García，2013）、福利经济学中的国民幸福感指数（张兴祥等，2018）、市场营销学中的顾客满意度指数（He et al.，2013；Homburg et al.，2015）、经济学中的经济政策不确定指数（Brogaard and Detzel，2015；Baker et al.，2016，2020；Gulen and Ion，2016）、教育学中的学生学习压力指数（Munezero et al.，2013），以及新闻传播学中的社会舆情指数等。

另外，可基于文本数据构建与测度文化变量。文化是人类社会相对于经济、政治而言的精神活动及其产物，分为物质文化和非物质文化，非物质文化是长期形成的社会心理与行为习惯，可通过文本数据进行刻画。例如，可测度如创新（innovation）、正直（integrity）、质量（quality）、敬畏（respect）和团队协作（teamwork）之类的企业文化（Li et al.，2021）。在 Graham 等（2017）的访谈研究中，企业高管推荐了 11 个度量文化的数据来源，其中大多数是非结构化数据，如财报电话会议记录。Li 等（2021）通过自然语言处理技术对企业文化进行研究，他们使用五个标准普尔 500 公司网站中最常提到的词汇作为 "核心价值词汇"，包括 "创新" "正直" "质量" "敬畏" "团队协作"，并借用 Guiso 等（2015）所提供的与各个 "核心价值词汇" 相关的 "种子词汇"，将财报电话会议记录中的词语与 "种子词语" 联系起来，建立异质性的企业 "文化字典"，并在每一财务年度为每个企业文化指标赋值，其中每个文化指标的得分是其相关词语的加权计数占总词数的比例。Li 等（2021）突破以往企业文化研究主要使用代理变量或采用调查访谈的做法，使用词向量模型度量文化。词向量模型突破传统的词袋模型将字词视为相互独立符号的假设，避免或减少了忽视上下文语境而导致的偏差，从而将语法表达层面的定量方法推进到语义层面。测度好各种文化指标后，可将这些指标代入回归模型中，使原来的定性分析转变为定量分析。

需要指出，中文文本数据的定量分析难度高于英文文本数据。例如，与能够自动分词、断句的英文文本数据相比，中文文本数据的分词、断句的位置不同可能产生截然不同的含义，一个经典的例子是"下雨天，留客天。天留我不留。"与"下雨天，留客天。天留我不？留。"另外，一些中文关键词的词性在上下文中会发生变化，如"领导"可以是名词，也可以是动词。因此，中文词性的判断往往需要一定程度的深度学习和较为庞大的训练数据。而且，中文是不断进化的语言，完全相同的词汇可能在短短数年间，其含义便发生巨大变化，特别是大量网络语言不断涌现，这些词汇往往代表强烈的感情色彩，但无法按照常规的中文语句含义进行分析。

文本回归分析不仅使经济学与人文社会科学的跨学科交叉研究成为可能，也使系统性的人类经济社会研究成为可能。众所周知，经济只是人类社会的一个组成部分（当然，是重要组成部分），除了经济因素的影响外，人类的经济活动还受到政治、法律、科技、历史、文化、社会与自然环境等因素的深刻影响，并且反过来影响这些因素。习近平指出，"系统观念是具有基础性的思想和工作方法"[①]。经济学研究也需要坚持系统分析方法。跨学科、跨领域的大数据，特别是文本数据，可为人类经济社会的系统研究提供很多新的洞见和发现。可以预见，基于大数据的文本回归分析将成为经济学与人文社会科学一个基本的定量实证研究方法（洪永淼和汪寿阳，2021a）。Grimmer 和 Stewart（2013）、Evans 和 Aceves（2016）、Loughran 和 McDonald（2016）、Gentzkow 等（2019）分别介绍了文本数据的一些基本分析方法及其在政治学、社会学、会计学与金融学，以及经济学实证研究中的应用。

（八）从传统结构化数据到新型结构化数据

除了非结构化数据外，大数据还包括新型结构化数据。新型结构化数据包括矩阵数据（matrix data）、函数数据（functional data）、区间数据（interval data）及符号数据（symbolic data），其中向量数据是矩阵数据的一个特例，区间数据是符号数据的一个特例，而面板数据则是函数数据的一个特例。长期以来，很多经济金融数据所包含的信息没有得到充分利用。比如，在金融波动率建模时，人们通常只使用金融资产每天的收盘价数据，而由金融资产每天的最高价和最低价所组成的价格区间数据，或者其每天从开盘到收盘的函数价格数据，所包含的信息

[①]《习近平：关于<中共中央关于制定国民经济和社会发展第十四个五年规划和二〇三五年远景目标的建议>的说明》，http://www.gov.cn/xinwen/2020-11/03/content_5556997.htm[2020-11-03]。

要比每天的收盘价丰富得多，但长期没有得到有效利用。作为一个实际应用的例子，股市投资中的 K 线预测可视为部分利用区间数据来进行交易的技术投资策略。K 线反映了各种股票每日、每周、每月的开盘价、收盘价、最高价、最低价等涨跌变化情况（Xie et al.，2021）。Chou（2005）提出一个基于范围（最高价减最低价）数据的条件自回归范围（conditional autoregressive range）模型，发现基于范围数据的波动率预测优于基于收盘价的 GARCH（generalized autoregressive conditional heteroskedasticity，广义自回归条件异方差）波动率模型预测。而 He 等（2021）、Zhu 等（2021）使用自回归区间模型（Han et al.，2021）和门限自回归区间模型（Sun et al.，2018），分别发现在预测月度原油价格波动率和每天外汇市场波动率时，区间模型预测优于范围模型，而范围模型又优于基于点数据的 GARCH 模型，展现了有效利用区间数据信息可显著改进波动率预测的信息优势（区间数据既包含范围信息，也包含中点价和收盘价信息）。关于区间数据建模与预测的更多讨论，参见洪永森和汪寿阳（2021a）的研究。

新型结构化数据比传统点数据提供更加丰富的信息，但新型结构化数据建模需要新的分析方法与工具，比如一个区间是无穷多点的集合，因此需要构建随机集合的计量经济学模型，而不是点数据的计量经济学模型（Han et al.，2021；Sun et al.，2018）。对新型结构化数据建模需要新的数学工具，这将给计量经济学研究带来范式变革。

（九）从人工分析到智能化分析

由于大数据的海量性和复杂性（如不同结构、不同频率、不同来源、噪声等），由人工收集、储存、处理与分析大数据是极其困难甚至不可能的。人工智能，特别是机器学习，也因此应运而生，并得到了空前大发展。机器学习，如深度学习，是分析大数据的最主要工具，已广泛应用于各种现实经济活动中，如高频算法交易。麻省理工学院最近开发了一个 PClean 数据清洗系统（Lew et al.，2021），其可自动清洗脏数据，如错误、数值缺乏、拼写错误和数值不一致等常见的数据问题。据报道，在中国杭州市余杭区，"统计机器人"正在帮助及时收集各个部门、各个单位的统计数据报送。机器学习也正在应用于经济学研究中，特别是基于大数据的经济学实证研究，如文本数据的情感分析需要使用各种自然语言处理方法与技术。人工智能可应用于自然语言处理、计算机视觉、语音识别以及商业智能分析。计量经济学家正在发展一些新的基于机器学习的因果识别与政策评估方法，用于精确评估经济社会公共政策效应（Athey and Imbens，2019）。中国人工智能之父吴文俊曾长期研究如何用机器来证明数学定理。机器人现在还可以帮助科学家做科学实验和写学术论文。

大数据与人工智能的发展给经济学者的编程能力和数据分析素养带来了新的

挑战。比如，为处理海量大数据和及时获取最新算法，经济学家需要掌握一些难度较高的开源可编译软件（如 Python、R、Java、C++等），并熟悉如 GitHub、码云等代码共享平台。再如，若数据量超过一定规模，在单独服务器上使用计算软件进行数据分析将变得不再可行，这时需要进行分布式计算，将庞大的工作量分散到多个节点服务器分别进行，最后再进行汇总。因此，研究人员也需要熟练掌握如 Hadoop、Storm 等分布式计算软件。

三、大数据与人文经济学研究

在大数据时代，特别是有了大量的文本数据和机器学习算法，文本只能定性分析的状况因此得以改变，比较精确的定量实证分析可以引入，而且经济学也可以从原来主要研究经济问题本身，拓展为研究经济因素与政治、法律、社会、历史、文化、伦理、心理、生态环境、卫生健康等因素之间的相互联系和相互影响，从而推动经济学和人文社会科学其他领域之间的交叉融合与跨学科研究。这种经济学与人文社会科学交叉融合的研究范式具有极其重要的意义，因为经济只是人类社会的一个组成部分（当然，是非常重要的组成部分），经济和其他人文社会因素是密切相关、相互影响的。因此，对经济的研究，应该放到一个更广泛的社会经济分析框架中加以系统研究。这样的跨领域、跨学科的人文经济学的定量实证研究范式，将有助于我们更深刻、更系统地理解马克思、恩格斯关于经济基础和上层建筑之间、社会存在和社会意识之间、以及人类社会与生态环境之间的辩证关系，并从中找出解决人类面临的重大经济社会问题的系统办法。

以下详细讨论大数据和机器学习如何促进人文经济学的定量实证研究。具体地说，我们将阐述大数据和机器学习如何影响经济学关于心理情感、政治法律、历史文化、生态环境、卫生健康等因素的研究。这些研究领域中有不少之前就已经存在，如法与经济学、新政治经济学、文化经济学、环境经济学以及健康经济学等交叉学科，但是有了大数据特别是文本数据之后，现在可以用文本回归等计量经济学方法进行定量实证分析。这样，经济学除了定性分析之外，还可以增加更加严谨的定量实证分析，而且研究的广度、深度因为交叉学科和跨学科研究而可得到极大拓展。

经济学关于心理情感等人文因素对经济的影响的研究，已有相当长的历史。在《国富论》出版之前，亚当·斯密的另一本重要著作《道德情操论》就提出追求优化行为时还需要有一定的道德情操。19 世纪 70 年代的边际革命通过边际效用这个重要概念将心理因素引入经济学的分析框架中，边际效用就是研究心理偏好对需求的影响。凯恩斯经济学的边际消费倾向和"流动性陷阱"、理性预期学派的"卢卡斯批判"（Lucas，1976），即理性经济人能够正确预测政府政策干预的目的,因此改变自身的经济行为,从而导致政策失效,所有这些都与经济主体(如消费者和生产者)的心理因素密切相关。"预期"这个经济学基本心理概念,已经成为宏观经济学研究和宏观经济管理的重要概念与工具。经济主体为什么会形成预期?其实是因为经济存在各种不确定性,如经济增长不确定性、通货膨胀不确定性、经济政策不确定性(economic policy uncertainty)等,经济主体在进行决策时,需要考虑这些不确定性的影响,通过形成一定的期望,决定当下的经济行为。因此,经济不确定性通过经济主体的预期而对经济(如投资、消费)产生影响。在抗疫期间,中国实施了"六稳"和"六保"政策,其中"六稳"之一是稳预期,通过一系列政策工具稳定经济主体的心理预期,从而减少疫情不确定性对经济的冲击。

另外,行为经济学和实验经济学研究微观主体心理对经济行为和经济决策的影响,如神经经济学运用神经科学技术来研究与经济决策相关的神经机制,综合了经济学、心理学、脑科学及神经生物学等诸多学科方法来研究经济决策行为等。很久以前,著名心理学家弗洛伊德曾期望心理学能够发展成为这样的一门科学,即人类的心理活动规律背后都有一定的生物学基础。现代心理学和神经经济学都已经达到了这样一种境界。

诺贝尔经济学奖得主希勒(Shiller,2019)写了一本书,名为《叙事经济学》,其主要研究重要经济叙事的传播机制及其对经济的影响。虽然看似是一个个经济故事,但其传播的广度、深度与速度都会对社会群体心理产生影响,进而影响经济。书中提到罗斯福总统"炉边谈话"、拉弗曲线、比特币等美国经济叙事。他认为比特币之所以价格飞涨,并非因为其自身价值高,而是因为它塑造的故事受到了人们的热情追捧。中国同样有叙事经济学。20世纪80年代"让一部分人先富起来"的叙事激励劳动致富;深圳20世纪八九十年代的创业故事,特别是"时间就是金钱,效率就是生命"鼓励很多人下海经商等。另外,经济活动和金融市场中的市场情绪(如悲观、恐慌)、资产泡沫、金融传染病、羊群效应、银行挤兑等经济现象,都体现了社会群体心理对经济或金融市场的重要影响。目前叙事经济学还处于婴儿期,希勒勾勒了一个初步的分析框架,但其研究范式有待完善,特别是定性分析加上符合科学研究范式的定量实证分析,在这方面,文本数据和机器学习可发挥重要作用,使叙事经济学的定量实证研究成为可能。

一段时间以来,已有不少经济学家研究投资者的情绪对金融市场的影响,即投资者情绪(investor sentiment)对资产定价和金融市场波动的影响。文化因素对经济、金融的影响,如文化伦理对公司治理和经济增长的影响等这些方面的研究也很多。又如伊斯兰金融(Islamic finance),根据伊斯兰教义,伊斯兰金融借贷不付利息,但借贷者若投资成功,则需要分享利润。这种独特的借贷文化如何影响资金配置以及金融市场运行,值得认真研究。"一带一路"沿线国家有不少是伊斯兰国家，对伊斯兰金融的研究将有助于我们更好地熟悉这些国家的投资环境。另外，量化经济史学，是基于一些历史数据的构建，运用计量经济学方法研究制度、文化因素对经济的因果影响。大数据特别是历史文本数据的数字化，让构造历史变量变得更为方便与容易。

大数据的出现使得经济学在一个更大的分析框架中运用定量实证方法来研究经济与心理情感、政治法律、历史文化、生态环境、卫生健康等因素之间的相互关系，特别是推断其因果关系。例如，我们可以使用大数据特别是文本数据，构建各种心理变量，如投资者情绪指数、消费者幸福感指数、经济政策不确定性指数、经济政策变化指数、社会舆情指数等。这些心理变量构造出来以后，就可以用文本回归方法定量研究社会群体的心理情感等因素与经济之间的相互关系。这种新的人文经济学定量实证的研究范式能够将经济学研究置于一个更广泛的社会经济分析框架中，这是经济学未来的一个新兴研究方向。

以下举例来说明如何使用大数据特别是文本数据构建重要的心理情感变量。我们以构建投资者情绪指数为例。社交媒体平台，如新浪微博、腾讯 QQ、推特、脸书等，所产生的大数据比任何统计调查数据都覆盖更大范围的投资者，因此更具有代表性。现在考虑利用推特平台的海量大数据构建投资者情绪指数，首先，对特定期间内的每一条推特进行"字符分析"，判断推特信息是否与金融市场波动性（如芝加哥期权交易所波动率指数）有关，如果是有关波动性的信息，再继续判断该条推特信息发布者的情绪（乐观、悲观、激动、平和等），这可以由人工智能自然语言处理技术来完成。其次，根据"字符分析"的结果对每一条推特信息赋值，并加权平均。加权平均的权重有两个维度：一是对推特信息发布者的过去历史进行深度学习，判断其影响力进而赋予相应的权重，如资深股评家权重赋值高，普通投资者权重赋值低；二是在抽样时间较长的情况下，不同时段应赋予不同的权重。

我们现在经常说世界不确定性因素在增加，如过去几年中美贸易摩擦导致中国经济与世界经济不确定性明显增加。产生经济不确定性的因素很多，其中政府政策的改变是引起不确定性增加的一个重要原因。那么，如何测度政策不确定性及其影响？在经济学实证研究中，经济政策不确定性最常用的测度是基于报纸的文本数据。Baker 等（2016）基于美国十大主流报纸在一个月内与经济不确定性相关的词汇出现的频率，构建了一个经济政策不确定性月度指数。除报纸文本数据外，这个经济政策不确定性指数还包括三个指标：税法法条失效指数，通过统计每年失效的税法法条数目来衡量税法变动的不确定性；经济预测差值指数，通过考察不同预测机构对重要经济指标（包括消费者价格指数）的预测差值来衡量经济政策的不确定性；联邦/地方州政府支出预测差值。关于权重的确定没有唯一的标准，这方面有很大的研究空间，这属于经济统计学的范畴。经济政策不确定性指数可视为新闻记者这个群体对经济政策不确定的心理感受与心理反应,本质上是一个特定社会群体的心理指数。

从 Baker 等(2016)的实证研究可以看出,不确定性指数与美国和世界重要政治经济事件存在很强的相关性。他们的研究还表明,政策不确定性指数与一些宏观经济变量,如经济增长有显著的反向关系,与失业率呈现正向关系,也就是说,不确定性指数越高,经济增长越慢,失业率越高。当然,这些相关关系是不是因果关系,需要进一步分析。

大数据革命催生了现代社会科学一个新的学科,叫作计算社会科学(computational social science),其极大地改变了人文社会科学的研究范式,特别是从定性分析到定量实证分析。使用大数据和机器学习研究人文社会科学的定量实证研究日益增加,因此应该适时推动经济学和人文社会科学其他领域之间的交叉融合与跨学科研究。

大数据特别是文本数据给经济学研究范式带来的一个重要变化是使人文经济学的定量实证研究成为可能。作为人类社会的一个重要组成部分,经济和人类社会的其他方面,包括政治、法律、社会、历史、文化、伦理、心理、情感、生态环境、卫生健康等因素,都紧密联系在一起,特别是新的技术革命和产业革命正在深刻改变人类生产与生活方式,改变社会生产力与生产关系,改变经济基础与上层建筑,因此,需要采用系统方法,在一个更大的人文经济学分析框架中研究经济问题,从而推动经济学和人文社会科学其他领域的交叉融合与跨学科研究,以寻找解决各种社会经济问题的系统方法。这是今后经济学研究的一个重要方向。另一个重要变化是,大数据和机器学习将带来经济学实证研究的方法创新。由于分析对象——数据的特点发生了重大变化,经济学的实证研究方法即基于数据的推断方法也随之改变,这为计量经济学理论与方法创新提供了各种可能性。特别是经济大数据产生了很多新型数据,不但有结构化数据,而且有非结构化数据,结构化数据也包括不少新型数据,如区间数据、符号数据、函数数据等。新型数据呼唤创新计量经济学模型与方法,这些新型模型与方法将更有效地利用数据信息,从而使统计推断中的估计方法更有效、假设检验更有效率、预测更精准。机器学习可以对高维或超高维数据实现降维,从而得到更有效的统计推断和更精准的预测。维数灾难一直是计量经济学建模面临的一个两难问题,即模型中待估计的未知参数数目相对于样本容量显得很大,甚至比样本容量还要大。一方面,我们希望计量经济学模型能够尽量包括对经济可能有影响的各种因素,以提高模型的解释能力或预测能力,但另一方面,当解释变量或预测变量的维数很高时,需要估计的未知参数维数也会很大,甚至超过样本容量。在这种情形下,精确估计高维未知参数是十分困难甚至是不可能的,但是,如果高维解释变量或预测变量中只有一小部分未知变量对因变量有影响,则可以通过机器学习正则法实现降维,剔除大量无关的变量。这样，就可以获得一个简约模型，其具有较强的稳健性和较好的可解释性，因此其样本外预测能力将比较精准。此外，大数据和机器学习也有助于更精确地定量评估政策效应，从而更好地发挥政府作用。

第三节　中国经济学的时代命题①

中国经济学的一个主要目的是为中国经济建设和经济全球化服务，这是中国经济学的出发点与落脚点，也是中国经济学家应该秉持的学术立场。纵观经济学的发展历史，任何经济理论的产生其实都有其时代背景，都在一定程度上为特定的阶级利益、国家利益或民族利益提供理论支持，从英国的亚当·斯密到美国的亚历山大·汉密尔顿，再到德国的弗里德里希·李斯特，都是如此，中国经济学自然也不例外。王亚南一直主张应以中国人的资格研究政治经济学。这种立场与中国经济学的科学性并不矛盾，因为在社会科学中，任何经济在一定的制度条件下都有其运行与发展规律，作为经济主体重要组成部分的国家与政府，实行何种制度安排与经济政策，都会改变经济主体的经济行为与资源配置方式，从而影响公平与效率。中国经济学家最根本的任务是探索能够尽快实现中国长远发展目标的最佳途径，特别是能够尽快实现全体人民共同富裕目标的发展模式。中国目前已是世界第二大经济体，世界经济重心正在由西向东转移。历史经验表明，经济重心的转移必然带来经济学术中心的转移。因此，中国具有产生被世界认可的原创性经济理论的时代背景，而要把这种可能性变成现实，需要中国经济学家基于中国经济实践进行艰辛的理论探索。

中国经济崛起和世界经济重心转移表明，中国在现代化道路上的探索为人类发展提供了新的模式，也为重大原创性经济理论突破提供了难得的历史性机遇。研究中国经济发展规律和理论的时机与条件已经成熟，迫切需要将中国经济问题研究上升到一般学科规律的理论，从而指导中国特色社会主义现代化建设的伟大实践；迫切需要超越现代西方经济学的理论范畴和研究范式，提炼一套可实证、可拓展、可推广的规范性理论体系和研究范式，以丰富人类经济科学理论体系；迫切需要构建原创性、可借鉴的中国特色社会主义市场经济理论，为全球经济发展贡献中国智慧和中国经验。为了完成这个"时代命题"，我们亟须进行研究范式变革与研究方法创新，以实现在中国经济学研究中经济思想和科学方法的统一，从而提高中国经济学的国际学术影响力。

---

① 本节内容基于洪永淼（2020b）、洪永淼和薛涧坡（2021）的研究。

一、凝练中国经济发展规律：一个共识

改革开放 40 年，中国经济发展取得世界瞩目的成就，引起了广泛关注。中国特色社会主义经济建设并没有遵循某类既有的运行模式，也没有遵循某个成熟理论框架预先设计出的改革路径，而是在中国共产党的坚强领导下，依靠亿万中国人民的首创精神与艰苦奋斗，不断进行调整、改革、创新，从而创立了适合中国国情的中国特色社会主义市场经济体制。与此同时，中国经济学"在发展理念、所有制、分配体制、政府职能、市场机制、宏观调控、产业结构、企业治理结构、民生保障、社会治理等重大问题上提出了许多重要论断"[①]。中国经济学以中国特色社会主义市场经济运行模式为研究对象，以总结中国经济发展规律为主要内容，以构建中国经济学原创理论体系为根本任务。这一点已经在国内经济学界形成了广泛共识（洪永淼和汪寿阳，2020）。

中国经济学具有独创性和一般性两方面特征。在中国特色社会主义现代化建设的实践中，家庭联产承包责任制、经济特区和沿海开放城市、渐进式改革路径选择、国企改革与非公经济发展、政府和市场"双引擎"等，都是中国经济发展过程中的独特现象，具有实践的成效和理论创新的亮点。中国经济学家至少可以在四个重要领域实现独创性理论突破，包括社会主义初级阶段经济理论、中国特色社会主义市场经济模式、政府与市场的关系、超大型经济体与数字经济的效应叠加（洪永淼，2020b）。

第一，社会主义初级阶段经济理论。马克思、恩格斯经典社会主义经济制度设想是建立在社会生产力高度发达的经济基础上的。国内外实践证明，脱离时代背景和现实条件，生搬硬套其理论将会带来严重后果。无论是 20 世纪 20 年代的苏联，还是 20 世纪 50 年代的中国，均是从落后的农业国直接过渡到社会主义社会。不发达的社会生产力决定了必须有与之相适应的经济制度，才能快速发展生产力，实现广大人民共同富裕的最终目标。中国立足这一基本国情与自身实践，创造性地提出"社会主义初级阶段"的科学论断，这在马克思主义发展史上是一次重大理论创新。立足社会主义初级阶段这个最大实际，既能够保证社会主义性质与宗旨，又能够快速发展社会生产力。把中国社会主义初级阶段的经济实践提炼为原创性理论，将极大丰富社会主义经济理论体系。

第二，中国特色社会主义市场经济模式。实践证明，中国特色社会主义市场经济模式能够有效兼顾市场这只"看不见的手"和政府这只"看得见的手"，从而充分发挥市场在资源配置中的决定性作用和更好发挥政府作用，实现资源优化

---

①《习近平主持召开经济社会领域专家座谈会并发表重要讲话》，http://www.gov.cn/xinwen/2020-08/24/content_5537091.htm[2020-08-24]。

配置，彰显社会主义市场经济制度的优越性。20 世纪二三十年代，路德维希·冯·米塞斯、弗里德里希·冯·哈耶克等自由主义学者认为，社会主义经济制度无法充分发挥货币价格这一基本经济核算工具的作用，因此社会主义市场经济在实践上是不可行的。另外，奥斯卡·兰格、弗·布鲁斯、奥塔·锡克等社会主义学者虽然在理论上论证了社会主义与市场经济的兼容性，但在实践过程中，受制于诸多因素，并没能真正贯彻实现其社会主义市场经济主张。在亿万人民实践基础上探索出来的中国特色社会主义市场经济模式，真正地第一次在实践上证明了社会主义与市场经济是兼容可行的，这一创造性的实践之所以能够成功，肯定有其内在逻辑与规律。中国经济学家需要将此成功实践提炼为独创性经济理论，从而揭示中国经济发展规律。

第三，政府与市场的关系。区别于以市场这只"看不见的手"为资源配置方式的资本主义市场经济，中国特色社会主义市场经济"两只手"并用，这既能够充分发挥广大人民的劳动积极性和创造性，同时国家与政府力量又能够克服市场缺陷及其消极影响，从而保证宏观经济平稳持续健康发展。在研究政府与市场的关系这一经济学永恒主题方面，中国拥有世界上最丰富的"政策数据库"这一得天独厚的条件，这为探索政府与市场之间的辩证关系提供了极大便利。

第四，超大型经济体与数字经济的效应叠加。得益于巨大人口规模和经济持续快速发展，中国已成为一个超大型市场经济体，在生产、消费等很多方面具有经济学所说的规模递增效应。在数字经济时代，大数据以及基于大数据的人工智能技术已成为关键的生产要素，其正在改变人类的生产方式与生活方式。中国超大型市场经济体拥有的巨大数字科技应用规模优势及由此产生的海量数据优势，能够充分发挥数字经济的倍增效应。目前，中国数字经济的发展在世界上占有领先地位，拥有十分丰富的素材，这是中国经济学家研究数字经济运行规律、创新经济理论的天然优势。

我们需要运用科学方法对中国经济发展过程中不断涌现并成功解决的重大经济问题进行系统分析，更重要的是，需要在独创性理论成果的基础上总结、归纳、揭示中国经济发展的一般规律。毫无疑问，由于中国独特的政治经济制度与历史文化等因素，中国经济发展具有强烈的"中国特色"。同时，我们也需要从"中国特色"中发掘共性内容与本质联系，构建一般性的"社会主义市场经济模式"，使中国经验成为具有深厚学理基础、可借鉴、可复制的经济发展模式，这样才能泛化中国经验并提升中国经济理论的国际学术影响力。

重视中国经济发展规律的研究有其必要性与重大意义，至少体现在三个方面。40 多年来，中国经济实现了长期稳定持续高速增长，创造了世界经济发展奇迹，从一个贫穷落后的国家发展成为世界第二大经济体，这个巨大成功肯定是有规律可循的。首先，对中国社会主义经济建设而言，只有充分理解中国经济发展的内在动力和发展逻辑，将中国经济问题的研究上升到一般学科规律的理论，才能以此为指导，更好地指引中国特色社会主义经济实践，继续推动我国经济发展，最终实现共同富裕。其次，对当代经济学理论体系而言，中国特色社会主义市场经济模式的成功实践不断拓展了当代经济学研究范畴，更超越了西方现代经济学的理论范畴，总结中国经济发展规律将大大丰富当代经济学对市场经济运行机制的理解，从而推进人类社会科学理论知识的前沿研究。最后，对践行人类命运共同体理念而言，中国特色社会主义建设是国际社会主义运动的重要组成部分，提炼和泛化中国经济发展规律是中国对社会主义政治经济学理论体系的重大贡献，将能够指引广大发展中国家成功实现经济起飞，缩短"南北差距"，为构建人类命运共同体贡献"中国智慧"和"中国方案"。

凝练中国经济发展规律是时代赋予中国经济学者的重大命题，也是中国经济学研究的"富矿"。为了完成这一"时代命题"，我们需要进一步从中国经济发展过程中提取理论共性与一般规律，从而产生具有国际学术影响力的原创性成果。在这个过程中，尤为关键的是需要采用科学的、与时俱进的研究范式和研究方法。

二、中国经济学研究范式变革与研究方法创新：一个关键

自经济学成为一门独立的学科以来，其研究范式和研究方法随时代发展而不断变化，随实践需要而不断深化，随学科演变而不断进步。从早期以历史分析、逻辑分析、定性分析为主，到现在以定量分析为主，定量分析和定性分析相结合。定量分析包含以数学为基础、使用数理分析工具的理论研究和以数据为基础、使用统计推断方法的实证研究。数学是逻辑推理的工具，建立在严格数学推导基础上的理论模型能够保证经济学理论体系在逻辑上的一致性；实证研究的目标是进行因果推断，经过经验数据检验的经济理论与经济假说才能解释经济现实，从而保证理论与现实之间的一致性。这种双重一致性的存在使定量分析方法成为现代经济学最重要的研究方法，使模型成为经济思想的重要载体和经济理论的主要表示方式，使经济学逐渐成为一门类似自然科学那样严谨自洽的社会科学。

在研究中国经济问题时，需要遵循什么研究范式？采用什么研究方法？中国经济学界对此问题存在一定争议，尚未形成广泛共识。进入 21 世纪以来，中国经济学研究在定量分析上取得长足进步，极大增强了经济学研究的规范性，提升了研究质量，同时推动了国际学术交流与合作。

研究范式变革与研究方法创新，特别是定量分析方法的合理使用是研究、揭示中国经济发展规律的关键所在。我们从必要性、可行性和迫切性三个角度阐述其原因。

首先，定量分析方法是经济科学科学性的重要体现。要科学阐释中国经济发

展一般规律，必须依靠定量分析方法。当代经济学研究主要基于经济数据（观测数据和实验数据等），通过计量经济学和实验经济学的研究方法与工具，从数据中寻找经济变量之间的逻辑关系，特别是因果关系，从而揭示经济运行规律。研究发现（Angrist et al.，2017），发表在经济学国际期刊的实证研究论文占比从 20世纪 80 年代的 30%上升至如今的 50%以上，现代经济学的研究范式出现了"实证革命"或"可信性革命"（creditability revolution）。这场研究范式革命的主要成就在于经济学的因果推断，即利用数据和计量分析工具识别经济变量之间的因果关系，从而证实或证伪经济理论或经济假说的正确性和有效性。"实证革命"的本质是使经济学研究符合科学研究范式，从而提升经济学研究的科学性，使经济学能够通过统计推断发现主要经济变量之间的本质联系，通过实证检验剔除错误的理论与假说。同时，"实证革命"使经济学研究能够更加贴近现实经济活动，如同一门"社会工程学"，可以通过实证检验甄别无效的经济政策与公共政策，为制定正确有效的经济政策与公共政策提供科学依据，从而更好地发挥政府作用。

其次，随着数据资源的快速积累与可获得性增加，采用定量分析方法研究中国经济问题具有可行性。实证研究在国内的蓬勃发展，离不开高水平数据库建设。以《经济研究》发表论文为例，在 2010～2019 年使用率最高的数据库是中国工业企业数据库，共有 78 篇论文使用该数据库；其次为中国健康与营养调查数据库，产生了 20 篇论文。在大数据时代，万物皆可互联，几乎所有的经济活动都会产生各种形式的大数据，几乎所有的经济现象都可以使用大数据来描述。大数据具有规模性、高速性、多样性、准确性等特征，包含着丰富的信息，为经济学研究提供了大量生动案例和研究素材（洪永淼和汪寿阳，2021a）。通过对海量大数据的定量分析，可以获得经济变量之间的因果关系，从而揭示经济现象背后蕴含的一般规律。随着以大数据和人工智能技术为标志的"数据革命"的不断发展，经济学中实证研究占主导的趋势必将不断加强。由于人口规模与经济规模的优势，中国在大数据资源方面与西方先进国家大致处于同一起跑线上，这为中国经济学的实证研究提供了广阔的发展前景和潜力巨大的应用空间，为中国经济学研究实现赶超创造了历史性发展机遇。

最后，研究范式与研究方法一直是制约中国经济学研究水平的一个"卡脖子"问题，迫切需要进行研究范式变革和研究方法的创新，科学使用定量分析方法。虽然国内有关中国经济发展规律的研究非常活跃，并产生了不少具有深刻思想性和重大实践价值的研究成果，但目前聚焦中国问题并产生重大国际影响力的理论成果依然较少。已有的研究大多应用中国数据说明一个西方经济学的一般问题，缺乏从中国问题中抽炼一般经济规律的研究（张军，2020）。在 2010～2019 年，以中国机构为署名单位、发表在世界五大顶级经济学期刊的论文共有 45 篇，其中有关中国问题的论文仅有 13 篇，占比为 28.9%，其中 AER 5 篇、JPE 4 篇、QJE 3

篇、RES 1 篇。此外，论文的研究合作模式也相对单一，大多以中国-海外机构合作为主。在 2010～2019 年由中国学者独立发表或者中国机构之间合作发表在世界五大顶级经济学期刊上的中国问题相关论文数量为零。鲜有在国际学术界产生重大学术影响力的中国原创性经济理论和中国本土经济学家。其中有诸多原因，一个主要原因是我们采用的研究范式和研究方法还没有跟上当代经济学发展潮流，需要进行变革和创新。另外，滥用、误用数学模型和计量方法的现象日益严重，这引起了经济学界的关注与争论（李志军和尚增健，2020）。产生这种现象的原因有很多，包括缺乏对研究问题的全面把握、缺乏对定量分析方法的深刻理解、缺乏从经济学角度对实证结果进行详细阐释等。这些问题的存在导致许多论文结论不可靠、政策建议不可行。在实证研究中，我们应避免生搬硬套、滥用、误用数学模型与定量分析方法，深化对数学模型与定量分析方法的基本原理、假设条件和适用范围的理解及认识，强化对数学公式和模型方法的直观解释与经济解释。

三、中国经济学研究思想与方法的统一：一个方案

为了更好地研究中国经济发展规律，我们可以而且应当借鉴西方现代经济学中一些先进的研究方法，将中国经济思想以规范的方法进行研究和表达，提高中国经济研究的规范性；可以而且应当借鉴自然科学的研究方法，采用科学研究范式深入分析中国现实经济问题，提高经济学研究的科学性；可以而且应当采取交叉学科研究方法，不仅仅要实现经济学与自然科学研究的交叉，更要促进经济学与人文社会科学的交叉研究，提高研究范式和研究方法的交叉性与系统性。为此，我们提出以下三点具体建议。

第一，加快中国经济研究的"基础设施"建设，重视基础数据搜集与经验典型特征事实挖掘。中国经济发展的实践积累了大量历史事实和经验数据，对经验典型特征事实做深入挖掘与梳理是推动中国经济发展规律研究的第一步，在此基础上我们才能够凝练与解析中国经济发展的科学问题。法国经济学家皮凯蒂在收入不平等方面的研究就是一个典型案例。他整合了包括国民收入账户数据、微观调查数据、税收数据、商业银行报告在内的各种数据，花费 20 年时间与合作者创立"世界不平等数据库"（World Inequality Database，WID），推动了世界范围内对于不平等经济学的研究。习近平在哲学社会科学工作座谈会讲话中这样评价皮凯蒂的《21 世纪资本论》："该书用翔实的数据证明，美国等西方国家的不平等程度已经达到或超过了历史最高水平，认为不加制约的资本主义加剧了财富不平等现象，而且将继续恶化下去。作者的分析主要是从分配领域进行的，没有过

多涉及更根本的所有制问题，但使用的方法、得出的结论值得深思。"[①]在经验事实方面，中国经济学有着天然优势，拥有基于中国经济实践的"政策数据库"、统计与行政数据、经济社会调查数据，以及海量的微观个体行为大数据等。系统整理中国经济发展的历史事实和基本数据，建立完整、规范、开放的数据库，是深入研究中国经济增长奇迹、凝练中国经济发展规律的基本前提，是为中国经济学奠定扎实学理基础的重要一环，也是中国经济学研究的"富矿"。

第二，推动中国经济研究的交叉应用研究，加快跨学科多领域融合发展。经济学研究范式和研究方法创新既来源于经济学母体的不断发展，还得益于广泛借鉴其他学科的先进经验，不断拓展经济学的研究领域与研究方向。例如，实验经济学和计量经济学中广泛使用了 RCT、自然实验（natural experiments）、观测方法（observational methods）、结构模型（structural models）等因果分析方法，这是经济学与自然科学文理交叉的结果，其又广泛地应用于经济学以及其他学科的研究中。另一个例子来自金融经济学，通过文本回归方法构建投资者情绪指数、经济政策不确定性指数等来研究人的情绪对资产定价及金融市场波动的影响等，这是将大数据和人工智能的分析方法运用于经济与心理情感、制度法律、历史文化等因素之间的因果关系的研究，这是从一个更广泛的理论分析框架研究社会人文学科，开拓了人文经济学定量分析新方向（洪永淼，2021b）。构建中国经济学，需要特别重视交叉学科与跨学科知识方法。一方面，需要融合哲学、历史、政治和社会学等人文社科领域的研究方法，提高观察经济现象、凝练经济问题、深化经济思想的能力；另一方面，需要融合数学、统计学、计算机科学、心理学、生命科学等自然科学的研究方法，提高分析问题、解决问题和解释问题的能力，做到"研究真问题，求得真学问"（洪永淼，2021a）。

第三，促进中国经济研究的国际学术交流合作，借鉴国外先进的研究方法与工具，全面推广中国经济发展经验，提升中国经济学的国际学术影响力。"他山之石，可以攻玉"。我们要重视借鉴国际上规范的研究方法的使用，特别是批判性地吸收西方现代经济学中那些先进、有用的研究范式和研究方法。例如，我们可以在宏观经济定量模型中引入微观主体的异质性和各类市场摩擦来刻画中国经济中的结构性问题，市场的不完备性会通过改变异质性微观主体的最优决策而影响宏观经济政策的传导机制（李戎等，2022）。我们还可以将政府作为决策主体引入宏观分析框架，从多维度讨论多级政府纵向和横向策略互动及其形成的均衡结果对于财政货币政策执行效果的影响（薛涧坡等，2020）。这些都是采用现代经济学语言描述和分析中国经济中"中国特色"因素的例子。经济学采用数学模

[①]《习近平：在哲学社会科学工作座谈会上的讲话（全文）》，http://politics.people.com.cn/n1/2016/0518/c1024-28361421.html[2016-05-18]。

型、实证方法等量化分析工具,具有很强的科学性,这些分析方法与工具本身没有意识形态内涵,可以大胆使用。同时,我们也强调,作为一门社会科学,经济学发源于历史与时代、根植于制度与文化、服务于政府与社会,具有鲜明的价值性。因此,中国的经济学家既要有国际视野,也要有家国情怀,要在熟悉国内外经济学研究范式和国际语言的基础上,积极总结、阐释中国经济发展经验,凝练中国经济发展规律与发展模式,构建原创性、可借鉴的中国特色社会主义市场经济理论,为中国经济建设与经济全球化实践提供理论指导,并提升中国经济学的国际学术影响力。

第四节　经济学科优先资助框架

国家自然科学基金委员会管理科学部"十四五"战略规划课题组联合厦门大学、中国科学院和清华大学经济科学发展战略研究课题组多次组织国内外专家召开专题研讨会,研究"十四五"时期经济科学学科优先资助领域和重点资助问题,从而在研究方法、基础理论、多元应用、多维交叉四大领域寻求创新和突破。

2021年3月11日,十三届全国人大四次会议表决通过了关于国民经济和社会发展第十四个五年规划和2035年远景目标纲要的决议。《中华人民共和国国民经济和社会发展第十四个五年规划和2035年远景目标纲要》(简称"十四五"规划)共19篇65个章节,明确了经济建设、政治建设、文化建设、社会建设、生态文明建设的总体布局,坚持"创新、协调、绿色、开放、共享"的新发展理念,提出"十四五"时期经济社会发展主要目标,包括:经济发展取得新成效、改革开放迈出新步伐、社会文明程度得到新提高、生态文明建设实现新进步、民生福祉达到新水平、国家治理效能得到新提升。

"十四五"规划胸怀两个大局,立足新发展阶段,贯彻新发展理念,构建新发展格局。从十三个方面提出了经济社会重大需求:①坚持创新驱动发展;②加快发展现代产业体系和产业链升级;③构建国内国际双循环的新发展格局;④加快数字化发展;⑤构建高水平社会主义经济体制;⑥促进农村农业优先发展与乡村振兴;⑦提升城镇化发展质量;⑧优化区域经济布局、促进区域协调发展;⑨推动绿色经济发展;⑩实施高水平对外开放;⑪促进人的全面发展;⑫提升共建共治共享水平;⑬统筹发展与安全的关系。

习近平指出:"时代课题是理论创新的驱动力。"[①]"十四五"规划中提出的经济社会发展的各个主要目标、明确的经济社会十三个方面的重大需求都涉及了

---

①《正确认识和把握中长期经济社会发展重大问题》,https://baijiahao.baidu.com/s?id=1688947561493248452&wfr=spider&for=pc[2021-01-15]。

主要经济学科，涵盖宏观、微观、开放、金融、财政、产业、发展、制度、农林、区域、人口、劳动、健康、资源环境、经济统计与政策评估等经济科学研究领域，构成了经济发展中长期趋势和重大实践问题的来源。

"十四五"时期经济学科优先资助框架包含四大创新领域、24 个重大问题（图 8.1）。

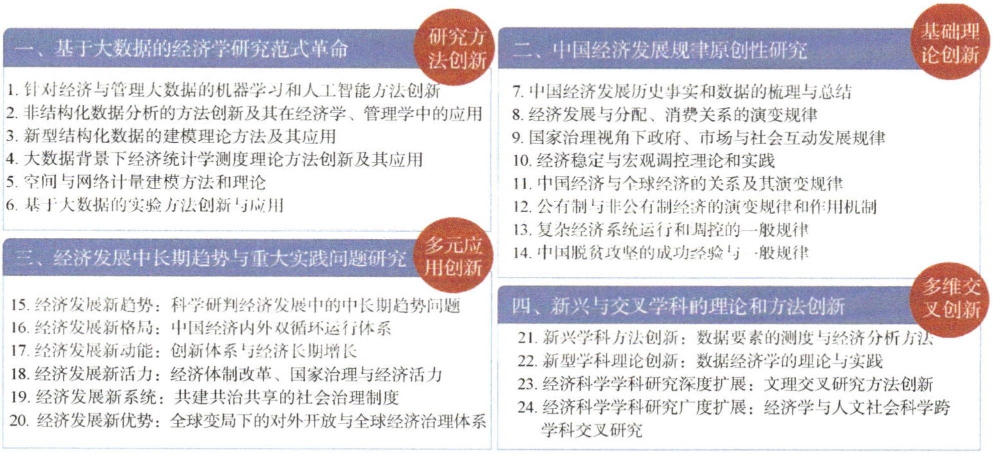

图 8.1　经济学科优先资助框架

（1）研究方法领域的创新课题为"基于大数据的经济学研究范式革命"。其包括六个重大问题：第一，针对经济与管理大数据的机器学习和人工智能方法创新；第二，非结构化数据分析的方法创新及其在经济学、管理学中的应用；第三、新型结构化数据的建模理论方法及其应用；第四，大数据背景下经济统计学测度理论方法创新及其应用；第五，空间与网络计量建模方法和理论；第六，基于大数据的实验方法创新与应用。

（2）基础理论领域的创新课题为"中国经济发展规律原创性研究"。其包括八个重大问题：第一，中国经济发展历史事实和数据的梳理与总结；第二，经济发展与分配、消费关系的演变规律；第三，国家治理视角下政府、市场与社会互动发展规律；第四，经济稳定与宏观调控理论和实践；第五，中国经济与全球经济的关系及其演变规律；第六，公有制与非公有制经济的演变规律和作用机制；第七，复杂经济系统运行和调控的一般规律；第八，中国脱贫攻坚的成功经验与一般规律。

（3）多元应用领域的创新课题为"经济发展中长期趋势与重大实践问题研究"。其包括六个重大问题：第一，经济发展新趋势：科学研判经济发展中的中长期趋势问题；第二，经济发展新格局：中国经济内外双循环运行体系；第三，经济发展新动能：创新体系与经济长期增长；第四，经济发展新活力：经济体制改革、国家治理与经济活力；第五，经济发展新系统：共建共治共享的社会治理制度；第六，经济发展新优势：全球变局下的对外开放与全球经济治理体系。

（4）多维交叉领域的创新课题为"新兴与交叉学科的理论和方法创新"。其包括四个重大问题：第一，新兴学科方法创新：数据要素的测度与经济分析方法；第二，新型学科理论创新：数据经济学的理论与实践；第三，经济科学学科研究深度扩展：文理交叉研究方法创新；第四，经济科学学科研究广度扩展：经济学与人文社会科学跨学科交叉研究。

第五节　经济科学学科重点支持方向

重点项目应优先支持能推动学科发展、有望做出创新性成果并产生一定国际影响的前沿科学问题；应切实围绕经济建设、社会发展、改革开放和提升我国综合竞争力所急需解决且有可能解决的一些重大公共政策设计和评估、管理理论和应用研究问题；应深入探索有中国特色的管理理论与规律的科学问题，在已有较好基础的研究方向或学科生长点开展深入、系统的创新性研究。

时代潮流和重大社会经济问题交互影响，为经济科学的发展提出了重大挑战，也提供了丰富且重要的时代命题。基于"十四五"规划中列出的优先资助领域和重大问题，我们提出经济科学学科重点支持方向。

一、创新领域一：基于大数据的经济学研究范式革命

随着大数据和人工智能时代的到来，经济金融、电子商务、企业管理、政府管理等各个领域的数据采集整理能力日渐提高。同时，随着社交媒体的蓬勃发展，产生了大量新型数据。数据成为重要生产要素，几乎所有的经济现象和经济活动都可以用大数据来刻画，这些大数据又反过来推动各种经济活动的开展。数据成为新经济发展的动力，新的 GDP——数据生产总值（gross data product）应运而生，成为衡量一个国家财富和实力水平的新标准。党的十八届三中全会明确提出，"使市场在资源配置中起决定性作用和更好发挥政府作用"[1]。党的十九大报告提出"经济体制改革必须以完善产权制度和要素市场化配置为重点"[2]。党的十九届四中全

---

[1]《中共中央关于全面深化改革若干重大问题的决定（全文）》，http://www.scio.gov.cn/zxbd/nd/2013/Document/1374228/1374228.htm[2017-03-12]。

[2]《习近平：决胜全面建成小康社会 夺取新时代中国特色社会主义伟大胜利——在中国共产党第十九次全国代表大会上的报告》，http://www.gov.cn/zhuanti/2017-10/27/content_5234876.htm[2017-10-27]。

会提出健全劳动、资本、土地、知识、技术、管理、数据等生产要素由市场评价贡献、按贡献决定报酬的机制。

在大数据时代，经济科学的研究范式产生了巨大变化，推动经济科学不断向前发展。这种研究范式变革表现在三个方面。首先，数据的变革。相较于传统数据，大数据具有规模性、高速性、多样性、准确性的特征，包含了传统数据所没有的信息，特别是微观经济主体行为的动态、及时、准确的信息，为经济和管理学研究提供了大量生动案例和研究素材。其次，分析方法与工具的变革，包括计量经济学模型、统计分析方法、文本分析技术、区块链技术、人工智能等。如何从纷繁复杂的高维数据中提取有用的价值，并帮助生产、经济管理和政府决策等，都成为当前研究的热门领域。高维数据中待估计参数个数通常远大于样本个数，这给传统的计量经济和统计方法都带来了挑战与机遇，研究新型的针对高维数据的机器学习方法及其在经济管理中的应用具有重要的实际意义。最后，经济理论的变革。通过对大数据的定量分析，可以获得经济变量之间的因果关系，从而揭示经济现象背后蕴含的一般规律。随着以大数据和人工智能技术为标志的"数据革命"的不断发展，经济学中实证研究占主导地位的趋势不断加强，为中国经济学研究发展提供了历史性机遇。

基于大数据时代研究范式变革的重要性，我们提出"基于大数据的经济学研究范式革命"这一创新领域，顺应大数据发展的时代要求，探索经济科学基本研究方法的创新，包括机器学习与人工智能、非结构化数据分析、新型结构化数据、经济统计、空间计量、实验经济学等研究方向。

1. 针对经济与管理大数据的机器学习与人工智能方法创新

随着信息技术、互联网和移动互联网的不断发展，人类进入大数据时代，数据总量正以空前的速度爆炸性增长，数据类型极大丰富，纷繁复杂的数据实时可得。当前，机器学习及深度学习算法等人工智能方法作为主流方法被广泛用于训练分析大数据，在人脸识别、预测、医疗、疫情防控、自动驾驶、城市管理、互联舆情分析等领域取得了显著突破。同时，计量建模与人工智能方法形成互补关系，两者之间的有机结合与应用为经济科学各个领域的发展提供了更加有力的实证研究方法和研究工具。数据分析的本质是定量分析。大数据种类繁多、形式多样、错综复杂，如存在非结构化数据、混类与混频数据，不同数据来源的收集、分析、处理与整合，需要多种定量方法共同使用，特别是机器学习方法和统计方法的结合。从本质上看，包括机器学习在内的人工智能方法解决的是数学优化与计算机算法优化问题。人工智能特别是机器学习在经济学研究中的应用，包括对经济数据的分析、预测以及相关计算机算法程序的应用，都是比较高级的量化分析。对于经济数据，特别是经济大数据的分析，其主要的目的是揭示数据中经济变量之间的逻辑关系,特别是预测关系和因果关系,从而揭示经济运行规律,预测经济未来的走势,并且为制定政策提供科学依据。

典型科学问题举例:针对经济与金融数据维度过高问题,拓展相关降维方法及其理论,并研究稳健的因子分析方法;针对高维数据的统计学习算法及其收敛性的理论研究,包括对特有高维计量模型的随机梯度算法、神经网络算法等的改进研究;研究高维在线数据流的实时预测和分析,以及机器学习算法的样本内和样本外数据结构变化的检验方法与理论;针对存在不可忽略的缺失数据和高度稀疏数据情形下的机器学习算法与计量建模的联合研究。

2. 非结构化数据分析的方法创新及其在经济学、管理学中的应用

随着信息技术和互联网的迅速发展,数字经济与大数据已经深刻影响到经济社会活动的方方面面。在大数据时代,数据的可得性和多样性导致样本量无限增大,同时变量个数无限增多,可用于分析、决策的信息集合高速增长。传统的统计和计量经济学方法已经不能很好地适用于该数据结构。非结构化数据的出现使得传统方法难以被应用于经济预测,传统的假设检验方法在面对高维数据时难以实施。非结构化数据包括文本、图像、视频、音频等,可用于定量刻画结构化数据无法描述的社会经济活动与现象,如群体心理、企业文化、经济政策不确定性等。非结构化数据一般具有超高维度和低信噪比的特征。因此,分析非结构化数据的第一步通常是借助深度学习等人工智能方法,如利用自然语言处理技术获取文本中的语义学信息、利用语音识别确定声音和音频中的声调,以及通过计算机视觉提取图像和视频蕴含的地理信息等。

典型科学问题举例:针对非结构化数据(包括文本、音频、视频及图文数据等)的特点提出更为有效的信息提取方法和深度学习算法;根据汉语的构词方法和行文特点,提出适用于汉语的独特的文本分析技术;针对具体的经济、金融和管理问题,构造特定的文本词库,提高从非结构化数据中提取信息的准确性和有效性;将非结构化数据引入宏观经济监测和金融风险管理,提高监测与预测的时效性;与传统计量方法相结合,提出能够综合分析非结构化数据、结构化数据及非数量化数据的混类数据的全新分析方法;进一步挖掘非结构化数据在经济学和管理学中更深层次、更广泛的应用。

3. 新型结构化数据的建模理论方法及其应用

大数据时代,传统的结构化数据的形式日益多元化,从简单的点数据,扩展到新型结构化数据,包括矩阵数据、函数数据、区间数据及符号数据,其中向量数据是矩阵数据的一个特例,区间数据是符号数据的一个特例,而面板数据则是函数数据的一个特例。长期以来,很多经济金融数据所包含的信息没有得到充分

利用。比如，在金融波动率建模时，人们通常只使用金融资产每天的收盘价数据，而由金融资产每天的最高价和最低价所组成的价格区间数据，或者其每天从开盘到收盘的函数价格数据，所包含的信息要比每天的收盘价丰富得多，但长期没有得到有效利用。新型结构化数据比传统点数据提供更加丰富的信息，但新型结构化数据建模需要新的分析方法与工具，这些新型模型与方法将更有效地利用数据信息，使统计推断中估计方法更为有效、假设检验更有效率、预测更精准。因此，如何对信息含量丰富、数据形式多层次化的区间数据、符号数据和函数数据进行计量建模，是富有挑战性的研究工作。

典型科学问题举例：针对矩阵数据、网络数据、函数数据、区间数据、符号数据、平台供应链数据的不同特征，提出新的统计、计量分析方法，发展新型结构化数据的稳健预测理论与工具；研究新型结构化数据的结构稳定问题，发展变点识别和时变参数模型的分布式学习理论与方法，提出新的结构变动分析理论和工具；将机器学习、深度学习等方法与新型结构化数据相结合，以实现利用新型数据对重点经济变量进行实时预测；将统计推断工具引入新型结构化数据，利用新型数据构建因果推断理论；研究高维混频数据的线性与非线性建模方法和统计推断理论，构造高频宏观经济实时监测指数；将新型结构化数据应用于政策评估领域，提出新的计量分析工具；针对新型结构化数据海量、高维度、时变、稀疏、非线性、非平稳等复杂特征，开发新型数据复杂特征下的稳健预测理论与方法。

4. 大数据背景下经济统计学测度理论方法创新及其应用

中国经济学科较早就重视经济统计分析工作。经济统计学与计量经济学一起，构成经济实证研究完整的方法论，统计学各个分支的交叉融合将推动经济统计学和计量经济学的共同发展，从而进一步提升中国经济学实证研究的水平和科学性。数字经济给人类生活带来了巨大改变，其与各行各业的深度融合也对经济发展产生了重要影响，因此，科学衡量数字经济的影响对于在新时代背景下理解社会经济整体形势十分重要。然而，关于数字经济的测度存在巨大挑战，国际货币基金组织报告指出，现有宏观统计已经无法完全捕捉数字和被数字化提升的产品与活动所带来的增加值。一方面，包括搜索引擎、社交软件、网购平台、在线地图在内的大多数字服务均以免费形式提供给消费者，传统基于支出或收入的 GDP 测度低估了数字经济规模；另一方面，数字经济与各行各业深度融合带来的效率提升及其增加值难以准确分离并测度。经济统计学需要针对不断出现的新型大数据，研发适宜的测度和分析方法。

典型科学问题举例：针对大数据的高维度、高频率、高噪声等特点，研究适宜的识别、记录、度量和清洗方法；针对大数据当中的噪声和核心信息量进行单独的度量，开发新的去噪声、去季节因素的方法，从而更有效地利用大数据信息；

基于复杂数据提取的信息，提出经济金融风险测度指标，实时监测中国经济金融运行中存在的潜在风险，为防控系统性风险提供重要的决策依据；针对高维度和复杂的相关结构数据，发展分布式有监督、无监督的学习理论与方法。

5. 空间与网络计量建模方法和理论

空间数据和网络数据是计量经济学中除了横截面数据和时间序列数据之外的一类常见数据。大数据的另一大特点是往往数据并不具有独立性，而具有网络相依性。网络相依性使得统计推断、统计抽样的理论难度大为增加。例如，我们很容易理解对于独立同分布数据的抽样，但是抽样本身会改变网络结构。网络数据是独立数据、时间序列数据、面板数据、空间数据以外的重要数据类型。在社交网络、金融风险、国际贸易等领域，网络数据都有着广泛应用。而由于网络数据本身的复杂性，目前从计量经济学角度对其研究还十分不充分，对其理论性质知之甚少。此外，大数据时代"互联网+"的迅猛发展也导致了新的网络型数据的产生。从微观个体的角度而言，以互联网为基础的社交媒体数据的产生对于研究个人行为，以及社交群体对个人行为的影响提供了重要的数据基础。从宏观角度而言，随着金融科技的发展以及数据可得性的增加，以金融机构间复杂交易网络为基础的金融网络数据对于研究金融风险传染和金融风险管理具有重要的意义。空间自回归模型是计量经济学中用来研究个体在空间或网络上互动的常用模型之一，然而其在复杂时空网络数据建模，尤其是网络形成和网络互动中的异质性、时变性以及集聚问题方面的研究尚处于起步阶段，需要更多开拓性的工作。推动基于空间自回归模型的网络形成和互动理论及应用研究，不仅能给空间和网络数据的实证研究提供坚实的理论基础，也能为我国经济生活相关决策，包括如何基于不同地区之间的联系网络来管控地方债务风险的传导、如何基于城市和境外国家与地区的连接网络来量化新冠疫情的境外输入风险等问题提供一定的科学依据。

典型科学问题举例：结合自然科学和社会科学各领域的时空数据特征，创新非线性空间计量模型、离散空间计量模型的估计方法，并发展相关概率和大样本理论；研究含有内生权重矩阵的空间计量模型的估计与检验，并拓展相关理论在环境、城市等时空数据建模方面的基础应用；研究社交网络形成过程的微观基础，探索社交网络的建模、估计与检验，并应用于大数据金融等新兴领域；使用混频空间计量模型、门槛空间计量模型等复杂时空数据模型研究网络生成和网络互动中的集聚问题。

6. 基于大数据的实验方法创新与应用

我们正处于数字化转型的时代，数字化转型带来了前所未有的应用场景。央行颁发了数字人民币；新冠疫情加速了我们向互联网世界的迁徙，大量商业、科研、教学都需要依靠先进的虚拟现实技术远程进行。对在新场景中人类行为的普遍规律、认知偏误及风险的研究还相对有限，因此，对经济新兴应用场景的行为经济学研究将赋能数字化转型更好地提高经济效率和社会福利，也将有助于解决数字转型所带来的不平等和数字贫困的问题。"十四五"规划中，大量的新科技被纳入新基建，如物联网、人工智能、隐私计算、5G、芯片、大数据、云计算。这些新科技将有助于推动新时代的行为实验软件革新。比如，由区块链和隐私计算赋能的去中心化软件可以解决用户数据隐私问题；人工智能和虚拟现实可以营造更为逼真的决策场景；大数据和云计算可以加快实验数据的交互与可视化。在实验软件方面的创新无疑将带来行为实验经济学的大变革，而随着科技的发展，新的实验工具已经被引入到了经济学研究中，如使用功能性核磁共振探测决策的大脑机制、使用眼动仪探究决策中信息获取过程等。在实验工具上的创新无疑会为经济学实验带来新的发展契机。

　　典型科学问题举例：研究如何利用人工智能和机器学习方法设计实验课题、模拟实验环境、挑选受试对象、制定实验参数；研究如何利用人工智能和机器学习方法收集实验数据，特别是鉴别实验数据的真实性和一致性；研究人工智能方法对海量和复杂的实验数据的分析，识别导致实验结果的决定性变量；将实验经济学理论与方法和政策评估相结合，提出崭新的政策评估分析工具。

二、创新领域二：中国经济发展规律原创性研究

　　中国经济发展规律具有一般性与特殊性的双重特征（洪永淼，2020b；李戎等，2022）。一方面，对任何科学问题的解析和经济规律的凝炼都具有代表性与一般性特征。从现实问题中抽象出的规律和理论，其适用性不会仅仅局限于某个国家的具体国情。另一方面，不同国家的发展道路会受到抽象理论模型中一般性原理的制约，是一般规律在经济实践中的具体表现。这就要求在运用一般规律指导中国经济实践时要重视实际问题的特殊性，需要在完整准确把握经济理论内核的基础上，具体分析当代中国的特殊国情和现实问题。经济发展规律的一般性和中国经济建设实践的特殊性是辩证统一的一个整体。我们需要坚持运用科学分析方法对中国经济问题中体现的一般规律进行提炼、总结、归纳，使其成为当代经济学理论体系的一部分，使中国经验成为具有深厚学理基础、能够供广大发展中国家参考和复制的经济发展模式，这对于完善中国特色社会主义经济理论体系、丰富市场经济理论内容、超越西方现代经济学研究范畴、推动人类社会科学前沿理论研究具有重大的科学意义（洪永淼和薛涧坡，2021；洪永淼，2020b）。

　　习近平指出，"时代课题是理论创新的驱动力""我们要运用马克思主义政

治经济学的方法论，深化对我国经济发展规律的认识，提高领导我国经济发展能力和水平"[①]。"十四五"时期是我国全面建成小康社会、实现第一个百年奋斗目标之后，开启全面建设社会主义现代化国家新征程、向第二个百年奋斗目标进军的第一个五年。我们亟须全面总结过去经济建设和发展中的经验与教训，弄清楚中国经济获得巨大发展、不断前进的内在动力和发展逻辑。这要求我们把中国经济问题的研究上升到一般学科规律的理论，强调基础性研究工作，鼓励原创性研究。我们需要重视对中国经济基础数据的搜集和典型事实的梳理，重视对科学问题的解析、对规范分析方法的使用、对一般经济规律的总结。

因此，我们提出"中国经济发展规律"这一研究课题作为国内经济科学领域目前和中长期内研究的重点。这一课题包括八个主要研究方向，分别为经济基本事实和数据、分配和消费领域、国家治理体系、宏观调控体系、经济开放政策、公有和非公有经济体制、复杂经济系统研究、反贫困经验等，涉及中国经济发展的主要方面和热点问题。

1. 中国经济发展历史事实和数据的系统性梳理与总结

改革开放 40 年，中国不仅创造了人类经济发展史上的新奇迹，也为研究如何推动经济发展提供了前所未有的历史事实和数据。系统性地梳理中国经济发展历史事实和数据，包括各个地区和行业的不同发展轨迹、政府部门推动的各类经济政策、企业和个人做出的微观决策等多个方面，是深入研究中国经济奇迹、深刻理解"四个自信"的基本前提。丰富的统计与行政数据、各项经济社会调查与过去几年涌现的企业与个人大数据都是历史事实和数据的重要来源。应对于重点经济领域的数据调查范围和统计指标口径的历史变化情况建立完整的数据档案，构建口径可比的时间序列数据。收集和挖掘重要经济政策出台的历史背景，总结历史经验，注重经济数据和经济政策的国际比较，也是向世界讲好中国故事的重要方面。

典型科学问题举例：中国宏观与微观经济数据的系统梳理与国际比较；构建重点经济领域统计口径可比的分地区、高频时间序列数据；大数据、调研数据与中国经济的实证研究；中国经济发展政策的量化分析；中国重大经济政策的历史研究。

2. 经济发展与分配、消费关系的演变规律

过去 40 年的高速经济发展极大地提高了人们的生活水平，但也呈现出了收入

---

①《正确认识和把握中长期经济社会发展重大问题》，https://news.china.com/zw/news/13000776/20210115/39185736.html[2021-01-15]。

分配差距拉大、储蓄与消费不平衡的问题。党的十九大报告提出，"中国特色社会主义进入新时代，我国社会主要矛盾已经转化为人民日益增长的美好生活需要和不平衡不充分的发展之间的矛盾"[①]。一方面，中国有近一半居民的收入水平不高，消费水平不足，抗风险能力较弱；另一方面，比较富裕的群体要求有更好的发展资料和享受资料，但国内产品和服务的供给不足与平衡不充分，不能满足它们的需求。每年有大量游客到境外购买高档消费品，巨额购买力外流。这正是发展不平衡不充分的突出表现。在全球经济一体化放慢的大背景下，中国未来的经济增长需要更多地依赖内需驱动。如何在做大蛋糕的同时改善收入分配，提高国内的消费力，满足人民日益增长的美好生活的需要是解决经济长期发展动力不足的重要抓手，也是社会主义新时代的重要目标。

典型科学问题举例：收入分配的演变规律；消费的演变规律；收入分配的决定因素；收入分配的代际固化问题；人口结构、年龄结构对储蓄和消费的影响；数字技术对消费的影响；房地产市场与其他消费的关系；国内产品质量与消费；人工智能对劳动力市场的影响。

3. 国家治理视角下政府、市场与社会互动发展规律

政府与市场关系是经济体制中最为重要的制度安排，其反映了经济体中资源配置的总体方式。中国过去40余年的改革与发展历程就是政府与市场边界不断磨合和演变的过程，关于政府与市场的关系规律的认知和理解对于理论创新及政策实践都具有重要意义。在新时代，社会组织与社会规范也开始成为影响资源配置方式的重要因素，政府、市场与社会三个维度的国家治理体系与经济运行模式逐步形成。随着经济发展、技术创新和制度变革，未来政府、市场与社会的互动将面临更多复杂因素，探究其中的经济发展规律是研究中国总体经济发展规律的不可缺失的环节。

典型科学问题举例：政府与市场关系的演变历程与规律；国家治理能力与中国经济长期增长；政府间财政激励与经济发展动力；政府、市场与社会组织在资源配置中的关系；经济制度与经济绩效。

4. 经济稳定与宏观调控理论和实践

中国特色宏观调控体系不仅包括聚焦短期内经济稳定、以货币和财政工具进行的总需求政策，还包括聚焦中长期经济发展、以供给侧结构性改革等手段进行的总供给政策（刘伟和陈彦斌，2021）。中国经济高速稳定发展离不开政府宏观

① 《习近平：决胜全面建成小康社会 夺取新时代中国特色社会主义伟大胜利——在中国共产党第十九次全国代表大会上的报告》，http://www.gov.cn/zhuanti/2017-10/27/content_5234876.htm[2017-10-27]。

调控政策的有效实施。党的十九届四中全会报告指出，要"健全以国家发展规划为战略导向，以财政政策和货币政策为主要手段，就业、产业、投资、消费、区域等政策协同发力的宏观调控制度体系"[①]。中国的宏观调控不仅仅是一个系统性政策体系，其背后还体现了中国经济学者对于社会主义市场经济建设、政府和市场关系等重大问题的深刻理解，反映了中国经济发展的客观规律，多次有效化解了内外部经济环境变化对经济稳定造成的巨大冲击。因此，我们有必要对中国宏观调控理论与实践经验进行系统总结，发掘一般经济规律，为进一步完善中国宏观经济调控体系提供理论支持，为合理选择宏观调控工具来应对外部冲击、保持经济稳定增长提供科学依据。

典型科学问题举例：中国宏观调控政策与经济稳定的关系识别；最优宏观调控政策设计；宏观调控政策之间的协调；微观异质性与宏观调控政策传导机制；区域异质性与宏观调控政策溢出效应。

5. 中国经济与全球经济的关系及其演变规律

1978 年前 30 年与后 40 年，中国经济最为重要的转变是以市场取代计划和以融入全球经济取代自力更生。毋庸置疑，跨境贸易、投资和技术转移是中国增长奇迹最为根本的决定因素，而挖掘和总结中国经济发展规律显然需要研究中国经济与世界经济的关系，既包括中国如何从全球化中获得收益，也包括中国是怎样影响世界、主要区域（如欧盟、东盟、非盟）以及单个重要国家的经济增长的，还包括中国与"一带一路"经济体的战略互补和竞争关系。除了生产要素与产品的跨境流动视角，还有必要从双边和多边援助、基础设施互联互通、政策协调等维度考察中国与全球经济的互动。特别地，通过比较（中国与苏联、印度、日韩等）研究提炼或揭示中国经济发展规律，也具有相当的学术和科学意义。

典型科学问题举例：全球化对中国经济增长的贡献及其机制；中国对外投资、贸易、互联互通对世界经济（尤其是"一带一路"经济体）的贡献及其影响机制；经济（包括国际援助）与外交之间的相互影响；逆全球化浪潮及其应对策略；中国与苏联经济体、印度、日韩增长历程的比较研究；国际秩序解体背景下，中国如何推动经济一体化和经济秩序的构建；中国与欧洲的产业关联现状、发展趋势及应对策略。

6. 公有制经济与非公有制经济的演变规律和作用机制

西方发达资本主义国家先后有过国有化浪潮和私有化浪潮，新中国成立以来，

---

① 《中共中央关于坚持和完善中国特色社会主义制度 推进国家治理体系和治理能力现代化若干重大问题的决定》，http://www.xinhuanet.com/politics/2019-11/05/c_1125195786.htm[2019-11-05]。

特别是改革开放以来，中国公有制经济和非公有制经济的比例与存在空间也是不断变动的，对国有企业的改革范围、方式和力度，对非国有经济的支持力度和方式，也是变化的。党的十九届四中全会报告指出，要毫不动摇巩固和发展公有制经济，同时要毫不动摇鼓励、支持、引导非公有制经济发展。2020 年 5 月 11 日，中共中央、国务院发布《关于新时代加快完善社会主义市场经济体制的意见》，充分肯定了非公有制经济的作用，要求营造支持非公有制经济高质量发展的制度环境。如何认识公有制经济和非公有制经济在社会主义市场经济中发挥作用的一般规律，如何优化国有经济布局、发展混合所有制经济，如何增强国有经济的创新能力、抗风险能力，如何深化国有企业改革、支持中小企业发展，都值得我们从理论上深入研究。

典型科学问题举例：公有制经济与非公有制经济发展演变的规律及一般理论模型；影响公有制经济与非公有制经济发展演变规律的因素分析及作用机制研究；国别与发展阶段对公有制经济和非公有制经济的影响；中国在发展的不同阶段对国有经济的共同或一般需要和特殊需要；影响国有企业改革方向、范围和力度的因素分析；公有制经济与非公有制经济之间比重变化规律；公有制经济与非公有制经济之间的关系演变；产权经济学和规制经济学理论的扩展。

7. 复杂经济系统运行和调控的一般规律

现代经济学研究逐渐从线性、确定性、同质和独立个体的均衡分析转向非线性、不确定性、异质性、时变性网络复杂系统的一般均衡分析。这种转变对于经济基本理论、分析工具和预测方法提出了新的挑战。经济体系是一个复杂系统，多个异质性主体（家庭、厂商、政府、金融中介）在充满不确定性的经济环境中做出分散决策，经济主体的预期和策略性行为、经济组织之间的网络结构、外部冲击的不确定性均增加了经济系统的复杂性。需要聚焦复杂经济系统的演变过程，认识不同经济主体构成复杂经济系统的方式、结构、作用机制，明确复杂经济系统运行的基本逻辑，结合数学、计算机、人工智能和大数据领域的研究成果，探索研究复杂经济系统的科学方法和计算工具，同时将理论和方法的创新应用于实际经济调控政策模拟与预测中，实现从定性分析向量化预测的过渡。研究层次包括以基本概念、基本事实、基本原理和一般规律为主的理论探索，以数理、计量、计算方法为核心的研究工具研发和以政策需求为导向的应用研究三个层次。

典型科学问题举例：基于微观数据的复杂经济系统理论和实证研究；基于系统论的复杂经济系统理论和分析方法；复杂经济系统的治理机制和治理策略；复杂经济系统的预测理论；重大公共政策效果的仿真模拟；基于系统论方法研究高质量发展理论与政策。

8. 中国脱贫攻坚的成功经验与一般规律

2020 年 12 月 3 日，中共中央政治局常务委员会召开会议，听取脱贫攻坚总结评估汇报。习近平指出，"经过 8 年持续奋斗，我们如期完成了新时代脱贫攻坚目标任务，现行标准下农村贫困人口全部脱贫，贫困县全部摘帽，消除了绝对贫困和区域性整体贫困，近 1 亿贫困人口实现脱贫，取得了令全世界刮目相看的重大胜利"[①]。中国一直是世界减贫事业的积极倡导者和有利推动者，在脱贫攻坚领域取得了前所未有的成就，为世界贡献了中国智慧和中国方案。2019 年的诺贝尔经济学奖颁发给从事全球减贫研究的三位学者，表彰其实验性方法，他们成立扶贫实验室，在真实世界检验各种政策的效果，其研究对象主要是非洲和印度。这里存在两个矛盾：一是现代经济学缺乏丰富的中国样本；二是中国减贫经验缺乏系统化理论总结。认真总结中国摆脱绝对贫困的成功经验并进行系统化的理论总结，具有重大的现实意义和科学研究价值。党的十九届四中全会首次正式要求巩固脱贫攻坚成果，建立解决相对贫困的长效机制。缓解相对贫困将是"十四五"期间乡村振兴工作的重点。党的十九届五中全会首次提出"全体人民共同富裕取得更为明显的实质性进展"这一远景目标，明晰了从全面小康到共同富裕的重大历史性任务。可以说，实现共同富裕是解决相对贫困的总目标，消除相对贫困是实现共同富裕的重要途径。当前，我国发展不平衡不充分的问题仍然突出，巩固拓展脱贫攻坚成果的任务依然艰巨，进一步研究共同富裕、乡村振兴问题具有重大的现实意义。

典型科学问题举例：中国脱贫攻坚的典型事实；将脱贫攻坚作为一个复杂性系统进行研究，充分认识政府、市场和社会在多目标、多任务、多约束的复杂系统中相互协调并协同发展的作用机制；总结脱贫攻坚的政策体系，探讨防止返贫的政策措施；乡村振兴的制度安排与路径选择。

三、创新领域三：经济发展中长期趋势与重大实践问题研究

2020 年 8 月 24 日，习近平在经济社会领域专家座谈会上的讲话中就"正确认识和把握中长期经济社会发展重大问题"[②]围绕六个方面提出意见，希望经济工作者深入思考，取得进一步的研究成果。这六个方面包括"以辩证思维看待新发

---

① 《中共中央政治局常务委员会召开会议听取脱贫攻坚总结评估汇报》，https://m.gmw.cn/baijia/2020-12/04/34428550.html[2020-12-04]。

② 《在经济社会领域专家座谈会上的讲话》，http://www.gov.cn/gongbao/content/2020/content_5541470.htm?ivk_sa=1024320u[2021-08-25]。

展阶段的新机遇新挑战""以畅通国民经济循环为主构建新发展格局""以科技创新催生新发展动能""以深化改革激发新发展活力""以高水平对外开放打造国际合作和竞争新优势""以共建共治共享拓展社会发展新局面"，涉及中国经济社会发展中长期的重大问题，是当前以及今后一个时期内中国经济科学研究的重大命题。

回应社会热点和社会关切，服务国家对经济科学研究的重大需求，是国家自然科学基金委员会管理科学部的研究目标之一。在经济高质量发展阶段，在过往红利逐步消退、资源禀赋结构发生变化的情况下，面对从"数量追赶"转向"质量追赶"的挑战、从"规模扩张"转向"结构升级"的压力、从"要素驱动"转向"创新驱动"的机遇、从"分配失衡"转向"共同富裕"的要求、从"高碳增长"转向"绿色发展"的需要，关键在于依托高屋建瓴的顶层设计，进一步全面深化改革。《中华人民共和国国民经济和社会发展第十四个五年规划和2035年远景目标纲要》中提出了在经济建设、政治建设、文化建设、社会建设、生态文明建设等方面的总体布局，确定了创新、协调、绿色、开放、共享的新发展理念，明确了经济发展取得新成效、生态文明建设实现新进步、改革开放迈出新步伐、民生福祉达到新水平、社会文明程度得到新提高、国家治理效能得到新提升的主要目标。

国内外经济形势的变化和国内经济事业的发展给中国经济学家提出了重大时代课题，呼唤深层次的理论创新。我们提出"经济发展中长期趋势与重大实践问题研究"这一创新领域，围绕经济发展新趋势、新格局、新动能、新活力、新系统、新优势这六大研究主题开展创新研究。

1. 经济发展新趋势：科学研判经济发展中的中长期趋势问题

当今世界正经历百年未有之大变局。随着中国经济改革向纵深发展，中国经济发展面临着来自国际多方面的重大挑战。伴随世界经济增长的放缓和风险点的增多，特别是新冠疫情在全球的大流行，国际分工合作的格局正在进行深刻调整与变化，逆全球化和贸易保护主义的势头不断加强。国与国之间，特别是大国之间的关系逐渐从合作共赢模式向竞争状态发展，世界经济政治局势中的不确定性显著增加。国际经济、文化、科技、政治、安全等各个领域均发生激烈动荡和调整。而中国经济已经由高速增长转向高质量发展阶段，社会主要矛盾发生根本性转变，我国经济社会发展呈现出一系列不同于以往的深刻变化。在深刻认识经济发展新常态的基础上，提出"创新、协调、绿色、开放、共享"五大新发展理念，为新时代的经济高质量发展提供了有效指导。我们需要充分认识国内外环境变化带来的机遇和挑战，科学研判经济社会发展的中长期趋势，认真研究主要经济领域，如环境、金融、农业、人口、科技、安全等方面的重大问题。

典型科学问题举例：全球气候变化带来的经济、金融风险理论分析和量化评估；绿色金融对实体经济可持续发展的作用机制研究；"碳达峰、碳中和"大趋势下的绿色经济研究；资产泡沫影响实体经济资源配置效率的理论和实证研究；中国农业生产结构与空间布局；老龄化社会中的"一老一小"政策设计；关系国家安全的战略行业和战略产品的管理体系研究。

2. 经济发展新格局：中国经济内外双循环运行体系

2008 年金融危机爆发之后，世界经济出现了"逆全球化"的担忧。在特朗普上台之后，提出能源独立、制造业独立、经济独立、国界主权独立的口号，特别是在疫情后，全球各国着手构建更独立、完整、完全的产业链成了一个趋势，世界经济笼罩在"逆全球化"的阴影之下。随着外部因素变化和国内高质量发展带来的要素禀赋变化，中国过去依赖的市场和资源两头在外的国际大循环受到了明显阻碍，而国内大循环的动能日益增强，以国内需求为主导的国民经济内循环趋势得到明显加强。需要进一步坚持供给侧结构性改革战略方向、依托国内需求、完善国内市场、推进市场化改革和高质量对外开放，形成以国内大循环为主体、国内国际双循环相互促进的经济发展新格局。我们要评估国内外重大冲击对于双循环运行体系的影响，研究双循环体系运行的机制，制定配合双循环顺畅运行的货币和财政政策，提炼一般经验和发展规律。

典型科学问题举例：包含内外双循环体系运行的开放宏观经济模型及模型的拟合与仿真；货币与财政政策在内外双循环体系下的运行机制和效果评估；中国经济内外双循环对国际其他国家就业、资本和商品流动的影响。

3. 经济发展新动能：创新体系与经济长期增长

改革开放以来，中国经济主要通过增加要素投入、扩张产能实现经济增长。这种要素驱动型经济增长模式会带来高昂的环境成本，依赖低成本劳动力投入，使大部分产业结构处于世界产业链中较为低端的水平，未来整体增长遇到瓶颈。随着经济发展进入新常态，经济增长方式需要提质增效，从要素驱动转向创新驱动，从规模扩张转向结构升级，从追求高速度转向追求高质量。创新驱动增长首先强调全要素生产率的提升，需要研究在供给侧结构性改革过程中，如何通过优化生产要素配置和组合，增加技术投入和人力资本积累，提升生产要素使用效率，增强经济增长的内生动力。创新驱动的核心是科技创新，需要研究如何发挥社会主义制度优势，如何充分发挥政府和市场、企业家和科学家的创新作用，在核心关键技术方面实现从 0 到 1 的突破，实现产业升级和技术进步，特别重视数字经济对于创新的影响，加强关键数字技术的创新应用与交叉融合。

典型科学问题举例：中国基础研究发展态势与国际比较；经济增长要素贡献率测算的方法与应用；资源配置与经济增长；人工智能技术对劳动力市场的影响机制和实证研究；主要国家"技术脱钩"如何影响我国科技企业的技术路线选择；数据作为生产要素的经济学分析方法；区块链技术发展与实体产业数字化研究；科技创新体制机制研究；金融发展与创新融资；支持技术创新的财政货币政策；区域经济建设与产业经济发展基础理论；创新人才的培育和管理制度研究。

4. 经济发展新活力：经济体制改革、国家治理与经济活力

"改革是解放和发展社会生产力的关键，是推动国家发展的根本动力。"[1] 为了适应新时代经济社会发展需要，适应解放和发展生产力的要求，必须以深化改革来激发经济社会发展的活力。这要求我们科学认识经济体制发展障碍，坚持和完善中国特色社会主义制度，推进国家治理体系和治理能力现代化。政府与市场关系是经济体制中最为重要的制度安排，其反映了经济体中资源配置的总体方式。在新时代，要进一步提高政府监管效能，推动有效市场和有为政府更好的结合。随着经济发展、技术创新和制度变革，政府、市场与社会的互动将面临更多的复杂因素，需要采用科学方法探究其中的重大问题，特别是有关政府市场关系、产权和知识产权保护、财政制度设计与优化、货币政策设计、政府治理现代化等方面的研究需要有突破性发展。

典型科学问题举例：结构性货币政策的理论与政策评估；市场失灵中的政府行为与有为政府；央地财政关系与财政制度优化研究；国家治理体系和治理能力现代化；反垄断政策与新兴产业发展。

5. 经济发展新系统：共建共治共享的社会治理制度

数字经济时代，以互联网为代表的数字技术高速发展，在不断改变人类的生产生活方式、社会观念与社会行为方式的同时，也带来人类社会结构的深刻变化。随着中国经济的快速发展，中国的人口、就业、收入分配、消费等结构均出现巨大变化，需要在发展的基础上，将保障和改善民生作为社会建设的重点工作，实现发展成果由人民共享，"加强社会治理，化解社会矛盾，维护社会稳定"[1]。建设经济发展新系统，首要工作就是正确认识社会结构的发展现状、形成历史与未来趋势，系统把握社会子结构之间的相互联系与互动关系，科学评估与社会治理

---

① 《正确认识和把握中长期经济社会发展重大问题》，https://baijiahao.baidu.com/s?id=1688947561493248452&wfr=spider&for=pc[2021-01-15]。

相关的各类经济政策的影响效果，建立健全以维护社会公平为核心，以促进人的全面发展和社会全面进步为主要目标的社会主义社会治理制度。

典型科学问题举例：经济可持续发展的公共政策设计与评估；全覆盖可持续的社会保障体系建设；城市韧性的理论分析与政策设计；粮食安全与国家经济发展；突发公共卫生事件与经济管理政策；区域高质量发展视角下的能源产业升级与环境污染协调治理；收入分配的演变规律；消费的演变规律；收入分配的决定因素；收入分配的代际固化问题；收入分配结构优化；科技革命冲击带来的劳动力替代如何影响收入分配格局；人口结构、年龄结构对储蓄和消费的影响；数字技术对消费的影响；房地产市场与其他消费的关系；国内产品质量与消费提升；教育改革与人力资本积累。

6. 经济发展新优势：全球变局下的对外开放与全球经济治理体系

对外开放是我国的基本国策之一。党的十九大报告指出，"推动形成全面开放新格局。开放带来进步，封闭必然落后。中国开放的大门不会关闭，只会越开越大"[①]。当前，世界正经历百年未有之大变局，世界疫情的不确定性、乌克兰战争的进一步发展都将带来世界格局的演变，外部环境更趋复杂严峻。改革开放40年使中国成为一个贸易大国，以自贸区和"一带一路"倡议为代表的开放型经济体系的逐步构建更是标志着当前的对外开放进入新阶段，我们要进一步研究在大变局背景下的国际贸易体系变化与政策设计。与国际贸易相比，作为现代经济核心的金融开放在中国却相对滞后，中国在全球金融体系中的影响依然较小。今后的大趋势是中国加快金融开放的步伐，不断融入世界的金融体系，成为金融大国和强国，即使在全球化变局下，金融开放仍是大势所趋，但也面临更多的风险与挑战。"我们要全面提高对外开放水平，建设更高水平开放型经济新体制，形成国际合作和竞争新优势。要积极参与全球经济治理体系改革，推动完善更加公平合理的国际经济治理体系。"[②]

典型科学问题举例：全球化变局下的人民币国际化理论与定量研究；全球变局下全球价值链的变化与重构；金融开放与金融安全研究；世界农业生产格局与农产品贸易规则；重大国际冲突和危机事件下中国经济安全领域防范应对战略研究；"一带一路"倡议下的产业链分工优化研究。

---

①《习近平：决胜全面建成小康社会 夺取新时代中国特色社会主义伟大胜利——在中国共产党第十九次全国代表大会上的报告》，http://www.gov.cn/zhuanti/2017-10/27/content_5234876.htm[2017-10-27]。

②《正确认识和把握中长期经济社会发展重大问题》，https://baijiahao.baidu.com/s?id=1688947561493248452&wfr=spider&for=pc[2021-01-15]。

四、创新领域四：新兴与交叉学科的理论和方法创新

经济学研究范式和研究方法创新既来源于经济学母体的不断发展，还得益于广泛借鉴其他学科的先进经验，不断拓展经济学的研究领域与研究方向。例如，实验经济学和计量经济学中广泛使用了 RCT、自然实验、观测方法、结构模型等因果分析方法，这是经济学与自然科学文理交叉的结果，其又广泛地应用于经济学以及其他学科的研究。另一个例子来自金融经济学，通过文本回归方法构建投资者情绪指数、经济政策不确定性指数等来研究人的情绪对资产定价以及金融市场波动的影响等，这是将大数据和人工智能的分析方法运用于经济与心理情感、制度法律、历史文化等因素之间的因果关系中的研究，从一个更广泛的理论分析框架研究社会人文学科，开拓了人文经济学定量分析新方向。在新时期的经济学研究中需要特别重视交叉学科与跨学科知识方法。一方面，需要融合哲学、历史、政治和社会学等人文社会科学领域的研究方法，提高观察经济现象、凝练经济问题、深化经济思想的能力；另一方面，需要融合数学、统计学、计算机科学、心理学、生命科学等自然科学的研究方法，提高分析问题、解决问题和解释问题的能力。

我们提出"新兴与交叉学科的理论和方法创新"作为第四个创新领域，建议国家自然科学基金委员会要继续努力推动经济科学与数学、统计学、信息科学、物理学、工程科学、医学科学、心理学等自然科学以及社会、历史、语言等社会科学相关领域的交叉研究。

1. 新兴学科方法创新：数据要素的测度与经济分析方法

得益于巨大人口规模和经济持续快速发展，中国已成为一个超大型市场经济体，在生产、消费等很多方面具有经济学所说的规模递增效应。在数字经济时代，大数据以及基于大数据的人工智能技术已成为关键的生产要素，正在改变人类的生产方式与生活方式。越来越多的经济活动均由数据驱动，党的十九届四中全会首次将数据列为一种重要的生产要素。中国超大型市场经济体拥有的巨大数字科技应用规模优势及由此产生的海量数据优势，能够充分发挥数字经济的倍增效应。目前，中国数字经济的发展在世界上占有领先地位，拥有十分丰富的素材。同时，新型数据需要新的研究方法与工具，需要不断创新基于大数据的实证研究方法，并用于研究各种现实经济问题，包括以证据为基础精准评估经济社会公共政策，提升政策制定的科学性、精确性、时效性与协同性，从而更好地支持政府科学决策。

典型科学问题举例：数字经济中数据要素与数据资本的度量；数据要素对经济增长贡献的测度；数据作为生产要素的经济学分析方法；数据的开放应用、隐

私保护与社会安全问题研究。

2. 新兴学科理论创新：数据经济学的理论与实践

由于超大经济体的规模优势，以及中国政府"互联网+"政策，中国数字经济发展迅速，在某些领域（如移动支付）领先全球，中国在大数据资源方面与西方主要发达国家处于同一起跑线，并且拥有巨大潜力。海量大数据资源，加上中国数字经济的快速发展、中国经济所有制的多样性以及全球最具特色的"政策数据库"等得天独厚的优势，为中国经济学家开展以大数据为基础的定量实证研究，探索中国经济发展规律、数字经济运行规律、政府与市场之间关系等重要理论与现实问题，提供了一个可以产生重大理论创新成果的"富矿"。更重要的是，大数据的出现，使中国经济学家可以克服现代西方经济学研究范式的一些根本性缺陷，并从中国经济实践中提炼出新的带有普遍性的经济知识体系，从而为当代世界经济学的发展做出中国经济学家应有的贡献。

典型科学问题举例：数字经济中数据要素市场与其他要素市场配置机制研究；数据要素推动的数字经济全球化；数字经济、金融科技与普惠金融研究；人工智能技术对劳动力市场的影响机制和实证研究；数字经济中的社会生产方式；数据驱动的全球收入分配演变；数字经济对就业的影响机制与政策研究。

3. 经济科学学科研究深度扩展：文理交叉研究方法创新

人类社会是一个复杂系统，由经济、科技、政治、法律、社会、历史、文化、地理气候、生态环境等诸因素共同组成，而且经济与其他因素交织在一起。经济学家早就认识到这一点，因此除了政治经济学外，还出现法与经济学、经济史学（包括量化经济史学）、生态经济学、环境经济学、气候变化经济学、教育经济学、健康经济学、文化经济学等交叉学科。以实验经济学为例，传统的实验经济学研究更多与心理学结合，通过控制实验，检测行为假设，数据量通常比较小，且只能观察行为。而随着科学研究的进展和深入，实验经济学与其他学科合作的前景变得广阔起来，如实验经济学和神经科学、基因科学等生物科学的交叉研究可以为揭示经济决策的体层机制提供帮助；实验经济学与计算机科学相结合，利用计算机算法快速模拟决策环境和决策对象行为；也可以利用数据科学深度学习算法模拟脑神经思维过程，大大降低科研的成本。同时，跨学科的研究也为经济学机制设计带来了新的可能性。其他学科也需要经济学家更多的合作，以将技术转化为行为决策的建议。

典型科学问题举例：探讨数学、统计学、物理学、计算机科学、生物医学等自然学科的研究成果在经济科学领域的交叉应用；研究人工智能、机器学习、文本分析、实地实验、多主体建模与仿真、数值模拟与估计等新兴研究方法在经济科学学科的应用和创新；神经和分子生物学、生理医学实验方法的引进与应用。

4. 经济科学学科研究广度扩展：经济学与人文社会科学跨学科交叉研究

在大数据背景下，经济学的跨学科交叉融合研究的趋势日益加强，经济学与社会科学其他领域之间的界限越来越模糊，特别是社会科学各个领域以大数据为基础的定量实证研究范式与研究方法日益趋同。在大数据时代，随着大量文本数据和机器学习算法的出现，彻底改变了文本只能进行定性分析的状况。随着比较精确的定量实证分析方法的引入，经济学从原来主要研究经济问题本身，拓展为研究经济因素与政治、法律、社会、历史、文化、伦理、心理、生态环境、卫生健康等因素之间的相互联系和相互影响，从而推动经济学和人文社会科学其他领域之间的交叉融合与跨学科研究。这种经济学与人文社会科学交叉融合的研究范式具有极其重要的意义，因为经济只是人类社会的一个组成部分（当然，是非常重要的组成部分），经济和其他人文社会因素是密切相关、相互影响的。因此，对经济的研究，应该放到一个更广泛的社会经济分析框架中加以系统研究。这样的跨领域、跨学科的人文经济学的定量实证研究范式，将有助于我们更深刻、更系统地理解马克思、恩格斯关于经济基础和上层建筑之间、社会存在和社会意识之间，以及人类社会与生态环境之间的辩证关系，并从中找出解决人类面临的重大经济社会问题的系统办法。

典型科学问题举例：基于大数据革命和科学研究范式创新，推动大数据革命下经济学与心理学、管理学、政治学、法学、历史学、社会学、生态学、地理学等学科的交叉应用研究；中国文化、思想、治理传统的行为经济学研究。

第九章　战略措施建议

在"十四五"期间，经济科学学科需要努力推动实现以下六项战略目标。

一、扶植优势强势

继续保持在若干国际前沿领域的领先优势，在优势学科领域培养出一批一流国际学术团队和学术领军人才。中国在计量经济学、发展经济学、金融学等领域等已经涌现了一批世界一流经济学家，其不仅在世界顶级经济学专业期刊持续发表学术论文，而且积极投身于中国经济学现代化的教育改革，从而推动中国经济科学规范化与国际化进程。我们要保持这种学科发展的良性态势，优先加大对这些中国优势学科的科研基金支持力度，吸引更多优秀人才投身于相关领域的研究，在优势学科产生原创性、突破性、里程碑式的成果，推动这些优势学科领域率先进入世界一流学科行列。

二、服务重大需求

面向国家经济治理与经济建设重大需求，为坚持和完善社会主义市场经济制度、推进国家经济治理体系和治理能力现代化提供科学建议。在全方位改革开放的历史进程中，国家在产业升级、基础教育、公共医疗、金融安全、对外贸易、人口结构、地方债务等方面面临巨大的冲击和挑战。中国的经济学研究服务于国家经济体制改革设计、重要经济决策出台、重大经济政策论证，采用科学方法研究科学问题，为国家经济可持续发展和国家宏观经济决策的制定提供科学决策依据，为国家经济治理体系建设和治理能力现代化提供重要基础性研究。

三、引领时代潮流

充分认识数字经济、大数据和人工智能对经济各方面正在和将要发生的深刻影响，包括对生产方式、生产关系、经济利益关系、经济运行模式的深刻影响，并前瞻性地研究这些新变化。同时，密切跟踪与关注大数据和人工智能对经济研究方法乃至研究范式的影响，鼓励研究方法创新，鼓励交叉学科、交叉领域的合作。探索学科内部以及学科之间进行交叉研究的可能性，从而实现学科交融、解决共性难题、扩展知识体系。利用已有的学科资源搭建新的研究平台，建立跨学科交叉研究的培养机制，包括组织暑期学校、学术会议、联合培养等模式，促进包括但不限于经济学、心理学、数学、统计学、数据科学、计算机信息科学等在内的不同学科的一流学者之间的碰撞和交流。从研究经费支持、评价机制设计等方面创造适当的学术环境，鼓励学者从事交叉性研究，攻克学术难题。

四、拓展国际合作

鉴于国际顶级期刊发表主要是中国与海外合作研究模式，而且这一模式在短期甚至中期（一个"五年规划"）预计不会有太大改变，应该加大力度支持国际合作研究项目向纵深发展，鼓励与海外学术机构之间的强强合作，促进学科之间、机构之间的优势互补。完善国内学术交流平台，通过建立类似美国 NBER 的组织，鼓励国内学者特别是青年学者积极参与学术活动，促进国内学者之间的学术交流合作，促进政策制定者、产业界、学术界之间的沟通和协调，促进中国和世界学术界的交流与合作，在国际学术平台讲述中国故事，从而提升中国经济科学的国际影响力。

五、补齐弱项短板

孕育根植于中国改革实践的原创性研究成果，在国际学术舞台讲述中国经验，传播中国声音。中国改革开放的实践衍生出大量新问题、新挑战、新实践，需要从学理上进行阐释、论证、总结和推广。中国经验是中国人民对世界知识宝库的重大贡献，需要明确基本概念、刻画典型事实、抽炼核心问题、论证重大定理。经过 40 多年的改革实践和经济学教育积累，完全可以实现从中国特色经济问题向一般经济学问题的转变，将中国经济问题上升为一般经济规律，从而为世界经济科学贡献中国智慧，提升中国经济学的国际话语权。目前，在国际高水平学术期刊发表关于中国经济问题的文章还不多，这与中国经济已成为世界第二大经济体的地位与影响极不相称。国家自然科学基金需要优先、重点资助有潜力在国际顶级期刊发表研究成果的研究项目与研究团队，在国际最高学术平台发出中国声音，讲述中国故事，从而提升中国经济学的国际影响力。同时要强化重点基础性研究工作，包括中国宏观和微观经济数据库建设、中国经济改革文献与研究成果；非线性分析方法、大规模系统最优求解方法等基础研究工具的开发与应用等。

六、强化科学评价

建立一套经济科学研究综合评价体系，破除唯 SSCI/CSSCI 和 SCI/CSCI 论文数量论，提倡以研究质量为导向，坚持规范化研究，从期刊质量、论文引用率、同行评议、科研基金资助项目等多维度综合评价学术研究的科学价值、重要性、研究质量和学术影响。鼓励中国学者以中国经济问题为重点，采用规范研究方法，通过在高水平 SSCI 期刊发表研究论文来提升中国经济学的国际影响力；给予中国高校和科研机构一定的自主权，按照自身特色和发展的不同阶段采用分类分级方法评价学术研究质量；探索建立适用于以实际应用为目的、不以论文发表为导向的经济智库研究的评价体系，从而提升经济智库研究水平与科学性，促进学术研究与智库研究之间的平衡发展和良性互动。

为了完成六大战略目标，国家自然科学基金委员会应增加对于经济科学学科发展的资金投入；应为科研人员的研究工作创造更加便利的条件，为科研松绑、为人员松绑、为成果松绑；应建立以研究质量为基础的经济学研究综合评价体系。

1. 加强国家自然科学基金在数据、人才和平台方面的基础设施建设投入

在数据建设方面，管理科学部建设一个统一的数据库，所有在国家自然科学基金资助的项目中搜集的数据，在研究期限结束后，应该予以公开。在人才建设方面，国家自然科学基金应资助暑期学校和培训活动，邀请各领域国内外知名专家以各种形式授课，及时跟踪国际学术前沿研究动态。在平台建设方面，国家自然科学基金应大力支持国际国内学术研究交流平台，培养青年研究人才，促进国内外学术交流合作。

2. 建立一个科学、公正、合理、导向性强的经济学研究综合评价体系

（1）在经济学学术研究方面，建立以论文质量为基础的学术研究综合评价体系，不唯数量、强调质量，通过综合高水平论文发表数量、学术影响力、同行评议、科研基金资助项目等多方面因素，多维度、全方面地评价学者的学术贡献和学术影响力，从激励制度上保证学者能够做出基础性、原创性、前沿性、交叉性的研究成果。

（2）鼓励与支持以中国经济问题为导向、以科学方法为基础、以国际平台为依托，用国际语言讲述中国故事，提升中国经济学的国际影响力，推动中国高校世界一流经济学科建设。

（3）必须考虑不同高校与科研机构的经济学科可能处于不同的发展阶段，不同学科之间、同一学科不同方向之间存在不同特色与差异，因此应该同样重视

CSSCI 论文发表，实行分类分级方式评价学术研究质量，并给予各个高校与科研机构一定的自主权，以利于特色与差异化发展。

（4）除了学术研究之外，鼓励和支持中国经济学者利用自身的理论与方法论优势，积极参与应用型经济智库研究工作，提升智库研究的科学性与研究水平，从而服务于国家经济管理重大需求。对于不以发表论文为主要目标的应用型经济智库研究，不适合采用 SSCI 或 CSSCI 论文评价标准，需要探索能够科学、合理评价经济智库研究的实际贡献、研究质量、社会效益与经济效益的综合评价标准和体系。

第十章　数字经济时代中国经济科学展望

中国经济是中国特色社会主义市场经济，以公有制为主体、多种所有制经济共同发展，市场在资源配置上发挥决定性作用，同时政府发挥重要作用。"十三五"期间，中国经济和中国经济科学研究均取得了辉煌成绩。中国经济经过 40 多年的持续快速增长，成为世界第二大经济体、最大制造业国家、最大货物贸易国、全球三大主要供应链中心之一，并且即将成为全球最大消费国。中国经济崛起是 21 世纪上半叶世界最重要的经济事件，已经并且正在深刻影响世界经济格局的发展趋势。

中国经济在全球经济体系中的重要性日益凸显，中国的经济问题已经成为世界性经济问题。在"大数据革命"和数字经济蓬勃发展的背景下，中国经济科学也从定性分析转向定量分析，研究问题、研究领域、研究方法呈现多元化、特色化的特征。从中国经济实践中揭示中国经济发展规律，凝练可复制的中国经济发展模式，构建具有深厚学理基础的原创性中国经济理论体系，是中国经济学家的历史机遇与时代责任。

由于中国巨大的人口规模与经济规模，加上层出不穷的新信息技术及其广泛应用，中国数字经济发展逐渐显现巨大潜力与规模优势，中国即将成为全球最大的数据生产国。在中国大数据资源中，有相当一部分是非结构化大数据，这些数据包含着许多传统结构化数据无法反映的重要信息，特别是各种政府政策以及各类经济主体对政府政策的反应等信息。中国庞大的数据资源，使中国拥有全球最大且独一无二的"政策数据库"这一富矿，在研究政府与市场关系、中国经济发展规律、数字经济运行规律等重大理论与现实问题方面具有天然优势。

更重要的是，大数据的出现，使中国经济学家可以克服现代西方经济学研究范式的一些根本性缺陷，并从中国经济实践中提炼出新的带有普遍性的经济知识体系，为当代世界经济学的发展做出中国经济学家应有的贡献。同时，新型数据需要新的研究方法与工具，需要不断创新基于大数据的实证研究方法，并用于研究各种现实经济问题，包括以证据为基础精准评估经济社会公共政策，提升政策制定的科学性、精确性、时效性与协同性，从而更好地支持政府科学决策。

应该强调，不是使用了定量实证研究方法，经济学研究便自动具有科学性。任何定量实证研究方法都有其适用的前提条件，如果这些前提条件不满足，相应的方法便不适用。与任何其他研究方法一样，定量实证研究方法也有其缺点，但是，不能因此就放弃定量分析而退回到定性分析，应该研究如何改进测量社会心理变量的方法、如何减少或避免数据窥视偏差。

另外，也不能说不用定量方法就没有科学性。逻辑分析、历史分析不一定非用数学和其他定量方法不可。但是，在大数据时代，海量大数据包含很多传统数据所没有的信息，特别是大量互相关联的微观主体行为信息，这些信息可用于揭示个人与群体的行为、个人之间与群体之间的关系，以及宏观经济运行的规律。在这种情况下，不采用定量方法是不可想象的。定量分析并不意味着一定要使用高深的数学和复杂的模型，而且需要注意模型的可解释性（特别是经济解释）与数据分析的可视化。实证研究特别是定量实证研究是现代经济学最主要的研究范式，但也只是一类研究范式。不同的研究范式或研究方法都有其合理性和局限性，需要兼容并包。应当鼓励使用多元的研究范式和研究方法，互相补充、互相交叉、互相促进、共同提高中国经济学研究的科学性与先进性。

在构建原创性中国经济理论过程中，还应坚持国际学术交流与合作，批判性地借鉴现代西方经济学中有益的理论成分与研究方法，以科学研究范式分析中国经济问题，用国际语言讲述中国经济故事，不断加强中国经济学的国际学术影响力。

国家自然科学基金作为中国经济科学研究最重要的资助力量，资助成效显著，成绩斐然。"十四五"时期是我国在全面建成小康社会、实现第一个百年奋斗目标之后，继往开来，乘势而上，构建社会主义现代化经济体系、为实现第二个百年奋斗目标而努力奋斗的第一个五年。为了迎接国内外经济环境的新挑战，顺应世界经济科学发展的新趋势，国家自然科学基金委员会努力通过"十四五"规划优化经济科学学科的总体布局，做好顶层战略设计，从而推动中国经济科学学科高质量发展。

参 考 文 献

安鸿志. 2012. 随缘话红楼：细说玄机骂雍正. 上海：上海财经大学出版社.

白重恩，钱震杰. 2009. 国民收入的要素分配：统计数据背后的故事. 经济研究，（3）：27-41.

包群，邵敏，杨大利. 2013. 环境管制抑制了污染排放吗？. 经济研究，（12）：42-54.

鲍晓华，朱达明. 2014. 技术性贸易壁垒与出口的边际效应——基于产业贸易流量的检验. 经济
学（季刊），（4）：1393-1414.

蔡昉. 2007. "刘易斯转折点"近在眼前. 中国社会保障，（5）：24-26.

蔡昉. 2010. 人口转变、人口红利与刘易斯转折点. 经济研究，（4）：4-13.

蔡昉. 2013. 理解中国经济发展的过去、现在和将来——基于一个贯通的增长理论框架. 经济研
究，（11）：4-16.

蔡万焕. 2012. 论刘易斯拐点理论对我国经济的适用性. 马克思主义研究，（3）：54-62.

曹凤岐. 1993. 中国企业股份制的理论与实践. 北京：企业管理出版社.

陈国进，方颖，傅十和，等. 2020. 中国经济科学研究范式的发展趋势. 厦门：厦门大学王亚南经
济研究院工作论文.

陈国青，张瑾，王聪，等. 2021. "大数据—小数据"问题：以小见大的洞察. 管理世界，（2）：
203-213.

陈海强，洪永森，王艺明，等. 2020. 改革开放 40 年来中国经济科学的回顾与展望. 厦门：厦
门大学王亚南经济研究院工作论文.

陈海强，张传海. 2015. 股指期货交易会降低股市跳跃风险吗？. 经济研究，（1）：153-167.

陈清. 2017. 中国特色社会主义政治经济学研究进展. 经济学动态，（8）：99-108.

陈诗一，张军. 2008. 中国地方政府财政支出效率研究：1978—2005. 中国社会科学，（4）：
65-78.

陈诗一. 2009. 能源消耗、二氧化碳排放与中国工业的可持续发展. 经济研究，（4）：41-55.

陈钊，王旸. 2016. "营改增"是否促进了分工：来自中国上市公司的证据. 管理世界，（3）：
36-45.

陈征. 1999. 社会主义初级阶段的基本经济制度. 经济学动态，（7）：14-14.

程名望，贾晓佳，仇焕广. 2019. 中国经济增长（1978—2015）：灵感还是汗水？. 经济研究，（7）：
30-46.

崔丽媛，洪永森. 2017. 投资者对经济基本面的认知偏差会影响证券价格吗？——中美证券市场
对比分析. 经济研究，（8）：94-109.

邓小平. 1993. 邓小平文选（第3卷）. 北京：人民出版社.

邓子基. 1997. 坚持、发展"国家分配论". 财政研究，（1）：12-18.

都阳，蔡昉，屈小博，等. 2014. 延续中国奇迹：从户籍制度改革中收获红利. 经济研究，（8）：
4-13.

樊纲. 1993. 两种改革成本与两种改革方式. 经济研究，（1）：3-15.

范子英，张军. 2010. 财政分权、转移支付与国内市场整合. 经济研究，（3）：53-64.

范子英，赵仁杰. 2019. 法治强化能够促进污染治理吗?——来自环保法庭设立的证据. 经济研究，（3）：21-37.

方福前. 2019. 论建设中国特色社会主义政治经济学为何和如何借用西方经济学. 经济研究，（5）：16-29.

封进，李珍珍. 2009. 中国农村医疗保障制度的补偿模式研究. 经济研究，（4）：103-115.

封进，刘芳，陈沁. 2010. 新型农村合作医疗对县村两级医疗价格的影响. 经济研究，（11）：127-140.

冯柏，温彬，李洪侠. 2018. 现代化经济体系的内涵、依据及路径. 改革，（6）：71-79.

符森. 2008. 我国环境库兹涅茨曲线：形态、拐点和影响因素. 数量经济技术经济研究，（11）：40-55.

高培勇. 2000. 公共财政的基本特征. 涉外税务，（8）：1.

高培勇. 2014a. 经济增长新常态下的财税体制改革. 求是，（24）：42-44.

高培勇. 2014b. 论国家治理现代化框架下的财政基础理论建设. 中国社会科学，（12）：102-122.

高培勇. 2018a. 理解和把握新时代中国宏观经济调控体系. 中国社会科学，（9）：26-36.

高培勇. 2018b. 中国财税改革 40 年：基本轨迹、基本经验和基本规律. 经济研究，（3）：4-20.

高培勇，杜创，刘霞辉，等. 2019. 高质量发展背景下的现代化经济体系建设：一个逻辑框架. 经济研究，（4）：4-17.

高尚全. 1992. 在实践中探索、创造适合中国国情的经济运行机制. 经济研究，（1）：3-4.

谷书堂，蔡继明. 1989. 按贡献分配是社会主义初级阶段的分配原则. 经济学家，5（2）：100-108.

顾海良. 2016. 马克思经济学"术语的革命"与中国特色"经济学说的系统化". 中国社会科学，（11）：20-28.

郭俊杰，方颖，杨阳. 2019. 排污费征收标准改革是否促进了中国工业二氧化硫减排. 世界经济，（1）：121-124.

郭庆旺，贾俊雪. 2010. 财政分权、政府组织结构与地方政府支出规模. 经济研究，（11）：59-72.

《公元二〇〇〇年中国环境预测与对策研究》国家环境保护局课题组. 1990. 公元二〇〇〇年中国环境预测与对策研究. 北京：清华大学出版社.

郝阳，龚六堂. 2017. 国有、民营混合参股与公司绩效改进. 经济研究，（3）：122-135.

何伟. 1979. 论社会主义制度下的商品经济兼论企业的独立性. 经济学动态，（3）：11-15.

贺大兴，姚洋. 2011. 社会平等、中性政府与中国经济增长. 经济研究，（1）：4-17.

洪银兴. 2016. 以创新的理论构建中国特色社会主义政治经济学的理论体系. 经济研究，（4）：4-13.

洪永淼. 2007. 计量经济学的地位、作用和局限. 经济研究，（5）：139-153.

洪永淼. 2011. 高级计量经济学. 北京：高等教育出版社.

洪永淼. 2016. 经济统计学与计量经济学等相关学科的关系及发展前景. 统计研究，（5）：3-12.

洪永淼. 2020a. 奋进新时代 开启新征程——学习贯彻党的十九届五中全会精神笔谈（上）：妥善应对对外经贸关系新变化，扭住重要战略机遇期. 经济研究，（12）：42-45.

洪永淼. 2020b. 中国经济学的独创性与一般性. 经济学动态，（7）：5-9.

洪永淼. 2021a. "新文科"和经济学科建设. 新文科教育研究，（1）：63-81.

洪永淼. 2021b. 理解现代计量经济学. 计量经济学报，（2）：266-284.

洪永淼，方颖，陈海强，等. 2016. 计量经济学与实验经济学的若干新近发展及展望. 中国经济问题，（2）：126-136.

洪永淼，汪寿阳. 2020. 数学、模型与经济思想. 管理世界，（10）：15-27.

洪永淼，汪寿阳. 2021a. 大数据革命和经济学研究范式与研究方法. 财经智库，（1）：5-37，142-143.

洪永淼，汪寿阳. 2021b. 大数据、机器学习与统计学：挑战与机遇. 计量经济学报，（1）：17-35.

洪永淼，汪寿阳. 2021c. 非参数统计学与机器学习：基本思想、方法及相互关系. 大连：东北财经大学数据科学与人工智能学院.

洪永淼，汪寿阳. 2021d. 大数据如何改变经济学研究范式. 管理世界，（10）：40-55，72.

洪永淼，汪寿阳，任之光，等. 2021. "十四五"经济科学发展战略研究的背景与论证思想. 管理科学学报，（2）：1-13.

洪永淼，薛涧坡. 2021. 中国经济发展规律与研究范式变革. 中国科学基金，（3）：368-375.

洪永淼，张明. 2020. 构建数据经济学. 厦门：厦门大学经济学科现代政治经济学研究中心.

侯增谦. 2021. 研究中国经济发展规律，促进经济高质量发展. 中国科学基金，（3）：345.

胡毅，陈海强，齐鹰飞. 2019. 大数据时代计量经济学的新发展与新应用——第二届中国计量经济学者论坛（2018）综述. 经济研究，（3）：199-203.

黄登仕. 2000. 金融市场的标度理论. 管理科学学报，（2）：27-33.

黄少安. 1999. 中国经济制度变迁的事实对"制度变迁主体角色转换假说"的证实. 浙江社会科学，（1）：14-22.

黄少安. 2018. 改革开放40年中国农村发展战略的阶段性演变及其理论总结. 经济研究，（12）：4-19.

贾康，段爱群. 2013. 预算法修改中的创新突破与问题评析——关于《预算法》修改的意见和建议. 财政研究，（6）：17-24.

贾康，李全. 2005. 财政理论发展识踪——结合"公共财政"的点评. 财政研究，（8）：2-6.

蒋一苇. 1980. 企业本位论. 中国社会科学，（1）：21-36.

金碚. 2016. 论经济全球化3.0时代——兼论"一带一路"的互通观念. 中国工业经济，（1）：5-20.

靳涛. 2006. 经济转型研究的新视点——从"华盛顿共识"、"后华盛顿共识"到"北京共识"的演变. 天津社会科学，（1）：73-76.

孔东民，代昀昊，李阳. 2014. 政策冲击、市场环境与国企生产效率：现状、趋势与发展. 管理世界，（8）：4-17.

赖祐萱. 2020. 外卖骑手，困在系统里. 人物，（8）：70-91.

李成，张玉霞. 2015. 中国"营改增"改革的政策效应：基于双重差分模型的检验. 财政研究，（2）：44-49.

李稻葵，胡思佳，石锦建. 2017. 经济全球化逆流：挑战与应对. 经济学动态，（4）：111-121.

李稻葵，刘霖林，王红领. 2009. GDP中劳动份额演变的U型规律. 经济研究，（1）：70-82.

李静海. 2019. 全面深化科学基金改革更好发挥在国家创新体系中的基础引领作用. 中国科学基金，（3）：209-214.

李戎，刘岩，彭俞超，等. 2022. 科学方法与问题意识：动态随机一般均衡模型在中国的研究进展与展望. 经济学（季刊），（6）：1829-1846.

李善同，潘省初，王寅初，等. 1995. 中国宏观经济多部门动态模型（MUDAN）. 数量经济技术经济研究，（1）：19-27.

李实，罗楚亮. 2011. 中国收入差距究竟有多大?——对修正样本结构偏差的尝试. 经济研究，（4）：68-79.

李实，朱梦冰. 2018. 中国经济转型40年中居民收入差距的变动. 管理世界，（12）：19-28.

李原. 2018. 从新常态到新时代——2011～2016年金融学重点研究进展. 经济体制改革，（3）：12-18.

李志军，尚增健. 2020. 学者的初心与使命——学术研究与论文写作中的"数学化""模型化"反思. 北京：经济管理出版社.

李子奈. 2008. 计量经济学应用研究的总体回归模型设定. 经济研究，（8）：136-144.

李子奈，霍玲. 2005. 从《经济研究》与AER发文比较分析看计量经济学教学与研究. 21世纪数量经济学，（6）：10-27.

李子奈，齐良书. 2010. 关于计量经济学模型方法的思考. 中国社会科学，（2）：69-83，221-222.

厉以宁. 1986. 我国所有制改革的设想. 人民日报，1986-09-26.

梁琪，李政，郝项超. 2013. 我国系统重要性金融机构的识别与监管——基于系统性风险指数SRISK方法的分析. 金融研究，（9）：56-70.

梁若冰，叶一帆. 2016. 营改增对企业间贸易的影响：兼论试点的贸易转移效应. 财政研究，（2）：52-64.

廖明球. 2000. 国民经济核算中绿色GDP测算探讨. 统计研究，（6）：22-27.

林毅夫. 2001. 经济学研究方法与中国经济学科发展. 经济研究，（4）：74-81.

林毅夫. 2018. 新结构经济学. 北京：北京大学出版社.

林毅夫，胡书东. 2001. 中国经济学百年回顾. 经济学（季刊），（1）：3-18.

林毅夫，李周. 1997. 现代企业制度的内涵与国有企业改革方向. 经济研究，（3）：3-10.

刘成瑞，胡乃武，余广华. 1979. 计划和市场相结合是我国经济管理改革的基本途径. 经济研究，（7）：37-46.

刘国光. 1992. 关于社会主义市场经济理论的几个问题. 经济研究，（10）：8-18.

刘国光，赵人伟. 1979. 论社会主义经济中计划与市场的关系. 经济研究，（5）：46-55.

刘明夫. 1979. 社会主义经济的经济形式问题. 经济研究，（4）：52-57.

刘伟. 2008. 刘易斯拐点的再认识. 理论月刊，（2）：130-133.

刘伟. 2016. 在马克思主义与中国实践结合中发展中国特色社会主义政治经济学. 经济研究，（5）：4-13，71.

刘伟. 2017. 现代化经济体系是发展、改革、开放的有机统一. 经济研究，（11）：6-8.

刘伟，蔡志洲. 2021. 中国经济发展的突出特征在于增长的稳定性. 管理世界，（5）：11-23，2.

刘伟，陈彦斌. 2021. "两个一百年"奋斗目标之间的经济发展：任务、挑战与应对方略. 中国社会科学，（3）：86-102，206.

刘小玄. 2000. 中国工业企业的所有制结构对效率差异的影响——1995年全国工业企业普查数据的实证分析. 经济研究，（2）：17-25，78-79.

刘晓光，刘元春，王健. 2019. 金融监管结构是否影响宏观杠杆率. 世界经济，（3）：47-68.

刘志彪. 2015. 产业经济学. 北京：机械工业出版社.

卢洪友. 1989. 我国财政支出结构优化设计的初步思考. 财政研究，（11）：22-25，47.

吕炜. 2003. 关于渐进改革进程中财政体制演进原理的思考. 管理世界，（10）：139-140.

吕炜,张妍彦,周佳音. 2019. 财政在中国改革发展中的贡献:探寻中国财政改革的实践逻辑. 经济研究,（9）: 25-40.

吕越,黄艳希,陈勇兵. 2017. 全球价值链嵌入的生产率效应:影响与机制分析. 世界经济,（7）: 28-51.

马洪. 1981. 关于经济管理体制改革的几个问题. 经济研究,（7）: 11-24.

马骏. 1997. 中央向地方的财政转移支付——一个均等化公式和模拟结果. 经济研究,（3）: 10.

马勇,杨栋,陈雨露. 2009. 信贷扩张、监管错配与金融危机:跨国实证. 经济研究,（12）: 93-105.

倪红福,龚六堂,夏杰长. 2019. 什么削弱了中国出口价格竞争力?——基于全球价值链分行业实际有效汇率新方法. 经济学（季刊）,（1）: 367-392.

潘杰,雷晓燕,刘国恩. 2013. 医疗保险促进健康吗?——基于中国城镇居民基本医疗保险的实证分析. 经济研究,（4）: 130-142,156.

逄锦聚. 2016. 中国特色社会主义政治经济学论纲. 政治经济学评论,（9）: 89-110.

裴长洪. 2014. 中国公有制主体地位的量化估算及其发展趋势. 中国社会科学,（1）: 4-29,204.

彭晓博,秦雪征. 2015. 医疗保险会引发事前道德风险吗? 理论分析与经验证据. 经济学（季刊）,（1）: 159-184.

钱伯海. 1982. 国民经济综合平衡统计学. 北京:中国财政经济出版社.

钱颖一. 2003. 现代经济学与中国经济改革. 北京:中国人民大学出版社.

钱颖一,许成钢,董彦彬. 1993. 中国的经济改革为什么与众不同——M型的层级制和非国有部门的进入与扩张. 经济社会体制比较,（1）: 29-40.

任之光,陈中飞. 2019. 经济科学学科（2017—2019 年）基金项目申请资助情况分析. 中国科学基金,（6）: 613-622.

任之光,薛涧坡,洪永森,等. 2021. 新时代经济科学的学科布局与顶层设计——国家自然科学基金经济科学学科申请代码调整的逻辑和内容. 管理世界,37（3）: 1-8,50.

沈国兵,张鑫. 2015. 开放程度和经济增长对中国省级工业污染排放的影响. 世界经济,（4）: 99-125.

盛洪. 1996. 关于中国市场化改革的过渡过程的研究. 经济研究,（1）: 69-81.

孙国峰,贾君怡. 2015. 中国影子银行界定及其规模测算——基于信用货币创造的视角. 中国社会科学,（11）: 92-110,207.

孙尚清,陈吉元,张耳. 1975. 社会主义经济的计划性与市场性相结合的几个理论问题. 经济研究,（5）: 56-67.

孙冶方. 1956. 把计划和统计放在价值规律的基础上. 经济研究,（6）: 30-38.

孙冶方. 1978. 千规律,万规律,价值规律第一条. 光明日报,1978-10-28.

汪寿阳,余乐安,黎建强. 2007. TEI@I 方法论及其在外汇汇率预测中的应用. 管理学报,（1）: 21-27.

汪同三,蔡跃洲. 2006. 收入分配对资本积累及投资结构的影响——我国二元结构下的三部门均衡模型. 数量经济技术经济研究,（1）: 3-16.

汪同三,张昕竹. 1990. 关于几种形式的中国部门生产函数的齐次性检验. 数量经济技术经济研究,（4）: 20-35.

王东京. 2018. 中国经济体制改革的理论逻辑与实践逻辑. 管理世界,（4）: 1-7.

王帆. 2018. 全球治理的中国智慧与中国方案. 光明日报,2018-01-30.

王金南，逯远堂，曹东. 2006. 环境经济学：中国的进展与展望. 中国地质大学学报（社会科学版），（3）：7-10.

王美今，林建浩. 2012. 计量经济学应用研究的可信性革命. 经济研究，（2）：120-132.

王树林，李静江. 1997. 绿色 GDP.国民经济核算体系改革大趋势. 北京：东方出版社.

王小鲁，樊纲，刘鹏. 2009. 中国经济增长方式转换和增长可持续性. 经济研究，（1）：4-16.

王孝松，吕越，赵春明. 2017. 贸易壁垒与全球价值链嵌入——以中国遭遇反倾销为例. 中国社会科学，（1）：108-124，206-207.

王一鸣. 2017. 中国经济新一轮动力转换与路径选择. 管理世界，（2）：1-14.

王艺明. 2018. 构建以马克思主义为基础的新时代中国特色社会主义财政理论. 财政研究，（11）：28-32.

王直，魏尚进，祝坤福. 2015. 总贸易核算法：官方贸易统计与全球价值链的度量. 中国社会科学，（9）：108-127，205-206.

卫兴华. 1993. 关于建立社会主义市场经济体制的几个问题. 经济研究参考，（Z2）：518-530.

吴吉林，陈刚，黄辰. 2015. 中国 A，B，H 股市间尾部相依性的趋势研究——基于多机制平滑转换混合 Copula 模型的实证分析. 管理科学学报，（2）：50-65.

吴吉林，孟纹羽. 2013. 时变混合 Copula 模型的非参数估计及应用研究. 数量经济技术经济研究，（8）：124-136，160.

吴贾，姚先国，张俊森. 2015. 城乡户籍歧视是否趋于止步——来自改革进程中的经验证据：1989—2011. 经济研究，（11）：148-160.

吴敬琏，刘吉瑞. 1991. 论竞争性市场体制. 北京：中国财政经济出版社.

吴敬琏课题组. 1988. 经济体制中期改革规划纲要//国家体改委综合规划司. 中国改革大思路. 沈阳：沈阳人民出版社：197-240.

吴世农. 1996. 我国证券市场效率的分析. 经济研究，（4）：13-19.

夏先良. 2014. 改革开放以来国际贸易学科新发展//周明俊，吴家骏，陈家勤. 中国哲学社会科学发展历程回忆·经济学卷. 北京：中国社会科学出版社：423-439.

晓亮. 1992. 清除"左"的干扰 促进私营经济健康发展. 中国工商管理研究，（2）：33-38.

肖灼基. 1992. 论社会主义公有制的实现形式. 经济研究，（1），38-44.

徐瑛，陈秀山，刘凤良. 2006. 中国技术进步贡献率的度量与分解?. 经济研究，（8）：93-103，128.

徐永禄. 1996. 中国理论经济学方法论初探. 社会科学，（9）：78-80.

许和连，邓玉萍. 2012. 外商直接投资导致了中国的环境污染吗?——基于中国省际面板数据的空间计量研究. 管理世界，（2）：30-43.

许文彬，赵霖，李志文. 2019. 金融监管与金融创新的共同演化分析———一个基于非线性动力学的金融监管分析框架. 经济研究，（5）.

薛涧坡，许志伟，刘岩，等. 2020. 后疫情时代宏观经济学中政府角色的思考. 经济评论，（4）：37-40.

薛暮桥. 1992. 关于社会主义市场经济问题. 经济研究，（10）：3-7.

杨斌. 2005. 对西方最优税收理论之实践价值的质疑. 管理世界，（8）：23-32.

杨红丽，刘志阔，陈钊. 2020. 中国经济的减速与分化：周期性波动还是结构性矛盾?. 管理世界，（7）：29-40.

杨汝岱. 2015. 中国制造业企业全要素生产率研究. 经济研究，（2）：61-74.

杨瑞龙. 1989. 试点中股份制变形及改革思路选择. 管理世界,(3): 136-145.

杨瑞龙. 1998. 我国制度变迁方式转换的三阶段论——兼论地方政府的制度创新行为. 经济研究,(1): 3-10.

杨瑞龙, 杨其静. 2000. 阶梯式的渐进制度变迁模型——再论地方政府在我国制度变迁中的作用. 经济研究,(3): 24-31.

杨耀武, 张平. 2021. 中国经济高质量发展的逻辑、测度与治理. 经济研究,(1): 26-42.

杨志勇. 2014. 我国预算管理制度的演进轨迹:1979—2014 年. 改革,(10): 5-19.

杨志勇. 2017. 财政学的基本问题——兼论中国财政学发展的着力点. 财政研究,(12): 11-20.

姚洋, 章奇. 2001. 中国工业企业技术效率分析. 经济研究,(10): 13-19, 28.

于祖尧. 1997. 中国经济转型时期个人收入分配研究. 北京:经济科学出版社.

余淼杰, 李乐融. 2016. 贸易自由化与进口中间品质量升级——来自中国海关产品层面的证据. 经济学(季刊),(3): 1011-1028.

俞乔. 1994. 市场有效、周期异常与股价波动——对上海、深圳股票市场的实证分析. 经济研究,(9): 43-50.

臧文斌, 赵绍阳, 刘国恩. 2012. 城镇基本医疗保险中逆向选择的检验. 经济学(季刊),(4): 47-70.

张健雄. 1994. 区域集团化与经济全球化的关系. 世界经济,(10): 36-41.

张军. 1998. 过渡经济学:我们知道什么?. 社会科学战线,(5): 13-26.

张军. 2007. 分权与增长:中国的故事. 经济学(季刊),(1): 21-52.

张军. 2020. 原创性理论需要经得起时间考验. 中国人民大学国家经济学教材建设重点研究基地.

张明喜, 陈志勇. 2005. 促进我经济增长的最优财政支出规模研究. 财贸经济,(10): 41-45, 97.

张维迎. 1996. 国有企业改革出路何在?. 经济社会体制比较,(1): 13-19.

张馨. 1999. 公共财政论纲. 北京:经济科学出版社.

张兴祥, 钟威, 洪永淼. 2018. 国民幸福感的指标体系构建与影响因素分析:基于 LASSO 的筛选方法. 统计研究,(11): 3-13.

张兴祥, 庄雅娟. 2017. 两阶段制度变迁模式与地方政府制度创新——以厦门市分级诊疗改革为例. 经济学动态,(10): 68-80.

张勇, 李政军, 龚六堂. 2014. 利率双轨制, 金融改革与最优货币政策. 经济研究,(10): 19-32.

张卓元. 2009. 中国理论经济学 60 年的重大进展. 社会科学管理与评论,(3): 8-22, 111.

张卓元. 2019. 新中国 70 年经济学理论研究的重大进展. 新视界,(5): 5-11.

章铮. 2005. 民工供给量的统计分析——兼论"民工荒". 中国农村经济,(1): 17-25.

赵华荃. 2012. 关于公有制主体地位的量化分析和评价. 当代经济研究,(3): 41-48.

赵人伟. 1989. 对当前收入分配不公问题的几点看法. 经济研究,(12): 6-10.

赵永辉, 付文林. 2017. 转移支付、财力均等化与地区公共品供给. 财政研究,(5): 13-23.

赵志耘, 郭庆旺. 2001. 税制改革分析的理论基础. 税务研究,(3): 45-52.

郑易生, 阎林, 钱薏红. 1999. 90 年代中期中国环境污染经济损失估算. 管理世界,(2): 189-197.

中央党校"中国特色社会主义政治经济学研究"课题组. 2017. 中国特色社会主义政治经济学斑西方经济学理论的借鉴与超越——学习习近平总书记关于中国特色社会主义政治经济学的论述. 党政干部参考,(18): 19-20.

钟晓敏，童本立，沈玉平. 1998. 论过渡时期财政职能的特点. 财政研究，（7）：12-15.

周冰. 2004. 中国转型期经济改革理论的发展. 南开学报（哲学社会科学版），（2）：30-43.

周黎安. 2007. 中国地方官员的晋升锦标赛模式研究. 经济研究，（7）：36-50.

周为民，卢中原. 1986. 效率优先，兼顾公平——通向繁荣的权衡. 经济研究，（2）：30-36.

周文，宁殿霞. 2018. 中国特色社会主义政治经济学：渊源、发展契机与构建路径. 经济研究，（12）：20-33.

周业安. 2003. 地方政府竞争与经济增长. 中国人民大学学报，（1）：97-103.

庄新田，李冰. 2008. 对有效市场的挑战——资本市场分形与混沌的研究综述. 东北大学学报（社会科学版），（2）：133-138.

左亚文. 2002. 邓小平社会主义阶段论对列宁思想的继承与发展. 马克思主义研究，（6）：59-64.

Abadie A，Cattaneo M D. 2018. Econometric methods for program evaluation. Annual Review of Economics，10：465-503.

Abadie A，Imbens G W. 2006. Large sample properties of matching estimators for average treatment effects. Econometrica，74（1）：235-267.

Abdulkadiroğlu A，Pathak P A，Roth A E. 2005. The New York city high school match. American Economic Review，95（2）：364-367.

Acemoglu D，Carvalho V M，Ozdaglar A，et al. 2012. The network origins of aggregate fluctuations. Econometrica，80（5）：1977-2016.

Acemoglu D，Finkelstein A，Notowidigdo M J. 2013. Income and health spending：evidence from oil price shocks. Review of Economics and Statistics，95（4）：1079-1095.

Acemoglu D，García-Jimeno C，Robinson J A. 2005. State capacity and economic development：a network approach. American Economic Review，105（8）：2364-2409.

Acemoglu D，Johnson S. 2007. Disease and development：the effect of life expectancy on economic growth. Journal of Political Economy，115（6）：925-985.

Acemoglu D，Johnson S，Robinson J A. 2001. The colonial origins of comparative development：an empirical investigation. American Economic Review，91（5）：1369-1401.

Acemoglu D，Johnson S，Robinson J A. 2002. Reversal of fortune：geography and institutions in the making of the modern world income distribution. Quarterly Journal of Economics，117（4）：1231-1294.

Acemoglu D，Ozdaglar A，Tahbaz-Salehi A. 2015. Systemic risk and stability in financial networks. American Economic Review，105（2）：564-608.

Adamowicz W，Boxall P，Swait J，et al. 1997. Perceptions versus objective measures of environmental quality in combined revealed and stated preference models of environmental valuation. Journal of Environmental Economics and Management，32（1）：65-84.

Adamowicz W，Boxall P，Williams M. 1998. Stated preference approaches for measuring passive use values：choice experiments and contingent valuation. American Journal of Agricultural Economics，80（1）：64-75.

Adda J，Cornaglia F. 2010. The effect of bans and taxes on passive smoking. American Economic Journal：Applied Economics，2（1）：1-32.

Agénor P R，Montiel P J. 2015. Development Macroeconomics. Princeton：Princeton University Press.

Aguirregabiria V, Mira P. 2010. Dynamic discrete choice structural models: a survey. Journal of Econometrics, 156 (1): 38-67.

Ahlfeldt G M, Redding S J, Sturm D M, et al. 2015. The economics of density: evidence from the berlin wall. Econometrica, 83 (6): 2127-2189.

Aït-Sahalia Y, Jacod J. 2009. Testing for jumps in a discretely observed process. The Annals of Statistics, 37 (1): 184-222.

Aït-Sahalia Y, Jacod J. 2012. Analyzing the spectrum of asset returns: jump and volatility components in high frequency data. Journal of Economic Literature, 50 (4): 1007-1050.

Aït-Sahalia Y, Mykl P A, Zhang L. 2011. Ultra high frequency volatility estimation with dependent microstructure noise. Journal of Econometrics, 160 (1): 160-175.

Akerlof G A. 1970. The market for "Lemons": quality uncertainty and the market mechanism. Quarterly Journal of Economics, 84 (3): 488-500.

Allen J, Clark R, Houde J F. 2019. Search frictions and market power in negotiated price markets. Journal of Political Economy, 127 (4): 1550-1598.

Allingham M G, Smodom A. 1972. Income tax evasion: a theoretical analysis. Journal of Public Economics, 1 (3/4): 323-338.

Alm J. 2010. Testing behavioral public economics theories in the laboratory. National Tax Journal, 63 (4): 635-658.

Alm J, Bahl R, Murray M N. 1993. Audit selection and income tax underreporting in the tax compliance Game. Journal of Development Economics, 42 (1): 1-33.

Alm J, Jacobson S. 2007. Using laboratory experiments in public economics. National Tax Journal, 60 (1): 129-152.

Alonso W. 1964. Location and Land Use: Toward a General Theory of Land Rent. Cambridge: Harvard University Press.

Alston J M, Beddow J M, Pardey P G. 2009. Agricultural research, productivity, and food prices in the long run. Science, 325 (5945): 1209-1210.

Amemiya T. 1985. Advanced Econometrics. Cambridge: Harvard University Press.

Ando T, Bai J S. 2016. Panel data models with grouped factor structure under unknown group membership. Journal of Applied Econometrics, 31 (1): 163-191.

Andreou E, Ghysels E. 2002. Detecting multiple breaks in financial market volatility dynamics. Journal of Applied Econometrics, 17 (5): 579-600.

Angelini E, di Tollo G, Roli A. 2008. A neural network approach for credit risk evaluation. The Quarterly Review of Economics and Finance, 48 (4): 733-755.

Angrist J D, Keueger A B. 1991. Does compulsory school attendance affect schooling and earnings?. The Quarterly Journal of Economics, 106 (4): 979-1014.

Angrist J D, Pischke J S. 2009. Mostly Harmless Econometrics: An Empiricist's Companion. Princeton: Princeton University Press.

Angrist J D, Pischke J S. 2010. The credibility revolution in empirical economics: how better research design is taking the con out of econometrics. Journal of Economic Perspectives, 24 (2): 3-30.

Angrist J, Azoulay P, Ellison G, et al. 2017. Economic research evolves: fields and styles. American Economics Review, 107 (5): 293-297.

Antràs P, Chor D. 2013. Organizing the global value chain. Econometrica, 81（6）: 2127-2204.

Antràs P, de Gortari A. 2020. On the geography of global value Chains. NBER Working Papers 23456.

Arcidiacono P, Bayer P, Blevins J R, et al. 2016. Estimation of dynamic discrete choice models in continuous time with an application to retail competition. Review of Economic Studies, 83（3）: 889-931.

Arcidiacono P, Miller R A. 2011. Conditional choice probability estimation of dynamic discrete choice models with unobserved heterogeneity. Econometrica, 79（6）: 1823-1867.

Arinaminpathy N, Kapadia S, May R M. 2012. Size and complexity in model financial systems. Proceedings of the National Academy of Sciences, 109（45）: 18338-18343.

Armstrong M. 2006. Competition in two-sided markets. RAND Journal of Economics, 37（3）: 668-691.

Armstrong M, Vickers J, Zhou J D. 2009. Prominence and consumer search. RAND Journal of Economics, 40（2）: 209-233.

Armstrong M, Zhou J D. 2016. Search deterrence. Review of Economic Studies, 83（1）: 26-57.

Arrow K J. 1963. Uncertainty and the economics of health care. American Economic Review, 52（4）: 941-973.

Arrow K J, Debreu G. 1954. Existence of an equilibrium for a competitive economy. Econometrica, 22（3）: 265-290.

Aruoba S B, Fernández-Villaverde J, Rubio-Ramírez J F. 2006. Comparing solution methods for dynamic equilibrium economies. Journal of Economic Dynamics & Control, 30（12）: 2477-2508.

Athey S. 2019. The impact of machine learning on economics//Agrawal A, Gans J, Goldfarb A. The Economics of Artificial Intelligence: An Agenda. Chicago: University of Chicago Press: 13-14.

Athey S, Imbens G W. 2006. Identification and inference in nonlinear difference-in-differences models. Econometrica, 74（2）: 431-497.

Athey S, Imbens G W. 2017. The state of applied econometrics: causality and policy evaluation. Journal of Economic Perspectives, 31（2）: 3-32.

Athey S, Imbens G W. 2019. Machine learning methods that economists should know about. Annual Review of Economics, 11（1）: 685-725.

Athey S, Imbens G W, Wager S. 2018. Approximate residual balancing: debiased inference of average treatment effects in high dimensions. Journal of the Royal Statistical Society: Series B（Statistical Methodology）, 80（4）: 597-623.

Attanasio O, Cattan S, Fitzsimons E, et al. 2020. Estimating the production function for human capital: results from a randomized controlled trial in colombia. American Economic Review, 110（1）: 48-85.

Au C, Henderson J V. 2006. Are chinese cities too small?. Review of Economic Studies, 73（3）: 549-576.

Auerbach A J, Chetty R, Feldstein M, et al. 2013. Handbook of Public Economics. Amsterdam: North-Holland Publishing Co.

Auerbach A J, Feldstein M. 1985. Handbook of Public Economics（Vol.1）. Amsterdam: North-Holland Publishing Co.

Auerbach A J, Feldstein M. 1987. Handbook of Public Economics（Vol.2）. Amsterdam: North-Holland Publishing Co.

Auerbach A J, Feldstein M. 2002a. Handbook of Public Economics (Vol.3). Amsterdam: North-Holland Publishing Co.

Auerbach A J, Feldstein M. 2002b. Handbook of Public Economics (Vol.4). Amsterdam: North-Holland Publishing Co.

Aumann R J. 1974. Subjectivity and correlation in randomized strategies. Journal of Mathematical Economics, 1 (1): 67-96.

Aumann R J. 1987. Correlated equilibrium as an expression of bayesian rationality. Econometrica, 55 (1): 1-18.

Autor D H, Dorn D, Hanson G H. 2013. The China syndrome: local labor market effects of import competition in the United States. American Economic Review, 103 (6): 2121-2168.

Bachelier L. 1964. Theory of speculation//Cootner P H. The Random Character of Stock Market Prices. Cambridge: The MIT Press: 17-78.

Bai C, Hsieh C, Song Z. 2019. Conglomeration formation in China. Working Paper.

Bai J S. 2009. Panel data models with interactive fixed effects. Econometrica, 77 (4): 1229-1279.

Bai J S. 2013. Fixed-effects dynamic panel models a factor analytical method. Econometrica, 81(1): 285-314.

Bai J S, Ng S. 2010. Panel unit root tests with cross-wectional dependence: a further investigation. Econometric Theory, 26 (4): 1088-1114.

Baicker K, Finkelstein A, Song J, et al. 2014. The impact of medicaid on labor market activity and program participation: evidence from the oregon health insurance experiment. American Economic Review, 104 (5): 322-328.

Bajari P, Benkard C L. 2005. Demand estimation with heterogeneous consumers and unobserved product characteristics: a hedonic approach. Journal of Political Economy, 113 (6): 1239-1276.

Bajari P, Benkard C L, Levin J. 2007. Estimating dynamic models of imperfect competition. Econometrica, 75 (5): 1331-1370.

Baker S R, Bloom N, Davis S J. 2016. Measuring economic policy uncertainty. Quarterly Journal of Economics, 131 (4): 1593-1636.

Baker S R, Bloom N, Davis S J, et al. 2020. COVID-Induced economic uncertainty. NBER Working Paper 26983.

Bakshy E, Eckles D, Bernstein M S. 2014. Designing and deploying online field experiments. Proceedings of the 23rd international conference on World Wide Web, 283-292.

Balestra P, Nerlove M. 1966. Pooling cross section and time series data in the estimation of a dynamic model: the demand for natural gas. Econometrica, (3): 585-612.

Banerjee A V, Chassang S, Snowberg E. 2017. Decision theoretic approaches to experiment design and external validity//Vinayak A, Duflo E. Handbook of Economic Field Experiments. Amsterdam: North-Holland Publishing Co., 1: 141-174.

Banerjee A V, Duflo E. 2009. The experimental approach to development economics. Annual Review of Economics, 1 (1): 151-178.

Banerjee A V, Duflo E. 2011. Poor Economics: A Radical Rethinking of the Way to Fight Global Poverty. New York: Public Affairs.

Banerjee A V, Duflo E, Glennerster R. 2015. The miracle of microfinance? Evidence from a randomized evaluation. American Economic Journal: Applied Economics, 7 (1): 22-53.

Banerjee A, Banerji R, Berry J, et al. 2017. From proof of concept to scalable policies: challenges and solutions, with an application. Journal of Economic Perspectives, 31（4）: 73-102.

Bardhan P, Udry C. 1999. Development Microeconomics. Oxford: Oxford University Press.

Barham T, Macours K, Maluccio J A. 2013. Boys' cognitive skill formation and physical growth: long-term experimental evidence on critical ages for early childhood interventions. American Economic Review, 103（3）: 467-471.

Barndorff-Nielsen O E, Hansen P R, Lunde A, et al. 2008. Designing realized kernels to measure the ex post variation of equity prices in the presence of noise. Econometrica, 76（6）: 1481-1536.

Barndorff-Nielsen O E, Shephard N. 2004. Econometric analysis of realized covariation: high frequency based covariance, regression, and correlation in financial economics. Econometrica, 72（3）: 885-925.

Barndorff-Nielsen O E, Shephard N, Winkel M. 2006. Limit theorems for multipower variation in the presence of jumps. Stochastic Processes and Their Applications, 116（5）: 796-806.

Bartkiewicz K, Jakubowski A, Mikosch T, et al. 2010. Stable limits for sums of dependent infinite variance random variables. Probability Theory and Related Fields, 150（3/4）: 337-372.

Basu S, Andrews J, Kishore S, et al. 2012. Comparative performance of private and public healthcare systems in low- and middle-income countries: a systematic review. PLOS Medicine, 9（6）: 1-14.

Basu S, Michailidis G. 2015. Regularized estimation in sparse high-dimensional time series models. The Annals of Statistics, 43（4）: 1535-1567.

Bates J M, Granger C W. 1969. The combination of forecasts. Journal of Operational Research Society, 20（4）: 451-468.

Baum-Snow N, Brandt L, Henderson J V, et al. 2017. Roads, railroads, and decentralization of chinese cities. Review of Economics and Statistics, 99（33）: 435-448.

Baum-Snow N, Ferreira F. 2014. Causal inference in urban and regional economics//Duranton G, Henderson J V, Strange W C. Handbook of Regional and Urban Economics. Amsterdam: North-Holland Publishing Co.: 3-68.

Baum-Snow N, Henderson J V, Rosenthal S. 2020. Cities in China. Journal of Urban Economics, 115: 103-227.

Beck P J, Davis J S, Jung W O. 1991. Experimental evidence on taxpayer reporting under uncertainty. Accounting Review, 66（3）: 535-558.

Behl P, Claeskens G, Dette H. 2014. Focused model selection in quantile regression. Statistica Sinica, （2）: 601-624.

Belloni A, Chernozhukov V, Fernández-Val I, et al. 2017. Program evaluation and causal inference with high-dimensional data. Econometrica, 85（1）: 233-298.

Bergemann D, Morris S. 2013. Robust predictions in games with incomplete information. Econometrica, 81（4）: 1251-1308.

Bergemann D, Morris S. 2016a. Bayes correlated equilibrium and the comparison of information structures in games. Theoretical Economics, 11（2）: 487-522.

Bergemann D, Morris S. 2016b. Information design, bayesian persuasion, and bayes correlated equilibrium. American Economic Review, 106（5）: 586-591.

Bernard A B, Jensen J B, Redding S J, et al. 2018. Global firms. Journal of Economic Literature,

56（2）：565-619.

Bernheim B D，DellaVigna S，Laibson D. 2018. Handbook of Behavioral Economics-Foundations and Applications（Vol.1）. Amsterdam：North-Holland Publishing Co.

Bernheim B D，DellaVigna S，Laibson D. 2019. Handbook of Behavioral Economics-Foundations and Applications（Vol.2）. Amsterdam：North-Holland Publishing Co.

Bertrand M，Duflo E，Mullainathan S. 2004. How much should we trust difference-in-difference estimates?. Quarterly Journal of Economics，119（1）：249-275.

Bertrand M，Mullainathan S，Shafir E. 2004. A behavioral-economics view of poverty. American Economic Review，94（2）：419-423.

Besley T，Burgess R. 2004. Can labor regulation hinder economic performance? Evidence from India. Quarterly Journal of Economics，119（1）：91-134.

Bhargava A，Jamison D T，Lau L J，et al. 2001. Modeling the effects of health on economic growth. Journal of Health Economics，20（3）：423-440.

Bibinger M，Hautsch N，Malec P，et al. 2014. Estimating the quadratic covariation matrix from noisy observations：local method of moments and efficiency. The Annals of Statistics，42(4)：1312-1346.

Bickel P.J，Gel Y R. 2011. Banded regularization of autocovariance matrices in application to parameter estimation and forecasting of time series. Journal of the Royal Statistical Society：Series B（Statistical Methodology），73（5）：711-728.

Bierens H J. 1997. Testing the unit root with drift hypothesis against nonlinear trend stationarity，with an application to the US price level and interest rate. Journal of Econometrics，81（1）：29-64.

Bierens H J，Ploberger W. 1997. Asymptotic theory of integrated conditional moment tests. Econometrica，65（5）：1129-1152.

Bishop R C，Bouwes N W，Caulkins P P. 1986. The travel cost model for lake recreation：a comparison of two methods for incorporating site quality and substitution effects. American Journal of Agricultural Economics，68（2）：291-297.

Blanchard O J. 2018. On the future of macroeconomic models. Oxford Review of Economic Policy，34（1/2）：43-54.

Bosker M，Brakman S，Garretsen H，et al. 2012. Relaxing hukou：increased labor mobility and China's economic geography. Journal of Urban Economics，72（2/3）：252-266.

Bound J，Jaeger D A，Baker R M. 1995. Problems with instrumental variables estimation when the correlation between the instruments and the endogenous explanatory variable is weak. Journal of the American Statistical Association，90（430）：443-450.

Brandt B，van Biesebroeck J，Zhang Y F. 2012. Creative accounting or creative destruction? Firm-level productivity growth in Chinese manufacturing. Journal of Development Economics，97（2）：339-351.

Brandt L，Biesebroeck J V，Wang L H，et al. 2017. WTO accession and performance of Chinese manufacturing firms. American Economic Review，107（9）：2784-2820.

Breiman L. 2001a. Random forests. Machine Learning，45（1）：5-32.

Breiman L. 2001b. Statistical modeling：the two cultures. Statistical Science，16（3）：226-231.

Bresnahan T F，Reiss P C. 1991. Entry and competition in concentrated markets. Journal of Political Economy，99（5）：977-1009.

Brogaard J，Detzel A. 2015. The asset-pricing implications of government economic policy uncertainty. Management Science，61（1）：3-18.

Bruckner J. 1987. The structure of urban equilibria：a unified treatment of the Muth-Mills model// Mills E S. Handbook of Regional Science and Urban Economics（Vol.2）. Amsterdam：North-Holland Publishing Co.：825-841.

Brueckner J K，Fu S H，Gu Y Z，et al. 2017. Measuring the stringency of land use regulation：the case of China's building height limits. Review of Economics and Statistics，99（4）：663-677.

Brunnermeier M，Niepelt D. 2019. On the equivalence of private and public money. Journal of Monetary Economics，6：27-41.

Buckland S T，Burnham K P，Augustin N H. 1997. Model selection：an integral part of inference. Biometrics，53（2）：603-618.

Burchfield M，Overman H G，Puga D，et al. 2006. Causes of sprawl：a portrait from space. Quarterly Journal of Economics，121（2）：587-633.

Burt O R，Brewer D. 1971. Estimation of net social benefits from outdoor recreation. Econometrica，39（5）：813-827.

Cai H B，Henderson J V，Zhang Q H. 2013. China's land market auctions：evidence of corruption?. Rand Journal of Economics，44（3）：488-521.

Cai X Q，Lu Y，Wu M Q，et al. 2016. Does environmental regulation drive away inbound foreign direct investment? Evidence from a quasi-natural experiment in China. Journal of Development Economics，123：73-85.

Cai Z W. 2007. Trending time-varying coefficient time series models with serially correlated errors. Journal of Econometrics，136（1）：163-188.

Cai Z W，Li Q. 2008. Nonparametric estimation of varying coefficient dynamic panel data models. Econometric Theory，24（5）：1321-1342.

Cai Z W，Li Q，Park J Y. 2009. Functional-coefficient models for nonstationary time series data. Journal of Econometrics，148（2）：101-113.

Caliendo L，Dvorkin M，Parro F. 2019. Trade and labor market dynamics：general equilibrium analysis of the china trade shock. Econometrica，87（3）：741-835.

Caliendo L，Rossi-Hansberg E. 2012. The impact of trade on organization and productivity. Quarterly Journal of Economics，127（3）：1393-1467.

Camerer C F，Nave G，Smith A. 2019. Dynamic unstructured bargaining with private information：theory，experiment，and outcome prediction via machine learning. Management Science，65（4）：1867-1890.

Campbell J Y. 2003. Consumption-Based asset pricing//Constantinides G，Stulz R M，Harris M. Handbook of the Economics of Finance. Amsterdam：North-Holland Publishing Co.：803-887.

Campbell J Y，Lo A W，MacKinlay A C. 1997. The Conometrics Of Financial Markets. Princeton：Princeton University Press.

Campos J，Ericsson N R，Hendry D F. 2005. General-to-specific modeling：an overview and selected bibliography. FRB International Finance Discussion Paper 838.

Carbone J C，Smith V K. 2008. Evaluating policy interventions with general equilibrium externalities. Journal of Public Economics，92（5/6）：1254-1274.

Carbone J C，Smith V K. 2013. Valuing nature in a general equilibrium. Journal of Environmental

Economics and Management, 66 (1): 72-89.

Card D, Krueger A. 1994. Minimum wages and employment: a case study of the fast food industry in new jersey and pennsylvania. American Economic Review, 84 (4): 772-793.

Carson R T. 2012. Contingent Valuation: A Comprehensive Bibliography and History. Northampton: Edward Elgar Publishing.

Carter M R, Lybbert T J. 2012. Consumption versus asset smoothing: testing the implications of poverty trap theory in burkina faso. Journal of Development Economics, 99 (2): 255-264.

Cavallo A. 2012. Scraped data and sticky prices. MIT Sloan Working Paper.

Cavallo A. 2013. Online and official price indexes: measuring argentina's inflation. Journal of Monetary Economics, 60 (2): 152-165.

Cawley J, Ruhm C J. 2011. The economics of risky health behaviors//Mark V P, Thomas G M, Pedro P B. Handbook of Health Economics (Vol.2). Amsterdam: North-Holland Publishing Co., 2: 95-199.

Cerrato M, Crosby J, Kim M, et al. 2017. Relation between higher order comoments and dependence structure of equity portfolio. Journal of Empirical Finance, 40: 101-120.

Chamberlin E H. 1948. An experimental imperfect market. Journal of Political Economy, 56 (2): 95-108.

Chambers R G. 1989. Insurability and moral hazard in agricultural insurance markets. American Journal of Agricultural Economics, 71 (3): 604-616.

Chandra A, Skinner J. 2012. Technology growth and expenditure growth in health care. Journal of Economic Literature, 50 (3): 645-680.

Chaudhuri A. 2011. Sustaining cooperation in laboratory public goods experiments: a selective survey of the literature. Experimental Economics, 14 (1): 47-83.

Chay K Y, Greenstone M. 2005. Does air quality matter? Evidence from the housing market. Journal of Political Economy, 113 (2): 376-424.

Chen B, Hong Y M. 2012. Testing for smooth structural changes in time series models via nonparametric regression. Econometrica, 80 (3): 1157-1183.

Chen J, Gao J T, Li D G. 2012. Semiparametric trending panel data models with cross-sectional dependence. Journal of Econometrics, 171 (1): 71-85.

Chen X K, Cheng L K, Fung K C, et al. 2012. Domestic value added and employment generated by Chinese exports: a quantitative estimation. China Economic Review, 23 (4): 850-864.

Chen Y. 2008. Incentive-Compatible Mechanisms for Pure Public Goods: A Survey of Experimental Research//Plott C R, Smith V L. Handbook of Experimental Economics Results (Vol.1). Amsterdam: North-Holland Publishing Co.: 625-643.

Chen Y Y, Ebenstein A, Greenstone M, et al. 2013. Evidence on the impact of sustained exposure to air pollution on life expectancy from China's huai river policy. Proceedings of the National Academy of Sciences, 110 (32): 12936-12941.

Chen Y Y, Jin G Z, Kumar N, et al. 2013. The promise of Beijing: evaluating the impact of the 2008 olympic games on air quality. Journal of Environmental Economics and Management, 66 (3): 424-443.

Chen Y, Kesten O. 2017. Chinese college admissions and school choice reforms: a theoretical analysis. Journal of Political Economy, 125 (1): 99-139.

Chenery H B. 1960. Patterns of industrial growth. American Economic Review, 50（4）: 624-654.

Cheng L G, Liu H, Zhang Y, et al. 2015. The impact of health insurance on health outcomes and spending of the elderly: evidence from china's new cooperative medical scheme. Health Economics, 24（6）: 672-691.

Chernozhukov V, Chetverikov D, Demirer M, et al. 2018. Double debiased machine learning for treatment and structural parameters. Econometrics Journal, 21（1）: 1-68.

Chernozhukov V, Fernández-Val I, Newey W K. 2019. Nonseparable multinomial choice models in cross-section and panel data. Journal of Econometrics, 211（1）: 104-116.

Chesher A, Rosen A M. 2017. Generalized instrumental variable models. Econometrica, 85（3）: 959-989.

Chetty R. 2015. Behavioral economics and public policy: a pragmatic perspective. American Economic Review, 105（5）: 1-33.

Chetty R, Finkelstein A. 2013. Social insurance: connecting theory to data. Handbook of Public Economics, 5: 111-193.

Chetty R, Hendren N, Katz L F. 2016. The effects of exposure to better neighborhoods on children: new evidence from the moving to opportunity experiment. American Economic Review, 106（4）: 855-902.

Chou R Y. 2005. Forecasting financial volatilities with extreme values: the conditional autoregressive range（carr）model. Journal of Money, Credit and Banking, 37（3）: 561-582.

Chou S Y, Grossman M, Saffer H. 2004. An economic analysis of adult obesity: results from the behavioral risk factor surveillance system. Journal of Health Economics, 23（3）: 565-587.

Chow G C. 1993. Capital formation and economic growth in China. Quarterly Journal of Economics, 108（3）: 809-842.

Claeskens G, Carroll R J. 2007. An asymptotic theory for model selection inference in general semiparametric problems. Biometrika, 94（2）: 249-265.

Clarida R, Gali J, Gertler M. 1999. The science of monetary policy: a new keynesian perspective. Journal of Economic Literature, 37（4）: 1661-1707.

Clawson M. 1959. Methods of Measuring the Demand for and Value of Outdoor Recreation. Washington D. C.: Resources for the Future.

Clemens J, Gottlieb J D. 2014. Do physicians' financial incentives affect medical treatment and patient health?. American Economic Review, 104（4）: 1320-1349.

Clotfelter C T. 1983. Tax evasion and tax rates: an analysis of individual returns. Review of Economics and Statistics, 65（3）: 363-373.

Coile C C, Duggan M G. 2019. When labor's lost: health, family life, incarceration, and education in a time of declining economic opportunity for low-skilled men. Journal of Economic Perspectives, 33（2）: 191-210.

Collins J.H, Plumlee R D. 1991. The taxpayer's labor and reporting decision: the effect of audit schemes. Accounting Review, 66（3）: 559-576.

Conte R, Gilbert N, Bonelli G, et al. 2012. Manifesto of computational social science. European Physical Journal Special Topics, 214（1）: 325-346.

Cooper J C, Hanemann M, Signorello G. 2002. One-and-one-half-bound dichotomous choice contingent valuation. Review of Economics and Statistics, 84（1）: 742-750.

Costinot A, Rodríguez-Clare A. 2014. Trade theory with numbers: quantifying the consequences of globalization//Gita G, Elhanan H, Kenneth R. Handbook of International Economics（Vol.4）. Amsterdam: North-Holland Publishing Co.: 197-261.

Crane-Droesch A. 2018. Technology diffusion outcome variability, and social learning: evidence from a field experiment in kenya. American Journal of Agricultural Economics, 100（3）: 955-974.

Crawford V P, Costa-Gomes M A, Iriberri N. 2013. Structural models of nonequilibirum strategic thinking: theory, evidence and applications. Journal of Economic Literature, 51（1）: 5-62.

Cui L Y, Hong Y M, Li Y X. 2021. Solving euler equations via two-stage nonparametric penalized splines. Journal of Econometrics, 222（2）: 1024-1056.

Currie J, Lin W C, Meng J J. 2013. Social networks and externalities from gift exchange: evidence from a field experiment. Journal of Public Economics, 107: 19-30.

Currie J, Stabile M. 2006. Child mental health and human capital accumulation: the case of ADHD. Journal of Health Economics, 25（6）: 1094-1118.

Curto V, Einav L, Finkelstein A, et al. 2019. Health care spending and utilization in public and private medicare. American Economic Journal: Applied Economics, 11（2）: 302-332.

Dafny L S. 2005. How do hospitals respond to price changes?. American Economic Review, 95（5）: 1525-1547.

Das S, Roberts M J, Tybout J R. 2007. Market entry costs, producer heterogeneity, and export dynamics. Econometrica, 75（3）: 837-873.

Dasgupta P, Pattanayak S K, Smith V K. 2018. Handbook of Environmental Economics（Vol.4）. Amsterdam: North-Holland Publishing Co.

Davidson R, MacKinnon J G. 2004. Econometric Theory and Methods. New York: Oxford University Press.

Davis R. 1963. Recreation planning as an economic problem. Natural Resources Journal, 3（2）: 239-249.

Davis R, Resnick S. 1985. Limit theory for moving averages of random variables with regularly varying tail probabilities. The Annals of Probability,（1）: 179-195.

Davis R, Resnick S. 1986. Limit theory for the sample covariance and correlation functions of moving averages. The Annals of Statistics,（2）: 533-558.

Davis R A, Mikosch T. 1998. The sample autocorrelations of heavy-tailed processes with applications to arch. The Annals of Statistics, 26（5）: 2049-2080.

de Jong D N, Nankervis J C, Savin N E, et al. 1992. The power problems of unit root test in time series with autoregressive errors. Journal of Econometrics, 53（1/3）: 323-343.

de Jong F, Kemna A, Kloek T. 1992. A contribution to event study methodology with an application to the dutch stock market. Journal of Banking & Finance, 16（1）: 11-36.

de Jong R M. 1996. The bierens test under data dependence. Journal of Econometrics, 72（1/2）: 1-32.

Deaton A. 2010. Instruments randomization and learning about development. Journal of Economic Literature, 48（2）: 424-455.

Deaton A N, Cartwright N. 2018. Understanding and misunderstanding randomized controlled trials. Social Science & Medicine, 210: 2-21.

Debertin D L, Pagoulatos A. 1992. Research in agricultural economics 1919—1990: seventy-two years of change. Review of Agricultural Economics, 14 (1): 1-22.

DellaV S. 2009. Psychology and economics: evidence from the field. Journal of Economic Literature, 47 (2): 315-372.

Deschênes O, Greenstone M. 2007. The economic impacts of climate change: evidence from agricultural output and random fluctuations in weather. American Economic Review, 97 (1): 354-385.

Diamond R. 2016. The determinants and welfare implications of us workers' diverging location choices by skill: 1980—2000. American Economic Review, 106 (3): 479-524.

Dickey D A, Fuller W A. 1979. Distribution of the estimators for autoregressive time series with a unit root. Journal of the American Statistical Association, 74 (366): 427-431.

DiMasi J A, Grabowski H G, Hansen R W. 2016. Innovation in the pharmaceutical industry: new estimates of r&d costs. Journal of Health Economics, 47: 20-33.

Ding W L, Lehrer S F, Rosenquist J N, et al. 2009. The impact of poor health on academic performance: new evidence using genetic markers. Journal of Health Economics, 28(3): 578-597.

Djebbari H, Smith J. 2008. Heterogeneous impacts in PROGRESA. Journal of Econometrics, 145 (1/2): 64-80.

Dong C H, Gao J T, Peng B. 2019. Estimation in a semiparametric panel data model with nonstationarity. Econometric Reviews, 38 (8): 961-977.

Draper D. 1995. Assessment and propagation of model uncertainty. Journal of the Royal Statistical Society: Series B (Methodological), 57 (1): 45-70.

Duflo E, Glennerster R, Kremer M. 2007. Using randomization in development economics research: a toolkit//Schultz T P, Strauss J A. Handbook of Development Economics (Vol.4). Amsterdam: North-Holland Publishing Co.: 3895-3962.

Dupas P. 2014. Short-run subsidies and long-run adoption of new health products: evidence from a field experiment. Econometrica, 82 (1): 197-228.

Duranton G, Puga D. 2004. Micro-foundations of urban agglomeration economies//Henderson J V, Thisse J F. Handbook of Regional and Urban Economics (Vol.4). Amsterdam: North-Holland Publishing Co.: 2063-2117.

E W. 2021. The dawning of a new era in applied mathematics. Notice of American Mathematical Society, 68 (4): 565-571.

Eaton J, Kortum S. 2002. Technology, geography, and trade. Econometrica, 70 (5): 1741-1779.

Ebert U. 1998. Evaluation of nonmarket goods: recovering unconditional preferences. American Journal of Agricultural Economics, 80 (2): 241-254.

Eggleston K, Hsieh C R. 2004. Healthcare payment incentives. Applied Health Economics and Health Policy, 3 (1): 47-56.

Eggleston K, Shen Y C, Lau J, et al. 2008. Hospital ownership and quality of care: what explains the different results in the literature?. Health Economics, 17 (12): 1345-1362.

Einav L, Finkelstein A, Levin J. 2010. Beyond testing: empirical models of insurance markets. Annual Review of Economics, 2 (1): 311-336.

Einav L, Finkelstein A, Mahoney N. 2018. Provider incentives and healthcare costs: evidence from long-term care hospitals. Econometrica，86（6）：2161-2219.

Einav L，Levin J. 2014. Economics in the age of big data. Science，346（6210）：1243089.

Eliason P J，Grieco P L，McDevitt R C. et al. 2018. Strategic patient discharge：the case of long-term care hospitals. American Economic Review，108（11）：3232-3265.

Ellerman D A，Joskow P L，Schmalensee R，et al. 2000. Markets for Clean Air：The U.S. Acid Rain Program. Cambridge：Cambridge University Press.

Engels F. 2009. The Condition of the Working Class in England. London：Penguin Classics.

Engle R F. 2000. The econometrics of ultra-high-frequency data. Econometrica，68（1）：1-22.

Engle R F，Kroner K F. 1995. Multivariate simultaneous generalized ARCH. Econometric Theory，11（1）：122-150.

Engle R F，Russell J R. 1998. Autoregressive conditional duration：a new model for irregularly spaced transaction data. Econometrica，66（5）：1127-1162.

Engle R，Mistry A. 2014. Priced risk and asymmetric volatility in the cross section of skewness. Journal of Econometrics，182（1）：135-144.

Eom Y S，Larson D M. 2006. Improving environmental valuation estimates through consistent use of revealed and stated preference information. Journal of Environmental Economics and Management，52（1）：501-516.

Ericson K M，Sydnor J. 2017. The questionable value of having a choice of levels of health insurance coverage. Journal of Economic Perspectives，31（4）：51-72.

Escanciano J C. 2006a. A consistent diagnostic test for regression models using projections. Econometric Theory，22（6）：1030-1051.

Escanciano J C. 2006b. Goodness-of-fit statistics for linear and nonlinear time series models. Journal of the American Statistical Association，101（474）：531-541.

Evans D A，Woodward R T. 2013. What can we learn from the end of the grand policy experiment? The collapse of the national SO_2 trading program and implications for tradable permits as a policy instrument. Annual Review of Resource Economics，5（1）：325-348.

Evans J A，Aceves P. 2016. Machine translation：mining text for social theory. Annual Review of Sociology，42（1）：21-50.

Fan J T. 2019. Internal geography，labor mobility，and the distributional impacts of trade. American Economic Journal：Macroeconomics，11（3）：252-288.

Fan Y Q，Li Q. 1996. Consistent model specification tests：omitted variables and semiparametric functional forms. Econometrica，64（4）：865-890.

Fan Y Q，Park S S. 2010. Sharp bounds on the distribution of treatment effects and their statistical inference. Econometric Theory，26（3）：931-951.

Fan Y，Patton A J. 2014. Copulas in econometrics. Annual Review of Economics，6（1）：179-200.

Fantazzini D. 2009. The effects of misspecified marginals and copulas on computing the value at risk：a monte carlo study. Computational Statistics & Data Analysis，53（6）：2168-2188.

Faust D G. 2016. To be "a speaker of words and a doer of deeds：" literature and leadership. New York：United States Military Academy（West Point）.

Feenstra R C. 1995. Exact hedonic price indexes. Review of Economics and Statistics，77（34）：634-653.

Feenstra R C，Xu M Z，Antoniades A. 2017. What is the price of tea in China? Towards the relative cost of living in chinese and U.S. cities. NBER Working Paper 23161.

Feldstein P J. 2011. Health Care Economics. 7th ed. Boston：Cengage Learning.

Feng L，Li Z Y，Swenson D L. 2017. Trade Policy uncertainty and exports：evidence from China's WTO accession. Journal of International Economics，106：20-36.

Finkelstein A，Hendren N，Luttme E F. 2019. The value of medicaid：interpreting results from the oregon health insurance experiment. Journal of Political Economy，127（6）：2836-2874.

Fisher F M. 1966. The Identification Problem in Econometrics. New York：McGraw-Hill Company.

Friedland N，Maital S，Rutenberg A. 1978. A simulation study of income tax evasion. Journal of Public Economics，10（1）：107-116.

Fu S H，Gu Y Z. 2017. Highway toll and air pollution：evidence from chinese cities. Journal of Environmental Economics and Management，83：32-49.

Gale D，Shapley L S. 1962. College admissions and the stability of marriage. American Mathematical Monthly，69（1）：9-15.

Gale D M，Kariv S.2007. Financial networks. American Economic Review，97（2）：99-103.

Gali J，Gertler M. 1999. Inflation dynamics：a structural econometric analysis. Journal of Monetary Economics，44（2）：195-222.

Gao J，Cao Y，Tung W，et al. 2007. Multiscale Analysis of Complex Time Series：Integration of Chaos and Random Fractal Theory，and Beyond. Hoboken：John Wiley & Sons.

Gao J，Hawthorne K. 2006. Semiparametric estimation and testing of the trend of temperature series. The Econometrics Journal，9（2）：332-355.

García D. 2013. Sentiment during recessions. Journal of Finance，68（3）：1267-1300.

Gardner B L，Rausser G C. 2001. Handbook of Agricultural Economics：Agricultural Production. Oxford：Elsevier.

Garicano L，Rayo L. 2017. Relational knowledge transfers. American Economic Review，107（9）：2695-2730.

Garthwaite C，Gross T，Notowidigdo M J . 2014. Public health insurance，labor supply，and employment lock. Quarterly Journal of Economics，129（2）：653-696.

Gaynor M，Ho K，Town R J. 2015. The industrial organization of health-care markets. Journal of Economic Literature，53（2）：235-284.

Gaynor M，Laudicella M，Propper C. 2012. Can governments do it better? Merger mania and hospital outcomes in the English NHS. Journal of Health Economics，31（3）：528-543.

Gentzkow M，Kelly B，Taddy M. 2019. Text as data. Journal of Economic Literature，57（3）：535-574.

Gertler M，Gilchrist S. 1994. Monetary policy，business cycles，and the behavior of small manufacturing firms. Quarterly Journal of Economics，109（2）：309-340.

Gertler M，Karadi P. 2015. Monetary policy surprises，credit costs，and economic activity. American Economic Journal：Macroeconomics，7（1）：44-76.

Gertler P，Gruber J. 2002. Insuring consumption against illness. American Economic Review，92（1）：51-70.

Geruso M，Layton T J. 2017. Selection in health insurance markets and its policy remedies. Journal of Economic Perspectives，31（4）：23-50.

Giannone D，Reichlin L，Small D. 2008. Nowcasting：the real-time informational content of macroeconomic data. Journal of Monetary Economics，55（4）：665-676.

Glaeser E L. 2000. The future of urban research：non-market interactions. Brookings-Wharton Papers on Urban Affairs，2000：101-149.

Glaeser E L. 2008. The Economic approach to cities. KSG Working Paper 08-003.

Goeree J K，Holt C A，Palfrey T R. 2019. Stochastic game theory for the social sciences：a primer on quantal response equilibrium//Capra M，Croson R，Rigdon M. Handbook of Experimental Game Theory. Cheltenham：Edward Elgar：8-47.

Goldberg A，Srivastava S B，Manian V G，et al. 2016. Fitting in or Standing out? The tradeoffs of structural and cultural embeddedness. American Sociological Review，81（6）：1190-1222.

Goldberg P K，Khandelwal A K，Pavcnik N，et al. 2010. Imported intermediate inputs and domestic product growth：evidence from India. The Quarterly Journal of Economics，125（4）：1727-1767.

Golosov M，Hassler J，Krusell P，et al. 2014. Optimal taxes on fossil fuel in general equilibrium. Econometrica，82（1）：41-88.

Gonzalo J. 1993. Cointegration and aggregation. Ricerche Economiche，47（3）：281-291.

Goodhue R E. 1999. Input control in agricultural production contracts. American Journal of Agricultural Economics，81（3）：616-620.

Goodwin B K，Mishra A K. 2006. Are "Decoupled" farm program payments really decoupled? An empirical evaluation. American Journal of Agricultural Economics，88（1）：73-89.

Gourieroux C，Monfort A，Renault E. 1993. Indirect inference. Journal of Applied Econometrics，8：S85-S118.

Gowrisankaran G，Rysman M. 2012. Dynamics of consumer demand for new durable goods. Journal of Political Economy，120（6）：1173-1219.

Graham J R，Harvey C，Popadak J，et al. 2017. Corporate culture：evidence from the field. NBER Working Paper 23255.

Granger C W J. 1980. Long memory relationships and the aggregation of dynamic models. Journal of Econometrics，14（2）：227-238.

Green D P，Kern H L. 2012. Modeling heterogeneous treatment effects in survey experiments with Bayesian additive regression trees. Public Opinion Quarterly，76（3）：491-511.

Green J，Laffont J J. 1977. Characterization of satisfactory mechanisms for the revelation of preferences for public goods. Econometrica，45（2）：427-438.

Green J，Laffont J J. 1979. On coalition incentive compatibility. Review of Economic Studies，46（2）：243-254.

Grimmer J，Stewart B M. 2013. Text as data：the promise and pitfalls of automatic content analysis methods for political texts. Political Analysis，21（3）：267-297.

Großer J，Reuben E. 2013. Redistribution and market efficiency：an experimental study. Journal of Public Economics，101：39-52.

Grossman M. 1972. On the concept of health capital and the demand for health. Journal of Political Economy，80（2）：223-255.

Groves T. 1973. Incentives in teams. Econometrica，41（4）：617-631.

Groves T，Hong Y M，McMillan J，et al. 1994. Autonomy and incentives in Chinese state enterprises. Quarterly Journal of Economics，109（1）：183-209.

Groves T，Hong Y M，McMillan J，et al. 1995. China's evolving managerial labor market. Journal of

Political Economy，103（4）：873-892.

Gruber J. 2017. Delivering public health insurance through private plan choice in the United States. Journal of Economic Perspectives，31（4）：3-22.

Gruber J. 2019. Health economists in the real world，American. Journal of Health Economics，5（1）：1-7.

Guiso L，Sapienza P，Zingales L. 2015. The value of corporate culture. Journal of Financial Economics，117（1）：60-76.

Gulen H，Ion M. 2016. Policy uncertainty and corporate investment. Review of Financial Studies，29（3）：523-564.

Gwartney J D，Stroup R L，Sobel R S，et al. 2014. Economics：Private and Public Choice. Toronto：Nelson Education.

Hahn J. 1998. On the role of the propensity score in efficient semiparametric estimation of average treatment effects. Econometrica，66（2）：315-331.

Hahn J，Todd P，Vanderklaauw W. 2001. Identification and estimation of treatment effects with a regression- discontinuity design. Econometrica，69（1）：201-209.

Haldane A G，Turrell A E. 2018. An interdisciplinary model for macroeconomics. Oxford Review of Economic Policy，34（1/2）：219-251.

Hall P，Li Q，Racine J S. 2007. Nonparametric estimation of regression functions in the presence of irrelevant regressors. Review of Economic and Statistics，89（4）：784-789.

Hall P，Peng L，Yao Q. 2002. Prediction and nonparametric estimation for time series with heavy tails. Journal of Time Series Analysis，23（3）：313-331.

Hall P，Racine J，Li Q. 2004. Cross-validation and the estimation of conditional probability densities. Journal of the American Statistical Association，99（468）：1015-1026.

Hallegatte S，Vogt-Schilb A，Bangalore M，et al. 2016. Unbreakable：building the resilience of the poor in the face of natural disasters. Washington D.C.：World Bank.

Hamermesh D S. 2013. Six decades of top economics publishing：who and how?. Journal of Economic Literature，51（1）：162-172.

Hamrnack J，Brown G M. 1974. Jr. Waterfowl and Wetlands：Towards Bioeconomic Analysis. Baltimore：Johns Hopkins University Press.

Han A，Hong Y M，Wang S Y. 2021. Autoregressive conditional models for interval-valued time series data. Working Paper.

Hanemann M，Loomis J，Kanninen B. 1991. Statistical efficiency of double-bounded dichotomous choice contingent valuation. American Journal of Agricultural Economics，73（4）：1255-1263.

Hanemann W M. 1984. Discrete-continuous models of consumer demand. Econometrica，52（3）：541-561.

Hansen B E. 1994. Autoregressive conditional density estimation. International Economic Review，35（3）：705-730.

Hansen B E. 2007. Least squares model averaging. Econometrica，75（4）：1175-1189.

Hansen B E. 2014. Model averaging，asymptotic risk，and regressor groups. Quantitative Economics，5（3）：495-530.

Hansen B E，Racine J S. 2012. Jackknife model averaging. Journal of Econometrics，167（1）：38-46.

Hansen C，Hausman J，Newey W. 2008. Estimation with many instrumental variables. Journal of

Business & Economic Statistics, 26（4）: 398-422.

Hansen L, Sargent T J. 2001. Robust control and model uncertainty. American Economic Review, 91（2）: 60-66.

Hansen L P. 1982. Large sample properties of generalized method of moments estimators. Econometrica, 50（4）: 1029-1054.

Hansen P R, Lunde A. 2006. Realized variance and market microstructure noise. Journal of Business & Economic Statistics, 24（2）: 127-161.

Härdle W K, Okhrin O, Wang W N. 2015. Hidden markov structures for dynamic copulae. Econometric Theory, 31（5）: 981-1015.

Harsanyi J C. 1975. Can the maximin principle serve as a basis for morality? A critique of john rawls's theory. American Political Science Review, 69（2）: 594-606.

Hassler J, Krusell P. 2018. Environmental macroeconomics: the case of climate change. Handbook of Environmental Economics, 4: 333-394.

Hassler J, Krusell P, Smith A A. 2016. Environmental Macroeconomics. Handbook of Macroeconomics. Amsterdam: North Holland Publishing Co.

Hausman J A. 1978. Specification tests in econometrics. Econometrica, 46（6）: 1251-1271.

He W, Zha S H, Li L. 2013. Social media competitive analysis and text mining: a case study in the pizza industry. International Journal of Information Management, 33（3）: 464-472.

He Y N, Han A, Hong Y Y, et al. 2021. Forecasting crude oil price intervals and return volatility via autoregressive conditional interval models. Econometric Review, 40（6）: 584-606.

Heckman J. 1978. Simple statistical models for discrete panel data developed and applied to test the hypothesis of true state dependence against the hypothesis of spurious state dependence. Annales de l'INSEE, 30/31: 227-269.

Heckman J, Ichimura H, Todd P. 1997. Matching as an econometric evaluation estimator: evidence from evaluating a job training program. Review of Economic Studies, 64（4）: 605-654.

Heckman J, Ichimura H, Todd P. 1998. Matching as an econometric evaluation estimator. Review of Economic Studies, 65（2）: 261-294.

Hendel I, Nevo A. 2006. Measuring the implications of sales and consumer inventory behavior. Econometrica, 74（6）: 1637-1673.

Henderson J V, Squires T, Storeygard A, et al. 2018. The global distribution of economic activity: nature, history, and the role of trade. Quarterly Journal of Economics, 133（1）: 357-406.

Henderson J V, Storeygard A, Weil D. 2012. Measuring economic growth from outer space. American Economic Review, 102（2）: 994-1028.

Henderson J V, Turner M. 2020. Urbanization in the developing world: too fast, too slow or just right?. Working Paper, London School of Economics.

Herrick B, Kindleberger C P. 1988. Economic Development. 4th ed. New York: McGraw-Hill.

Hesketh T, Wu D, Mao L, et al. 2012. Violence against doctors in China. British Medical Journal, 345: e5730.

Hirschman A O. 1981. Essays in Trespassing: Economics to Politics and Beyond. Cambridge: Cambridge University Press.

Hjort N L, Claeskens G. 2003. Frequentist model average estimators. Journal of the American

Statistical Association, 98（464）: 879-899.

Hjort N L, Claeskens G. 2006. Focused information criteria and model averaging for the cox hazard regression model. Journal of the American Statistical Association, 101（476）: 1449-1464.

Hoddinott J, Maluccio J A, Behrman J R, et al. 2008. Effect of a nutrition intervention during early childhood on economic productivity in guatemalan adults. The Lancet,（9610）: 411-416.

Hoerl A E, Kennard R W. 1970. Ridge regression: biased estimation for nonorthogonal problems. Technometrics, 12（1）: 55-67.

Hofman J M, Watts D J, Athey S, et al. 2021. Interpreting explanation and prediction in computational social science. Nature, 595: 181-188.

Hofstede G. 1984. Culture's Consequences: International Differences in Work-Related Values. Beverly Hills: Sage Publications.

Hofstede G. 1991. Cultures and Organizations: Software of the Mind. New York: McGraw Hill.

Hokayem C, Ziliak J P. 2014. Health, human capital, and life cycle labor supply. American Economic Review, 104（5）: 127-131.

Holmes T, Sieg H. 2015. Structural Estimation in Urban Economics（Volume5）//Duranton G, Henderson J V, Strange W C. Handbook of Regional and Urban Economics. Oxford: Elsevier: 69-114.

Holmstrom B, Milgrom P. 1987. Aggregation and linearity in the provision of intertemporal incentives. Econometrica, 55（2）: 303-328.

Holmström B, Myerson R B. 1983. Efficient and durable decision rules with incomplete information. Econometrica, 51（6）: 1799-1820.

Homburg C, Ehm L, Artz M. 2015. Measuring and managing consumer sentiment in an online community environment. Journal of Marketing Research, 52（5）: 629-641.

Hong Y M, Lee T H. 2003. Inference on predictability of foreign exchange rates via generalized spectrum and nonlinear time series models. Review of Economics and Statistics, 85（4）: 1048-1062.

Hong Y M, White H. 1995. Consistent specification testing via nonparametric series regression. Econometrica, 63（5）: 1133-1159.

Honoré B E, Kyriazidou E. 2000. Panel data discrete choice models with lagged dependent variables. Econometrica, 68（4）: 839-874.

Hoppe R A, Banker D E. 2010. Structure and finances of U.S. farms: family farm report（2010 edition）. Economic Information Bulletion,（66）: 72.

Hotelling H. 1947. Letter to the national park service. Washington D.C.: U.S. Department of the Interior, National Park Service and Recreational Planning Division, An Economic Study of the Monetary Evaluation of Recreation in the National Parks.

Hottman C J, Redding S J, Weinstein D E. 2016. Quantifying the sources of firm heterogeneity. Quarterly Journal of Economics, 131（3）: 1291-1364.

Hotz J, Miller R. 1993. Conditional choice probabilities and the estimation of dynamic models. Review of Economic Studies, 60（3）: 497-529.

Howard D H, Bach P B, Berndt E R, et al. 2015. Pricing in the market for anticancer drugs. Journal of Economic Perspectives, 29（1）: 139-162.

Hsiao C, Ching H, Wan S. 2012. A panel data approach for program evaluation: measuring the benefits of political and economic integration of Hong Kong with Mainland China. Journal of Applied Econometrics, 27（5）: 705-740.

Hsiao C, Zhang J. 2015. IV, GMM or likelihood approach to estimate dynamic panel models when either n or t or both are large. Journal of Econometrics, 187（1）: 312-322.

Hsieh C S, Kippersluis H V. 2018. Smoking initiation: peers and personality. Quantitative Economics, 9（2）: 825-863.

Hsieh C T, Klenow P J. 2009. Misallocation and manufacturing TFP in China and India. The Quarterly Journal of Economics, 124（4）: 1403-1448.

Hsu C C, Tseng C P, Wang Y H. 2008. Dynamic hedging with futures: a copula-based GARCH model. Journal of Futures Markets: Futures, Options, and Other Derivative Products, 28(11): 1095-1116.

Huang J C, Shaw D, Chien Y L, et al. 2016. Valuing environmental resources through demand for related commodities. American Journal of Agricultural Economics, （1）: 231-253.

Huang J K, Hu R F, Rozelle S, et al. 2005. Insect-resistant GM rice in farmers' fields: assessing productivity and health effects in China. Science, 308（5722）: 688-690.

Huang X, Zhou H, Zhu H B. 2009. A framework for assessing the systemic risk of major financial institutions. Journal of Banking & Finance, 33（11）: 2036-2049.

Hurwicz L. 1950. Generalization of the concept of identification, statistical inference//Koopmans T. Statistical Inference in Dynamic Economic Models, Cowles Commission Monograph10. New York: Wiley: 245-257.

Igami M, Uetake K. 2019. Mergers, innovation, and entry-exit dynamics: consolidation of the hard disk drive industry: 1996-2016. SSRN Working Paper 2585840.

Illing M, Liu Y. 2003. An index of financial stress for Canada. Staff Working Papers 03-14.

Imbens G W. 2010. Better late than nothing: some comments on deaton（2009）and heckman and urzua（2009）. Journal of Economic Literature, 48（2）: 399-423.

Imbens G W, Rubin D B. 2015. Causal Inference in Statistics, Social, and Biomedical Sciences. Cambridge: Cambridge University Press.

Intergovernmental Panel on Climate Change. 2014. Climate Change 2014: Impacts, Adaptation, and Vulnerability. Cambridge: Cambridge University Press.

Jack W, Suri T. 2014. Risk sharing and transactions costs: evidence from Kenya's mobile money revolution. American Economic Review, 104（1）: 183-223.

Jackson M O. 2005. A survey of network formation models: stability and efficiency//Demange G, Wooders M. Group Formation in Economics: Networks, Clubs, and Coalitions. Cambridge: Cambridge University Press: 11-57.

Jackson M O, Rogers B W, Zenou Y. 2017. The economic consequences of social network structure. Journal of Economic Literature, 55（1）: 49-95.

Jackson M O, Wolinsky A. 1996. A strategic model of social and economic networks. Journal of Economic Theory, 71（1）: 44-74.

Jacoby H D, Ellerman A D. 2004. The safety valve and climate policy. Energy Policy, （4）: 481-491.

Jacod J. 2008. Asymptotic properties of realized power variations and related functionals of semimartingales. Stochastic Processes and Their Applications, 118（4）: 517-559.

Jacod J，Li Y Y，Zheng X H. 2017. Statistical properties of microstructure noise. Econometrica，85（4）：1133-1174.

Jacod J，Li Y Y，Mykland P A，et al. 2009. Microstructure noise in the continuous case：the pre-averaging approach. Stochastic Processes and Their Applications，119（7）：2249-2276.

Jaffe A B，Stavins R N. 1990. Unintended impacts of public investments on private decisions：the depletion of forested wetlands. American Economic Review，80（3）：337-352.

Jenish N，Prucha I R. 2009. Central limit theorems and uniform laws of large numbers for arrays of random fields. Journal of Econometrics，150（1）：86-98.

Jenish N，Prucha I R. 2012. On spatial processes and asymptotic inference under near-epoch dependence. Journal of Econometrics，170（1）：178-190.

Jensen M，Meckling W. 1976. Theory of the firm：managerial behavior，agency costs and ownership structure. Journal of Financial Economics，3（1）：305-360.

Jensen R. 2012. Do labor market opportunities affect young women's work and family decisions? Experimental evidence from India. Quarterly Journal of Economics，127（2）：753-792.

Jin G Z，Lee J. 2014. Inspection Technology，detection，and compliance：evidence from florida restaurant inspections. RAND Journal of Economics，45（4）：885-917.

Jin G Z，Leslie P. 2003. The effect of information on product quality：evidence from restaurant hygiene grade cards. Quarterly Journal of Economics，118（2）：409-451.

Jin G Z，Leslie P. 2009. Reputational incentives for restaurant hygiene. American Economic Journal：Microeconomics，1（1）：237-267.

Jondeau E，Rockinger M. 2003. Conditional volatility，skewness，and kurtosis：existence，persistence，and comovements. Journal of Economic Dynamics and Control，27（10）：1699-1737.

Juhl T. 2005. Functional-Coefficient models under unit root behavior. The Econometrics Journal，8（2）：197-213.

Jurafsky D，Martin J H. 2009. Speech and Language Processing：An Introduction to Speech Recognition，Computational Linguistics and Natural Language Processing. 2nd ed. Upper Saddle River：Prentice Hall.

Just R E，Zilberman D. 1988. The effects of agricultural development policies on income distribution and technological change in agriculture. Journal of Development Economics，28（2）：193-216.

Kaestner R，Garrett B，Chen J J，et al. 2017. Effects of ACA medicaid expansions on health insurance coverage and labor supply. Journal of Policy Analysis and Management，36（3）：608-642.

Kaestner R，Lubotsky D. 2016. Health insurance and income inequality. Journal of Economic Perspectives，30（2）：53-78.

Kamenica E，Gentzkow M. 2011. Bayesian persuasion. American Economic Review，101（6）：2590-2615.

Kaplan G，Moll B，Violante G L. 2018. Monetary policy according to HANK. American Economic Review，108（3）：697-743.

Karimi M，Emadzadeh M，Ghobadi S. 2017. The effect of health sector on economic growth：evidence from MENA countries. International Journal of Economic Perspectives，11（2）：224-256.

Katz L F，Kling J R，Liebman J B. 2001. Moving to opportunity in boston：early results of a randomized mobility experiment. Quarterly Journal of Economics，116（2）：607-654.

Katz M，Shapiro C. 1985. Network externalities，competition，and compatibility. American Economic Review，75：424-440.

Keane M P，Todd P E，Wolpin K I. 2011. The Structural Estimation of Behavioral Models：Discrete Choice Dynamic Programming Methods and Applications，Handbook of Labor Economics. Berlin：Elsevier.

Kelejian H H，Prucha I R. 1998. A generalized spatial two-stage least squares procedure for estimating a spatial autoregressive model with autoregressive disturbances. The Journal of Real Estate Finance and Economics，17（1）：99-121.

Khandelwal A K，Schott P K，Wei S J. 2013. Trade liberalization and embedded institutional reform：evidence from chinese exporters. American Economic Review，103（6）：2169-2195.

Kislev Y，Peterson W. 1982. Prices，technology，and farm size. Journal of Political Economy，90（3）：578-595.

Koijen R S J，Philipson T J，Uhlig H. 2016. Financial health economics. Econometrica，84（1）：195-242.

Kolotilin A. 2015. Experimental design to persuade. Games and Economic Behavior，90：215-226.

König M D，Liu X D，Zenou Y. 2019. R&D networks：theory，empirics，and policy implications. The Review of Economics and Statistics，101（3）：476-491.

Koopman R，Wang Z，Wei S J. 2012. Estimating domestic content in exports when processing trade is pervasive. Journal of Development Economics，99（1）：178-189.

Koopman R，Wang Z，Wei S J. 2014. Tracing valded and double counting in gross exports. American Economic Review，104（2）：459-494.

Koopmans T C，Reiersøl O. 1950. The identification of structural characteristics. The Annals of Mathematical Statistics，21（2）：165-181.

Kostakis A，Muhammad K，Siganos A. 2012. Higher Comoments and asset pricing on the london stock exchange. Journal of Bank and Finance，36（3）：913-922.

Kremer M. 2004. Worms：identifying impacts on education and health in the presence of treatment externalities. Econometrica，72（1）：159-217.

Kremer M，Rao G，Schilbach F. 2019. Behavioral development economics. Handbook of Behavioral Economics：Applications and Foundations 1，2：345-458.

Kringos D S，Boerma W G W，Hutchinson A，et al. 2010. The breadth of primary care：a systematic literature review of its core dimensions. BMC Health Services Research，10（1）：65.

Krueger A B. 2003. Economic considerations and class size. Economic Journal，113（485）：34-63.

Krusell P，Smith Jr A A. 1998. Income and wealth heterogeneity in the macroeconomy. Journal of Political Economy，106（5）：867-896.

Kube R，Löschel A，Mertens H，et al. 2018. Research trends in environmental and resource economics：insights from four decades of JEEM. Journal of Environmental Economics and Management，92.

Kuersteiner G，Okui R. Constructing optimal instruments by first-stage prediction averaging. Econometrica，78（2）：697-718.

Kuhn T S. 1996. The Structure of Scientific Revolutions. 3rd ed. Chicago：University of Chicago Press.

Kumar M, Moorthy U, Perraudin W. 2003. Predicting emerging market currency crashes. Journal of Empirical Finance, 10（4）: 427-454.

Lambert M, Hübner G. 2013. Comoment risk and stock returns. Journal of Empirical Finance, 23: 191-205.

Laury S K, Holt C A. 2008. Voluntary provision of public goods: experimental results with interior nash equilibria//Plott C R, Smith V L. Handbook of Experimental Economics Results. Oxford: Elsevier: 792-801.

Lazer D, Pentland A, Adamic L, et al. 2009. Computational social science. Science, 323: 721-723.

Lechner M. 2002. Program heterogeneity and propensity score matching: an application to the evaluation of active labor market policies. Review of Economics and Statistics, 84（2）: 205-220.

Ledyard O. 1995. Public goods: some experimental results//Kagel J, Roth A. Handbook of Experimental Economics. Princeton: Princeton University Press: 111-194.

Lee D. 2005. An estimable dynamic general equilibrium model of work, schooling, and occupational choice. International Economic Review, 46（1）: 1-34.

Lee D S, Card D. 2008. Regression discontinuity inference with specification errors. Journal of Econometrics, 142（2）: 655-674.

Lee H T, Yoder J. 2007. Optimal hedging with a regime-switching time-varying correlation GARCH model. Journal of Futures Markets, 27（5）: 495-516.

Lee J D, Sun D L, Sun Y, et al. 2016. Exact post-selection inference, with application to the LASSO. Annals of Statistics, 44（3）: 907-927.

Lee L F. 2004. Asymptotic distributions of quasi-maximum likelihood estimators for spatial autoregressive models. Econometrica, 72（6）: 1899-1925.

Lee L F. 2007. GMM and 2SLS estimation of mixed regressive, spatial autoregressive models. Journal of Econometrics, 137（2）: 489-514.

Lee L F, Liu X D, Lin X. 2010. Specification and estimation of social interaction models with network structures. The Econometrics Journal, 13（2）: 145-176.

Lee L F, Yu J H. 2010. Estimation of spatial autoregressive panel data models with fixed effects. Journal of Econometrics, 154（2）: 165-185.

Lee L F, Yu J. 2014. Efficient GMM estimation of spatial dynamic panel data models with fixed effects. Journal of Econometrics, 180（2）: 174-197.

Lee S S, Hannig J. 2010. Detecting jumps from lévy jump diffusion processes. Journal of Financial Economics, 96（2）: 271-290.

Lei X Y, Lin W C. 2009. The new cooperative medical scheme in rural China: does more coverage mean more service and better health?. Health Economics, 18（2）: S25-S46.

Leitner Y. 2005. Financial networks: contagion, commitment, and private sector bailouts. Journal of Finance, 60（6）: 2925-2953.

Levinsohn J, Petrin A. 2003. Estimating production functions using inputs to control for unobservables. The Review of Economic Studies, 70（2）: 317-341.

Lew A, Agrawal M, Sontag D, et al. 2021. PClean: Bayesian data cleaning at scale with domain-specific probabilistic programming//Banerjee A, Fukumizu K. Proceedings of 24th International Conference on Artificial Intelligence and Statistics. Palo Alto: AAAI Press.

Lewbel A. 2019. The identification zoo: meanings of identification in econometrics. Journal of Economic Literature, 57 (4): 835-903.

Lewis W A. 1954. Economic development with unlimited supplies of labor. The Manchester School, 22 (2): 139-191.

Li C, Ouyang D, Racine J S. 2009. Nonparametric regression with weakly dependent data: the discrete and continuous regressor case. Journal of Nonparametric Statistics, 21 (6): 697-711.

Li D, Chen J, Gao J. 2011. Non-parametric time-varying coefficient panel data models with fixed effects. The Econometrics Journal, 14 (3): 387-408.

Li H B, Zhou L A. 2005. Political turnover and economic performance: the incentive role of personnel control in China. Journal of Public Economics, 89 (9/10): 1743-1762.

Li K, Liu X, Mai F, et al. 2021. The role of corporate culture in bad times: evidence from the COVID-19 pandemic. Journal of Financial and Quantitative Analysis, 56 (7): 2545-2583.

Li L F, Xiao E. 2014. Money talks: rebate mechanisms in reputation system design. Management Science, 60 (8): 2054-2072.

Li Q, Racine J S. 2007. Nonparametric Econometrics: Theory and Practice. Princeton: Princeton University Press.

Li S W. 2017. Obviously strategy-proof mechanisms. American Economic Review, 107 (11): 3257-3287.

Li X, Lu J, Hu S, et al. 2017. The primary health-care system in China. The Lancet, 390 (10112): 2584-2594.

Lien J W, Zheng J, Zhong X H. 2017. Ex-ante fairness in the Boston and serial dictatorship mechanisms under pre-exam and post-exam preference submission. Games and Economic Behavior, 101: 98-120.

Lin J Y. 1992. Rural reforms and agricultural growth in China. American Economic Review, 82: 34-51.

Lin W, Liu G G, Chen G. 2009. The urban resident basic medical insurance: a landmark reform towards universal coverage in China. Health Economics, 18 (S2): S83-S96.

Linton O, Xiao Z J. 2013. Estimation of and inference about the expected shortfall for time series with infinite variance. Econometric Theory, 29 (3): 771-807.

List J, Rasul I. 2011. Field experiments in labor economics//Card D, Ashenfelter O. Handbook of Labor Economics. Berlin: Elsevier: 103-228.

Liu H, Zhao Z. 2014. Does health insurance matter? Evidence from China's urban resident basic medical insurance. Journal of Comparative Economics, 42 (4): 1007-1020.

Liu Q, Okui R. 2013. Heteroscedasticity-Robust C_p model averaging. Econometrics Journal, 16 (3): 463-472.

Lo A W, MacKinlay A C. 1999. A Non-Random Walk Down Wall Street. Princeton: Princeton University Press.

Loughran T, McDonald B. 2016. Textual analysis in accounting and finance: a survey. Journal of Accounting Research, 54 (4): 1187-1230.

Lu X, Su L J. 2015. Jackknife model averaging for quantile regressions. Journal of Econometrics, 188 (1): 40-58.

Lu X, Su L J. 2016. Shrinkage estimation of dynamic panel data models with interactive fixed effects.

Journal of Econometrics，190（1）：148-175.

Lucas Jr R E. 1976. Econometric policy evaluation：a critique. Carnegie-Rochester Conference Series on Public Policy，1：19-46.

Lybbert T J，Beatty T K M，Hurley T M，et al. 2018. American journal of agricultural economics volume 100：a century of publishing the frontiers of the profession. American Journal of Agricultural Economics，100（5）：1253-1274.

Ma C A，McGuire T G. 1997. Optimal health insurance and provider payment. American Economic Review，87（4）：685-704.

Ma H，Wang Z，Zhu K F. 2015. Domestic content in China's exports and its distribution by firm ownership. Journal of Comparative Economics，43（1）：3-18.

Mackenzie J. 1993. A comparison of contingent preference models. American Journal of Agricultural Economics，75（3）：593-603.

Mäler K G，Vincent J R. 2003. Handbook of Environmental Economics（Volume1）. Oxford：Elsevier Science Ltd.

Mäler K G，Vincent J R.2005a. Handbook of Environmental Economics（Volume3）. Oxford：Elsevier Science Ltd.

Mäler K G，Vincent J R.2005b. Handbook of Environmental Economics（Volume2）. Oxford：Elsevier Science Ltd.

Mallows C L. 1973. Some comments on C_p. Technometrics，15（4）：661-675.

Mancini C. 2009. Non-parametric threshold estimation for models with stochastic diffusion coefficient and jumps. Scandinavian Journal of Statistics，36（2）：270-296.

Manning C D，Raghavan P，Schütze H. 2008. Introduction to Information Retrieval. Cambridge：Cambridge University Press.

Marshall A. 1920. Principles of Economics. New York：MacMillan.

März A，Klein N，Kneib T，et al. 2016. Analysing farmland rental rates using Bayesian geoadditive quantile regression. European Review of Agricultural Economics，43（4）：663-698.

Matzkin R L. 2007. Nonparametric identification. Handbook of Econometrics，6：5307-5368.

McFadden D. 1968. The Revealed Preferences of a Public Bureaucracy. Berkeley：University of California.

McFadden D. 1974. Conditional logit analysis of qualitative choice behavior//Zarembka P. Frontiers in Econometrics. New York：Academic Press：105-142.

McFadden D. 1989. A method of simulated moments for estimation of discrete response models without numerical integration. Econometrica，57（5）：995-1026.

McKay A，Nakamura E，Steinsson J. 2016. The power of forward guidance revisited. American Economic Review，106（10）：3133-3158.

McKay A，Reis R. 2016. The role of automatic stabilizers in the U.S. business cycle. Econometrica，84（1）：141-194.

McKelvey R D，Palfrey T R. 1995. Quantal response equilibria for normal form games. Games and Economic Behavior，10（1）：6-38.

McMillan J，Whalley J，Zhu L J. 1989. The impact of China's economic reforms on agricultural productivity growth. Journal of Political Economy，97（4）：781-807.

Melitz M. 2003. The impact of trade on intra-industry reallocations and aggregate industry productivity. Econometrica，71（6）：1695-1725.

Melitz M，Redding S J. 2014. Heterogeneous firms and trade. Handbook of International Economics，4：1-54.

Mendoza E，Durdu B，Groot O D. 2019. Global v. local methods in the quantitative analysis of open-economy models with incomplete markets. NBER Working Paper 26426.

Meng L S. 2013. Evaluating China's poverty alleviation program：a regression discontinuity approach. Journal of Public Economics，101：1-11.

Mikosch T，Stărică C. 2004. Nonstationarities in financial time series，the long-range dependence，and the IGARCH effects. Review of Economics and Statistics，86（1）：378-390.

Milgrom P. 1987. Auction theory//Bewley T. Advances in Economic Theory. Cambridge：Cambridge University Press：1-32.

Milgrom P. 2004. Putting Auction Theory to Work. New York：Cambridge University Press.

Mills E S. 1967. An Aggregative model of resource allocation in a metropolitan area. American Economic Review，57（2）：197-210.

Mills E S. 2000. A thematic history of urban economic analysis. Brookings-Wharton Papers on Urban Affairs.

Mills E S，MacKinnon J. 1973. Notes on the new urban economics. The Bell Journal of Economics and Management Science，4（2）：593-601.

Mitchell R，Carson R. 1981. An experiment in determining willingness to pay for national water quality improvements，unpublished report，resources for the future.Washington D.C..

Mobarak A M，Rosenzweig M R. 2013. Informal risk sharing，index insurance，and risk taking in developing countries. American Economic Review，103（3）：375-380.

Mogas J，Riera P，Bennett J. 2006. A comparison of contingent valuation and choice modelling with second-order interactions. Journal of Forest Economics，（1）：5-30.

Mogas J，Riera P，Brey R. 2009. Combining contingent valuation and choice experiments：a forestry application in spain. Environmental Resource Economics，43：535-551.

Montinola G，Qian Y，Weingast B. 1995. Federalism，Chinese style：the political basis for economic success in China. Journal of Policy Reform，1（2）：149-185.

Moon H R，Weidner M. 2017. Dynamic linear panel regression models with interactive fixed effects. Econometric Theory，33（1）：158-195.

Morris S. 2000. Contagion. Review of Economic Studies，67（1）：57-78.

Mosteller F，Wallace D L. 1963. Inference in an authorship problem：a comparative study of discrimination methods applied to the authorship of the disputed federalist papers. Journal of American Statistical Association，58（302）：275-309.

Mullainathan S，Spiess J. 2017. Machine learning：an applied econometric approach. Journal of Economic Perspectives，31（2）：87-106.

Munezero M，Montero C S，Mozgovoy M，et al. 2013. Exploiting sentiment analysis to track emotions in students' learning diaries. Koli Calling International Conference on Computing Education Research，13：145-152.

Muth R F. 1969. Cities and Housing. Chicago：University of Chicago Press.

Myerson R B. 1981. Optimal auction design. Mathematics of Operations Research，6（1）：58-73.

Myerson R B. 1983. Mechanism design by an informed principal. Econometrica, 51（6）: 1767-1797.

Myerson R B. 1997. Game Theory: Analysis of Conflict. Cambridge: Harvard University Press.

Myerson R B. 1999. Nash equilibrium and the history of economic theory. Journal of Economic Literature, 37（3）: 1067-1082.

Nagel R. 1995. Unraveling in guessing games: an experimental study. American Economic Review, 85（5）: 1313-1326.

Nayga R M. 2000. Schooling, health knowledge and obesity. Applied Economics, 32（7）: 815-822.

Nelson C R, Startz R. 1990. The distribution of the instrumental variables estimator and its t-ratio when the instrument is a poor one. Journal of Business, 63（1）: 125-140.

Newey W K. 1985a. Generalized method of moments specification testing. Journal of Econometrics, 29（3）: 229-256.

Newey W K. 1985b. Maximum likelihood specification testing and conditional moment tests. Econometrica: Journal of the Econometric Society, 53（5）: 1047-1070.

Newey W K, McFadden D. 1994. Large sample estimation and hypothesis testing//Engle R F, McFadden D L. Handbook of Econometrics IV. Berlin: Elsevier: 2112-2245.

Newey W K, Smith R J. 2004. Higher order properties of GMM and generalized empirical likelihood estimators. Econometrica, 72（1）: 219-255.

Nordhaus W D. 1992. An optimal transition path for controlling greenhouse gases. Science, 258: 1315-1319.

Nye B A, Hedges L V, Konstantopoulos S. 2000. Do the disadvantaged benefit more from small classes? Evidence from the Tennessee class size experiment. American Journal of Education, 109（1）: 1-26.

O'Hara M. 1995. Market Microstructure Theory. Cambridge: Blackwell Publishing.

Oh D H, Patton A J. 2018. Time-varying systemic risk: evidence from a dynamic copula model of CDS spreads. Journal of Business & Economic Statistics, 36（2）: 181-195.

Ozun A, Cifter A. 2007. Portfolio value-at-risk with time-varying copula: evidence from the Americas. Journal of Applied Sciences, 7（14）: 1916-1923.

Palaro H P, Hotta L K. 2006. Using conditional copula to estimate value-at-risk. Journal of Data Science, 4: 93-115.

Palfrey T R. 1982. Implementation in Bayesian equilibrium: the multiple equilibrium problem in mechanism design. Advances in Economic Theory, 1: 283-323.

Pan J, Lei X Y, Liu G G. 2016. Health insurance and health status: exploring the causal effect from a policy intervention. Health Economics, 25（11）: 1389-1402.

Park J Y, Phillips P C B. 1999. Asymptotics for nonlinear transformations of integrated time series. Econometric Theory, 15（3）: 269-298.

Park J Y, Phillips P C B. 2001. Nonlinear regressions with integrated time series. Econometrica, 69（1）: 117-161.

Patton A J. 2006. Modelling asymmetric exchange rate dependence. International Economic Review, 47（2）: 527-556.

Patton A J. 2012. A review of copula models for economic time series. Journal of Multivariate Analysis, 110: 4-18.

Pauly M V, McGuire T G, Barros P P. 2012. Handbook of Health Economics. Amsterdam: Elsevier.

Pearce D. 2002. An intellectual history of environmental economics. Annual Review of Energy and the Environment, 27: 57-81.

Peng L, Yao Q. 2004. Nonparametric regression under dependent errors with infinite variance. Annals of the Institute of Statistical Mathematics, 56 (1): 73-86.

Pesaran M H. 2006. Estimation and inference in large heterogeneous panels with a multifactor error structure. Econometrica, 74 (4): 967-1012.

Pesaran M H, Smith L V, Yamagata T. 2013. Panel unit root tests in the presence of a multifactor error structure. Journal of Econometrics, 175 (2): 94-115.

Pesaran M H, Timmermann A. 2004. How costly is it to ignore breaks when forecasting the direction of a time series?. International Journal of Forecasting, 20 (3): 411-425.

Pfeiffer L, Lin C Y C. 2014. Does efficient irrigation technology lead to reduced groundwater extraction? Empirical evidence. Journal of Environmental Economics and Management, 67 (2): 189-208.

Phillips P C B. 2001. Trending time series and macroeconomic activity: some present and future challenges. Journal of Econometrics, 100 (1): 21-27.

Phillips P C B, Park J Y. 1998. Nonstationary density estimation and kernel autoregression, cowles foundation discussion papers 1181, cowles foundation for research in economics. New Haven: Yale University.

Phillips P C B, Solo V. 1992. Asymptotics for linear processes. The Annals of Statistics, 20 (2): 971-1001.

Phillips R F. 2010. Iterated feasible generalized least-squares estimation of augmented dynamic panel data models. Journal of Business & Economic Statistics, 28 (3): 410-422.

Phillips R F. 2015. On quasi maximum-likelihood estimation of dynamic panel data models. Economics Letters, 137: 91-94.

Pickhardt M, Prinz A. 2014. Behavioral dynamics of tax evasion–a survey. Journal of Economic Psychology, 40: 1-19.

Piketty T, Yang L, Zucman G. 2019. Capital accumulation, private property, and rising inequality in China, 1978-2015. American Economic Review, 109 (7): 2469-2496.

Pizer W A. 2002. Combining price and quantity controls to mitigate global climate change. Journal of Public Economics, 85: 409-434.

Porter R H, Zona J D. 1993. Detection of bid rigging in procurement auctions. Journal of Political Economy, 101 (3): 518-538.

Potì V, Wang D L. 2010. The coskewness puzzle. Journal of Banking & Finance, 34(8): 1827-1838.

Prince M J, Wu F, Guo Y, et al. 2015. The burden of disease in older people and implications for health policy and practice. The Lancet, 385 (9967): 549-562.

Pritchett L, Sandefur J. 2015. Learning from experiments when context matters. American Economic Review, 105 (5): 471-475.

Proost S, Thisse J F. 2019. What can be learned from spatial economics?. Journal of Economic Literature, 57 (3): 575-643.

Qian Y, Roland G. 1998. Federalism and the soft budget constraint. The American Economic

Review，88（5）：1143-1162.

Qian Y，Weingast B R. 1997. Federalism as a commitment to preserving market incentives. The Journal of Economics Perspectives，11（4）：83-92.

Qin X Z，Li L X，Hsieh C R. 2013. Too few doctors or too low wages? Labor Supply of health care professionals in China. China Economic，24：150-164.

Qu X，Lee L F. 2015. Estimating a spatial autoregressive model with an endogenous spatial weight matrix. Journal of Econometrics，184（2）：209-232.

Qu X，Lee L F，Yu J H. 2017. QML estimation of spatial dynamic panel data models with endogenous time varying spatial weights matrices. Journal of Econometrics，197（2）：173-201.

Rabin M. 1998. Psychology and economics. Journal of Economic Literature，36（1）：11-46.

Rae D A. 1983. The value to visitors of improving visibility at mesa verde and great smoky national parks//Chestnut LG，Rowe R D. Managing Air Quality and Scenic Resources at National Parks and Wilderness Areas. Boulder：Westview Press：217-234.

Randall A，Ives B，Eastman C. 1974. Bidding games for evaluation of aesthetic environmental improvements. Journal of Environmental Economics and Management，1：132-149.

Rawls J. 2009. A Theory of Justice. Oxford：Harvard University Press.

Rayo L，Segal I. 2010. Optimal information disclosure. Journal of Political Economy，118（5）：949-987.

Redding S J，Weinstein D E. 2020. Measuring aggregate price indices with taste shocks：theory and evidence for CES preferences. Quarterly Journal of Economics，135（1）：503-560.

Richards J T，Mancino L. 2014. Demand for food-away-from-home：a multiple-discrete/continuous extreme value model. European Review of Agricultural Economics，41：111-133.

Riley J G，Samuelson W F. 1981. Optimal auctions. American Economic Review，71（3）：381-392.

Roback J. 1982. Wages，rents，and the quality of life. Journal of Political Economy，90（4）：1257-1278.

Roberts M J，Spence M. 1976. Effluent charges and licenses under uncertainty. Journal of Public Economics，5：193-208.

Roberts T. 2018. Food Safety Economics. Berlin：Springer International Publishing.

Robinson P M. 2012. Nonparametric trending regression with cross-sectional dependence. Journal of Econometrics，169（1）：4-14.

Rochet J，Tirole J. 2003. Platform competition in two-sided market. Journal of the European Economics Association，1（4）：990-1029.

Rochet J C，Tirole J. 2006. Two-sided markets：a progress report. The RAND Journal of Economics，37（3）：645-667.

Rodriguez J C. 2007. Measuring financial contagion：a copula approach. Journal of Empirical Finance，14（3）：401-423.

Rosar F，Schulte E. 2010. Imperfect private information and the design of information-generating mechanisms，unpublished manuscript，department of economics. Bonn：University of Bonn.

Rosen S. 1974. Hedonic prices and implicit markets：product differentiation in pure competition. Journal of Political Economy，82：34-55.

Rosen S. 1979. Wage-based indexes of urban quality of life//Mieszkowski P，Straszhelm M. Current

Issues in Urban Economics. Baltimore: Johns Hopkins University Press: 74-104.

Rosenthal S S, Strange W C. 2004. Evidence on the nature and sources of agglomeration economies. Handbook of Regional and Urban Economics, 4: 2119-2171.

Rosenzweig C, Parry M L. 1994. Potential impact of climate change on world food supply. Nature, 367 (6459): 133-138.

Roth A E. 1982. The economics of matching: stability and incentives. Mathematics of Operations Research, 7 (4): 617-628.

Roth A E. 2002. The economist as engineer: game theory, experimental economics and computation as tools of design economics. Econometrica, 70 (4): 1341-1378.

Roth A E. 2007. Repugnance as a constraint on markets. Journal of Economic Perspectives, 21 (3): 37-58.

Roth A E, Murnighan J K. 1982. The role of information in bargaining: an experimental study. Econometrica, 50 (5): 1123-1142.

Roth A E, Peranson E. 1999. The redesign of the matching market for american physicians: some engineering aspects of economic design. American Economic Review, 89: 748-780.

Roth A E, Sönmez T, Ünver M. 2004. Kidney exchange. The Quarterly Journal of Economics, 119: 457-488.

Roth A E, Sotomayor M. 1992. Two-Sided Matching: A Study in Game-theoretic Modeling and Analysis. Cambridge: Cambridge University Press.

Rothenberg T J. 1971. Identification in parametric models. Econometrica, 39 (3): 577-591.

Rubineau B, Fernandez R M. 2013. Missing links: referrer behavior and job segregation. Management Science, 59 (11): 2413-2634.

Ruffle B J. 2005. Tax and subsidy incidence equivalence theories: experimental evidence from competitive markets. Journal of Public Economics, 89 (8): 1519-1542.

Saijo T. 2008. Spiteful behavior in voluntary contribution mechanism experiments. Handbook of Experimental Economics Results, 1: 802-816.

Sanders G D, Neumann, P J, Basu A, et al. 2016. Recommendations for conduct, methodological practices, and reporting of cost-effectiveness analyses: second panel on cost-effectiveness in health and medicine. JAMA, 316 (10): 1093-1103.

Sandmo A. 2015. The early history of environmental economics. Review of Environmental Economics and Policy, 9 (1): 43-63.

Santerre R E, Neun S P. 2012. Health Economics: Theory, Insights, and Industry Studies. 6th ed. Boston: Cengage Learning.

Sargan J D. 1959. The Estimation of relationships with autocorrelated residuals by the use of instrumental variables. Journal of the Royal Statistical Society: Series B (Methodological), 21 (1): 91-105.

Sargan J D. 1983. Identification and lack of identification. Econometrica, 51 (6): 1605-1633.

Sauermann H, Selten R. 1960. An experiment in oligopoly (translation of sauermann and selten (1959)). General Systems, 5: 85-114.

Schultz T P. 2004. School subsidies for the poor: evaluating the mexican PROGRESA poverty program. Journal of Development Economics, 74 (1): 199-250.

Schultz T P，Strauss J. 2007. Handbook of Development Economics. Oxford：Elsevier.

Scott S L，Varian H R. 2014. Predicting the present with bayesian structural time series. International Journal of Mathematical Modelling and Numerical Optimisation，5：4-23.

Scott S L，Varian H R. 2015. Bayesian variable selection for nowcasting economic time series//Goldfarb A，Greenstein S M，Tucker C E. Economic Analysis of Digital Economy. Chicago：University of Chicago Press.

Sen A. 1973. Poverty，inequality and unemployment：some conceptual issues in measurement. Economic and Political Weekly，8（31/33）：1457-1459，1461，1463-1464.

Sen A. 1988. The concept of development//Chenery H，Srinivasan T N. Handbook of Development Economics，1：9-26.

Sen A. 2009. The Idea of Justice. New York：Belknap Press of Harvard University Press.

Sen R，Yu H F，Dhillon I S. 2019. Think globally，act locally：a deep neural network approach to high-dimensional time series forecasting. 33rd Conference on Advances in Neural Information Processing Systems.

Serpa J C，Krishnan H. 2018. The impact of supply chains on firm-level productivity. Management Science，64（2）：511-532.

Shapiro J S，Walker R. 2018. Why is pollution from us manufacturing declining? The roles of environmental regulation，productivity，and trade. American Economic Review，108（12）：3814-3854.

Shiller R J. 2000. Irrational Exuberance. Princeton：Princeton University Press.

Shiller R J. 2019. Narrative Economics：How Stories Go Viral and Drive Major Economic Events. Princeton：Princeton University Press.

Sims C A. 2003. Implications of rational inattention. Journal of Monetary Economics，50（3）：665-690.

Sloan F A，Hsieh C R. 2017. Health Economics. Cambridge：The MIT Press.

Smith A. 1759. The Theory of Moral Sentiments. London：A. Miller.

Smith K M，Machalaba C C，Seifman R，et al. 2019. Infectious disease and economics：the case for considering multi-sectoral impacts. One Health，7：100080.

Smith V K，Huang J C. 1993. Hedonic models and air pollution：twenty-five years and counting. Environmental and Resource Economics，3：381-394.

Smith V K，Huang J C. 1995. Can markets value air quality? A meta-analysis of hedonic property value models. Journal of Political Economy，103（1）：209-215.

Smith V L. 1962. An experimental study of competitive market behavior. The Journal of Political Economy，70（2）：111.

Smith V L. 1964. The effect of market organization on competitive equilibrium. The Quarterly Journal of Economics，78（2）：181-201.

Snider C. 2009. Predatory incentives and predation policy：the American airlines case. Working Paper.

Song Z，Storesletten K，Zilibotti F. 2011. Growing like China. American Economic Review，101（1）：196-233.

Spicer M W，Becker L A. 1980. Fiscal inequity and tax evasion：an experimental approach. National Tax Journal，33（2）：171-175.

Spicer M W，Thomas J E. 1982. Audit probabilities and the tax evasion decision：an experimental approach. Journal of Economic Psychology，2（3）：241-245.

Stahl D O，Wilson P W. 1994. Experimental evidence on players' models of other players. Journal of Economic Behavior and Organization，25（3）：309-327.

Stahl D O，Wilson P W. 1995. On Players' models of other players：theory and experimental evidence. Games and Economic Behavior，10（1）：218-254.

Stahl II D O. 1989. Oligopolistic pricing with sequential consumer search. The American Economic Review，79（4）：700-712.

Staiger D，Stock J H. 1997. Instrumental variables regression with weak instruments. Econometrica，65（3）：557-586.

Stevens T H，Belkner R，Dennis D，et al. 2000. Comparison of contingent valuation and conjoint analysis in ecosystem. Ecological Economics，32（1）：63-74.

Stigler G J. 1961. The economics of information. Journal of Political Economy，69（3）：213- 225.

Stiglitz J E. 2018. Where modern macroeconomics went wrong. Oxford Review of Economic Policy，34（1/2）：70-106.

Stiglitz J E. 1998. Distinguished lecture on economics in government：the private uses of public interests：incentives and institutions. The Journal of Economic Perspectives，12（2）：3-22.

Stinchcombe M B，White H. 1998. Consistent specification testing with nuisance parameters present only under the alternative. Econometric Theory，14（3）：295-325.

Stock J H, Trebbi F. 2003. Retrospectives：who invented instrumental variable regression?. Journal of Economic Perspectives，17（3）：177-194.

Streeten P. 1984. Basic needs：some unsettled questions. World Development，12（9）：973-978.

Su L J，Ju G S. 2018. Identifying latent grouped patterns in panel data models with interactive fixed effects. Journal of Econometrics，206（2）：554-573.

Su L J，Wang W Y，Zhang Y C. 2020a. Strong consistency of spectral clustering for stochastic block models. IEEE Transactions on Information Theory，66（1）：324-338.

Su L J，Wang X，Jin S N. 2019. Sieve estimation of time-varying panel data models with latent structures. Journal of Business & Economic Statistics，37（2）：334-349.

Su R D，Panoutsos G，Yue X D. 2020b. Data-driven granular computing systems and applications. Granular Computing，6：1-2.

Sun Y Y，Han A，Hong Y M，et al. 2018. Threshold autoregressive models for interval-valued time series data. Journal of Econometrics，206（2）：414-446.

Sun Y Y，Hong Y M，Lee T H，et al. 2021. Time-varying model averaging. Journal of Econometrics，222（2）：974-992.

Tetlock P C. 2007. Giving content to investor sentiment：the role of media in the stock market. Journal of Finance，62（3）：1139-1168.

Theodossiou P. 1998. Financial data and the skewed generalized *t* distribution. Management Science，44（12）：1650-1661.

Tibshirani R. 1996. Regression shrinkage and selection via the LASSO. Journal of the Royal Statistical Society：Series B（Methodological），58（1）：267-288.

Tietenberg T H. 2006. Emission Trading：Principles and Practice. New York：Routledge.

Timmermann A，van Dijk H K. 2013. Dynamic econometric modeling and forecasting in the presence of instability. Journal of Econometrics，177（2）：131-133.

Tintelnot F，Kikkawa A K，Mogstad M，et al. 2019. Trade and domestic production networks. SSRN Working Paper 2967867.

Tirole J. 1988. The Theory of Industrial Organization. Cambridge：The MIT Press.

Tobias A，Brunnermeier M K. 2016. CoVar. The American Economic Review，106（7）：1705-1741.

Tombe T，Zhu X D. 2019. Trade，migration and regional income differences：evidence from China. American Economic Review，109（5）：1843-1872.

Train K. 1999. Mixed logit models for recreation demand//Kling C，Herriges J. Valuing the Environment Using Recreation Demand Models. Aldershot：Edward Elgar Publishing：121-140.

Trice A，Wood S. 1958. Measurement of recreation benefits. Land Economics，34（3）：195-207.

United Nations. 2016. Department of Economic and Social Affairs，Population Division. The World's Cities in 2016 – Data Booklet（ST/ESA/SER.A/392）.

van den End J W，Tabbae M. 2005. Measuring financial stability：applying the mfrisk model to the netherlands. DNB Working Papers 30.

Varian H R. 1980. A model of sales. American Economic Review，70：651-659.

Varian H R. 1999. Intermediate Microeconomics：A Modern Approach. 5th ed. New York：WW Norton & Company.

Varian H R. 2014. Big Data：New tricks for econometrics. Journal of Economic Perspectives，28（2）：3-28.

Viard V B，Fu S H. 2015. The effect of Beijing's driving restrictions on pollution and economic activity. Journal of Public Economics，125：98-115.

von Haefen R H. 2010. Incomplete demand systems，corner solutions，and welfare measurement. Agricultural and Resource Economics Review，39：22-36.

von Haefen R H，Phaneuf D J. 2005. Kuhn-Tucker demand system approaches to non-market valuation. Applications of Simulation Methods in Environmental and Resource Economics，6：135-157.

von Pischke J D，Adams D W. 1980. Fungibility and the design and evaluation of agricultural credit projects. American Journal of Agricultural Economics，62（4）：719-726.

Wager S，Athey S. 2018. Estimation and inference of heterogeneous treatment effects using random forests. Journal of the American Statistical Association，113（523）：1228-1242.

Wales T J，Woodland A D. 1983. Estimation of consumer demand with binding non-negativity constraints. Journal of Econometrics，21：263-285.

Walley T. 2018. Pharmacoeconomics. Getting Health Economics into Practice，40（7）：137-146.

Walras L. 1954. Elements of Pure Economics：or，the Theory of Social Wealth. London：Allen and Unwin.

Wan A T K，Zhang X Y，Zou G H. 2010. Least squares model averaging by mallows criterion. Journal of Econometrics，156（2）：277-283.

Wang H J，Stefanski L A，Zhu Z Y. 2012. Corrected-loss estimation for quantile regression with covariate measurement errors. Biometrika，99（2）：405-421.

Wang Q Y，Phillips P C B. 2009a. Asymptotic theory for local time density estimation and nonparametric cointegrating regression. Econometric Theory，25（3）：710-738.

Wang Q Y, Phillips P C B. 2009b. Structural nonparametric cointegrating regression. Econometrica, 77 (6): 1901-1948.

Wang Q Y, Phillips P C B. 2012. A specification test for nonlinear nonstationary models. The Annals of Statistics, 40 (2): 727-758.

Wang Q Y, Phillips P C B. 2016. Nonparametric cointegrating regression with endogeneity and long memory. Econometric Theory, 32 (2): 59-401.

Wang S Y. 2011. State misallocation and housing prices: theory and evidence from China. American Economic Review, 101: 2081-2107.

Wang S Y. 2012. Credit constraints, job mobility, and entrepreneurship: evidence from a property reform in China. The Review of Economics and Statistics, 94: 532-551.

Wang T Y, Samworth R J. 2018. High dimensional change point estimation via sparse projection. Journal of the Royal Statistical Society: Series B, 80 (1): 57-83.

Watts D J. 2002. A simple model of global cascades on random networks. Proceedings of the National Academy of Sciences, 99 (9): 5766-5771.

Waugh F V. 1928. Quality factors influencing vegetable prices. Journal of Farm Economics, 10: 185-196.

Wei X, Declan C, Erda L, et al. 2009. Future cereal production in China: the interaction of climate change, water availability and socio-economic scenarios. Global Environmental Change, 19 (1): 34-44.

Weinan E. 2021. The dawning of a new era in applied mathematics. Notice of American Mathematical Society, (4): 565-571.

Weitzman M L.1974. Prices versus quantities. TheReview of Economic Studies, 41: 477-491.

Weitzman M L. 1978. Optimal rewards for economic regulation. American Economic Review, 68: 683-691.

Welsh M, Poe G. 1998. Elicitation effects in contingent valuation: comparisons to a multiple bounded discrete choice approach. Journal of Environmental Economics and Management, 36: 170-185.

White H. 1989. Some asymptotic results for learning in single hidden-layer feedforward network models. Journal of American Statistical Association, 84 (408): 1003-1013.

White H. 1992. Artificial Neural Networks: Approximation and Learning Theory. Cambridge: Blackwell Publishers, Inc..

Wolpin K I. 2013. The Limits of Inference Without Theory. Cambridge: The MIT Press.

World Health Organization. 2010. Implementing health financing reform: lessons from countries in transition. WHO Regional Office for Europe.

Wright P G. 1915. Moore's economic cycles. The Quarterly Journal of Economics, 29 (3): 631-641.

Wright P G. 1928. The Tariff on Animal and Vegetable Oils. New York: Macmillan Company.

Wright R. 2018. On the future of macro: a new monetarist perspective. Oxford Review of Economic Policy, 34 (1/2): 107-131.

Xiao Z J. 2009. Functional-coefficient cointegration models. Journal of Econometrics, 152(2):81-92.

Xie H B, Fan K K, Wang S Y 2021. Candlestick Forecasting for Investments: Applications, Models and Properties. London: Routledge.

Xiong W, Yu J L. 2011. The Chinese warrants bubble. American Economic Review, 101 (6): 2723-2753.

Xiu D C. 2010. Quasi-Maximum likelihood estimation of volatility with high frequency data. Journal of Econometrics, 159（1）: 235-250.

Xu C G. 2011. The fundamental institutions of China's reforms and development. Journal of Economic Literature, 49（4）: 1076-1151.

Xu Z G, Xu J T, Deng X Z, et al. 2006. Grain for green versus grain: conflict between food security and conservation set-aside in China. World Development, 34（1）: 130-148.

Yamano T, Alderman H, Christiaensen L. 2005. Child growth, shocks, and food aid in rural ethiopia. American Journal of Agricultural Economics, 87（2）: 273-288.

Yang J, Liu A A, Qin P, et al. 2020. The effect of vehicle ownership restrictions on travel behavior: evidence from the Beijing license plate lottery. Journal of Environmental Economics and Management, 99: 102269.

Yang Z. 2015. LM Tests of spatial dependence based on bootstrap critical values. Journal of Econometrics, 185（1）: 33-59.

Yao Y. 1999. Rural Industry and labor market integration in Eastern China. Journal of Development Economics, 59（2）: 463-496.

Yi J J, Yuan Y Y, Zhao S Y. 2019. Differential responses to market competition by private and public hospitals in China: a longitudinal analysis. The Lancet, 394: S37.

Yinger J. 1986. Measuring racial discrimination with fair housing audits: caught in the act. American Economic Review, 76（5）: 881-893.

Yinger J. 2020. Poverty and proficiency: the cost of and demand for local public education. Singapore : World Scientific.

Yogo M. 2004. Estimating the elasticity of intertemporal substitution when instruments are weak. Review of Economics and Statistics, 86（3）: 797-810.

Young A. 2003. Gold into base metals: productivity growth in the people's republic of China during the reform period. Journal of Political Economy, 111（6）: 1220-1261.

Yu J H, de Jong R M, Lee L F. 2008. Quasi-maximum likelihood estimators for spatial dynamic panel data with fixed effects when both N and T are large. Journal of Econometrics, 146（1）: 118-134.

Yu M J. 2015. Processing Trade, Tariff Reductions and Firm Productivity. The Economic Journal, 125（585）: 943-988.

Zenou Y. 2012. Housing policies in China: issues and options. Regional Science Policy & Practice, 4（4）: 393-417.

Zenou Y.2015. A dynamic model of weak and strong ties in the labor market. Journal of Labor Economics, 33（4）: 891-932.

Zhang J J, Mu Q. 2018. Air pollution and defensive expenditures: evidence from particulate-filtering facemasks. Journal of Environmental Economics and Management, 92: 517-536.

Zhang L. 2006. efficient estimation of stochastic volatility using noisy observations: a multi-scale approach. Bernoulli, 12（6）: 1019-1043.

Zhang L, Mykland P A, Aït-Sahalia Y. 2005. A tale of two time scales: determining integrated volatility with noisy high-frequency data. Journal of the American Statistical Association, 100（472）: 1394-1411.

Zhang X, Liang H. 2011. Focused information criterion and model averaging for generalized additive partial linear models. The Annals of Statistics: An Official Journal of the Institute of Mathematical Statisti, 39（1）: 174-200.

Zhang X, Liu C A. 2019. Inference after model averaging in linear regression models. Econometric Theory, 35（4）: 816-841.

Zhang X Y, Wan A T K, Zou G H. 2013. Model averaging by jackknife criterion in models with dependent data. Journal of Econometrics, 174（2）: 82-94.

Zheng J X. 1996. A consistent test of functional form via nonparametric estimation techniques. Journal of Econometrics, 75（2）: 263-289.

Zhu M, Hong Y M, Wang S. 2021. Can interval data help improve volatility forecasts? Evidence from foreign exchange markets. Working Paper, Center for Forecasting Science, Chinese Academy of Sciences.

Zhu R, Wan A T K, Zhang X, et al. 2019. A Mallows-type model averaging estimator for the varying-coefficient partially linear model. Journal of the American Statistical Association, 114（526）: 882-892.

Zweifel P, Breyer F, Kifmann M. 2009. Economic valuation of life and health. Health Economics, 2: 17-74.